NONGCUN JIAOYU
FAZHAN YANJIU
DAI BINRONG ZHUBIAN

农村教育发展研究

戴斌荣◎主编

北京师范大学出版集团
BEIJING NORMAL UNIVERSITY PUBLISHING GROUP
北京师范大学出版社

图书在版编目(CIP)数据

农村教育发展研究/戴斌荣主编. —北京：北京师范大学出版社，2015.10(2022.9重印)
ISBN 978-7-303-19255-7

Ⅰ. ①农… Ⅱ. ①戴… Ⅲ. ①乡村教育-研究—中国 Ⅳ. ①G725

中国版本图书馆 CIP 数据核字(2015)第 173284 号

图 书 意 见 反 馈　gaozhifk@bnupg.com　010-58805079
营 销 中 心 电 话　010—58807651
北师大出版社高等教育分社微信公众号　新外大街拾玖号

出版发行：北京师范大学出版社　www.bnup.com
　　　　　北京市西城区新街口外大街 12-3 号
　　　　　邮政编码：100088
印　　刷：北京虎彩文化传播有限公司
经　　销：全国新华书店
开　　本：730 mm×980 mm　1/16
印　　张：19
字　　数：464 千字
版　　次：2015 年 10 月第 1 版
印　　次：2022 年 9 月第 2 次印刷
定　　价：46.00 元

策划编辑：周雪梅　　　　　　责任编辑：王　婉
美术编辑：焦　丽　　　　　　装帧设计：焦　丽
责任校对：陈　民　　　　　　责任印制：陈　涛

前　言

　　为贯彻落实党的十八大关于全面深化改革的战略部署，十八届中央委员会第三次全体会议研究了全面深化改革的若干重大问题。2013 年 11 月 12 日，会议通过了《中共中央关于全面深化改革若干重大问题的决定》(以下简称《决定》)。其中关于教育改革的阐述有以下几点：一是深化教育领域综合改革。二是推进考试招生制度改革。三是深入推进管办评分离。其中与农村教育研究密切相关的内容主要在"深化教育领域综合改革"方面："大力促进教育公平，健全家庭经济困难学生资助体系，构建利用信息化手段扩大优质教育资源覆盖面的有效机制，逐步缩小区域、城乡、校际差距。统筹城乡义务教育资源均衡配置，实行公办学校标准化建设和校长教师交流轮岗，不设重点学校重点班，破解择校难题，标本兼治减轻学生课业负担。"为贯彻落实《决定》，各地纷纷出台相关教育改革决定(或"实施意见")并很快进入实施阶段。

　　与此同时，随着城镇化的推进，整个社会以及作为其中一个重要组成部分的教育产生了深刻的变化，其发展的迅猛势头，不仅超出了人们的想象，还不以人们的意志为转移。2013年 12 月 12 日至 13 日，中央城镇化工作会议在京举行。会议提出了推进农业转移人口市民化、提高城镇建设用地利用效率、建立多元可持续的资金保障机制、优化城镇化布局和形态、提高城镇建设水平和加强对城镇化的管理等六项主要任务。并强调要以人为本，推进以人为核心的城镇化。① 2014 年 3 月，中共中央、国务院印发了《国家新型城镇化规划(2014—2020 年)》，提出新型城镇化第一项基本原则就是"以人的城镇

---

① 中央城镇化工作会议在京举行[N]. 人民日报 . 2013-12-16.

化为核心，合理引导人口流动，有序推进农业转移人口市民化，稳步推进城镇基本公共服务常住人口全覆盖，不断提高人口素质，促进人的全面发展和社会公平正义，使全体居民共享现代化建设成果。"

在国家重大的战略布局之下，政府和教育部门为教育发展付出了巨大心力，通过外部"输血"、加大投入以及推进各类工程的方式，切实改善和提升了农村教育的办学条件和水平。但是，农村教育究竟如何呼应新型城镇化的国家战略部署？"新型城镇化的前提必须是一元体制，而教育目前所出现的诸如随迁子女就学、异地高考、择校等热点难点问题，都是二元体制所造成的，因此，只有抓住新型城镇化的机遇，从体制转轨入手，实行城乡一体化的教育发展方式，才可能使教育在沿着国家新'四化'的方向，率先越过改革平台期，并率先实现教育现代化。"在城乡一体化发展的视野中，围绕构建覆盖城乡居民的公共教育服务体系，深化城市教育改革，探索农村教育的科学发展之路。

由于快速城市化进程、大规模的人口流动和学龄儿童减少，今天的农村教育正处于前所未有的变化之中。持续十年之久的"撤点并校"政策，致使乡村教育出现"城挤、乡弱、村空"的局面，出现"上学远、上学难、上学苦"的问题。同时，出现了两个新的边缘化群体：城市的流动儿童和农村的留守儿童。这一切凸显了城镇化背景下教育问题的严重性和复杂性。与此同时，特别需要认识什么是农村所需要的教育，什么是农村的"教育质量"。否则，所谓的"上好学"在很多地方不过是追随城市应试教育的尾巴，在很难取胜的升学率竞争中挣扎。

在城镇化建设进程中，农村教育为之提供了强大的智力支持和人才保证。可以毫不夸张地说，农村教育的成败直接关系到新农村建设的成败，还可以进一步推想，占据中国教育事业半壁江山的农村教育也直接关系到中国教育的成败盛衰。在快速城镇化背景下，越来越多的农村青年进入城市，是一种历史趋势。同时，即便在未来二三十年我国城市化率达到 75% 左右，仍将拥有数量庞大的农村人口，拥有规模巨大的农业，农村并不会真的消亡，农业现代化仍然需要高素质的劳动者。农村教育不应该是单一的升学教育，不应该照搬城市化的"应试教育"，而需要满足为升学、城市化和新农村建设服务的三重目标。要实现这样的目标，就需要面向农村实际，创造性地改革农村教育，探索在新形势下农村教育的科学发展之路。20 世纪 80 年代，在农村开展农科教结合的尝试，开展普通教育、成人教育、职业技术教育"三教统筹"的农村教育综合改革实践等，今天仍然值得借鉴。

城镇化进程中仍需要植根乡土的教育，但不是单一的农业科技教育，而是以学生的人格养成为目标，倡导平民教育、生活教育的价值，教育与农村社区发展紧密结合，是一种"为生活做准备的教育"。通过实行综合素质教育，促进学生的人格发展、公民道德和能力培养。所谓"树高千尺，仍具有热爱家乡、回报家乡的乡土之情、乡土之根"。这或许是一种可以追求的乡村教育的理想。

在当下，从中央到地方都在想方设法通过政策保障、制度支持、专业引领等追求教育均衡，以使人人享有公平教育。让每个孩子都能在家门口上好学，是教育公平的体现，是每个家庭的期盼，也是党和政府的职责。党的十八大报告提出"均衡发展九年义务教育"，是在基本普及城乡免费义务教育的基础上，改革再次设定的攻坚目标。各地通过结对帮扶、教师交流、远程教育等多种形式，正在将优质教学资源输送到边远地区和农村地区。通过集团办学、定期流动等办法，一批优质学校带活了一批弱校。就在不久前，教育部陆续公布了国家教育督查组对全国多个省份义务教育均衡发展的督查反馈意见，结果显示：学校基本达到了评估标准，公众满意度不断提升。学前教育不均衡的状况究竟怎样，与之相伴的问题有哪些？教育集团化是化解择校热的有效方式吗？教育现代化背景下农村远程教育的现状与问题是什么？人民仍在期盼："城乡教育一体化，公共资源均等化"的教育改革步伐不断加快，让孩子们享有更好更公平的教育。

党的十八大以来，教育改革的每一次出发、每一个动作，都指向教育发展的核心。为了"办好人民满意的教育"，教育改革以前所未有之势跃进。在这种情势下，农村教育工作者的责任与使命是什么？

追求教育公平，需要解决困扰农村教育发展的根本问题。教育的起点是公平，改革落脚点也是公平。十八大报告中"大力促进教育公平"的庄严承诺，是民众对教育最朴素的期盼。农村教育影响广泛，既是农村工作的重中之重，也是教育工作的重中之重。发展农村教育，使广大农民群众及其子女享有接受良好教育的机会，更是实现教育公平和体现社会公正的重要方面。

教育公平是人们对教育的体感温度，是实现社会公平正义的重要手段。近年来，从中央到地方不断加大教育投入，农村学校面貌变化巨大，城乡学校硬件建设趋于均衡，基本解决了农村孩子"有学上"的问题。但是，随着群众生活水平的提高，大家开始追求让孩子从"有学上"到"上好学"，众多的农村家长为了孩子上好学，迁移到乡镇乃至城市。农村教育在发展中举步维艰，既要消化过去快速发展所积累下来的大量矛盾，又要承载社会转型过程中出现的一些尖锐问题和压力。同时，广大农民希望通过教育来改变子女命运的愿望比以往任何时候都强烈，他们对农村教育寄予厚望又常常失望。困扰农村教育发展的根本问题是什么？教学质量的提升首当其冲。

农村教育改革，需要向质量提升探索。什么是有质量的教育？如何为民众提供有质量的教育？教育管理者、一线教育实践者、教育研究者，探索的脚步从未停歇，提高质量成为农村各级各类教育目标一致、统筹协调的系统工程。

课程、课堂是学校教育质量提升的两大核心要素。课程改革推动教师、学生、学校共同进步。考察部分办学质量较高的学校经验可知，除非课程改革对学校各个层面产生影响并得到很好回应，否则变革无法真正获得成功。以校长为首的学校管理人员、教师、后勤人员乃至家长和周边环境，构成了一个相辅相成的整体。学校应建立民主、科学的教育管理机制，让学校相关主体都能够参与管理，真正成为学校的主人，为课程改革的顺利推进创设软环境。同时，教育公平对课程改革提出了更高的要求，即要增进课程公平，让学生在相对均衡的"软实力"条件下公平地接受教育，让更多的学生切实享受到课程改革的成果。因为真正的质量提升最终取决于学校教育活动对受教育者个性发展需求的满足效能与适应程度。提升教育质量，需要我们从学校文化、课程文化、课堂"教"与"学"方式等不同层面的变革去探索、去实践、去思考。

农村教育改革，需要向尊重个体全面发展努力。教育，究竟是为了什么？

2013 年初，教育部部长袁贵仁在全国教育工作会议上的工作报告，一连19 问很是震撼："如何深化教育领域综合改革，找准那些属于牵一发而动全身的问题并以此作为突破口、成为着力点，取得实质性、历史性的进展？"……部长的思考回应了民众的诉求，回答了"教育为了谁"，那就是更科学地教和育，更理性地评与判，让每一个人都能通过教育收获更好的自己。

多年来的学生学习心理研究表明，学生掌握的、真正能运用的知识是靠学生自己学得的，而不是教师教给的。学生有渴望学习的态度、自主学习的能力，这样他将来就能适应社会、适应科技的千变万化，成为有创新能力的人。他能以不变的"自学"来应付生活中的万变。他在学习并自己"构建"知识、使外在知识内化的时候，要经过反复思考、不断质疑，在几番提出问题、解决问题过程中，产生学习兴趣、形成探索能力、获得发展智慧。教学的基本任务就是要激活学生自主学习的愿望、兴趣、积极性，增强自我发展的能力。然而，政府、教育主管部门、学校、教师常常感到虽尽力而为，有时却收效甚微。困扰农村师生的问题有哪些？大量的农村留守（流动）儿童的内心究竟需要怎样的支持与帮助，使他们能享有成长起点与过程的公平？农村家庭教育缺失对农村孩子带来怎样的影响？

在回归教育本质的理念指导下，农村学校教与学的方式在改变。在改变的过程中，有许多问题需要探究，有许多困惑需要解决。这就是我们致力于农村教育研究并将形成的初步成果呈现给大家的目的所在。尽管我们的研究仅是微小的探寻，但对教育改革而言，一点一滴的努力会激发巨大的能量。

为了更好的明天，农村教育改革在路上，我们的研究也在路上。

编者

2014.6

序

　　党的十八大报告提出了城乡一体化发展的新型城镇化道路。这对农村教育发展将产生何种影响？在此背景下，农村基础教育该何去何从？这是时代给我们提出的新课题。

　　在新型城镇化建设进程中，农村教育为之提供了强大的智力支持和人才保证。农村教育的成败直接关系到新农村建设的顺利与否，还可以进一步推想，占据中国教育事业半壁江山的农村教育也直接关系到中国教育的成败盛衰。在快速城镇化背景下，越来越多的农村青年进入城市，是一种历史趋势。同时，即便在未来二三十年我国城市化率达到 75% 左右，仍将拥有数量庞大的农村人口，拥有规模巨大的农业，农村并不会真的消亡，农业现代化仍然需要高素质的劳动者。城镇化与工业化需要农业的现代化作支撑，中国有十三亿人口，要解决这么多人的吃饭问题，农业的基础地位始终不可动摇。这也决定了农村仍将是中国社会的基础，改造社会必须从改造农村着手；而改造广大农村，必须从发展农村教育入手。因此，在推进新型城镇化的进程中，进一步加强农村基础教育改革与发展，既是农村工作的重点，也是我国教育发展的战略选择。

　　改革农村教育、发展农村教育，需要切切实实的开展教育问题调查，了解农村教育发展（尤其是在新型城镇化进程中）面临的困境，探求解决这一系列问题的路径。盐城师范学院江苏农村教育研究中心的研究者们两年前已关注这一问题，由戴斌荣教授主编的新著《农村教育发展研究》的出版，系统阐述了他们两年来对相关问题的深入调查、研讨与思考。

　　戴斌荣教授主编的新著通篇看下来，主要体现出以下特色：

　　第一，直面教育现实，直言农村教育发展的困境。

　　研究者基于实践调研，从农村学生、教育人才(包括教师)、学校发展及教育公平的推进、学前教育均衡发展、远程教育的普及等方面进行现状观察，提出诸如：农村家庭教育缺失对农村孩子带来怎样的影响？大量的农村留守(流动)儿童的内心究竟需要怎样的支持与帮助，使他们能享有成长起点与过程的公平？如何通过课堂教学方式的转变为农村学生提供有质量的教育？困扰农村师生的问题有哪些？学前教育不均衡的状况究竟怎样，与之相伴的问题有哪些？教育集团化是化解择校热的有效方式吗？教育现代化背景下农村远程教育的现状与问题是什么？如此等等客观现实却有可能是未能引起重视的问题，这些问题的提出揭示了农村教育发展的多维困境。

　　第二，运用丰富例证，探求农村教育问题的成因。

　　源于实践的问题，仍然需要通过实际的例证探求农村教育种种问题产生的原因，该书每一章内容均有针对性地列举了来自农村教育一线的事例，在事例分析中使读者不仅知其然，而且知其所以然。

　　第三，注重理论分析，体现团队农村教育研究的旨趣。

　　研究者力求客观反映已有现状，并结合各自的专业背景进行理论探讨，在此基础上，提出相应对策。无论是问题提出还是理论分析，都能体察到该研究团队共同的研究旨趣："服务学生""应用为本""面向农村"。

　　城镇化进程中仍需要植根乡土的教育，但不是单一的农业科技教育，而是以学生的人格养成为目标，倡导平民教育、生活教育的价值，教育与农村社区发展紧密结合，是一种"为生活做准备的教育"。通过实行综合素质教育，促进学生的人格发展、公民道德和能力培养。所谓"树高千尺，仍具有热爱家乡、回报家乡的乡土之情、乡土之根"。这或许是一种可以追求的乡村教育的理想。

　　农村教育发展的方向是开放和多样化，为受教育者提供尽可能多的选择；农村教育发展要回归"以人为本"的价值追求，离不开教育管理者、教育实践者、教育研究者的不断努力。江苏农村教育研究中心关于"农村教育发展问题与对策"的研究成果，符合当前农村教育改革方向，既有理论高度，又有很强的针对性，此项研究对于农村教育发展决策具有重要参考价值。

田慧生于北京
2014 年 12 月 8 日

目　录

第一章　农村中小学生家庭教育的现状与对策

　　家庭作为社会的最小细胞，在"生态文明社会建设"中有着特殊的地位。家庭作为孩子的第一个课堂和最早、最基础的教育场所对孩子的发展和成长更有着无可替代的作用。家长作为孩子的第一任而且还一直持续影响他们的老师，对于孩子的成长和发展的作用也是难以估算的。研究和探讨家庭教育不仅是教育的重要命题，更是落实《国家中长期教育改革和发展规划纲要》提出的教育目标，实现十八大提出的教育改革任务的重要方面。

　　农村家庭教育与城市家庭教育相比有其一定的特殊性，所存在的问题不仅带有农村的烙印，而且还与当前的社会发展、城市化进程推进、市场经济的发展、社会文化建设等方面有着千丝万缕的联系。研究和探讨农村家庭教育及其所存在的热点、难点问题，对于整个基础教育质量的巩固和提高、农家孩子学习能力的提升、农村经济的发展等方面都有着十分重要的意义。

第一节　农村家庭教育的概述

　　家庭教育是由家长对有血缘关系的受教育者实施影响的一种教育方式，承担着传播道德规范、传授文化知识和社会生活经验的任务，帮助孩子形成良好的道德品质，掌握基本的生活技能，并最终树立正确的世界观和人生观。传统的家庭教育与当前所理解的家庭教育存在较大差异，尤其是随着城市化进程的加快，它不仅改变着传统的城乡观念，呈现出新的特点，而且还使得农村家庭经济、结构、教育发生了本质的变化，同时也给中国特色社会主义建设带来了许多全新的研究内容。其中的农村家庭教育在受到城市化推进作用的同时，也在反作用于农村、农村建设、农村教育，对于农村和整个社会的发展有着特殊的地位。

一、家庭教育为农村中小学生确立发展方向

城市化进程对农村家庭的影响之一就是对家长教育观念的改变，农村家长的教育观念与城市逐渐接轨，表现出城市化的特点，影响着农村中小学生的发展方向与路径。

(一)家庭教育引导农村中小学生的发展方向

处于生理与心理发育期的农村中小学生，虽然身处学校，对于接受学校教育的真正目的及未来发展的方向不一定清晰，尤其是对于把上学视为"迫不得已"和"不知为何"的中小学生而言，家庭教育引导的价值更为重要。

城乡家庭教育理念的差别在中小学生发展方向的引导上表现出一定的差异，前者关心的重点是如何通过家庭教育引导孩子各种能力的提升，以适应竞争激烈的社会；后者则更加关心如何通过家庭教育让孩子理解长辈的良苦用心，希望孩子通过学习，最终走出农村，农村家庭教育强调"学而优则仕"的意味更浓。有一种观点认为，农村地区学生的未来发展方向应该是，通过教育培养适合于新时期农村、农业发展的现代农民。对于一个对孩子满怀希望的农村家庭而言，持有培养"农民"的家庭教育观念的家长恐怕屈指可数。农村家庭通常以"考重点高中""上大学""进城工作"等较为实际的目标作为家庭教育的主要内容，重视中小学生的在校表现、学业成绩以及升学。家长潜移默化的影响无形中引导了农村中小学生的发展方向。

(二)家庭教育规划农村中小学生的发展路径

农村家庭对孩子未来发展方向的教育与引导决定了实现这一目标的路径，有助于孩子"考重点高中""上重点大学""进大城市工作"的可能路径都将成为农村家长关注的焦点。农村家庭为孩子规划的"务实"的发展多以"成绩""证书"等外显的方式呈现，与提高成绩、获得奖励等相关的方式、方法就成为农村中小学生的发展路径。这种发展路径主要有两种表现形式：一是督促孩子在学校认真学习，取得优异成绩；二是通过聘请家庭教师、参加辅导班与兴趣班等校外学习的方式提升孩子的成绩水平，增加孩子校内外比赛获奖的可能性。对于农村家庭而言，第一种路径较为普遍；第二种路径由于需要一定的经济基础，农村家庭选择这种路径的可能性较少。

不难发现，农村家庭对孩子发展路径的规划与设计较为单一，普遍关注孩子校内的学习成绩，这可能存在两方面的问题，第一，孩子除了应试能力得到提高，其他能力的发展受到限制；第二，无形中将教育责任完全置于学校，家

庭教育的功能更多地局限于口头的说教，如"在学校你要好好学习，将来考大学""你要认真完成作业"等等，这种口头的方式虽说必不可少，但明显弱化了家庭教育的功能。

且不论农村家庭引导孩子发展方向与路径时所持的观念正确与否，现实的状况反映出农村家庭教育的现状与其所欲形成的家庭教育的影响存在明显的差距，具有矛盾性。农村家长通过对孩子的家庭教育希望确定其未来"走出农村"的发展方向，但观念中将"走出农村"局限于优异的成绩，造成了所规划的发展路径单一的现象。

二、家庭教育为农村中小学生启蒙道德文化规范

道德文化是中国传统文化的重要组成部分，是中国几千年社会发展与文化变迁过程中所积淀下来的文化精髓，对人们的价值观念、思维方式、伦理规范、健康人格起着引领与规范的作用。在我国社会转型急剧加快的背景下，中国的传统文化受到外来文化的冲击，各种外源性的文化理念和价值观念以排山倒海之势扑面而来，传统文化的发展脉络被打乱，尤其是道德文化在外来文化的冲击下有所消退，文化荒漠现象较为突出。现实生活中发生的有悖传统伦理道德、以"金钱"和"利益"为重而轻视道德文化的现象层出不穷。当前所强调的道德文化建设中，家庭教育是启蒙与形成道德文化的重要力量，对于中小学生形成良好的道德观念，以"仁、义、礼、智、信"引导与规范其言行等方面的道德实践，家庭教育扮演着重要的角色。

(一)家庭教育为农村中小学生启蒙伦理道德

伦理道德是内在的价值理想与外在的行为规范的综合体，在长期积累下来的人们普遍认同的价值理念指引下的具体行为，通常认为符合伦理道德规范，反之则有悖伦理道德。伦理道德通常被理解为一系列规则，用于调节人与人之间的关系，也是为人处世的底线。正是因为有了伦理道德，人类才走到了今天；伦理道德也因为历史传承而形成了一种道义的力量，区别着善恶美丑。当代社会，伦理道德作用常常被缩小甚至淡化，道德无能的问题随之出现。现实生活与网络中经常看到的口号，"老子有权，我怕谁""老子有钱，我怕谁""我爸是李刚""我找的男友必须是有车有房，最好是父母双亡""道德多少钱一斤？道德能当饭吃吗？"等等，无不反映出对伦理道德的极端藐视。

近几年所发生的有悖伦理道德的事虽然是个别的、局部的，但其危害性不可低估，不得不让人们反思家庭教育的问题。学龄段的孩子正处于儿童期向青年期、成人期过渡的关键时期，尤其现代发达的虚拟网络世界，易使孩子陷入道德文化选择的危机，这一时期的家庭教育在启蒙孩子的伦理道德过程中有着特殊的作用，如何形成正确的伦理道德观念并指导与规范孩子的行为，成为家

庭教育的主要内容。农村家庭教育对孩子的伦理道德启蒙方式具有一定的特殊性：一是农村家长在淳朴民风的影响下所表现出的伦理道德行为能够为孩子提供榜样；二是网络使用尚不普遍的农村地区，孩子受网络不良影响的机会较少，长辈的伦理道德教育占一定的优势；三是农村家庭经济收入水平决定了家长较少的灌输像"我家有钱，我怕谁""我爸是某某"等思想，无形中约束了孩子不符合伦理道德的言行。但农村家长对孩子伦理道德的教育受制于其自身的文化水平，农村家长对伦理道德的判断力，可能影响孩子道德是非判断的能力。

(二)家庭教育为农村中小学生启蒙传统美德

传统美德是中华民族在社会生活、繁衍过程中经过反复筛选、锤炼而逐步形成的民族精神，是中国传统文化的精髓，如讲究诚信、团结友爱、自强不息、勤俭节约、谦敬礼让等影响着一代又一代的中华儿女。传统美德教育作为道德教育的一部分是学校与家庭应该共同承担的责任，其中农村家庭对中小学生的传统美德启蒙具有直接性、全面性的特点。

农村家庭对中小学生传统美德启蒙与传承的直接性，主要由农村家庭典型运作方式决定。由于农村家庭受传统观念影响较深，家族的整体组织多为阶序式的运作方式，即家庭中的成员依辈分、年龄排列尊卑，组成一套垂直的地位系统，家族中的任何一个成员几乎并无两人占据同一位置，显示农村家庭家人地位的垂直排列①，由此形成了家庭内社会生活、教育等活动的特殊运作方式，即权力运作，家长制成为中国家庭的典型运作原则，农村多数家庭仍遵循这一运作方式，其中隐含权威与强制的意味，农村家庭所秉承的中国传统美德在阶序式家庭运作模式下能够得到较好的传承。农村家庭对中小学生传统美德启蒙与传承的全面性，首先，得益于家庭成员合力的教育结果。现阶段我国儿童青少年的家庭成员结构，一般是一个孩子有6位直系长辈(爸爸、妈妈、爷爷、奶奶、外公、外婆)，即所谓"四二一"制。这种家庭构成首先为孩子启蒙传统美德提供了人力资源，且不同年龄结构的家庭成员能够为孩子提供传统美德教育的不同素材。其次，家长与孩子间的亲情能够为孩子的传统美德教育提供沃土。相对于社会、学校教育，家庭教育对子女传统美德的教育效果较为突出，以亲情为显著特征的家庭，其道德教育是建立在情感基础上的，孩子容易在这种环境下接受家长的说教或引导，也为传统美德的传承提供便利条件。

(三)家庭教育为农村中小学生启蒙交际规范

由于受到学校、农村社区、家庭、交际实践等方面影响，农村中小学生的

---

① 杨国枢、黄国光、杨中芳. 华人本土心理学[M]. 重庆：重庆大学出版社，2008：245－278.

交际素养的培养和实际水平远远跟不上学生自身发展和社会交际实际的需要①。具体表现为农村学生交际方面的羞怯心理、自卑心理、自负心理、逆反心理、随便心理和赶时髦心理，这些交往心理的障碍影响农村学生社会交往能力的发展。

中小学生人际交往能力的发展是实现社会化的必要条件，对个体情绪情感、认知等方面的发展都具有十分重要的意义。研究表明，中小学生人际交往技能的发展与母子关系、家庭的文化有密切关系，这使得家庭教育为农村中小学生交际意识的培养提供了可能，农村家庭对孩子交际意识的培养能够逐步清除社会交往时表现出的不良心理。家庭教育对农村中小学生交际意识的培养有诸多益处：一是借助家长社会交往经验，随时随地地对孩子进行人际交往方面的教育；二是家长可以针对孩子在校与同伴相处的具体行为引导与调整孩子的人际交往方式；三是农村大家庭人与人之间的交往方式，更容易为学生训练人际交往技能提供丰富素材。

中小学生交际的主要对象有同学同伴、教师、家庭成员等多种类别，农村家庭对孩子交际意识的唤醒与交际能力的培养一般从这些方面入手。首先，孩子在校与同学的相处、与邻居同伴的游戏等都可以成为农村家长培养孩子交际能力的机会，家庭教育中对孩子与同学同伴友好相处、互相帮助、协作等方面的教育，对于孩子较早的习得社会交往技能、培养主动交往的意识有着较大的促进作用；其次，家长会、家校共建平台等方式能够让农村家长了解孩子在校期间与教师交流、沟通的实际情况并展开有针对性的教育；最后，学生与家庭成员的相处能够较为直接的训练孩子与人交往的技能，言传身教、适时指导、循循善诱等家庭教育的方法在提升孩子交往能力方面都是较为常用且效果明显的方法。

三、家庭教育为农村中小学生积累社会生活知识

社会生活知识是农村中小学生走向社会、适应社会的必备知识，如安全知识、礼仪知识、交往知识等。无论是家庭中的日常生活、学校中的学习生活、社会中的人际交往，处于学龄段的农村中小学生，积累一定的社会生活知识将为其今后的发展奠定良好的基础。家庭教育对农村中小学生社会生活知识的形成与积累具有不可替代的作用。

（一）家庭教育有助于农村中小学生掌握日常生活常识

家长对中小学生日常生活知识的传授是家庭教育的重要内容，是孩子认识

---

① 戴斌荣. 重视农村学校学生良好交际心理素养的培养[J]. 盐城师范学院学报（人文社会科学版），2012(4)：105.

生活、感悟生活、走入生活的第一步。家庭教育中有意识地传授孩子日常生活常识对孩子热爱生活和促进有意义学习有着重要作用。

首先，日常生活知识中的环保、营养、健康、服装、色彩等方面的常识有助于孩子发现生活的乐趣，有助于孩子增强生活的信心。现代社会的生活内容缤纷复杂，从小养成了关心生活、学会生活的孩子，走入社会才有较强的适应和生存能力。及早培养孩子体悟生活乐趣，从生活中汲取积极因素，使得孩子能够从最初的掌握生活知识到培养生活兴趣，以此为基础的学习与工作才不至于枯燥乏味。同时，面对当前与日俱增的就业压力，多数农村家长都把上大学定为孩子的发展目标，但当前用人单位招聘大学生更看重实际能力，面试时也将日常生活常识作为考察的重要内容，从情商与智商两方面综合评价，从这个角度来说，家庭教育对孩子生活常识的教育有着现实意义。

其次，中小学的课堂教学正逐渐发生变化，受到新教学理念的影响和教材内容呈现方式的转变，中小学教师的教学内容开始与生活实践相结合。如"求坦克履带的着地面积"，似乎只是一个计算问题，算出答案就可以了，但它又与常识有关，如果没见过或不知道坦克的履带为何物，即使算对而不理解题目的真正意思，所谓的有效教学就要大打折扣。家庭教育中的生活常识教育有助于中小学生在校学习与生活知识的结合，在强调素质教育的今天，孩子的真正发展才是目的，建立在生活基础上的学习，才不至于出现"一个鸡蛋5000千克"的答案。家庭日常生活教育能够将孩子的探求天性和自我体验结合起来，成为孩子成长中不可或缺的组成部分，使孩子在学习和体验中感到自信和充实。

(二)家庭教育有助于农村中小学生培养生活自理能力

生活自理能力是在生活中照料自己的行为能力，如处理日常生活琐事(做饭、卫生、购物等)的能力、独自承受各种压力的能力、独立思考与独立理解问题的能力等。培养孩子生活自理能力是一项长期、烦琐、细致的工作，随着孩子年龄的增长，生活范围由家庭扩展至校园，在逐渐社会化的过程中，需要培养更强的自理能力，以应对生活所需，如穿脱衣服、收纳玩具与整理床铺等，家庭教育在其中承担着主要的任务，并能收到良好的效果。

家庭教育对农村中小学生生活自理能力的培养与教育能够促进孩子感觉动作的发展，如肌肉力量、肌耐力、灵活性与协调性等，有助于孩子的健康成长。同时，独立完成一项任务或成功做好一件事情无形中增强了孩子的社会心理能力，如自信心、责任感等能力的发展。培养孩子生活自理能力的过程也是训练孩子独立思考问题、解决问题能力的过程，尤其对于住校的农村中小学生而言，家庭教育过程中有意识地训练孩子的生活自理能力，有助于孩子较早地融入学校的团体生活，并在自理的生活与学习过程中形成独立处理问题的能力。培养中小学生的生活自理能力，为其终生发展提供必要的生活技能，激发他们终生爱生活的愿望，养成终生对生活负责任的态度，并具有基本的实践能力，从而具备规划人生的能力，切实奠定学会生存的支柱。

（三）家庭教育有助于农村中小学生形成良好生活习惯

良好的生活习惯是高质量生活的基础和重要组成部分，培养中小学生良好的生活习惯，是保证其健康成长的重要前提。培养中小学生良好的生活习惯，是家庭教育的重要内容。

中国家庭非常重视孩子良好生活习惯的养成，如作息时间、礼貌用语、讲究卫生等，处于生活习惯养成关键期的中小学阶段，家长的榜样作用、监督控制都有助于中小学生良好生活习惯的养成。农村家长在这一过程中扮演着独特的角色，随着农村寄宿制学校的普遍增多，离家较远的中小学生一般选择住校，农村家庭在孩子住校前多注重孩子良好生活习惯的培养。农村中小学生住校除了具备生活自理能力外，家庭生活中养成的习惯会迁移到学校生活中，在缺少监督与约束的住校阶段，良好的生活习惯将进一步促进行为规范的形成。而不良生活习惯影响下的农村住校中小学生，其行为习惯在无约束的条件下将会出现较多问题。同时，良好的生活习惯一旦养成极易形成农村中小学生良好的学习习惯。良好生活习惯养成的意义不仅在于能够处理和应对生活中的各种问题，而且在于观念与行为的自我调整与约束，即良好生活习惯的扩大化。

四、家庭教育为农村中小学生弥补学校教育不足

家庭教育、学校教育是教育系统中紧密联系而又彼此独立的两个部分。学龄段儿童的成长与发展，学校教育负有重要的责任，而家庭教育亦不可缺少。学校教育和家庭教育对中小学生的教育各有优势，也各有局限性。当前教育改革的实践表明，家庭教育与学校教育的有机配合，中小学生的学校教育的质量和效果明显提升。作为一种教育形式，家庭教育促进农村中小学生身心发展的作用是学校教育和社会教育所不能替代的。从终身教育的角度看，家庭教育具有学校教育所不能提供的教育资源，亦在很大程度上弥补学校教育在提升中小学生学习兴趣、弥补他们生活实践知识匮乏等方面的不足。

（一）家庭教育可以增加农村中小学生课外实践机会

新课程改革注重培养学生的创新精神和实践能力，以实现教学方式与学习方式的变革。中小学生实践能力的培养，除了日常课堂教学外，有效开展并指导中小学生进行课外实践活动是关键。课外实践活动能够充分发挥学生的自主性、能动性，让他们真正成为学习的主人。

农村中小学目前开展的课外实践教育是将学科知识与应用拓展、延伸到课外或校外，是有意识地引导农村中小学生以科学的态度去观察、思考、解释客

观事物或现象，最终培养中小学生自我学习、自我发展的能力，形成良好的科学素质，以适应社会发展的需求。但农村学校教育由于偏重知识的传授，通过课外实践活动培养学生动手能力、解决问题能力方面多流于形式，或由于时间较短，没有系统性而不能满足中小学生的实践需求。作为学校教育有力补充的家庭教育能够实现有益的补充，课外实践强调知识应用延伸到课外、发展到校外、融入社会生活之中，家庭教育具备这一条件，且农村家庭有着开展课外实践活动得天独厚的地理优势。如农作物观察和实验、植物栽培、小动物饲养等农村家庭可实现的实践活动，都可以拓展学生的知识视野，激发学生学习兴趣，培养学生创造能力。同时，农村中小学生农忙时间帮助家长干农活、做家务，在一定程度上体现着校外实践活动的内容。农村家长有意识地让孩子参加耕种、收割、买卖等活动，有助于孩子更好地了解社会、体验生活的艰辛，这种亲身体验所带来的感悟是学校教育所不能提供的。

（二）家庭教育可以弥补农村中小学生学校学习的不足

中小学相关课程的教学一般遵循由易到难、由简单到复杂的循序渐进的方式展开，随着年级的升高，开设课程数量会随之增多，难度亦会加大，农村中小学生在校学习的压力也会增大。学生家长针对孩子的在校学习状况一般会采用两种方式：一是聘请家教辅导孩子相关课程的学习；二是由父母亲自辅导。对于农村家庭而言，后者居多。家长对孩子的辅导有诸多益处：一是通过辅导了解孩子在校学习的状况，以便及时与任课教师进行沟通；二是了解孩子相关课程学习的弱项，及时纠正孩子偏科的现象；三是通过辅导了解孩子感兴趣的课程，易于发现孩子学习的兴趣点。

农村家长受文化水平的限制，不少家长在亲自辅导孩子学习的时候显得力不从心，再加上如今中小学课程的呈现内容、呈现方式有较大的灵活性，已不是农村家长想象中的中小学课程，不是简单地教几个字，做几个题就能解决的。虽说农村家庭的学习辅导存在诸如此类的问题，但家长对孩子学习的督促和关心也可以从侧面引导孩子的学习，最起码通过亲自辅导能够了解孩子学习的不足。

第二节　农村家庭教育的现状

农村家庭教育是与农村家庭成员的构成、农村家庭成员与孩子的关系、农村家庭成员的文化修养等等方面直接关联的。城市化的推进使得农村家庭的状况有了不同程度的变化，社会观念、经济观念、家庭观念、教育观念也在作用于每一个农村家庭成员和他们的家庭教育，不同区域的不同家庭又会呈现出千姿百态的存在方式，也必然会出现千差万别的问题。

一、农村家庭教育的特点

(一)父母进城务工，留出家庭教育的空白

在我国社会转型期，因明显的城乡差距而引起的农村劳动人口大规模社会流动，伴生了农民工随迁子女和留守儿童的家庭教育缺失问题。这种以"牺牲整个一代乡村儿童幸福的代价"来赢得农村家庭经济状况好转的现象普遍存在[1]。父母进城务工，或将子女留于长辈抚养，或将子女带在身边，两种不同抚养方式都将带来家庭教育的问题，社会生活方式的变迁与家庭结构的变化，对中小学生的思想和教育产生了前所未有的冲击。

1. 农村中小学生情感教育的空白难以弥补

父母进城务工会造成两方面家庭教育的问题，一是将子女带往打工地，留在身边的情况，即流动儿童的教育问题。当前，农民工子女教育问题已成为农民工研究和农村教育研究的一个重要话题。有研究表明，农民工由于处于城市边缘群体地位的现状影响了其子女的教育[2]，如农民工子女在学校的受排斥现象，极易由于心理落差产生心理健康方面的问题。由于自身条件的限制，农民工不一定能够及时发现孩子入城后的心理变化，通过孩子的具体行为，如要求买新衣服、要求换学校等方面的表现得出孩子"不听话""不懂事"的片面的判断，其实质是孩子生活环境变化引起的心理自卑的外在表现，而这一过程中父母对子女心理调试或心理支持表现出"无助"，农村中小学生本不该出现的这些问题很可能因为得不到家长的心理支持而影响他们健全人格的形成和发展。

二是将子女留在原籍由长辈进行抚养，即留守儿童的教育问题。无论是父母双双外出打工或单外出打工，都会造成孩子情感教育的问题。首先，父母双方都外出打工而不得不留孩子在长辈身边抚养或教育，隔代教育难以替代子女对父母情感的需求，尤其是处于情感形成与发展关键期的中小学阶段，缺失父母情感关注的农村中小学生极易造成偏执性人格，或将现实情感的缺失转换为对网络虚拟世界的依赖，农村留守儿童表现出的孤僻、学习困难、自卑等问题与情感教育的缺失有一定的关系。其次，出于对孩子生活照顾等方面的考虑，在家里需有人外出务工时，往往会考虑父亲或者母亲一方外出务工，从而形成了隐性的单亲家庭。并且受"男主外、女主内"的传统习惯影响，女性户主隐性单亲家庭所占比例更大。这种家庭教育模式存在的问题主要在于：第一，留守

---

[1]　李晓伟. 论我国社会转型期农村家庭教育的困境与突破[J]. 教育学报，2012.6：97.

[2]　秦玉友，齐海鹏，齐倩楠. 农民工子女教育问题与应对策略研究[J]. 教育科学，2007.6：52.

一方要承担所有繁重的家务和农耕劳动，致使她们身心疲惫，导致在孩子教育方面缺乏耐心，不能很好地和子女沟通与交流，这对儿童的人格形成非常不利①。第二，单方的情感关注和情感传输存在弊端，对于心理、生理发育期的男孩，父子的情感交流有益于培养孩子的责任心，可以为其树立"男子汉气概"和懂得担当的"男人"形象，这种情感的教育和影响是母亲难以替代的。Hetherington 等的研究认为，父亲对于一个孩子的发展，特别是对于其自我认同具有重要的作用，父亲帮助孩子从心理上与母亲分离，教他们控制自己的冲动，学习各种规范和规则，同时还能帮助母亲避免过度情绪化地处理她和孩子之间的关系②。现代科学在探索儿童心理发展的过程中也发现，当孩子进入幼儿期后，他们便开始把注意力转向父亲，开始对父亲那粗犷的逻辑性形象感兴趣，并需要从父爱中感受力量和刚毅，这种需要随着孩子年龄的增长日益明显。所以，现代家庭教育呼唤父亲投入更多的时间和精力③，但外出打工的父亲很难满足孩子成长过程中对情感需求，父亲角色的参与现状比人们想象的更令人担忧。

2. 农村中小学生家庭教育的合力难以形成

针对农村家长进城务工所引起的中小学生的教育问题已成为众多农村中小学校研究的重要课题，首先，农民工子弟学校或借读的公办学校，这部分孩子都被视作"特殊群体"，由于身处城市，生活和学习环境的变化会引起这些学生的诸多不适应，其学习状况与心理的变化是学校关注的焦点。其次，父母外出打工留守于原籍的农村中小学生，缺乏父母监管和教育的儿童亦会出现学习和心理方面的问题。调研中发现，有些学校留守儿童竟占到 40%～60%，比例之大，使学校的教育工作遇到麻烦。

在对农民工子女教育和农村留守儿童教育的众多研究中，学者们均提出学校教育与家庭教育合力的重要性，强调家庭教育正能量的发挥以作为学校教育有力补充。而现实的状况是，进城务工的家长虽然将孩子带在身边，但他们经常忙于工作，并无太多精力和时间辅导孩子的学习，孩子教育的重担多压于就读学校，且城市学校学业的压力往往大于农村学校，城市家庭教育为孩子提供的辅导方式并不一定能被进城务工人员所接受，两种教育的合作模式难以形成。同样，留守儿童由于单方或双方父母外出打工，本身存在家庭教育的缺失，虽然广义上的家庭仍然存在，转换为单方的家庭教育或隔代的家庭教育，

① 郭晓霞．农村留守儿童家庭教育缺失的社会学思考[J]．教育探索，2012.2：22.

② 杨丽珠，董光恒．父亲缺失对儿童心理发展的影响[J]．心理科学进展，2005.3(3)：260－266.

③ 刘秀丽，赵娜．父亲角色与儿童成长[J]．外国教育研究，2006.11：13－18.

但由于父母外出所造成的农村中小学生的学习与心理问题再依靠家庭教育予以解决，相当于由"问题产生的原因解决问题"，本身就不合逻辑，从这个层面上说，两类情况都难以形成家校合作的教育模式。

（二）独生子女为主，带来家庭教育新趋向

20世纪70年代以来，国家实行计划生育政策，家庭生育率降低，家庭规模趋于小型化，传统的"正金字塔型"的家庭结构正在逐步向"倒金字塔型"的结构转变，"四二一"的家庭结构代表了中国未来农村社会的家庭结构主流。独生子女家庭的增多，子女教育就成了令人关注的问题。独生子女在家地位如同"太上皇"的说法虽有些夸张，但经受过生活艰辛和磨难的长辈对孩子的过分呵护所引起的教育问题确实普遍存在。

1. 已为父母的"80后"一代缺乏教养的实践经验

目前，"80后"一代大多已走入婚姻殿堂，作为家庭结构里的中流砥柱担当着"上有老，下有小"的角色，身为人父人母的"80后"其生长环境已较为安逸，且多为独生子女，父辈对其"独苗"的成长倾注了太多热情和心血，对"80后"一代的质疑一直是社会各界讨论的热点。如今已成长起来的一代对其独生子女的教育在新的社会规则下又呈现出新的特点，既渴望按自己的意愿教育孩子，又迫于没有养育经验而依靠其父母帮忙，既希望自己摸索，又因祖辈干预导致其对子女教育的受阻，对子女的教育经常徘徊于理想与现实之间。

一般而言，"80后"一代比其父辈接受更高的、时间更长的学校教育，这意味着他们在科学知识的掌握广度和深度方面远远高于父母，特别是近几年，高校加强了学生的心理教育，有些高校开设了全校性的心理学课程，使他们了解了人的心理发展的一般规律和特点，这些知识的学习有助于他们成家生子后以科学的方式教育、引导其子女的发展。同时，发达的网络时代为他们提供更为便利的条件学习抚养教育孩子的知识和获取应对特殊问题的解决方式。但初为人父人母的"80后"由于超前的教育理念和教育实践的缺乏，极易出现家庭过度教育的问题，即在不适当的教养态度影响下形成的、超过子女身心发展水平和实际需要的家庭教育方式，如对孩子过度苛严和过高期望，以至于在孩子较小的时候让其参加各种训练，致使孩子成为这个社会最忙碌的人群。

2. 长辈的干预影响父母对其子女的教育

处于职业上升期的青年人由于忙工作，其子女的抚养与教育多依靠父辈，典型的"421"的家庭结构也决定了一个孩子多种教育的混杂现象，父母对孩子的教育和长辈对孩子的隔代教育，极易出现问题。

一是孩子的父母与长辈容易产生教育教养方式上的分歧。如孩子犯错，有的要打有的要护；孩子生活习惯，有的要规范有的要放纵；孩子兴趣，有的要让其自然成长有的要强硬培养等。教育观念上的差别时常引发家庭矛盾，家庭管教意见的不一致。尤其当孩子面互相责备或争吵，让孩子无所适从，分不清是非，情绪不稳，形成好斗甚至冷酷的性格，妨碍孩子身心健康发展。

二是父母无暇顾及，完全由长辈抚养教育，即隔代教育。隔代教育易出现过度呵护的问题，过分宠爱，对孩子百依百顺、放纵、不加管教，唯恐孩子受委屈，怕跌伤、撞伤，不让孩子与别的小孩玩耍，过分照顾，吃饭要人喂，事情由长辈代办等，这些现象在隔代抚养的家庭中较为常见。孩子不良行为习惯与心理，如自私、任性、不尊重长者，孤僻、胆小、不合群，对周围环境缺乏信任和安全感，不爱惜东西和不尊重别人等问题随之产生。

三是多方宠爱导致孩子耐挫能力较差。成长于"温室"中的独生子女受到父母的百般呵护，受到爷爷奶奶、外公外婆的千般疼爱，父母长辈的包办代办使孩子较少的经历"风雨"，遇到挫折极易产生放弃的心理或以消极心理予以应对。如因受到同学冷落、老师的批评或家长的几句恨铁不成钢的冷语，而逃学、出走甚至走向生命极端者屡见报端，这就是平时对孩子耐挫能力培养不够的结果。孩子成长的过程遭遇挫折是不可避免的，能够忍受和消除挫折并保持完整的人格和心理平衡，这是心理健康的重要标志。然而，独生子女的抗挫能力普遍较差，前些年新闻媒体上曾经报道过的《夏令营的较量》，中国孩子在中日夏令营中表现出的独立能力、抵御挫折的能力明显低于日本的孩子，这点不得不令人担忧，也因此掀起了一轮挫折教育大讨论以及关于儿童青少年耐挫能力培养的思考。

（三）离婚比例升高，出现家庭教育新问题

随着城市化的推进，城市的农民工越来越多，近几年外出打工人员的家庭破裂现象引起人们的关注。农村富余劳动力外出打工，增长了见识的同时也提高了他们对婚姻的期望值。农村传统的婚姻观念也随之发生变化，相当多的人不再认为离婚是丑事，夫妻双方在"感情不和"的情况下，更容易通过离婚重新追求各自的幸福生活。如重庆南川 2009 年有 2040 对婚姻解体，结婚、离婚比例达到 2.5∶1，长寿区有 7774 对新人成为夫妻，有 2622 对夫妻成为陌路人，结离婚比例为 2.9∶1；璧山县的结离婚比例是 2.9∶1，农民工婚姻解体成为城市新现象①。

1. 同地打工结婚，不同地打工分手

2012 年"十大新词"评选中，"体制性寡妇"被评为年度最佳，看似调侃式的网络语言深刻的暴露了城市化进程中外出务工所带来的社会问题，而《留守妇女成"乡村二奶"的无奈》再次引起强烈关注。农村留守妇女是中国经济高速发展背景下，城乡二元体制的产物，是"体制"夺走了她们的老公。留守妇女被

---

① 　重庆结婚离婚比例高于全国，农民工离婚成新现象[N]. 重庆晚报．2010-02-01.

称之为"寡妇",是因为她们的性生活类似于寡妇,打上引号是因为她们并非真正的寡妇,她们都有丈夫。乡村"寡妇"是迫于家庭生活的压力,丈夫长期在外打工,而自己又要在家看管孩子,耕种那一亩三分田①。有资料显示,在众多的离婚案件中,发生在外出务工或经商人员家庭的约占80%,离婚原因几乎都与外出有关。

外出务工夫妻长期两地分居,缺乏思想沟通以及性交流,造成感情疏远,中国农业大学一项研究显示,全国有8700万农村留守人口,其中有4700万留守妇女。调查中发现,留守妇女隐讳地表达了她们的性压抑问题,"她们长期处于性压抑状态,这也导致了连锁的负面情绪。"69.8%的留守妇女经常感到烦躁,50.6%的留守妇女经常感到焦虑,39.0%的妇女经常感到压抑,久而久之婚姻难以维持。而处于同一城市或同一单位的打工人员,也容易因为生理、情感的需要而走在一起。除了单方外出引起的"体制性寡妇"、离婚率上升的问题外,双方不同地打工人员亦会由于各种需求而分道扬镳,其原因多源于情感和性压抑。农村外出打工出现的工友同住、"临时夫妻"等最终引起的夫妻离异,无疑对子女的成长产生不良影响,现实世界中所发生的未成年人暴力案件、偷盗案件、刑事犯罪等,离异家庭的儿童青少年所占比例较大,与父母离异后家庭教育的缺失有较大关联。

2. 父母离异造成子女家庭教育的缺失

打工人员离异比例的逐年增长,使人们越来越关注离异后的家庭教育对子女心理发展的负面影响。无论是重新组建家庭或由单方独自抚养教育,对于离异的父母而言,如何处理离异后的子女教育问题,是一个不可避免的话题。遗憾的是,许多离异的父母对此问题的处理极不恰当,甚至没有意识到离异和离职可以是独立的两件事②。且外出打工人员的文化水平也决定了他们对这些问题考虑缺乏全面性,一般很少顾及离婚后孩子的心理感受和离婚后由于家庭教育的缺失对孩子心理的影响。

我国的研究者盖笑松等人曾对数据库(CNKI)1994—2005年间有关离异家庭子女问题的研究报告进行了全面检索,通过对十二年来国内研究文献的系统回顾,发现几乎所有研究都报告了父母离异对子女心理发展的消极影响。第一,心理健康问题。离异家庭子女存在更多的心理健康问题,在躯体化、强迫、焦虑、敌对四个因子上的表现最为明显,而且在孤独倾向和冲动倾向上的

---

① 洪巧俊. "体制性寡妇"会成为2012十大"新词"吗? [EB/OL]. (2012-11-08) http://blog.sina.com.cn/s/blog_491e27980102e2gq.html? tj=2.

② 刘秀丽,盖笑松,王海英. 中国儿童的家庭教育环境:问题与对策[J]. 东北师大学报(哲学社会科学版),2009.3:39.

问题特别明显；第二，行为问题。离异家庭子女的行为问题得分显著高于完整家庭，在行为问题的具体内容上，抑郁、退缩、孤僻、交往不良等问题的发生率较高；第三，人格特征。离异家庭子女人格上更具备神经质特征，另外掩饰性也比较强烈。且离异家庭子女在人格内外向方面更倾向于两极化，或者过分内向，或者过分外向；第四，自我意识方面的特征。离异家庭子女的自我意识具有消极特点，自尊水平较低，自信心不足，自我价值感较差；第五，学习方面的特征。虽然离异家庭子女在智力上与完整家庭子女无显著差别，但他们的学习适应性更差，学习成绩也较低；第六，压力感与应对方式方面的特征。离异家庭子女不但感受到更多的生活压力，而且更倾向于采用消极的应对方式；第七，其他特征。国内近年来的研究还涉及离异家庭子女犯罪率、自杀倾向、社会适应力等问题，发现他们在这些方面都存在消极表现①。离异后家庭教育的缺失对农村中小学生的负面影响让人担忧。

二、农村家庭教育的主要问题

（一）观念落后，不适应社会需要

城市化带动下的农村家长的教育观念虽然已发生了较大的改变，但传统农村家庭的教育观念根深蒂固，深深的植根于农村家长的大脑中，严重束缚了农村家长的教育思想和观念。

1. 望孩子成龙凤，盼子女跳农门

生活在农村的家长倾向于将一切的希望都寄托在子女身上，期待他们能跳出农门、光耀祖宗，家长"望子成龙，望女成凤"的心态可以理解，毕竟当前的城乡地区生存与发展的条件存在巨大的差距，追求优越的生活条件和良好的发展空间是人的基本需求。但以家长的自我观念为农村孩子设定的发展之路，无疑给农村中小学生带来学习的压力。在家长的教育目标体系中，"知识的传授"被强化到无以复加的程度，其他各项指标均需为其让路。许多农村家长认为，家庭教育最首要的是提高孩子的知识水平，用各种方法督促孩子不断考高分，最终考上大学乃至研究生等，这才是子女成龙成凤的唯一途径。这种观念的偏颇之处就在于它忽略了能力的培养，性格的塑造对孩子健康发展的重要性。家长强压下的农村中小学生的教育观、学习观也会偏离理性教育的方向，农村家长的这种学习方向的引导将压抑孩子的个性，且农村中小学生过多的以"成龙成凤""跳出农门"作为学习目标，势必造成唯分数是一切，不仅挫伤了孩子个性里的创造力，甚至形成孤僻和待人冷漠的性格。在农村不合理不科学的家庭

① 盖笑松，赵晓杰，张向葵. 父母离异对子心理发展的影响：计票式文献分析途径的研究[J]. 心理科学，2007.6.(30)：1392—1396.

教育的引导下，孩子学习之外的能力被蚕食，创新意识被湮没，"不成龙反成虫"的案例比比皆是。

2. 读书无用，不重视未来发展

不少农村青年面临"升学无望、就业无门、致富无术"的尴尬境地，这表明农村教育在发展思路、办学体制、运行机制以及教学内容等方面存在着与农村经济和社会发展不相适应的状况。一些在城市打工的农村中小学生的父母在实践中感到不学习那么多的知识，一样可以在城市找到工作，甚至可以赚到比大学毕业生还多的钱。大学生毕业后难以就业的现实，使得他们对于依靠读书离开农村的目标产生了动摇。不少家长从眼前利益出发，算起了经济账，觉得进高中、大学费用需要数万元，工作找不好还不如不读书。家长们还担心花了不少的钱读到初中毕业，甚至是到高中毕业，虽然有了离开的思想，但又缺少发展农村经济的本领，就是到了城市也无法适应，即使是读了一个高职，找个工作，仍然是城市的高级"打工仔"，他们又将和父辈一样成了第二代、第三代农民工，还不如早点工作，多挣点钱少赔点读书费用。因此，农村中小学的辍学率有不断上升的趋势，甚至有的孩子高中毕业了也不参加高考。使得一些重点大学里出身于农民家庭的学生比例在逐年减少①。

农村家长所持的"读书无用论"与"望子女成龙凤"的观念处于两个极端，其根源是落后的观念作祟，两种观念都体现了农村中小学家长务实、功利的教育观，这种对教育抱有现实的、立竿见影的态度实际上是对教育功能的误解，一旦出现教育难以实现其预期设想，亦会演变为对学校教育的不满和批判。这种观念的实质反映了农村家长自身所持有的教育观念与城市化影响下个体所应持有的教育观念的差距。

(二)行为极端，放任与严管并存

城市化的进程影响了农村家长教育方式的改变，但这种影响又不彻底，形成了农村家长半城市化的家庭教育观念，既希望维护家长在家庭中的权威，又想和孩子以朋友对等的方式调节处理双方关系，既想采用城市家长教育孩子的方式，又在家庭教育实践中无法权衡，经常由于不接受或不会操作而主动放弃。在农村家庭中最常见的家庭教育莫过于两类极端方式，一是放任；一是严管。放任，或由于工作无暇顾及或对孩子的家庭教育不重视；严管，或由于对孩子抱有较大期望或为家长权威观念所影响。

1. 放任自流，缺少严格规范约束

现实生活中的农村家长，对儿童教育学、儿童心理学了解不多，在教育观念上往往失于偏颇，偏重于养育而非教育，或将民主家庭教育理解为放任，一

---

① 陈金干.城镇化进程中农村基础教育问题探究[J].中国教育学刊，2009.12：19.

味地听从顺之，对孩子常怀着姑息、迁就的心理。放任的结果容易形成孩子不良的心理与行为表现：一是孩子只关注自己。孩子的自私心理不是天生的，而是在后天环境中逐渐形成的。其中最重要的原因是父母对孩子的娇惯溺爱，把孩子视为家庭中心，一切都只关注孩子，在这样的环境中，孩子的心中只有自己，他只会关注自己，想不到关心别人；二是随心所欲花钱。有很多农村家长愧于陪伴孩子的时间少，忙碌的他们喜欢用金钱来表示对孩子的关爱；三是无严格管束。在家当"皇帝""小太阳"习惯之后，孩子观念中认为对的就会去做，不想做的事情就坚决不做，在"自我为中心"心理影响下的孩子具体行为不受主观意志约束，任意妄为，都是由于不恰当的家庭教育观念传输于孩子的结果。

2. 严而无度，缺少科学合理方法

有些家长则走向了另一个极端，对孩子施以粗暴的教育方式。农村家长一般希望孩子按自己设计的方向发展，孩子稍有不如意，则予以批评、责怪，甚至进行打骂，有恨铁不成钢之势，经常走入家庭教育的误区。一是急于求成，对孩子缺少耐心。孩子的成长是循序渐进的，每一点进步都需要一定的时间，家长的耐心期待其实是对孩子成长自然规律的遵循。二是把拳头作为唯一的工具。要想让孩子有一个清楚明白的是非观，拳头是不起任何作用的，而且也根本不可能仅仅凭借暴力就让孩子一直屈服。三是不愿赞美孩子。日本的一项研究表明，孩子经常受到家长夸奖和很少受到家长夸奖的，其成才率前者比后者高五倍。四是限制孩子的想象。一味地限制是造成当今中国孩子想象力贫乏的根本原因。五是把成绩看得太重要。家长不明白教育孩子的最终目的是什么，当孩子还在学校的时候，他们总是把学习成绩当成评价孩子的唯一标准。

农村家庭教育所表现出的极端的教育方式与家长自身素质有较大关联，或观念落后，或方法不当，或对孩子的教育缺乏长远眼光。在教育孩子的过程中，理想的教育方式是采用民主型，即给孩子自我发展的自由，尊重和信任孩子，并以平等的身份与孩子交谈。其总的思路是要最大限度地培养儿童的综合素质。但是，一种适宜的教育方式总是通过理论学习和实践进行多次结合而探索出来的。

(三)盲目攀比，不考虑实际可能

日常生活中，我们经常可以看到或听到很多家长都把孩子当成自己炫耀的资本，他们总是把自己没有实现的理想寄托在孩子身上，渴望孩子来替自己圆梦：他们自己没有读过大学，就希望孩子能够考上一个好的大学；自己喜欢琴棋书画年轻的时候没有机会系统地学习，就让孩子去学习并指望孩子可以学出一点名堂来；自己不擅长体育，就要求孩子勤学苦练跑得比谁都快……当孩子有了一些成绩的时候家长似乎就可以把孩子的成绩当作自己的骄傲。家长为孩子自豪是一件正常的事，但家长的过度夸耀或盲目攀比会给孩子带来无形的压力。

世界上没有两个孩子是完全一样的，每一个孩子都有自己独特的优点和缺点，能力和特长也各不相同，但是很多家长却总是喜欢把自己的孩子和别的孩子比较，然后一味地贬低自己的孩子，"你看人家某某，不像你这么没出息""你看邻居家的谁谁，比赛又拿第一名"等等。家长盲目的攀比心态经常会增加孩子的心理负担，为孩子设计的发展之路增加了孩子生活与学习的压力。具体表现为：一是盲目让子女参加各种兴趣班。有些家长早在孩子蹒跚学步时就按自己的要求为孩子设计人生的宏伟蓝图了，过早地给孩子定向施教，今天学钢琴、明天学书法、后天学绘画等等，过早地把孩子从玩具堆里拖出来，强迫孩子学他们丝毫没有兴趣的东西。上学以后，常常看到家长们想方设法上重点学校，进特长班级，找名师辅导，每天还布置额外的家庭作业，不让孩子担任班干部，不允许孩子外出参与交往，孩子考了高分父母眉开眼笑，给予各种奖励，甚至用钱来激励孩子，成绩考不好就会受到各种埋怨、责罚，甚至不给吃饭不给零花钱。二是忙于参加各种比赛竞赛。有些家长看到别的孩子学这学那，去这里比赛去那里比赛，自己也不希望孩子落后，可是对孩子应该学什么又拿不定主意，看到人家怎样，他也怎样，请客送礼给孩子拜师，学这学那，以迎合社会潮流，追求所谓的时髦，这样可以在茶余饭后的闲谈中去炫耀，以牺牲孩子的全部课余时间来满足自己可怜的虚荣心。

城市化的不断推进，不良的社会风气特别是各种攀比之风也侵入到农村家庭，有的家长爱慕虚荣，在一起时不仅比吃用、比穿戴、比住行，还要比孩子，谁家的孩子聪明漂亮、谁家的孩子入园入校高档、谁家的孩子成绩好。如今社会上流行这个"热"那个"热"，也是他们久谈不厌的话题，特别是对孩子不切实际、不顾孩子意愿的盲目效法，到头来有可能是"竹篮打水一场空"。

(四)环境恶化，缺少良好育人氛围

孩子的教育需要为其营造良好的氛围，耳濡目染、"随风潜入夜"的教育才能发挥"润物细无声"的效果。孩子的教育在良好生活环境的渲染下，逐步由外向内细化。事实上，外界生活环境是检验孩子所学与所觉形成统一认识的现实场所，如两者出现矛盾或偏离，则可能步入认识的误区，无所适从。

不良的环境氛围在农村家庭或社区经常可以看到，为农村中小学生提供了不好的榜样。一是农村家长的言行不一，缺少正面形象影响。父母在日常的生活中不注意言行，行动鲁莽，语言粗俗，在孩子面前没有表现出家长的风范，孩子慢慢也滋长了一些不良的想法并体现于言行举止上。《北京晚报》曾刊载过这样一个中学女孩的日记："爸妈都在出版社当编辑，可吵嚷起来和街上那些小商小贩差不多。而且他们都是两面派，在家一抹脸皮就吵，出门就换上另一张脸谱，可指责我的时候却一点也不惭愧，两面派！"这则故事反映了家长在孩

子心中的威严扫地，这样的家长不能为孩子起到表率作用，当然也不能对孩子正面发展加以影响和指导。二是农村本土文化荒漠化现象给农村中小学生带来负面影响。如今，农村本土文化荒漠化现象越来越严重，传统的优秀农村乡土文化被逐步淡忘，曾经销声匿迹的封建思想却沉渣泛起，一些腐朽落后的世俗文化在悄然抬头，黄、赌、毒盛行，烧香拜佛、占卦算命、看风水等封建迷信活动在农村中有一定的市场，少数地方宗族帮派势力抬头，修宗祠、续家谱、联宗祭祖活动流行，影响农村青少年的健康成长。三是农村典型的农歇期活动对孩子的不良影响。农村地区农歇期搓麻将、打扑克似乎成了特定的文化，有的农村家长为了不让孩子出门以免发生危险，让孩子及邻居同伴一起打麻将消磨时间。四是农村家长习惯性争吵对孩子的不利影响。父母在吵架的时候，总是会把孩子放在一边不管不顾，任由情绪失去控制，孩子会在这种场景中发现自己的父母具有攻击性的一面，对家长的争吵行为的模仿亦会延伸于自己与同伴关系的处理上。

城镇化的推进使农村中小学的教育环境发生了深刻的变化，它打破了过去那种平静的教育氛围，商品经济的大背景使宁静的农村环境变得不安宁，对中小学生的学习带来了前所未有的挑战。

第三节　农村家庭教育问题产生的原因

作为与计划经济相对的市场经济的发展，对于中国特色社会主义的建设、生态文明和小康目标的实现均有着决定性作用，然而，它所衍生出来的一系列相关的因素也对社会各个方面产生了一些几乎是颠覆性的影响，在教育领域的变化则更为明显，在农村家庭教育中的表现也相当突出，不仅使得家庭教育的观念、目标、方法、内容发生了变化，而且在教育效果及其对农村中小学生的影响上出现了许多新问题。

一、城市化的推进给农村家庭带来结构上的变化

城市化的推进正在促使由农业为主的传统乡村社会向以工业和服务业为主的现代城市社会的转变，城市化过程中实现了农村人口职业的转变、土地及地域空间的变化，对农村影响较大的当属农民生活方式和生产方式的变革，最突出的表现是离农和大量农民流向城市，直接打破了传统农村典型的家庭结构。

首先，进城务工使得父母和子女分别，附带出留守儿童与流动儿童的家庭教育问题。如对某县一所中学的调研发现，某班54名学生，32名学生因父母都在外地务工或经商跟着祖父母或外祖父母生活，其中有一部分人的成绩和表现较差，平时经常迟到、旷课，甚至打架。由于与父母分离，孩子缺乏父母的

关爱及有效的教育、引导和管理，不同程度的存在安全失保、学习失教、亲情缺失、家庭失位等问题。

其次，工作不稳定导致父母婚姻危机。为多赚钱或寻找更好的工作条件，外出务工人员经常更换工作，有的越换越远，一同外出的夫妻经过几年后也许相隔千里，情感的宣泄与生理的需求导致了"临时夫妻"的出现，很多外出打工的夫妻因为距离而导致婚姻破裂。许多农村家长初始想法是外出打工赚钱培养孩子，使孩子的生活过得更好，但结果却因为外出打工时未预见的后果而摧毁了幸福的家庭。

最后，农民失地硬逼得他们离别子女。随着经济的快速发展，城市化的不断推进，非农用地的不断增加，越来越多的农民在城市化的进程中主动或被动地离开了土地，成为了失地农民。我国的农民失地问题突出表现在三个方面，一是土地农转非速度太快，土地征占规模过大，失地农民群体越来越多；二是对失地农民补偿太低，不足以解决他们的长远生计；三是失地农民的社会保障、再就业困难。一些地方的失地农民由于缺乏可持续生计安排，面临"种地无田、上班无岗、社保无份、创业无钱"的困境①。农民失地直接导致农民收入下降、本地就业困难、生活缺乏保障等问题，迫于生活压力，失地后的农民多选择外出打工，在这个层面上说，留守儿童与流动儿童的家庭教育问题的产生与法律、社会保障等制度层面的不健全有一定的关联。

二、商品经济的发展动摇传统农村家庭观念

商品经济发展的同时，人们所持有的人生价值观念也随之发生变化，拜金主义的盛行是商品经济发展的必然产物，导致人们对金钱的欲望不断增加，很多活动都被赋予了金钱交换的色彩。城市化进程的不断推进，"拜金"被农村家庭所接受，出现盲目崇拜金钱、把金钱价值看作最高价值、一切价值都要服从于金钱价值的思想观念和行为，持"无钱万万不能"与"金钱至上"价值观的农村家长不在少数。

农村家长的拜金主义以各种方式反映到日常生活中，首先，观念中认为"钱能通神""有钱能使鬼推磨""钱成为万能的上帝""有了钱就有了一切"等等，把金钱视为衡量幸福指数的唯一标准，金钱成为人生唯一的追求。其次，在金钱诱惑下选择外出打工，或为金钱而出卖灵魂。最后，对金钱的崇拜影响到子女的教育，倡导拜金主义教育，对子女灌输"不读书只要能赚钱"的思想，片面地夸大了金钱的作用和忽视了教育对孩子发展的重要作用。农村家庭对金钱的

---

① 邵华，徐培华，夏明. 当前失地农民问题产生的原因与对策[EB/OL]. （2012-04-19）http：//www.jsfzb.gov.cn/art/2012/4/19/art_76_24687.html.

崇拜实质上是人们所持有的传统价值观被挤压，农村文化开始被简单的赋予了商品化的色彩，它不再是为了满足人们的精神需求，而是为了获得经济利益的最大化，金钱文化开始风靡一时，严重损害了农村文化的发展，代之以金钱多少评价是否幸福，以金钱获取指导孩子发展。一部分农村孩子在这种金钱文化的影响下产生了厌学情绪，认为读书无用，自己父母也没读什么书，同样天南地北挣钱，部分学生开始把人生发展方向定位于打工挣钱，热衷于吃喝玩乐，在学习中缺乏进取心和刻苦钻研精神，得过且过，不求上进，成绩普遍较差，产生了"读书无用论"及"拜金主义"等错误思想，使孩子逐渐形成功利主义的价值观和享乐主义的人生观。

三、经济地位低下导致学生急切改变现状

当前社会不同阶层的地位格局已经形成，不同社会阶层的群体对教育的需求存在一定的差异，处于社会经济地位上层的群体将教育作为巩固其地位和身份的手段，中层的群体将教育作为流向上层的重要渠道，多通过为下一代提供机会和平台实现阶层的跨越，而处于社会经济地位下层的群体更无需赘言，他们给教育负载着更大的希望。我们知道，教育对社会阶层结构发挥双重功能：一是再生产原有阶层结构；二是为阶层结构的变动和微调提供渠道[1]。就我国的情况而言，依靠体制改革或结构变迁而引起的阶层流动已经基本结束，教育成为当前及可预见的未来能够实现社会流动的主要渠道[2]。

社会阶层的分化会带来利益以及资源的差异，不同阶层对自身利益的维护与主动寻求已成为自觉，教育在当前已固化的社会阶层格局中被赋予更强的阶层流动功能的观点被大多数人所接受。尤其对处于社会经济地位下层的农村家庭而言，以教育改变现状的渴求尤为强烈，"因为穷急于改善生活""为了过上富日子学习""在自卑中寻求超越"的想法极为普遍。当前农村孩子从教育的起点、过程的质量及终点教育的结果，在资源占有与资源分配过程中，受到强势阶层挤兑，教育利益的空间越来越小，通过教育实现阶层向上流动的目标与享有教育资源的现实状况形成反差，由此导致了两种极端的教育观。或是倾其所有为孩子制造社会上层式的教育，将自己没有实现的愿望放在孩子的身上，自己没能在人前扬眉吐气的理想要孩子完成，对孩子的学习付出巨大努力，并坚信教育能改变孩子，甚至一家人的生活。或是持有极端消极的心态，认为教育不能实现改变当前生活的状况，投身社会早、找机会多赚钱才是正道。由家庭

① 高水红. 被围困的教育：当前中国教育改革的社会阶层生态[J]. 湖南师范大学教育科学学报，2012.2：22.
② 孙立平. 失衡——断裂社会的动作逻辑[M]. 北京：社会科学文献出版社，2004.

社会经济地位决定的农村家庭教育指引农村中小学生朝两个不同的方向发展，要么拼命地学习，目标是考重点高中、重点大学；要么对学习懈怠，完成义务教育后外出打工、创业。这种功利性较强的教育观及持有教育"无为"的观念都偏离了教育的本原，对农村中小学生的健康发展造成负面影响。

第四节　农村家庭教育问题的应对策略

　　研究和解决当前农村家庭教育中所存在的问题，提高农村家庭教育的质量和水平，不仅是每个农村家庭共同的愿望，也是每个社会成员所共同关注的话题，同时还是我们整个社会教育和事业的重要方面。探索解决这些农村家庭教育问题，必须从农村、农村学校、农村家庭、农村家长的实际情况出发，才能找到有的放矢的理想方案。

一、搭建农村家庭教育的服务平台

　　鉴于目前农村家庭教育的现状，学校作为教育的主阵地，要牢固树立主阵地意识，承担起学生成长的重要责任，最大限度地加强学校、社区与家庭的联系，形成一个三维立体的教育模式，互动是核心环节。

　　第一，成人社区教育要主动的向农村家长传授科学的家庭教育方法。首先，学习平台的搭建要依靠农村的成人社区教育，在社区教育内容、教材选择、教学人员确定、教学和实践方案的制订等方面增加家庭教育的相关内容，突出服务的意识；其次，借助社区教育文化活动传播科学家庭教育思想，尤其要针对农村家长普遍存在的功利教育和教育无为的错误教育观念，设计和展示鲜活案例，或转编为话剧、小品等，在丰富农村家长文化生活的同时，也有利于家庭教育实践知识的传输；再次，利用已建立的"为农服务"的信息网站，提供家庭教育的内容和成功的家庭教育案例；最后，采取多元化的教育形式，如定期培训、专题讲座、村组联办、办报宣传、送教上门等方式将家庭教育的知识传授给学生家长。

　　第二，农村学校利用已搭建的家校合作平台向农村家长传授家庭教育知识。农村学校应充分发挥自己的资源优势，在调查、摸底的基础上有针对性地对农村学生家长进行培训。如定期组织家长来校学习，提高家长素质和教育水平，可以采用课堂教学、家庭教育论坛等灵活多样的形式，家庭教育论坛内容可包括知识讲座、家长发言提问、互动交流经验等，侧重培养家长掌握现代家庭教育理念，家庭教育知识和家庭教育方法。培训内容可形成系列，其内容至少应该包括创建健康的成长环境；培养良好的生活习惯、学习习惯、道德品质；指导家务劳动；与孩子沟通的方法；指导孩子参加社会实践活动；指导参加健康的体育活动等。作为培训学校还要做好以下几方面的工作：进一步做好宣传发动工作，特别是动员留守老人参加培训活动；建立家长培训的资料档案；利用节假日，对返乡探亲的家长进行集中培训；积极开展相关的"亲子活动"，将理论培训与实践活动紧密结合起来，最终实现提高农村家庭教育质量的目的。

第三，学校配合家庭将日常生活习惯、道德品质、优良传统等方面的教育融入教学实践活动中。一是校本课程开发将儿童青少年道德意识培养、行为品质形成、生活习惯养成等方面的内容囊括其中，使知识学习与非智能因素的发展融于课程；二是课外实践活动有意识的与社会活动相结合，让儿童青少年在社会实践过程中体悟社会交际技巧；三是学科教师日常教学中尽量将社会现实与教学内容结合，如语文、历史、科学等课程都可选用现实案例作为教学素材，有益于培养农村中小学生正确的价值观和分辨是非的能力。目前，许多农村学校将"三基"培养作为教育学生的内容，即基本的道德礼仪、基本的动手能力、基本的学习习惯，且结合常规管理、课堂教学、综合实践活动、评比活动，取得了良好的成效，其成功经验是值得借鉴的。

第四，社区、学校共同联办家长学校。我国家长学校的类型主要有：以幼儿园、中小学为依托举办的家长学校，向不同年龄阶段的父母提供教育、咨询服务；由基层计划生育管理部门、妇联为新婚夫妇设立的以优生优育为主要内容的新婚夫妇学校、孕妇学校、母范学堂等；在农村，主要通过父母学校和家庭教育辅导站的形式，推广正确的保育、教育方法①。根据农村教育现实状况，由中小学、成人社区教育联合举办的家长学校效果可能更好，中小学可提供场所和师资，农村成人社区教育可利用专项经费提供适当的物质支持，将普及家庭教育知识、儿童心理发展知识与扫除文盲工作结合起来。

二、推进农村家庭教育方式的改革

充分发挥各种社会媒体的作用，积极宣传家庭教育科学理念、家庭教育知识和方法，引领舆论导向，营造良好社会氛围，通过有效的宣传，逐步使农村家长认识家庭教育的重要性。

首先，利用公益广告进行家庭教育意义与价值方面的宣传。利用公益广告的社会效益性、主题现实性、表现号召性的特点，倡导家长关注孩子的成长。家庭教育公益广告正面的宣传可以实现与公众的平等交流，以现实的例子引起家长的共鸣，"珍惜暑假时光""您的家人盼望您安全归来""保护水资源""孩子，不要加入烟民的行列"等，都是值得称赞的成功例子。

---

① 张良才. 中国家庭教育的传统、现实与对策[J]. 中国教育学刊. 2006.6：39.

其次，通过电视剧、电影、访谈节目等人们日常生活中接触较多的媒体展现现实案例，使家长在剧情中对家庭教育的方法有所感悟。如以独生子女家庭教育问题为主题的《穷孩子富孩子》，以家庭关系、小孩子自杀、教育制度以及父母与子女沟通为主题的《小孩不笨》，以亲子关系为主题的《狐狸与孩子》等，都是对当今家庭教育问题的深刻反映。

最后，借助网络强大的传播效应，建立家庭教育知识传输与现实问题答疑的信息化平台，为家长提供交流和学习的机会。如"中国家庭教育"及"家庭教育在线"都是关于家庭教育研究、家庭教育案例介绍、家庭教育知识传授为主题的学习网站，网站为了更好地为各地中小学、幼儿园家长提供家庭教育指导服务。"家庭教育在线"还专门组建"家庭教育在线研修基地"、建立定期定时的家庭教育问题在线研讨平台、提供家庭教育在线咨询等，对家庭教育研究和服务的做法值得效仿和称赞。

三、加强农村家庭教育问题的研究

农村家庭教育的实践性、多变性和特殊性决定了农村家庭教育研究的方向和主题，尤其是农村地区特有的留守儿童和流动儿童的家庭教育、隔代家庭教育等问题已成为该研究领域的热点，其中不乏优秀的成果和可行的解决方案。针对农村家庭教育普遍存在的问题，一般现实性问题的研究还应关注农村这一特殊地区和人群。

第一，农村家长家庭教育观念及其形成机理研究。农村家庭教育问题多源于家长的教育观念出现偏差，农村家长所持有的家庭教育观念的形成过程是怎样的？哪些因素影响着农村家长的家庭教育观念？其影响路径又是怎样的？这些问题的研究对于提出提升农村家长家庭教育质量建议与可行对策方面具有较大价值。

第二，农村中小学生在强压式、命令式家庭教育影响下的心理问题研究。农村家长普遍存在的功利性教育观念和教育无为的教育观主导下家庭教育方式对农村中小学生势必造成负面影响，此种教育方式是否被孩子所认同？孩子的内心感受如何？怎么应对？关于特殊环境中成长的农村中小学生的心理问题研究，有助于了解农村中小学生内心的真实世界，其研究成果作为对农村家长的宣传资料，将对农村家长的心灵触动更为深刻。

第三，"社区—学校"服务农村家庭教育模式与机理研究。当前对家庭教育的研究中，以建立家长学校、学校提供培训的方式传授家长家庭教育方法的建议较多，此种模式在城市学校或社区实现的可能性较大，且已有成功经验。对于农村地区而言，学校不像城市地区那么多，尤其是一些省份农村中小学布局调整后，一个乡镇一所中学一所小学，学校资源匮乏，承担相关的家长教育需要其他力量的支撑，因此，如何发挥农村成人教育学校、农村中小学、文化下乡活动等各方面教育力量的优势值得研究，包括资源统整的方式、农村家长学校的运行模式、管理模式等研究对于切实提升农村家长教育素养、普及家庭教育知识均具有现实的意义。

第四，开展城市化推进背景下农村家庭教育的研讨。依靠中国教育学会、各地方教育学会、福利机构开展农村家庭教育问题的讨论与交流。如2012年5月由中国教育学会与潍坊市教育局共同主办的"中国家庭教育知识传播激励计划"，以倡导科学的家庭教育理念，推广成功的家庭教育经验，提高家长的教育素质和家庭教育水平，促进未成年人的健康成长为宗旨，通过组织家庭教育思辨和讨论、开展家庭教育知识讲座、表彰具有典型示范作用的优秀家长等活动达到传播科学家庭教育知识、分享可借鉴经验的目的。

农村家庭教育问题的研究需要研究者通过各种渠道收集第一手资料，针对农村家庭教育出现的普遍问题展开深入研究，将农村家庭教育问题的解决作为研究的最终目标。

四、提升农村家长自身的教育素养

由于农村家长文化水平普遍偏低，农村家庭教育的质量和水平都受到限制，与现代人才的培养需要不相适应。许多农村家长或认识不到全面发展对孩子成长的重要意义，或忽视家庭教育，没有意识到自己对子女的教育责任，或由于缺少家庭教育知识，无法担当家庭教育的责任，或重视家庭教育，却在教育方式上存在问题，对孩子进行错误的教育和导向等等。

第一，农村家长自身应树立正确的家教观念，摒弃陈旧的、落后的教育思想，主动学习新的教育理念。一是转变教育观念。从重智轻德的教育观念中转变过来，不能只看重孩子的智力发育，更应该注重孩子身心和谐全面的发展，特别是综合素质的增强与现代观念的培养，尤其要注意的是孩子的品德培养，教会孩子怎样做人；二是主动学习家庭教育知识，选择恰当的教育方法。农村家长要学会尊重孩子，不能"以打骂代教"，不要对孩子的思想和行为横加干涉，百般阻挠，让孩子在平等、民主、和谐的家庭氛围中成长；三是积极配合学校、社会，共同担负起孩子的教育责任。农村家长应该学会借助学校丰富的教育知识和资源、丰富的教育观念，积极配合学校教育，改进家庭教育，促进儿童青少年的身心健康成长。

第二，农村家长要为孩子创设有利于其健康成长的教育环境。一是家长要严于律己。试想父母如果沉溺于扑克牌、麻将桌，要求孩子勤奋学习，孩子能做到吗？农村家长要以身作则，要求孩子做到的，自己首先做到，要求孩子不做的，自己坚决不做，让自己的品质、言行给孩子以正面的影响，使孩子在良好的氛围中，思想受到启迪，情操得到陶冶。二是注重言传身教。古人云："近朱者赤，近墨者黑"。孩子对家庭中的一切耳濡目染、潜移默化，家长的思想品德、言行举止都会影响孩子的发展。农村家长应该以自己的言传身教以及在生活中创造出来的每一个生活细节，让孩子沐浴在和谐、文明、健康、宽松的家庭氛围中。三是农村家长要正确对待名利。农村家长应正确认识孩子的全面发展对其一生的重要意义，适当改变以分数定优劣、以成绩看发展、以金钱为目标的片面的教育观念，重视培养孩子活泼、开朗、勇敢、进取的性格，培养孩子良好的公民意识和社会责任感，从而树立崇高的理想，养成顽强拼搏、健康向上的良好心理素质。

为了解决当前农村家庭教育中所存在的热点难点问题，不仅需要每个农村家庭的努力，更需要社会、学校的共同努力，像政策的倾斜、制度的保障、舆论的引导、氛围的营造等等。作为农村教育，特别是农村基础教育更应该主动积极地投入到对农村家庭教育的指导中去，这样才能有效提升农村家庭教育的质量。

第二章　农村中小学课堂教学变革现状与对策

　　国家《基础教育课程改革纲要》指出，教师在教学过程中应与学生积极互动、共同发展，引导学生质疑、探究，促进学生在教师指导下主动地、富有个性地学习。教师应创设能引导学生主动参与的教育环境，激发学生学习的积极性，培养学生掌握和运用知识的能力，使每个学生都能得到充分的发展。这就要求我们教师要确立新的教学观，积极转变旧的课堂教学方式，以适应课程改革的需要，实现教育教学的新跨越。

　　城镇化进程的加快，农村学校的教师与学生有了更多的流动可能与选择机会，农村中小学校优质师资与生源有更多流失的可能，课堂教学质量深受影响。"五严"的规定压缩了原有的农村学校提高质量的时间和空间，迫使农村中小学主动或被动进行课堂教学变革。

第一节　中小学课堂教学研究概况

　　课程实施视野中的课堂教学，是"师生"以信息为背景，以语言为中介的一种沟通活动。教师与学生各自用独特的精神表现方式，凭借自己的个人经验，在教学进程中通过思想的碰撞、意见的交换、心灵的对接、合作的探讨，实现个性的全面发展与知识的共同拥有。农村中小学存在着班额大、设施差、信息资源缺乏、师生水平参差不齐等不利因素，制约着师生潜能的充分发展，要改变现有农村中小学课堂教学模式，应对课堂教学方式转变面对的困境进行探讨。

一、课堂教学的内涵探究

　　"课堂教学是学生生存与发展的重要方式，是实现学生发展的主渠道。"①《教育大辞典》上收集的有关课堂教学的定义有七条之多：(1)课堂教学是指在课堂这一特定情境中教师教与学生学构成的双边活动。(2)课堂教学是指教师按照预定的教学方案，在给定的时空里，运用一定传授理论、技能、手段和方法，对一个班级或几个班级的学生进行一定内容的讲授、谈话、辅导答疑操作示范。(3)所谓课堂教学是指一种目标明确、按计划、有组织、有步骤的教师的教与学生的学相结合的双边活动过程。(4)所谓课堂教学是指纳入教学计划按照固定的授课时间表对学生进行授课的教学，是按教学规律、语言规律、学习规律将学说普通话变成一种完全自觉的和循序渐进的活动。(5)课堂教学是指导学生学法的重要途径，也是学法指导课学习内容的实际训练和具体延伸环节，所以各科教学渗透学法具有现实意义。(6)课堂教学是指针对经过教师严密组织的前后联系的各种类型的课而言的教学工作的基本形式，组织教学是保证教学工作正常而有秩序进行的基本条件。(7)课堂教学是指在有一定的教学设备设施的条件下，在可稳定持续使用的场所(如教室、实验室、操场等)进行的教学，这是学校最主要的教学组织形式。因此，实验室教学、电化教学都属于课堂教学②。

笔者认为，探究课堂教学内涵即探究其内在运行机制，是课堂实践活动的过程规范机制——按照课堂活动特定过程和作用原理所结成的要素、结构、功能与相互关系。它至少包含两个层次：一是指课堂的构造、功能和相互关系；二是课堂作为工作系统的组织工作或部分之间相互作用的过程和方式。

探究课堂教学内涵：一是考察课堂教学各组成部分或各管理环节的相互作用与制约的变化方式；二是观察课堂整体运行中，所构成的各要素之间的配置方式及调节功能不同，则运行机制的运行过程和特点发生的变化；寻求新的课堂改革形势下把课堂的各个部分联系起来，使他们协调互补、发挥作用的运作方式。本章侧重以义务教育阶段中小学课堂为观察对象。

二、课堂教学的研究视阈

虽然在整个人类教育教学的历史上，对课堂教学的关注由来已久，对于课堂教学实践中出现的问题不断探索着有效的解决思路。研究者用多种视角和方法反思课堂教学的现实状况，也尝试用多种多样的视角来阐释课堂教学方式的转变对学生成长的影响；教育实践者则依据相关研究与课堂教学的情境不断探索变革的路径。

---

① 裴娣娜. 教育创新与学校课堂教学改革论纲[J]. 中国教育学刊，2012(2)：1.
② 顾明远. 教育大辞典[M]. 上海：上海教育出版社，1998.

(一)国外的研究指向——创建有意义的课堂

国外有关课堂的研究成果丰富，代表性的有美国学者菲利普·杰克逊(Philip Jackson，1968)用分析数据论证了课堂的复杂多变和课堂决策实施的困难程度。多勒(Doyle，2002)在此基础上提出课堂的五个特点：多层性、同时性、即时性、不可预测性、历时性。古德(Thomas L. Good，2002)和布罗菲(Jere E. Brophy，2002)全面论述了学生参与课堂、课堂组织管理、动机和指导之间的关系。里德利(Ridley，D. S.，2001)和沃尔瑟(Walther，B.，2001)立足营建积极的课堂环境，创建有意义的课堂。

这些成果虽然视角取向、研究重点各不相同，但研究目的都旨在促进课堂运行机制的优化，并且都是围绕着当前世界教育改革的热点问题——"让学生成为学习的主人""学生作为研究者""创建有意义的课堂"等进行了深刻探讨。创建有意义的课堂重点在于形成有意义的学习，按加涅(Gagne，1974)分析，是否产生有意义学习的条件有两类：内在条件和外在条件。前者指学习时所涉及的知识、过程、策略；后者指发生在学生外部的那些教学事件。由此来看，国外的研究立足于课堂中对形成学生有意义学习的内外部条件的创设，正如里德利等人自称的是在创建有意义的课堂。

(二)国内的研究视角——追求有效的课堂教学

我国近10年来的课堂教学研究，从译介、借鉴、学习到自主研究，研究者从社会学、管理学、文化学等视角来透视课堂，旨在针对当前课堂存在的问题，进行"课堂重构"。余文森(2007)等提出通过发挥学生的自学潜能来建构生命课堂；沈雁(2006)用生态学的原理和方法去研究课堂，探讨建立一种和谐、系统和可持续发展的课堂形态；吴康宁(1999)从社会学视角审视课堂，认为"课堂"首先是一个"社会活动场"然后才是一个"教育活动场"。董小平、靳玉乐(2006)从微观、中观、宏观三个层面优化课堂教学系统结构要素之间的关系，使教学各要素在教育系统内部能够良性、协同运行，以构建和谐课堂。

国内对"课堂"的研究注重课堂问题的解决，由仅关注学生的知识和能力提高到把师生的课堂生活作为重点来研究；对课堂结构的认识，也经历了从"教学的步骤环节"到多视角分析的发展。旨在通过转变教师"教"的方式和学生"学"的方式，转变课堂形态和营造心理环境，追求课堂教学的"有效"。从产生有意义学习条件的角度观察，国内的研究立足于形成学生有意义学习的外部环境或条件的创设，与当下课堂教学改革所倡导的"有效教学"理念不谋而合。与国外创建有意义的课堂相比有相通之处，但是对形成学生有意义学习的内部条件的研究还不够深入，更缺少针对特定范围、对象(如初中)、学习类型、性向、支持系统的观察与探究。

第二节 农村中小学课堂教学的现状

课程改革的背景下课堂教学的现状怎样？"以人为本"的前提下，城镇化的推进，农村中小学校硬件设施建设已有很大改观，课堂教学是否仍一如既往？

一、农村中小学课堂教学现状分析

"课堂教学"存在多种可能的形态。无论哪一种形态，都是要充分体现课堂教学的发展价值，而体现课堂教学的发展价值，是实现学生素质发展的重要基础和前提。因此，需要对农村中小学课堂教学现状进行深入、冷静的分析。

(一)农村中小学课堂教学水平差异

在课堂上，我们常常看到这样两类教师：同样是一门课，一位教师几个轮回教下来，已经对教学内容、程序娴熟于胸，使用的是发黄的备课笔记，讲的多是陈旧不堪的知识。教师本人对与课程有关的新成果、新进展一无所知，对本学科的学术史不甚了解，完全没有对所教课程核心知识的深入理解。这样的教学，哪怕教师的教学方法再高明，技巧再高，上课口若悬河，手舞足蹈，生动活泼，运用了多少直观手段，如何能吸引学生，学生对他的课多么喜欢，但那又有什么意义呢？表面热热闹闹，其实是在一个非常低的学习平台上做无谓的劳动，是在低水平层次上做重复别人知识的传声筒。教师传递、学生接受，从单纯掌握知识来讲，是一种省时、高效的教学方式。

当然，现行课堂教学中也有部分的人际交往活动(如师生之间及生生之间的对话、讨论等)，以及少量的不需要复杂的工具、设备和太大活动空间的操作活动(如数学、物理等学科中的学具操作、工具测量和计算等)。但相比于知识学习活动，课堂教学中的交往、操作等活动无论在分量、比重还是在开展的充分程度上都非常薄弱和低效，并没有在课堂活动中占据应有的份额和地位；并且，这些活动开展的主要意图是为了更好地服务于书本知识的学习与掌握，因而主要只是符号性活动的一种简单延伸。

总之，课堂教学活动主要采取符号再现的方式，学生没有充分的机会和条件参与实际活动和接触实际生活情景。另外，适应大班额集体教学要求的课堂教学活动的严格的计划性、活动标准的统一性和教师控制的特点，很容易导致学生活动的非主体性，也就是说，学生(至少是部分学生)在课堂上严重缺少能动活动。

(二)农村中小学课堂师生互动困境

在某地农村初中课堂教学的调查问卷中，对当前课堂气氛表示不满意的学生占 74%，而表示满意的只有 26%；认为课堂气氛应"活泼生动"的占到了

60％，认为"课堂应视课程的不同而设定"的占 38％。由此可见，学生们希望改变课堂气氛的愿望是非常强烈的。

为什么课堂气氛不够活跃呢？在调查问卷中，关于"与老师交流"一项，选择"很少"的占 71％，选择"一般"的占 23％；"课堂上，你对老师讲解的内容有疑问，你会怎么做"，选择"不管它"的占 57％，选择"课后提出"的占 32％，而"及时提出"的只占 11％。如此，不难看出，课堂中教师与学生之间缺乏交流是造成课堂沉闷、低效的一个症结。

就学生而言，不少学生存在急功近利的思想，总想学到最易于应对考试的知识、最实用的知识，即想着要学到一到考场上或社会上就可以直接派上用场的知识，而没有看到当前所学知识的真正价值，于是产生了"知识无用论"的观点。还有相当多的学生，因为是留守儿童或是流动儿童，缺少家庭关爱、缺少良好学习习惯的培养，缺少学习积累而对学习没有兴趣甚至产生厌学思想。这样怎么能在课堂上对教师的讲授提出异议，又怎么能与教师保持经常的交流呢？课堂效率低，效果差自然不可避免。

因此，在许多农村学校里，走进今天的中小学课堂，所看到的并非我们所期望的激扬文字、才情抒发、充满创意、师生互动、平等对话。据周作宇等人对初中课堂教学行为观察、统计分析表明，从课堂行为发生频率中可以看出，在 19 项行为中，"讲授"在五个时间段都发生的样本数占样本总数的 73.7％，在四个时间段以上发生的样本数占样本总数的 87.9％。由此可知，在一般的初中课堂中，讲授和板书可称得上是高频行为，现代教育技术仍是应付检查或公开观摩的摆设，初中课堂教学基本上还是"讲授＋粉笔"的现状。农村初中课堂只有教师的声音，少了学生的交流，课堂教授较多知识的传授，忽视了情感的沟通。课堂上学生的思想驰骋于窗外，睡觉、聊天、打游戏、看小说，比比皆是。此情此景下，我们不禁要问：基础教育的目的何在？教育之道何存？教师的课堂教学观应该是什么？

二、农村中小学课堂教学困境分析

课堂教学具有什么样的发展价值与功能，取决于它为学生的发展或活动提供了什么样的条件。这是因为，学生的素质是在自身的能动活动中获得实现和发展的，课堂教学只能通过其特有的条件去影响学生的活动，进而促进学生的发展。然而农村中小学课堂教学在提供发展价值与功能方面究竟存在怎样的困境？

（一）在提供认知发展的起点和基础上具有一定的局限性

学生认知能力的发展不仅仅是一个学习书本知识的过程，同时还需要大量感性的和直接的经验做支撑；通过实践活动产生的感性认识和直接经验是学生认知发展的起点和基础。关于这一点杜威曾作过详尽而精辟的论述。他认为，人的发展是个体经验的不断扩充、改组和改造，根据经验的发展过程，知识可依次划分为"理智地获得技能这一意义上的知识""了解这一意义上的知识""通过向他人学习而间接地得来的东西"以及"理性知识"①；其中，前两类知识属于个体的直接经验，它们"为意义的扩充提供最直接的工具"②，因而对于间接经验知识的学习具有重要的意义。然而，现实的教育中往往忽视了学生直接经验的价值和意义，这对学生间接经验的学习是不利的，因为，"如果所沟通的知识不能组织到学生已有的经验中去，这种知识就变成纯粹言辞，即纯粹感觉刺激，没有什么意义。"③陶行知也认为，"行是知之始。"知有三种："亲知""闻知"和"说知"，其中，"亲知"是从"行"中亲身得来的，"闻知"是从师友、书本那里得来的，"说知"则是推想出来的知识。现行学校的弊病就在于只注重闻知，几乎以闻知概括一切知识，完全忽视亲知。实际上，亲知对于闻知乃至说知具有极其重要的作用："亲知"是一切知识的根本，是了解"闻知"的必要条件④；没有亲知做基础，闻知和说知皆是不可能的。唯有以个体的直接经验做基础，我们方能了解或运用人类全体的经验⑤。显然，在杜威和陶行知看来，直接经验或感性认识是认知发展的起点和基础，间接经验或书本知识的学习须有大量直接经验做支撑。唯有如此，书本知识或间接经验才能够顺利同化、吸收到个体已有的认知结构中，才能最终引起个体认知能力和水平的提升。这表明，"个体的直接经验至少在个体认知发展的起点上具有奠定性的意义"。⑥

当前，新课程强调从学生已有的生活经验出发，一定程度上与这种思想是吻合的。在新课程理念的感召下，课堂教学开始关注学生已有经验与书本知识学习之间的联系。但是，并非在所有的书本知识学习中，学生的认知结构里有道德的行为，正说明了道德领域中的"知"与"行"并不是完全统一的，有时甚至是相悖的，德"知"并不必然伴随相应的德"行"。如果一个人只获得了有关道德的某种观念或知识，而没有通过亲"历"亲"为"获得相关的道德感受与情感体

---

① ［美］约翰·杜威．教育学文集·智育［M］．北京：人民教育出版社，1993：238—240.

② ［美］约翰·杜威．王承绪译．民主主义与教育［M］．北京：人民教育出版社，1990：220.

③ ［美］约翰·杜威．王承绪译．民主主义与教育［M］．北京：人民教育出版社，1990：200.

④ 方明．陶行知教育名篇［M］．北京：教育科学出版社，2005：109—110.

⑤ 方明．陶行知教育名篇［M］．北京：教育科学出版社，2005：143.

⑥ 陈佑清．两种活动在两类素质发展中的作用及其关系［J］．华中师范大学学报（人文社会科学版），2005(7).

验，并将所获得的道德观念和知识应用于实际生活中，那么，这些道德知识就无法内化，社会的道德观念和道德规范就无法转化为学习者自己的道德素质。"在道德领域中，知识绝无自足的价值，它的价值在实践。"①只有为了实践、在实践中、并通过实践，人的道德素质才能获得充分、有效的发展。同理，学生的与交往、动手操作等相关联的素质的发展莫不如此。一般而言，除了要通过间接经验的指导和借鉴以外，人主要是在操作活动中学会动手操作，在人际交往中学会人际交往，在创造、实践中学会创造和实践的。人的一切实践能力和素质的养成不能止于书本知识和间接经验的学习。

农村中小学课堂教学难以实现学生认知以外素质的发展虽然主要是源于农村中小学课堂教学单一的知识活动类型，但同时也与农村中小学课堂教学内部的结构特点具有一定关联。学生交往能力的发展即是如此。农村中小学课堂教学中围绕知识学习也展开了一定的交往活动，但是，由于农村中小学课堂本身条件的限制，学生的交往活动并没有获得充分地开展，总体上呈现出如下方面特征：第一，交往面窄。交往角色主要发生在学生与教师之间或学生与同班同学之间，缺乏社会性素质发展所必需的复杂人际间互动；第二，交往量少。主要是教师的活动，即便有教师与学生之间的交往，教师也经常选择班干部或学习成绩优异者进行交流与互动，而一些成绩中等或较差者互动机会很少②；第三，交往内容单一。课堂交往的内容主要是围绕书本知识的学习与掌握来选择的，一切与知识掌握无关的课堂交往行为基本上被置于课堂合法化规则的边缘；第四，学生的交往主体性缺位。学生课堂交往的地位比较被动，参与程度明显不够。

农村中小学往往因为教师观念落后、知识能力提高较慢，学生基础薄弱、课程资源匮乏等原因，课堂交往的主动权把握在教师手上，交往活动主要在教师与全体学生之间展开，学生作为交往对象也是教师指定的。"课堂交往结构中，由教师发动的交往成为最主要的形式。"③种种现象表明，农村中小学课堂教学中的交往活动不是发生在广泛而复杂的社会群体之间，交往的量在整个课堂中所占的比例几乎微乎其微，交往的情境也缺乏偶发性和动态性，学生主要不是以主体的身份参与其中；并且，大多数教师运用课堂交往的真正意图在于帮助学生更好地消化、理解书本知识。因此，农村中小学课堂教学的内在结构

---

① 鲁洁. 边缘化外在化知识化——道德教育的现代综合症[J]. 教育研究，2005(12)：17.

② 程晓樵. 教师课堂交往行为的对象差异分析[J]. 教育评论，1995(2)：23.

③ 高凌庵，赵宁宁，梁春芳. 课堂教学交往的观察研究[J]. 教育科学研究，2003(6)：23.

某种程度上也成了制约学生素质获得充分发展的一个因素，学生难以获得充分发展其素质所必需的能找到与同化吸收新知识相对应的直接经验；此外，学生大量的感性认识和间接经验其来源主要是个体在实际生活中通过亲身的"行"（即感受和体验）获得的。比如，对四季更迭冷暖变化的体察、在饲养或栽培活动中相应的观察、游记中的游览经历和感受等。原本农村学生拥有的天然生活资源，随着城镇化的进程，这些直接经验却与之渐行渐远。于是农村中小学课堂也主要以间接经验或书本知识学习为主，很难为学生感性认识和直接经验的积累提供充足的环境，这些活动也很难搬到课堂教学中来进行。这至少表明，城镇化下，农村中小学课堂教学在学生认知发展的起点上存在一定的局限。

（二）在实现认知灵活性的发展方面具有一定的局限性

实践活动是认知的灵活性得以发展的重要途径。认知灵活性强调的是能够顺利地把知识运用于具体的情境中以解决实际生活问题。虽然认知是一种心理活动，但其指向可以有两种，或者说，人的认知活动至少可以分为两个方面：一是指向内部的心理活动，仅依靠符号思维就能完成的认知活动；另一种是指向外部活动，是靠符号操作不能完成的（如实践智力）。在现代认知心理学中，由于问题解决同时涉及陈述性知识、智能技能和认知策略的运用等一系列思维操作过程，因此问题解决被认为是认知发展的高级阶段，也是衡量人的认知发展水平的一个重要指针。比如，教师通常会在新课讲授完毕之后为学生安排一次课堂练习，或在一个阶段的学习之后进行一次测验。测验和练习往往由一系列问题组成，学生必须运用所学的新知识解决这些问题。通过练习或测试的结果，教师就能够准确地了解学生知识掌握的情况和认知发展的水平，并对学生未来的发展做出预测。在大多数人看来，认知水平的提高会导致相应的问题解决能力的增强；或者说，只要拥有优异的学业成绩，就意味着拥有一个成功的未来。然而，现实的情况却并非如此：很多农村学生在学校考试或智力测验中能够取得辉煌的战果和优异的成绩，但在实际的生活和工作中却屡遭挫折，他们无法将所学应用于实际的生活情境中解决问题，即他们的认知能力缺乏灵活性，在遇到实际生活问题时"失灵"了。

那么，是什么造成了这种学校表现与实际生活表现"不相称"的状况呢？加德纳（H. Gardner）认为，这是由于传统的智力测验和学校评价过分偏重语言和数理——逻辑思维方式，并以此为内容来区分儿童的智力高低，从而预言其未来的成就和贡献。实际上，"智能是解决问题和制造产品的能力"①。加德纳从"世界各地的人们是怎样获得那些对于他们的生活非常重要的技能"的角度来审视智力的结构，发现人的智能不是一元的而是多元的，在适应特定的社会文化

---

① ［美］霍华德·加德纳．沈致隆译．多元智能[M]．北京：新华出版社，2004：6.

环境、解决实际生活问题的过程中除了需要运用语言和数理——逻辑智能外，每个人身上至少还包括空间智能、音乐智能、身体运动智能、人际交往智能、自我认知智能等。"几乎在所有的人身上都是数种智能组合在一起解决问题或生产各式各样、专业的和业余的文化产品"。以多元智能为理念的学校"对每个学生的认知特点都能给予充分的理解并使之得到最好的发展"①。加德纳有关智能的分析表明，在广泛的社会生活领域和复杂的文化背景中，语言和数理——逻辑智能并不具有解决问题的普适性的价值，必须系统综合地考虑人的各种智能。这也就是说，如果课堂教学不是有意识地将学生的语言和数理——逻辑方面的智能与其他方面的智能以实践活动为载体有机结合起来，系统地考虑各种智能在问题解决中的综合使用，而是仅停留于孤立地对学生的语言和数理——逻辑智能（即认知能力）进行训练，那么，即便学生获得了认知上的发展，他也很难将所学灵活地迁移到具体情境中以应对实际生活问题。这种认知能力对学生今后和未来的发展显然是缺乏现实意义的。

斯腾伯格（R. J. Stemberg）也强调应从智力发展的现实意义上关照实践活动对人的认知能力发展的重要性，认为认知能力（分析性智力）不可能脱离其他类型的智力（如创造性智力、实践智力）而孤立地发展。他指出，传统的以语言和数理逻辑思维为内容的认知能力只是内涵宽广、结构复杂的分析性智力的一个极小的部分，也是非常不重要的部分；拥有这种能力的人通常能对书本知识倒背如流，甚至也能用这些知识进行推理，但他们却不一定知道如何运用这些知识于实际生活以取得成功。斯腾伯格认为，这与学校教育对"问题"的偏好密切相关。认知心理学一般将问题分为两类：结构好的问题（具有清晰的解决方法的问题）与结构不好的问题（不具有明确解决方法的问题）。学业智力通常是以解决结构好的问题的能力来测量的，现实生活中的成功智力则是以解决结构不好的问题的能力来测量的。当今的大多数学校教学都充分强调的是结构好的问题，因此，相应培养的是学生解决书本知识中结构良好的那一部分问题的能力②。现行学校教育和课堂教学通过知识学习活动所培养起来的学生的认知能力，由于缺乏对结构不好问题的应有关照，因而并不能帮助学生成功地应对实际生活问题，并不能对学生的发展产生现实意义。为了进一步说明为什么过分偏重结构好的问题会导致学生在面对生活问题时束手无策，斯腾伯格对学业问

---

① ［美］霍华德·加德纳. 沈致隆译. 多元智能［M］. 北京：新华出版社，2004：9.

② ［美］R. J. 斯腾伯格. 吴国宏等译. 成功智力［M］. 上海：华东师范大学出版社，1999：163－164.

题与日常生活问题进行了比较①。(见表 2-1)

表 2-1 学业问题与实际生活问题的比较

	学业问题	实际生活问题
1. 问题的呈现	教师、教材、测验会具体明确地提出需解决的问题,问题的正误也会明示。	没有谁会提出问题,问题何在也不清楚。
2. 问题的来源	问题多为人工编造的。	问题来自人们的日常经历。
3. 问题解决对学生的意义	学生往往对问题缺乏内在兴趣。	问题及其解答至关重要。
4. 问题的解决方案及其价值	正确答案是唯一的。	答案没有明确的对与错,视具体情境而定。

通过上表的分析不难看出,相比于学业问题,实际生活问题具有真实性、生成性、不确定性,并且与日常生活经验联系紧密。相应地,帮助学生发展解决实际生活问题的能力就意味着为学习者提供真实的、富于变化的、弹性的学习环境,这需要扩大课堂教学的时空、扩展课堂教学的资源。

农村中小学课堂教学最大的局限就是它的活动时空和资源的有限、学生活动内容的片面单一、活动过程的人为简约化和符号化;在课堂中,缺少真实的生活情境、学生难于接触真实的生活问题和挑战,课堂也不能提供给学生丰富的生活经历、经验。

(三)在实现学生个性发展方面具有一定的局限性

课堂教学自诞生以来屡遭质疑与批判的一个焦点是:以大班额集体授课为特征的课堂教学,难以充分照顾学生的个别差异并使学生获得个性化的发展。尤其是 20 世纪 70 年代以来,人本主义思潮的风起云涌、教育心理学研究的不断深化,以及现代教育技术的迅速普及,人的个性发展的价值得以日益突显,关注个体潜能的发挥、重视个体创造性的培养等个性化教育的核心理念也得以广泛深入人心。这些研究也为我们今天以全新的视角来审视农村中小学课堂教学在个性发展价值上的有限性奠定了理论思想上的根基。农村中小学课堂教学在学生个性发展上的局限性主要表现为,它难以为农村中小学学生的个性化发展提供充分的教学资源和条件。人的个性化发展需求是千差万别的。加德纳的多元智能观表明,人与人在心理智能上各不相同,每个人在智能种类、智能结构、智能倾向以及智能状态上都是有差异的。因此,并非所有的学生都采用相

---

① [美]R.J. 斯腾伯格. 吴国宏等译. 成功智力[M]. 上海:华东师范大学出版社,1999:226-227.

同的方法学习，也没有人能精通所有的知识，在当今知识爆炸的时代，对于一个人的发展而言，选择对他适合的发展道路远比使他掌握所有的知识和能力重要得多。以此为依据，促进学生的发展就意味着必须根据不同学生的智能类型、个性特点、兴趣爱好和潜在优势，为每个学生提供和设计与之相匹配的学习内容，以及与学习内容相对应的教学方式方法、学习方法的指导和适切的评价。基于以上分析，我们大致可以得出这样的结论，个性化发展是在个性化的活动中获得实现的。在学校教育中，这种个性化活动的条件应包括：个性化的课程（与学生的能力倾向和发展方向相匹配的活动内容）、个性化的教学（与课程相应的活动过程）、个性化的评价（对活动结果的多维评价和对活动兴趣的激发）。这些都是学生素质发展的根本需求，也是发挥学生的独特性和创造性的根本保证。然而，农村中小学课堂教学普遍表现出来的却是：统一的课程、划一的教学模式、单一的评价标准，即重视"一"而忽视"多"，缺乏对学生个性化和多样化活动的应有关注，导致学生严重缺乏发展其个性和潜能所需要的个性化的活动。没有个性化的活动，农村中小学学生的个性又如何能得到应有的发展呢？这表明农村中小学课堂教学现有的活动状态与个性化的教育要求还相差太远。

第三节　农村中小学课堂教学变革的原因

一、政策调整的影响

（一）人的现代化：城镇化进程的目标

目前，世界各国都把城镇化水平作为衡量一个国家现代化水平的重要指标，城镇化已是各国发展的共同指向和必然趋势。城镇化是解决"三农"问题的一条重要途径，是农村人口向城镇聚集的过程。但城镇化并不只是农业人口向城镇的空间转移，而是应该发挥城镇生产要素的聚集和辐射作用，以实现经济结构的转型、农民素质的提高、社会观念的更新和现代文明的普及。

党的十八大报告指出："坚持走中国特色新型工业化、信息化、城镇化、农业现代化道路，推动信息化和工业化深度融合、工业化和城镇化良性互动、城镇化和农业现代化相互协调，促进工业化、信息化、城镇化、农业现代化同步发展。""必须以改善需求结构、优化产业结构、促进区域协调发展、推进城镇化为重点，着力解决制约经济持续健康发展的重大结构性问题。"

党的十八届三中全会总结了我国和世界发展的经验教训，进一步提出了"促进教育公平，要循序渐进和制度创新，既要把促进公民受教育机会公平摆在突出位置，又要善用政策手段促进公共教育资源配置公平，还要更加重视促进教育制度规则公平，这些都将是深化教育领域综合改革的着力点。"《教育部关于2013年深化教育领域综合改革的意见》提出"完善均衡发展义务教育机制。建立健全教育资源配置机制，重点向农村、边远、贫困、民族地区倾斜。加快推进义务教育学校标准化建设。"促进教育公平，就是要缩小城乡差距，特别是城乡教育差距，建立和谐发展的社会是突现时代精神和实现历史跨越的内在要求。

科学研究表明，教育发展水平与城镇化及社会经济发展具有正相关性。城镇化离不开"人的发展"这一重要因素，城镇化本身并不是单纯的"物质的城镇化"，它还包括"人的城镇化"。而人力资本的开发，城乡居民受教育水平的提高则是"人的城镇化"题中的应有之义。而我国目前的人力资本水平远远无法满足我国新一轮城镇化的需要。中科院院长路甬祥先生在1999年青年学者论坛上发表的主题演说时指出："中国21世纪面临两大挑战，第一位的挑战、第一位的压力、第一位的危机就是人口问题。只有当我们全面提高了全民的教育水平，诸如真正实行了9年乃至12年的义务教育，高等教育入学率达到大众化、普及化，终身教育体系建立、健全起来。到那时，我们才可以理直气壮地说，我们的包袱已经变成了资源。"

余益中认为城镇化是包括"物的城镇化"和"人的城镇化"两个方面，"人的城镇化"方面要求通过教育把农村人口资源转化为农村智力资源，因此主张在遵循科学、公平、协调、超前原则的基础上，加大对农村教育的改革，积极推进各级各类教育协调发展的教育现代化。最终实现由"城镇的现代化"走向"人的现代化"。

(二)过程的公平性：公共服务均等化要求

从十六届六中全会提出"逐步实现基本公共服务均等化"，到十八大明确强调"基本公共服务均等化总体实现"，公共服务均等化成为建设小康社会目标中不可或缺的新要求。

强调"基本公共服务均等化总体实现"，标志着基本公共服务均等化成为社会建设的重要目标。基本公共服务是建立在一定社会共识基础上，为实现特定公共利益，根据经济社会发展阶段和总体水平，为维持本国和地区经济社会稳定和基本的社会正义，保护个人最基本的生存权和发展权所必须提供的公共服务，是一定阶段公共服务应该覆盖的最小范围和边界。在城镇化进程中，基本公共服务均等化是指在基本公共服务领域尽可能使居民享有同样的权利，享受水平大致相当的基本公共服务。均等化并不是强调所有居民都享有完全一致的基本公共服务，而是在承认地区、城乡、人群间存在差别的前提下，保障居民都享有一定标准之上的基本公共服务，其实质是"底线均等"。基本公共服务均等化主要包括两层含义：一是要以保障社会公平为前提，实现人人可以享受到基本公共服务；二是要以提高公共服务水平为方向，不断扩充公共服务的内容领域，不断提高公共服务的质量和效率，让人民群众逐步获得更大范围、更高层次的公共服务。

在新型城镇化路径下，未来实现基本公共服务均等化的改革方向是在保障社会公平的前提下，着力完善基本公共服务制度、转变政府职能，以提高公共服务的质量和满意度为主。教育过程公平是对所有社会成员接受教育的权利、机会、质量的一种选择和度量。实现基本公共服务均等化的要求使我们重新思考：教育过程公平应该通过何种形式得到实现。"因此仅仅在教育系统外部的公平层次徘徊是远远不够的，每个学生在受教育过程中都需要被关注，并得到适合自己的教育。"①

(三)机会均等：教育均衡发展的导向

当前，教育均衡发展已成为我国一项基本国策。近些年，为促进教育均衡发展，我国相继出台了一系列法律政策。同时，为缩小差距、促进教育均衡发展，我国实施了一系列工程和计划。

随着法律政策的颁布实施以及工程计划的有效推进，教育均衡发展成为各级政府的法定义务，全国各省（自治区、直辖市）都把加强农村教育、改造薄弱学校建设作为促进教育均衡发展的关键，尤其是把改善农村学校和城市薄弱学校办学条件、提高教育质量放在更加突出的位置。城市薄弱学校和农村学校的办学条件因此得到了极大的改善，有效解决了农村特别是农村孩子"进得来"的问题，使"国家西部地区'两基'攻坚计划"得以顺利实现，缩小了西部地区与东部地区义务教育发展的差距以及农村与城市义务教育发展的差距。简言之，既有的法律政策以及工程计划所产生的时效性和工作重点确实实现了义务教育普及。首先，其解决了法律规定的适龄儿童少年"有学上"的问题。其次，义务教育已经在公共财政的保障下实现了全面免费，回归了义务教育的本质属性。但是，当前我国义务教育仍存在着基础薄弱、发展不平衡、质量亟待提高等突出问题，这是不争的事实。义务教育的性质规定了每个适龄儿童少年都应该具有平等地享有接受基本相同质量义务教育的权利。对此，《教育规划纲要》明确提出："均衡发展是义务教育的战略性任务"②。

在实现义务教育全面普及之后，义务教育的工作重点是均衡发展，努力让所有的适龄儿童少年都"上好学"。均衡发展的最终目的是让每个孩子都均衡地

---

① 李素敏，王子悦. 美国对教育过程公平问题的探索与实践[J]. 教育导刊，2012 (4)：50.

② 瞿卫星，吴亮奎. 差异均衡视域下的区域性学校发展：以南京市栖霞区基础教育课程与教学改革为例[J]. 教育理论与实践，2010(8)：21—24.

享受教育资源，通过保障教育质量来促进义务教育阶段学校的内涵发展。均衡发展就是要办好每所学校、培养好每个学生、发展好每位教师，以期真正实现学生学习机会的均等。

（四）质量提升：教育外延走向内涵

目前，我国教育均衡发展的政策目标发生了巨大转变，其重心开始下移，直指义务教育的宗旨。这也是近年来美英等发达国家均衡发展政策的核心所在，体现了教育均衡发展政策的共同诉求，意义重大。

一方面，教育均衡发展政策目标的转换，是对现行义务教育政策所暗含的路径依赖的突破和创新。回溯近些年对教育均衡发展问题的关注，其政策目标主要集中在加大财政资金投入和学校硬件改善问题上，旨在为教育均衡发展争取外部环境的支持，从性质上属于侧重外延式均衡发展。当然，侧重外延式均衡发展是解决地区教育发展不均衡问题的主要措施，也是世界通行的普遍做法。世界各国尤其是西方主要发达国家，经过不断探索和实践基本建立起适应本国国情的教育财政转移支付制度。但侧重外延式均衡发展是教育均衡发展的初级形式，均衡发展不应该仅停留于办学条件达到某种标准，而应该走内涵式发展的道路。因为政府的高投入并不能保证学校教学的高质量，学校发展在满足了一定的物质条件之后，物质投入和质量提升之间并不是对等关系。也就是说，高投入的物质均衡并不一定带来高水平的质量均衡。教育内涵式发展追求教育质量均衡，它是在现有经济条件下，以义务教育的培养目标为标准的教育均衡。它不仅重视政府适当的经济投入，更重视学校的内涵发展，强调通过学校的内涵发展促进办学质量的提高。教育内涵式发展重视的是基础教育发展的底线，每个区域、每所学校的发展都要达到一个底线标准，每个基础教育学校毕业的学生都要在底线上合格。在实践中，我们发现一些办学条件普通的学校，其办学质量的提高主要取决于教育内涵式发展的路径选择。

另一方面，教育均衡发展政策目标转换，是对现行义务教育政策价值取向的合理调适和回归。教育均衡发展不仅仅是平等地分配教育经费等物质资源，其最重要的是通过学校层面的改变，最终落实到满足每个学生教育需求的过程。但我们在政策制定中总是目中无人，忽视对个体人的关注，而主要以功利主义为基本出发点。功利主义在政府公共政策的制定、评价过程中一直占据主流地位。在教育治理的实践中，这种价值取向认为"把蛋糕做大"远远胜过"公平分配蛋糕"。在当前基础教育办学中，功利主义的效率标准仍然是一种主流的价值取向。这种教育既在较短时间内培养了少数所谓的"精英"，也造成了对大多数受教育者的压抑和部分受教育者的摧残。教育政策应该能够从长远着眼于教育系统自身的生存和发展，而不能急功近利地去迎合政治或经济需求，从教育中过度索取对社会的贡献。这就需要把教育政策的外在价值和内在价值协调起来。教育政策还需要有长远规划，把教育政策的终极价值目标和近期政策活动的项目价值联系起来，促进教育政策手段的可持续性。这就需要把教育公平的理想建立在学校这一基本单位上，促进学校教育质量不断提高。

此外，教育均衡发展政策目标转换，是对教育实践走向的客观反映和有效指导。教育政策是政府领导、管理和发展教育的主要手段和工具，它依靠国家的强制力量发挥效力，具有行政效力和法律效力，因而对教育实践具有直接的强有力影响，一切教育教学活动都必须依据国家或地方的教育政策展开。这注定了教育政策与教育实践之间具有密切的、千丝万缕的联系。近年来，我国教育均衡发展一直是以区域推进为具体的行动策略。当前，我国教育发展区域非均衡状况主要表现在以下三方面。第一，东部地区多种发展水平在区域内共存，先进与落后、富裕与贫困、国际化与本土化之间既冲突又融合，区域"内差异"凸显。这种"内差异"对教育发展而言既是障碍又是资源。第二，中部地区以农业文明为主导，属中等发达地区，但改革开放以来该地区经济发展呈坍塌之势，教育的基础条件薄弱，教育投入的区域分配不均衡，"普九"欠债严重，应试教育的强势导向更加大了这种不均衡，中部崛起战略将带来发展机遇。第三，西部地区的经济总体上欠发达，多民族文化交融与冲突，高密度的国际援助在促进教育发展的同时，也使理想与现实、观念与行动之间的落差加大①。

面对这一非均衡状况，政府需要对区域均衡发展政策进行理论反思。就东部、中部、西部不同地区促进均衡发展的状况来看，区域变革的推进离不开每所学校的内涵式发展，而区域的均衡发展也同样是以促进每所学校在自身基础上的发展为导向的，其宗旨是让不同的学生接受适宜的个性化教育，让每所学校都有自己的特色和个性品质，让每一位教师在教与学中走上属于自己的发展道路。这已经成为一种共识，更是区域推进均衡发展、提高教育质量的切入点和突破口。

二、教学观念的转化

(一)从"知识传递"到"学会学习"

从课堂教学实践状况来看，在"知识传递"系统中，学习过程是采用一个有利于知识传递和保持的机制，典型的是：阐明学习目标——引起注意——材料呈现和指导——教师概括和学生回忆——作业和练习强化。这一过程符合信息加工的机制，有利于学生对知识(或内容)的"复制"。课堂教学从起初的知识获得的简单训练，到旨在使学生知识转化为能力的技能训练。为了让学生完成知

---

① 杨小微. 义务教育内涵式均衡发展路径分析[J]. 教育发展研究，2009(5)：6—10.

识存储和技能结构化活动，练习的层次与形式，由简转繁、再进行简化转换，希望在"由易到难""由简单到复杂"的"有序"训练中达到知识、能力系统化、结构化的目标。课堂教学的种种变化，目的都是为了更好更快地完成知识传递。

教师在追求教学方式的转变过程中，试图通过"启发引导""学案导学""模式建构"，使学生的学习由被动到主动，然而太多的单一技能，甚至同一种技能的重复训练，已经不能满足初中生日益增长的自主学习的需要。

随着《基础教育课程改革纲要》的颁布和实施，新课程标准倡导"自主、合作、探究"的学习方式，引起了教者、学者、研究者对现有课堂教学方式的反思。"自主、合作、探究"隐含着一种期望，希望学生在主动实践的过程中获得知识，提高能力，获取全面的学科素养。这是课标制定者的期待，也是社会对人才培养的要求。各科课程标准虽然有不同的学科教学要求，共同的要求是"教师在教学中必须认识到学生是学习和发展的主体。课程必须根据学生身心发展和语文学习的特点，关注学生个体的差异和不同的学习需求，爱护学生的好奇心、求知欲，充分激发学生的主动意识和进取精神，倡导自主、合作、探究的学习方式。教学内容的确定，教学方法的选择，评价方式的设计，都应有助于这种学习方式的形成"。

农村中小学课堂上，如何来组织和设计有助于这种学习方式形成的教学过程成为教师进行教学设计的一个重要问题。从课堂呈现出的各种特色来看，有教师重视学习方法的指引；有教师进行各种合作性、探究性活动的设计，引导合作学习、探究学习。社会的发展，生活内容的丰富，传播媒介的变化，对课堂教学活动方式不断提出新的要求。课堂教学要求由"知识"到"能力"、形式由"传授"到"实践"，始终伴随着学生学习活动方式的转变，教学目标渐渐转向由"学会"到"会学"。

（二）从"能力提升"到"意义建构"

1. 对话让知识与行动形成有意义的关系

任何的课程方案都需要仰赖教师教学转化，才能使课程产生生机，才会有机会让学生获得有意义学习，彰显课程存在价值。重视基本能力的养成，课堂教学中常见的寻求效果和效率的智能提升的流程主要表现为：建立需求（导入）——学法指导——示范技巧——角色扮演（技巧反馈）——反复练习——类化迁移。这样的课堂强调以能力生成为过程组织、安排活动，课堂的主角是学生，但是活动过程却是"被动"的。"意义建构"系统强调问题解决、协作学习和主动学习等，其目标是用独立和投入的学习代替依赖和被动的学习。其间，对话让知识与行动形成有意义的关系。

从小学到中学的课程内容渐由形象走向抽象，学生的思维大多徘徊在形象思维和抽象思维之间，需要在"对话沟通"过程中增加学习情意，培养身体力行实验精神，让学生在"教师的具体示范"中了解抽象概念存在的必要性与价值。课堂上，经由问题抛出让学生主动思考可能解决的策略，教师犹如问题情境塑造者，以生活当中可能的情境质疑课本，让学生在课堂当中能将实际经验与书本叙述做有意义联结。学生在学习抽象概念历程中不断与自我交互思考与对话，而非囤积知识；教师应用适当语言适时鼓励引导、肯定学生对抽象概念的实践的努力，让学生产生学习自信，确认学生在抽象概念到具体行为情境当中的不可预测因素，只有在不断实践、努力历程中，才有可能找出适合情境的抽象概念实践策略。

2."吾与汝"师生关系促进内化学习意义

因为是未成熟的初中生，从教师那里所接受的不只是知识和行为习惯而已，更重要的是看待自己价值与潜能的态度。特别是在学校的师生关系中，透过教学的持续沟通让对话双方，进行互为主体性的了解，教师角色犹如马丁布伯所言："学生老师，老师学生"是"吾与汝"的师生关系，这是属于非正式课程的一部分，也是学习经验连贯四个方面：人、地方、目的、课程；使教师在有限的正式教学时间外，学生能主动内化联结自己的经验，达成带着走的能力目标。在信任与理解的学习环境中，教师要经常创造讨论机会，促使学生在讨论过程中互相帮助对方去理解，并引导倾听的讨论文化、民主素养形成。

学生在学习中必须获得学习自由感、成就感、喜悦感，在学习过程中了解自我、发现自我，在经验互动中内化学习的意义。教师既然负有协助学生在学习中成长与发展的任务，就必须适时在学习情境中加入能发动学生积极情意的因素，好让学生在知性之旅中，也能照顾到人格成长。先去了解中小学课程与教学理念与中小学生的关系，再去了解社会与学生需要，发展双方悦纳的课程与教学，进而建构具有专业回应的中小学课程与教学内涵的学习共同体。

3.整个教学过程贯穿情意的力量

不是让学生学喜欢的，而是要喜欢去学。在知识经济的时代中，教育上情感的流露不是理性的绊脚石，也不是学习历程当中辅学或是引起动机而已，而是让理性真正发挥动力的来源。在理性传统中，情意是要去控制与防止的；然而在情意为反省中心的典范中，情意还原成为反省的指标地位。新的知识灵感也是在学习历程中投入闪现，就像是钓鱼过程，鱼钩一沉的刹那，每个人都有心动的心情，这不只是在撰写教案过程中，在开头部分的引起动机而已，而是在整个教学过程中都能贯穿着情意的力量。给他鱼竿，给他鱼吃，更重要的是带领他去体会钓鱼过程的乐趣。教育不只是给学生一根鱼竿，更是享受钓鱼的过程，给一条鱼或是给一根鱼竿，都不足以让人有动力去做个渔夫或是钓鱼——因为人必须爱上海上生活的丰富多彩，才能让鱼与鱼竿产生意义，要发挥生活中创意，对人性需求有敏锐的感受，这都需要教育过程对情意保存和加强，使鱼和鱼竿在钓鱼过程中产生乐趣与发挥价值。用图表示如下：

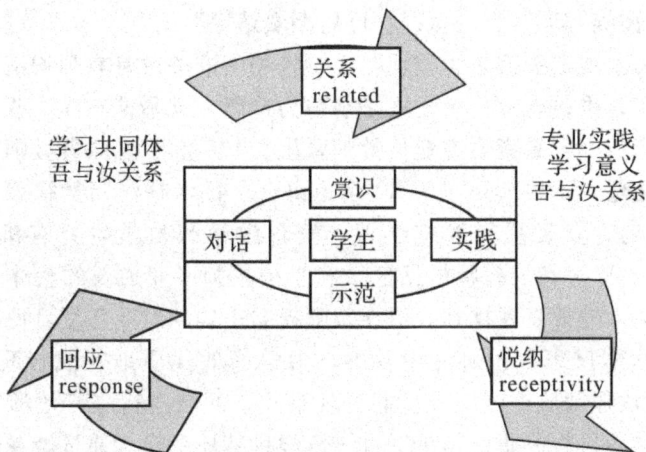

图 2-1　教室教师示范吾与汝师生关系

三、教学变革的条件形成

（一）由"同质"到"异质"：形成学校特色文化

教育均衡发展的出发点在学校，最终目的是办好每所学校、培养好每个学生、发展好每位教师。我国基础教育尤其是义务教育的当代改革，在经历了改革开放 30 多年来从微观方法手段的更新到宏观体制理顺，再到课程、信息技术等主题变革的多次转换之后，逐渐聚焦于学校。随着教育现代化建设的步伐加快，学校的基础建设、硬件设施等外延性环境建设渐渐趋于同质。内涵发展使学校追求特色（异质）文化，处于学校层面的改革实践，大致可以分为两大类型。一是以教学、课程、信息技术、组织管理及教师专业发展等某一维度为切入点进行相关性改革。这种改革虽有一定力度但未能触及学校的结构、形态和整体品质，总体上属于局部改革。这一类型的改革可称为"非转型性变革"。二是为适应当前社会整体结构的转型及相应的教育结构与功能转型之大趋势，致力于学校整体面貌、内在基质和实践形态的有结构的变革，以此实现学校由近代型向现代型的根本转变。这一类改革可称为"转型性变革"①。转型是一种结构性重建，当今学校变革的主要任务不是点状修补，也不是线性式的以新替旧，而是对学校组织的关键要素及其相互关系构成的整体结构加以重组和优化。学校特色文化建设使学校在整体变革框架和思路之下，统整学校发展的价值观与目标重建、学习方式与学科课堂教学重建、学校德育或班级工作重建、

---

① Hopkins David. 鲍道宏译. 让每一所学校成为杰出的学校：实现系统领导的潜力（序言）[M]. 上海：华东师范大学出版社，2010：2.

学校变革的方法论重建等重要问题。

(二)由"技能"到"智慧"：成就"反思型实践家"

教育均衡发展的关键是学校均衡，学校均衡的关键是教师均衡。教师是教育发展的关键，推进教育均衡发展必须努力造就一支师德高尚、业务精湛、结构合理、充满活力的高素质专业化教师队伍。"专业化"意味着教师专业成长路径和要求的变化，从以前要求教师"站稳讲台、技术精湛"到"智慧课堂、反思实践"，教师的专业发展需要把学习、教育教学和教学研究有机结合起来。(1)在实践中，通过指导教师根据区域和学校教师专业成长的整体规划，制定切实可行的个人专业发展规划，引导教师树立正确的专业态度，使其在学习中提高、在工作中反思、在研究中发展，力争高效优质地完成自我规划目标。(2)促进区域教师素质整体提升。笔者观察，本区域内行之有效的实践措施包括：一是城乡学科教科研一体化平台——学科基地建设。通过城乡教科研骨干在基地学校定期开展课堂观摩研讨、课型课例研究，提升教师学科教学理解与反思能力。二是充分发挥名师工作室的作用，将传统的"师徒结对活动"发展为教科研"学习共同体"，既发挥名师的引领与带动作用，又在研讨与反思中共同提高。三是区域内教师正常流动与团队支教。促使城镇骨干教师、优秀教师与农村教师经验互补、智慧碰撞、理念升华、素质提高。除此之外，还通过网络交流、联合教研、学术研讨等方式，逐步缩小校际教师素质差距，整体提高教育教学质量。(3)建立教师教育常态机制。一是教师主动提高学力的机制。如鼓励教师主动提高"学历"，鼓励教师通过参加教学竞赛、教改实验、教改论坛、课程开发等，引发教师提升自己的内在动力。二是教师集体研修的学习机制。如鼓励教师参加不同层次、不同类型的研修班，开展校本研修等。要求教师将研修成果转化为教学、教研或科研成果，再由教育或学校管理部门根据其推广运用价值给予评价，使研修真正落到实处。三是大中小学建立合作共同体机制。大中小学联合进行上述相关的活动，使教师教育常态化机制能够有理论与实践的可行性依托。

(三)由"单向"到"多元"：契合学生学习需求的校本课程开发

林语堂先生曾说过：教育学研究哪些内容，我闭上眼睛也能想得出，不外乎谈谈课程，说说教学之类。这席话一方面说明教育学研究内容的褊狭；另一方面也说明课程其实是学校中的重要成分，从一个侧面说明学校内涵发展离不开对课程的深入探究和具体实施。

课程、课堂是学校教育的两大核心要素。课程改革推动教师、学生、学校共同进步。辨识成功学校的经验可知，除非课程改革对学校各个层面产生影响并得到很好回应，否则变革无法真正获得成功。学校的主要领导者——校长、中层领导、学部和教研组、个别教师、后勤人员乃至家长和周边环境，构成了一个相辅相成的整体。学校应建立民主、科学的教育管理机制，让学校相关主体都能够参与管理，真正成为学校的主人，为课程改革的顺利推进创设软环境。同时，均衡发展对课程改革提出了更高的要求，即要增进课程公平，让学生在相对均衡的"软实力"条件下公平地接受教育，让更多的学生切实享受到课程改革的成果。因为真正的教育公平最终取决于学校教育活动对受教育者个性发展需求的满足效能与适应程度。校本课程开发是课程改革的一项重要内容，校本课程可以体现课程对学校和学生的适应性，是实现学校特色办学的重要途径。

(四)从"共性"到"个性"：发展学生内在品质

内涵发展的落脚点是学生，通过发展带来学生身心的变化，促进学生的全面、全体、主动、个性、终身发展，学生未来的发展方向取决于每个人的内在品质。从"有学上"到"上好学"，均衡教育的推进在很多区域已不限于"就学机会均等"，更要体现学习"过程"与"结果"的均等。不同阶段、不同家庭背景的学生心理世界、文化特征、生存状态、生活方式必然有所不同，在接受教育过程中必然有不同的需求和表现。学校根据社会对人才培养的要求，发展学生的共性品质，如生命观照、感恩情怀、礼仪规范、体艺素养等等。回到教育的原点，教育是一种促进人自由发展、滋养个体生命的活动，学校教育必须在课堂教学、师生交往、教学评价等诸多过程中最大限度地促进学生自由、健康、和谐发展。只有满足学生个体自由成长的学校教育，才是尊重教育规律的公平的教育。因此，教育行政部门需要按照受教育者的个性特点适当配置学校教育资源。"均衡"不等于一味地追求"平均"，学校与学校之间的资源配置不同，但如果不同的学生在不同的学校里能够释放个性、自由成长，那么就可以认为学校之间是均衡的，这种差异性均衡对于个体来讲才是公平的。许多自上而下的改革成效不大，其主要原因就在于没有真正满足学生的需要。均衡发展就要打破千校一面的同质格局，建立特色化学校，保证所有学生都能接受与其个性和能力相适应的学校教育，促使他们得到最适切的自由发展，这是均衡发展的最高境界。

第四节　推动农村中小学课堂教学变革的对策

基础教育中农村中小学教育质量提升已经成为教育均衡发展的关键，而在当前，尤其是《国家中长期教育改革与发展规划纲要(2010—2020年)》实施之后，国家积极推进教育均衡发展的背景下，如何提升中小学教育质量成为关键。课程改革现状要求现有的中小学课堂教学方式也亟待做出相应改变，以产生使学生有意义学习的内外部条件。

一、拟定适切目标，帮助学生形成个性化学习方式

"教育实践表明，处于不同发展阶段的学生在知识、能力、兴趣、认知风格、理解水平等方面都存在着明显的差异性。"①为帮助学生形成个性化学习方式而拟定的目标，应适应初中阶段学生的学力差异、兴趣差异、"学习适应性"和生活经验的差异，以形成课堂高质量的学习活动。

高质量的学习活动是以参与式、研究式和建构式为基本结构的课堂学习模式，或者是以它们作为功能组块或方式要素而进行的优化整合。为便于比较说明，我们用表格形式分析一下学习方式与目标任务之间的关系。

表 2-2　学习方式与目标任务之间的关系分析

目标任务/学习方式	参与式	研究式	建构式
认识水平	反映求真	改造求善	重建求新
认知特征	认同表征	解读加工	重组建构
思维活动	比较、分析、综合、抽象、概括、特殊化、一般化、知识习得、掌握	选择、增删、改造、控制。发现个性化、解读与加工	拓展、延伸、发散、重构对改造物的"统合表述"
理性水准	规律性运思	能动性改造	特质性建构
活动组织	营造氛围，建立联系，组织加工活动，形成网络或图式并自动化	创设认知冲突，确立研究主题，参与探索过程，指导研究发现	动态开放的情境，"大园式"观察探索，互动合作，建构意义，领悟反思

不同的教学方式也许适用于不同的学科课堂，适用于课堂中的不同学生。义务教育阶段学生感知能力在不断提高，农村学生由于受自身的先天因素、教育环境、生活环境与所从事的实践活动的影响，每个人的个性心理必然存在差异。特别是城镇化的推进，农村学生学习环境改变后，普遍存在着学习内容、学习方式的不适应。中学的学习生活比小学紧张，而且在学习方式和方法上有所不同，相当一部分农村学生缺少自信心，自学能力差，特别是当学习成绩表现不佳时，加之父母不在身边，缺少良好的心理沟通与疏导，更缺乏抗挫折的能力，往往表现为无所适从。容易在心理上感到自卑，行为上常常表现为羞怯、孤独。同时，由于基础差，或者学习方法不当、环境不佳等种种原因，经

---

① 刘学智，范立双．日本中小学教育中的个性化学习：经验、问题与启示[J]．比较教育研究，2006(2)：53．

过努力后仍得不到改善，于是责怪自己，怨恨自己，最后破罐破摔以求心理负担的释放。面对这些状况，通过调整学习目标，改变一味的"接受学习"方式，创设机会，为学生的课堂方式提供多样选择，鼓励学生通过自身的努力去大显身手，去实践各种机会，总结成功经验，拓展学生思维的广度和深度，提高思维能力。使其在每一次思想、观念、智慧的生成过程中得到健康发展。

二、重建课堂文化，形成支持性的课堂学习环境

德国心理学家勒温认为：人的行为是人的内部张力和环境的外部张力的力场关系的结果①。这个命题表明，环境对主体及其活动是一个不可忽视的制约性因素。教学活动也不例外，学习环境具有益智、健体、美育和养德功能，它是影响学生学习动机、学习情感、学习行为的一个极其重要的变量。

真正的知识不是简单地通过教师传授得到的，而是学习者在一定环境下，依靠与教师和学习伙伴交流与合作，利用必要的学习资源，通过能动地建构意义的方式获得的。形成支持性的课堂学习环境应充分考虑怎样把思维和情感整合到教学活动中来，对各种要素进行必要的选择、组合、控制和改善，趋利避害，转化消极因素，不断密切教学环境与人的生命状态及其发展之间的关联，从而促进人的生命之健康、全面发展，使教学环境的各种要素与学生学习特性具有亲和性，为学生的个性化学习、自主学习提供必要的优化条件。要求教师根据教学内容的要求，利用图片、文字材料、影音文件等媒体资源生成一种生活的情境，激活学生的思维和兴趣，引导他们的参与和想象，形成一定的互动应力场。

支持性的课堂学习环境需要重建课堂文化，课堂氛围公平而又民主，学生不因地区差异、家庭背景和成绩落后而遭冷落与受歧视。"每一个学生的所作所为都有其最好的理由，哪怕你并不都理解那些理由。"②只有在一种和谐的环境影响下，学生才会得到教师充分的信任和有效的期望，才会有人格的舒展与自由，有思维的活跃与激荡；学生才能引起内在需要，产生奋发向上的动机，保持勃勃的兴致、思索的状态和跃跃欲试的冲动；学生才能主动参与教学、积极思考、主动提问、大胆表达，与其他教学资源产生和谐互动，把教学内容内化为自己的认知与情感结构。实践证明，学生在沉闷压抑的学习环境和状态中学习，不可能产生理想的效果。一个内容开放、思维开放、心态开放的教学环境无疑是互动教学功能得以正常发挥和扩大的基础条件。

---

① 施良方. 学习论[M]. 北京：人民教育出版社，2001：157.
② 邓祖远. 创建农村课堂新型教学模式[J]. 中国西部科技，2006(11)：80.

三、建立动态机制，形成多向互动的课堂形式

学习策略的获得是一个动态过程，它包括对学习方式的选择和使用、学生自主学习活动的合理组织、调控和管理。受应试教育束缚、课程资源短缺的影响，目前部分初中学生学习方式比较单一。关注学生学习过程的有效教与学方式的形成，实质上就是要开发和创新可操作的有效教学策略和学习策略，建立学生获取自主学习策略的动态机制。

建立这一机制的理论基础来自学习心理学，尤其是人本主义学习理论。人本主义学习理论的主要观点是：学习内容如果对学生没有什么个人意义的话，学习就不大可能发生；学习的动力每个人生来就有，并能确定自己学习的需求，教师的任务不是教给学生知识，而是要为学生提供各种学习的资源，提供一种促进学习的气氛；教师应由传统的知识传授者转变为学生学习的指导者、咨询者和合作者；教师和学生的关系应是双向沟通、双向参与、平等互助的关系，体现人本主义尊崇的人的民主、尊严、平等、自由的价值观。

建立这一机制面对的根本问题是学生"会不会学"。其中主要的问题有"如何教会学生学习"、"如何教学生会学"以及"如何引导和组织学生的有效学习"等。这几个问题有一个逐步深化和发展的关系。"如何教学生会学"，是教师在实施教学过程时一般都会首先考虑的问题，它着眼于教师的"教"，涉及的是教的方式。"如何教会学生学习"，这是处理"教"与"学"相互关系的问题，把教师教的方式和学生学的方式联系起来，着眼于教学过程的归宿——使学生学会学习，这是对前一问题的发展。"如何引导和组织学生的有效学习"，是教学过程的实施与目标追求的问题，它着眼于教学组织形式、教学模式的选择、有效教学方法及手段的调配运用等方面，落脚在完成教学任务，达成教学目标的效果上，是在前一问题上的进一步发展。这些问题都聚焦到教学策略和学习策略上。教学策略以学习策略为基础，学习策略是制约学习效果的重要因素。学生学习的优化与有效，有赖于教师的指导，也有赖于良好的学习动机，还有赖于学习环节的到位、学习过程的严谨，更有赖于使学生作为课堂学习的主体，能随时监控与调整自身学习活动的能动性学习过程，以及对知识的加工，即学生主动地运用学习策略的过程。在课堂教学中，教师应有意识地结合学科教学的内容特点，渗透学习策略的教学与指导，帮助学生学习并掌握适宜的学习策略。建立学生获取自主学习策略的动态机制，不仅能够解决学生"会不会学"的问题，有效改进学生的学习，而且能更有效地提升教师的教学有效性。

从目前我们所观察到的农村中小学的课堂来看，这一机制的运行对于农村中小学学生处理好个体的独立性与群体合作学习的关系、学习者与学习内容之间关系、学习内容的内在关系、学习内容与媒体之间关系，形成与现代社会相

适应的学习方式至关重要。

　　加拿大教育家迈克·富兰曾经说过："变革是一个过程，而不是一个事件。"希望在初中课堂教学方式转变路径探析中，我们的课堂能真正"活"起来，"动"起来！

第三章 农村中小学现代远程教育现状与对策

　　工业化、城镇化、信息化和农业现代化是当今中国经济社会发展的新形势、新趋势。在新"四化"发展进程中，"十二五"规划期间要突出发展好城镇化。这是因为，一方面城镇化是新"四化"中的短板，从世界现代化经验看，工业化与城镇化相伴而生，如影随形，但我国的现实却截然相反，城镇化进程大大落后工业化进程。就新"四化"而言，工业化进展迅速，长期以来，我国突出重工业发展战略，目前我国主要工业产品总量已经跃居世界首位，中国成为世界制造业大国，但由于城镇化滞后于工业化，2亿多农民工并没有完全融入城市，每年"候鸟式"在城市和乡村流动；另一方面是因为城镇化是经济持续增长的新动力源泉，城镇化是拉动我国内需的重大潜力所在，调整经济结构、转变经济增长方式，建立经济社会可持续发展机制，是"十二五"期间我国重要战略部署，城镇化在此大有作为。我们所讲的城镇化应该是新型城镇化，所谓新型城镇化，是指"以人为本"的城镇化，是农民的城镇化，就是让广大农民享受城镇化的成果，通过进城变市民或就地变市民，最终让农民过上城市人一样的生活，享受与城市居民一样的国民待遇。新型城镇化会带动建筑业、钢铁业、能源业以及城市和农村建设的快速发展，形成新的投资亮点，形成经济发展的新的增长极。总之，中国正在经历人类有史以来最大规模城镇化的浪潮，新型城镇化对我国农民素质提出了新要求，农民要有序变成市民，首先就要提高综合素质，尤其是科技素质。

第一节 农村中小学现代远程教育的概述

　　城镇化进程中，加强农村中小学现代远程教育工作，对于促进城乡教育均衡协调发展，提升青年农民现代文化素质，加快农民变市民步伐，培育职业农民，发展现代农业，都具有举足轻重的作用。

一、农村中小学现代远程教育内涵和特征

(一)农村中小学现代远程教育内涵

农村中小学现代远程教育，是指在教育部门的规划领导下，通过创建信息环境和建立信息资源，实现学生和教师利用多媒体手段进行远程教育教学的一种新型教育形式。主要内容有：

1. 我国农村中小学现代远程教育是在政府领导下进行的

从经济学意义上讲，公共产品具有非竞争性和非排他性，需要政府的扶持和帮助，政府在农村公共产品提供方面负有不可推卸的责任。农村中小学现代远程教育既是农村基础教育的重要组成部分，也是农村信息化基础建设的重要组成部分，需要资金多，规模庞大，具有公共产品的性质，单靠农村乡、县自身的力量建设是行不通的。因此，我国的农村中小学现代远程教育是在教育部的领导和指导下开展的，国家投入了巨额的资金、物力和人力，初步形成了覆盖农村中小学的现代远程教育网络。

2. 我国农村中小学现代远程教育目标之一是创建信息环境

信息环境包括硬件建设和软件建设两个重要方面，缺一不可，互为补充。从硬件建设看，国家十分重视农村中小学现代远程教育硬件环境建设，加大了硬件设备资金和物质的投入力度。国家设立了卫星接收点，配备了计算机教室，刻录了相关光盘，加强了对骨干教师的集中培训，并安排了相应的教师进行维护。从软件条件看，根据各地实际情况逐步建立健全了信息资源库，信息量和信息种类不断增多，能够基本满足农村学生课堂需要。与企业联合，开发了适应农村中小学教学的软件，同时收集了著名学校的视频教学文件，精彩的多媒体课件以及各种各样的数据、图片，建立了内容完备，品种多样，丰富多彩的信息资源库。

3. 我国农村中小学现代远程教育主要手段是多媒体教学

由于我国农村地区广大，有的地方更是地广人稀，农村孩子从小接受不到良好的教育，学习基础不牢固。与城市学生相比，英语、数学等学科成绩较差，这是造成农村孩子在我国著名大学入学率持续下降的重要原因，农村孩子的成长输在了起跑线上。农村中小学远程教育实施后，农村学生可以在他们所在的教室收听收看著名学校的名师精彩课程，在一定程度上弥补了偏远山区的不足，让农村孩子在偏远的山区也能享受到一些优质的教育资源。同时老师也可以利用网络资源，丰富备课内容，提高自己，增强课堂的吸引力，提高授课效率。

4. 我国农村中小学现代远程教育是农村中小学教育的重要组成部分

长期以来，农村中小学教育远远落后城市中小学教育，农村老师讲授知识方式是农村中小学教育的主要载体。面对当今飞速发展的信息时代、网络时代和数据时代，这种教育方式已经落后了。适应时代发展和学生新要求，创新农村中小学教育载体已经迫在眉睫。我国农村地区辽阔，农村区域发展相当不平衡，存在大量"老、少、边、穷"地区，要求全部实行现代远程教育也不现实，但在农村中小学开展现代远程教育是农村中小学教育的有益补充，也是我国农村中小学教育未来发展的一个重要趋势。

(二)农村中小学现代远程教育的特征

农村中小学远程教育是在信息化、网络化和知识经济背景下产生、发展和壮大的，是世界科技革命发展对人才培养的必然要求，是教育现代化的命题中应有之义，也是实现新型农村城镇化的迫切要求。与农村中小学传统教育教学相比有四大特点：

1. 教学内容融合了科技的元素

传统的农村中小学教育是一个老师，一支粉笔，一块黑板，教育形式单一，单调，缺乏生动活泼的场面。当下世界是知识化、网络化和数据化的世界。网络和数据技术正走进寻常百姓家，与学生生活、学习联系至为紧密。科技的新发展、新形势、新趋势，对教育手段提出了新要求，要求学校教育手段和方法要与科技发展新趋势深度融合。农村中小学现代远程教育中科学技术的应用适应了这一新的要求。通过多媒体教学，教师教学的信息量增加了，既有图片，也有视频图像，教学内容体现了先进性，适应了当今世界科技发展的新趋势。

2. 教学地址形成了空中课堂

教育是百年大计，教育的不公平是人的发展中最大的不公平。每个人的发展往往取决于起跑线的不同，在应试教育下，学生的发展就取决于课堂的45分钟。农村的中小学课堂与城市相比，普遍存在硬件不硬，软件不强，教师队伍不齐的严峻问题。从城市看，进入21世纪以来，在全民重视教育的大背景下，城市中小学教育迅猛发展，教学环境得到彻底改善，教师队伍待遇得到大幅度提高，城市与农村中小学教育差距进一步扩大。农村中小学现代远程教育的实施，使优质教育资源能够普及到中西部，深入"老、少、边、穷"地区，普照欠发达地区农村孩子的心灵，在一定程度上缓解了教育的不公平和不公正的问题。

3. 教学方法实现了学生与教师的互动

课堂应该是以学生为主体的，只有以学生为主体，才能真正调动学生学习的热情、增强学习的主动性。传统的教材视野单一，只有一些条条和框框，不生动。而且数据陈旧，因为教材发行一般比网络要晚许多，所以有的教材数据都过时了，甚至个别数据还存在错误的问题。利用远程教育的信息资源备课，就可以极大丰富课堂内容，寻求教学科研最新进展，查找最新教学数据。教师讲课时可以通今博古，纵论世界风云，农村学生的思想可以穿越中国和世界，让他们思维开阔起来，观念先进起来。

4. 教学氛围激发了学生学习的兴趣

农村中小学学生处于追求知识的旺盛阶段，他们对知识和世界充满了期待。老师就是他们接受知识和认识外部世界的重要平台。这个平台应该是牢固的，教师要有深厚的知识功底；这个平台又应该是丰富多彩的，能够吸引住学生。传统的教学模式是灌输方式，学生对这种满堂灌的教育方式缺乏兴趣，往往导致教学效果不佳。开展多媒体教学，利用学生喜闻乐见的现代传播方式，会极大激发学生学习的兴趣，促进教学效果的显著提高。

二、大力发展农村中小学现代远程教育的意义

在全球信息化和中国现代化大背景下，大力发展农村中小学现代远程教育工作，对于缩小我国与发达国家信息差距，缩小我国农村地区与城市地区城乡差距，缩小农村教育和城市教育水平差距，实现城乡义务教育均衡发展，具有重要的现实意义。

(一)大力发展农村中小学现代远程教育，是缩小与发达国家信息差距的必由之路

未来科技的竞争是信息的竞争。发达国家已经先发制人，在信息教育方面领先一步，高出一头。美国克林顿政府于 1993 年 9 月正式提出建设"国家信息基础设施"(National Information Infrastructure，简称 NII)，即"信息高速公路"(Information Superhighway)的计划，把 IT 在教育中应用作为实施面向 21 世纪教育改革的重要途径。美国的这一举动引起世界各国的积极反应，许多国家的政府相继制订了推进本国教育信息化的计划。计划涉及教育改革措施、农村信息技术的发展、农村远程通信服务的实践、信息和通信技术的使用、信息革命的指标等诸多方面。信息化浪潮正席卷世界各地，信息化人才培养方兴未艾。在芬兰，信息与通信技术已实现了全开放，创造了灵活的学习环境，所有学校都进行了宽带部署，所有老师都接受过培训。学生的学习既可以在课堂内进行，也可以在课堂外进行，还可以通过技术手段完成。另外，芬兰创建了虚拟学校，虚拟学校创造均衡的方式，为学生提供公平的教育资源。马其顿虽然是一个非常小的国家，但他们将对教学信息化主讲教师的培训作为核心和重点。先培训好主讲教师，再由主讲教师去对全员进行培训，收效显著；格鲁吉亚建立的在线教育社区，可以进行教师能力的提升和培训；美国和北欧一些国

家，实行的是可以管理到学生课堂内外的在线学习方式；在葡萄牙，有专门的家长教育，学生可以将学校的电脑带回家中，让家长浏览并参与交流……①

我国13亿人口，近6亿人在农村。从农村人口文化程度实际情况看，主要以初中文化为主，这种低层次的文化程度，对于发展现代农业、全面建设小康社会和农民的现代化影响不能低估。21世纪是科技和信息化的世界，信息化将关系到新兴工业化、新型城镇化和农业现代化，要实现现代化，必须努力做到信息化与工业化、城镇化和农业现代化的深度融合，打造"智能工业""智慧城镇"和"智能农业"。我国80%的中小学生在农村地区，这部分学生信息化程度如何，对于未来中国信息化的发展影响深远。只有实现农村义务教育信息化，从小培养掌握信息技术的现代型人才，未来的中国才不会在信息化的世界中落伍。

（二）大力发展农村中小学现代远程教育，是缩小城乡收入差距的重要举措

党的十八大提出，到2020年在我国全面建成小康社会。全面建成小康社会重点和难点都在农村，关键在农民收入的提高。据权威部门测算，当前农民人均收入和城镇人均可支配收入的差距是3.6∶1，如果算上城市人的隐性福利，有的学者认为农村和城市居民的收入差距在6倍左右。不论是从收入水平来看，还是从消费水平来看，抑或是储蓄来看，农村地区与城市地区都有较大差距。这是多年来重视重工业发展，轻视农业发展，从而导致城乡二元结构的必然结果。农民收入少，农村市场萎缩，影响了国家内需，造成了工业品生产的过剩，反过来又影响了外出打工农民的收入。从2005年以来，在社会主义新农村建设、统筹城乡建设、城乡发展一体化和新型城镇化政策扶持下，农村地区得到综合开发，农民生活日益改善，2009年我国农民收入增长速度首次超过了城镇居民增长速度，这是具有历史意义的标志，人们对缩小城乡收入差距，全面建成小康社会充满了希望，更加积极探索增加农民收入的有效途径，力争2020年农民生活与城镇居民生活同步达小康。

信息是提高农民收入中的一个极为重要的元素。信息是生产力，一条好的信息能让农民的粮食卖得出去，能让打工的农民找到满意的工作。社会主义新农村建设实践证明，那些掌握致富信息、视野开阔、见多识广的农民，往往成为先富裕起来的农民。现在的10~17岁的农村中小学生，再过8~10年，正是农村健壮的劳动力，他们接纳信息的状况如何，将直接影响农民收入的多少。因此，现在就对这一群体进行信息技术的教育，利用远程教育手段，普及计算机实用技术，提高学生电脑素质，这对于在农村普及农业科学知识、增强现代营销意识、发展现代农业、培育职业农民、促进农业现代化，都具有十分

① 杜冰.教学信息化：校长领导力新挑战[N].光明日报.2012-10-27(11).

重要的意义，影响十分深远。从宏观上看，目前，全国约 16% 的小学、46% 的初中、77% 的高中建成了不同程度的校园网，25% 的中小学以多种方式接入互联网，其中，以 100M 以上宽带接入互联网的中小学达 2 万所。截至 2011 年底，校园内每百名学生平均拥有计算机数量小学达到 5.12 台，初中达到 7.78 台，高中达到 13.45 台，初步满足了学校开设信息技术必修课、开展信息技术与学科教学课程融合的需要，并初步建成了国家基础教育资源库，涉及 7 大类，36 个学科，共计 4129 学时学科知识点教学资源，覆盖 1~9 年级多种版本教材的教育教学内容。城市中小学信息教育的迅猛发展，给农村中小学教育提出了新的课题。如果不重视农村中小学计算机信息的基础教育，就会在 21 世纪形成农村新的"文盲"，就会造成农民和城市居民新的收入差距，因此，在农村中小学普及电脑和网络知识非常重要，是一项功在当代、利在千秋的大事。

(三)大力发展农村中小学现代远程教育，是缩小城乡教育水平差距，实现均衡发展的有效载体

"十一五"期间，我国农村义务教育中存在问题突出。"十二五"期间要重点解决农村义务教育问题，实现城乡义务教育均衡协调发展。信息技术是促进基础教育跨越式发展，缩小地区间教育差距，实现教育现代化的重要手段。如果不重视农村中小学网络信息教育，会造成新的城乡教育差距。从微观上看，现在城市中小学信息化发展日新月异。在香港凤溪创新学校，信息技术为学生们找到了最好的学习途径。学校为学生提供了网上辅助教材以及电子学习平台，学校里的每一个孩子都拥有自己的小型电脑。在学校的每个教室，都有电子互动白板，同学们可以跟老师一起学习一起互动。北京四中为教育教学搭建了资源平台、交流平台、管理平台、学科整合平台、辐射平台等。实现了现实课堂与网络课堂的双课堂教学模式，这种教学思想让校长和老师也成为了学习者并从中获得快乐。浙江省杭州市拱宸桥小学，在浙江省教育技术中心的指导下，于 2008 年成立了"王崧舟特级教师网络工作室"。经过两年试运行、两年并网运行，已在教师专业培训、语文课程建设和名师培养机制等方面取得了一定成效。这个工作室的搭建，以学校的实体工作为依托，以网络为载体，影响和促进了一大批教师的发展，形成了具备特色的教师研修新平台①。

从宏观上看，我国农村中小学分散布局决定了发展现代远程教育工程的紧迫性。2013 年审计署公布了 1185 个县农村中小学布局调整情况专项审计调查结果。审计调查的 1185 个县中，2006 年至 2011 年，有 70% 的县学校平均服务半径有所增大，其中：初中、小学的服务半径增幅分别为 26%、43%，平

---

① 杜冰.教学信息化：校长领导力新挑战[N].光明日报.2012-10-27(11).

均达到 8.34 公里、4.23 公里；特别是西部地区 270 个县的初中、小学服务半径增幅分别为 47%、59%，平均达到 14.35 公里和 6.09 公里。重点抽查 25127 个学校的 1257.63 万名走读生中，有 49.31 万名学生上学单程要徒步 3 公里以上，其中 10.03 万名要徒步 5 公里以上，且主要集中在山区或丘陵地区，上学路途消耗体力大，导致学习和在校活动时间相应减少。作为边远贫困地区，农村人口占有很大比例，所以要想实现农村教育的均衡发展，就必须以农村义务教育信息化建设为抓手。农村义务教育信息化是解决农村义务教育问题的新的突破口。要为农村中小学班级配备多媒体远程教学设备，让广大农村和偏远地区的孩子共享优质教育资源，以信息化促进边远贫困农村地区与城市地区义务教育的均衡化。

（四）大力发展农村中小学现代远程教育，是关注和保护农村留守儿童，还农村学生安全的有力手段

2001 年，在农村学龄孩子数量减少，入学率降低情况下各级政府实施合村并校政策，关闭了不少学校。21 世纪教育研究院发布的《农村教育布局调整十年评价报告》显示，在 2000 年到 2010 年十年间中国农村平均每一天就要消失 63 所小学、30 个教学点、3 所初中，几乎每过 1 小时，就要消失 4 所农村学校。农村小学减少 22.94 万所，减少了 52.1%；教学点减少 11.1 万个，减少了 6 成；农村初中减少 1.06 万所，减幅超过 1/4。农村学校由 440284 所减少到 210894 所。特别是农村小学撤销过快，教育部统计数据显示，1997—2009 年，全国农村小学数量减少一半多，平均每天减少 64 所。又据教育部数据，1997—2010 年间关闭的小学中，农村小学占到 81.3% 之多。过度的学校撤并导致学生上学远、上学贵、上学难。为解决农村中小学上学问题，各地配备了校车，校车安全问题也提上了重要的议事日程。

近年来，农村中小学校车事故频发，学生死亡人数之多，影响范围之广，社会震动之大是前所未有的。校车安全备受全国人民关注。因此，必须下大力气化解农村中小学校车安全危机，还孩子们一个安全学习环境。国家审计署审计发现，部分学校校车配备和监管不到位，交通安全风险增加。审计重点调查 1185 个县的 25127 所学校中，至 2011 年底，有 288 个县的 1702 所学校配置了校车，一定程度上缓解了上学路程远的困难。但是，这些学校配置的全部 9639 辆校车中，有 747 辆校车年检不合格，449 辆校车与驾证不相符，3377 辆校车未配备专职管理人员，2149 辆校车未配备逃生锤等安全设备。同时，上述学校中还有 41.26 万名学生自行包租社会车辆上学，由于监管难度大，这些车辆往往车况差且超载问题严重，交通事故时有发生，随机抽查的 2944 辆包租车辆中有 997 辆存在超载问题。经过教育部门的测算，按照全国中小学如果要全部解决校车的问题，按照义务教育 1.5 亿名在校生的规模计算，全国所有中小学生都配备上校车，则需要 150 万辆校车，加上维护费用，需要财政 4600 亿元的投入。这么大一笔投入很难一步到位，因此，大力发展空中课堂等远程教育是当下的重要任务。

三、城镇化进程中农村中小学现代远程教育的历程和经验

农村中小学现代远程教育旨在把优质的教育资源、先进的教育理念、科学的教学方法、先进的文化输送到农村地区，推动农村教育教学手段的改革，提高学生的学习兴趣，解决教育教学资源匮乏、师资短缺等问题，提高农村教育的质量，促进城乡教育协调发展。

(一)我国农村中小学现代远程教育发展历程的简要回顾

基于信息技术全球化扩展、网络的快速发展和覆盖、电脑的普及、国家和家长对信息教育的重视等原因，我国农村中小学的现代远程教育开始萌芽、发展，并不断地走向成熟。

1. 萌芽阶段：(2000—2003)

2000 年教育部召开了全国中小学信息技术教育工作会议，明确提出农村地区可通过中国教育卫星宽带网接收系列的优秀教学示范课和丰富的多学科课程教学资源，使农村地区的广大中小学生能够接受并共享高质量的基础教育。2001 年，由教育部和香港李嘉诚基金会合作共同实施的西部中小学现代远程教育项目在西部 12 个省(区、市)及 3 个中部少数民族自治州，建成了 1 万所中小学远程教育教学示范点，为采用数字技术和卫星广播通信技术，把信息社会的教育革新带到农村学校和社区，提供了可供借鉴的经验。2002 年，教育部确定，针对农村教学点、农村小学和初中，分别采用配备光盘播放设备和成套教学光盘、卫星教学收视设备、计算机教室等"三种模式"，对全国所有农村中小学开展远程教育①。2003 年，国务院提出实施"农远工程"，教育部、国家发展改革委员会和财政部制订了农村中小学现代远程教育试点工作方案。2003 年 9 月，下发了《国务院关于进一步加强农村教育工作的决定》(以下简称《决定》)。《决定》明确提出"实施农村中小学现代远程教育工程，促进城乡优质教育资源共享，提高农村教育质量和效益。争取用五年左右时间，使农村初中基本具备计算机教室，农村小学基本具备卫星教学收视点，农村小学教学点具备教学光盘播放设备和成套教学光盘"。这一政策的出台，为中小学远程教育的发展提供了坚强的后盾。国家投入 10 亿元，地方配套 9.1 亿元，在西部地区 12 个省(自治区、直辖市)、中部 6 省、山东省和新疆生产建设兵团试点工

---

① 曾祥翊. 我国农村中小学现代远程教育工程述评[J]. 教育信息化回顾与展望，2011(1)：30—35.

作共建成 20977 个教学光盘播放点、48605 个卫星教学接收点、7094 个计算机教室。覆盖西部各省(自治区、直辖市)25%左右的农村中小学,覆盖六省21%左右的农村中小学。覆盖西部试点省 925 万中小学生,学生覆盖率为27%,中部试点省 644 万中小学生,学生覆盖率为 21%。

2. 发展阶段:(2003—2007)

教育部、国家发展和改革委员会、财政部制定了一系列实施农村中小学现代远程教育工程的文件,指导工程实施。主要包括:《农村中小学现代远程教育工程试点工作方案》、《关于农村中小学现代远程教育工程试点工作方案的审核意见》、《农村中小学现代远程教育工程试点工作终端接收站点技术方案》和《农村中小学现代远程教育工程试点工作设备招投标采购管理办法》。先后举办了三期国家级培训班,培训了 1000 多名骨干教师和管理人员,进行了省、市(地、州)、县级和学校的四级培训,始终把骨干教师的培训工作贯穿于整个工程实施过程之中。约有 80%以上的学员能够独立安装卫星设备和调试计算机数据接收系统,能够培训学校的其他教师,能够下载资源并适当用于教育教学等。各地教育行政部门根据国家课程标准,组织开发制作具有本地区特色、适合农村中小学使用的优质教育教学资源。到 2007 年底,基本完成了农村中小学现代远程教育工程建设任务。经过五年的努力,中央和地方共投入 110 亿资金。工程覆盖了所有农村中小学校,初步形成了农村教育信息化的环境,初步构建了惠及全国农村中小学的远程教育网络。工程共配备教学光盘播放设备40.2 万套,卫星教学收视系统 27.9 万套,计算机和多媒体设备 4.5 万套。形成了基本适应农村中小学教学需要的资源体系。以小班教学光盘为主的教学光盘已经覆盖了小学所有年级和学科,为农村初中提供了示范课、教学实验、教学素材等教学光盘。教学多媒体资源覆盖了初中 9 个学科和小学 8 个学科,共4129 个学时,视频资源覆盖初中 11 个学科和小学 7 个学科,以及专题教育等,共 2099 小时,教学素材资源已有 7692 条①。

3. 走向成熟阶段:(2007—至今)

广大学生认为现代远程教育是他们学习的好帮手,教学内容丰富,形象生动、直观,便于理解,愿学、易懂、记得牢。如英语课程,使学生英语的发音更加准确,普通话讲得更加流利。在黄冈地区,通过调查,68.75%的教师认为农远工程模式对教学有用,这说明随着中小学现代远程教育的实施,特别是"三种硬件模式"在农村中小学的普及和推广,广大教师也逐步认识到农村远程教育硬件模式在促进教育教学改革、加速学校发展方面所起的积极作用。各级

① 苑永波,周雪菲. 农村中小学现代远程教育工程的可持续发展[J]. 中国远程教育,2011(3):85—88.

政府充分利用农村中小学远程教育搭建的平台，实施农村党员干部现代远程教育和农民技术培训，收到了良好效果，促进农村社会经济发展的各项应用正在逐步推广。农村中小学通过对区域的党员、干部、致富带头人进行信息技术技能培训，使他们初步具备利用计算机浏览、查找资料等技能，同时普及适合当地经济发展的实用技术，把远程教育发送的种植、养殖技术的视频资料刻录成VCD，免费向村民传播。

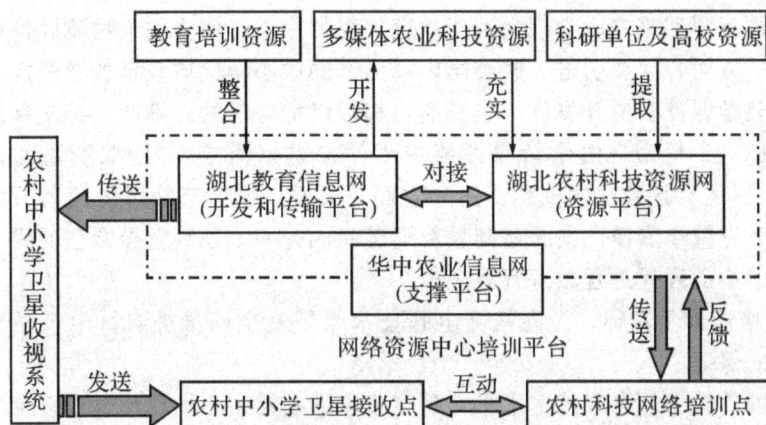

图 3-1　农村中小学远程教育对提高农民科技素质平台作用

（资料来源：http://image.baidu.com/i? ct=503316480&z=0&tn）

(二)我国农村中小学现代远程教育发展的主要经验

为保证农村中小学现代远程教育工程后续可持续发展，建立有效的、可操作的可持续发展支持体系，各地在实践中结合实际，积极探索，在领导力量、资源建设、教师培训、推广应用和可持续发展等方面，创造了许多新经验。

主要经验有：

1. 领导重视、健全组织是全面推进农村中小学现代远程教育的前提

毛泽东曾说："路线确定以后，干部就是决定因素"。深入推进农村中小学现代教程教育工作，各省、县(市区)、乡镇和学校领导是关键。各级领导在"农远工程"中负有组织、协调、指挥的重要职责。宁夏作为西部省份，把实施农村中小学现代远程教育工程作为教育实现跨越式发展难得的历史机遇。在领导力量、机制创新、政府投入、措施配套、师资培训、应用效益等方面不断加大工作力度。自治区党委、政府多次听取工程情况汇报，考察农村远程教育工作开展情况，协调解决工程进展中的重大问题。自治区组织、教育、发改、财政、科协等部门形成统一认识，密切协作，积极配合，解决工程中存在的问题和困难，确保了国家现代远程教育工程试点示范项目、农村中小学现代远程教育工程试点工作的顺利实施。

2. 建立教育资源库、促进教育资源本土化是提高农村中小学现代远程教育效果的关键

对农村中小学远程教育而言，硬件是基础，软件是核心。要结合当地实际情况，建立教育资源数据库，开发适合本地的教育资源，这样，教师教得才顺手，学生学得才快乐。具备自成体系的传输格局后，整合海量的优质教育教学资源就成为当务之急。新疆是一个少数民族聚居的边远省区，新疆基础教育资源库，是新疆实施中小学现代远程教育工程的中心。作为一个物质属性的资源仓库，一方面，它要引进、整合国内汉语系的中小学优质教育教学资源。各地的教育教学课件资源开发商、生产商，都可以把自己的合格产品提交新疆基础教育资源这个超市，由全新疆各族中小学校根据需求，"各取所需，各有所得"，共享优质教育教学资源。另一方面，又要自制、集纳区内民语系的中小学优质教育教学资源。新疆基础教育资源库成为一个独具新疆特色的民、汉语兼备的中小学现代远程教育资源超市。

3. 培训骨干教师、提高教师电脑技术水平是全面推进农村中小学现代远程教育的保证

教师的教学理念和技术水平，是能否推进农村中小学现代远程教育工程的重要因素。在偏远农村地区，教师教育观念落后，电脑技术水平普遍低下，严重制约了"农远工程"的顺利发展。河北省为保证项目的顺利实施，加强对教师、管理和技术人员的培训，坚持以实践应用性培训为重点，以校本培训为基础，全面提高教师运用三种模式进行教学的能力。按照国家三部委的要求，坚持"先培训、后上岗"原则，组织开展了多形式、多层次的培训，形成了省市、区、市、县和学校四级培训体系。接受国家、省市、区、市和县级培训的教师、管理和技术人员，共计 18840 人。

4. 发挥项目效益、重视应用是农村中小学现代远程教育的最终目的

"农远工程"最终目标全在应用。通过农村中小学远程教育，使广大农村地区孩子在义务教育阶段，能够学到电脑知识，掌握电脑技术，享受优质课程，开阔视野。因此，农村中小学远程现代教育根本目的全在应用，它不是门面，也不是为了应付检查的工具，要努力做到让学生、老师和当地百姓满意，真正发挥应有的效果。重庆市为了充分发挥远程教育设备的作用，明确提出了"一机三用"应用模式，即"上课学生用，课余教师用，节假日农民用"，努力将实施远程教育项目的农村中小学建成当地的信息中心和文化技术传播中心。"上课学生用"，明确规定，村小光盘播放点每周每班至少有 2~4 节光盘应用课，初中和中心小学的卫星接收点每周至少安排 20 节远程教育资源应用课，达到总课时的 15%，全校教师应用面不得低于 60%。"课余教师用"，要求项目学校每学期至少组织教师收看远程教育电视节目 40 课时以上，学科教师每学期网上观摩优质课 10 节以上，同时，利用远程教育资源组织教师学习新课程理

论，改进教学观念。"节假日农民用"，要求学校的远程教育设备在节假日和寒暑假向当地农民开放，公布开放时间，让农民收看农业实用技术信息，让基层群众就近享受技术学习和文化服务，促进农村党员教育，丰富农村文化。

5.加强管理、强化服务是推进农村中小学现代远程教育可持续发展的必备条件

"农远工程"是功在当代，利在千秋的大事，是百年大计。必须树立可持续发展的思想，深入持久地开展下去，坚持下去。远教工程设施设备能不能持续正常运转，直接影响到应用工作。要形成技术服务网络，制定规章制度，培训专职队伍，在设备维护上下功夫，确保农村现代远程教育设备部署到位、管理到位、使用到位，实现设备配置和使用效率的最大化，构建远程教育设备使用的长效机制。不能把农村中小学现代教程教育当"面子工程"和"政绩工程"，把设备当"花瓶"，只摆设不利用，更不能刚上设备时新鲜一时，过后利用少，一切还是照旧，这就失去了农村中小学现代远程教育的现实意义。陕西省形成省、市、县、校四级远程教育技术服务网络，确保设备正常运转。加强技术服务体系建设。按照"专、兼、聘"结合的办法，全省形成了省市和29个项目县共900多人的技术服务队伍。抓好技术标准和规范的落实。制定了《设备故障报告、检测、维修、反馈工作流程规范》，定期检查设备维护，协调解决售后服务，指导教师正确操作。建立快速反应机制。缩短服务周期，实现设备问题"随报随修，保障应用"。出现问题网上交流，即时解答，既节约了经费，也提高了效率①。

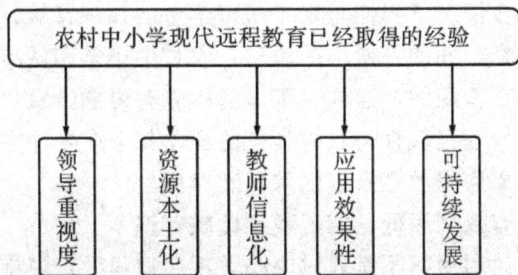

图 3-2 农村中小学现代远程教育经验示意图

第二节 农村中小学现代远程教育存在的问题与成因

通过现代远程教育工程，学生们可以直接聆听名师的授课。但是农村地区学校基础薄弱，在师资水平、办学条件、教育质量、教学手段等方面，与城市相比都有很大的差距。农村中小学现代远程教育的实施始终面临一些突出的问

---

① 根据教育部各省发展农村中小学现代教程教育经验报告整理而成.

题,如软件基础设施建设、资源有效利用、人力支持与教师培训、普及应用、后续投入与管理、可持续发展等。

一、农村中小学现代远程教育存在的问题

(一)软件开发的滞后性和不匹配性

比较突出的矛盾和问题是:一方面,现代远程教育资源版本与学校使用的教材版本不同,使现代远程教育优势得不到充分的体现和发挥。教师普遍认为,目前 IP 数据资源的板块设置很不错,可具体落实到某一学科某一课就存在与当前教学衔接不是很好的状况,相当一部分资源已显得过时,无法适应和满足当前教学的需要。而一些用了地方版教材的学校,则无法运用到 IP 数据资源。所以,由于教材版本的多样化以及现代远程教育资源版本相对较少,使得相当一部分农村学校使用的教材与所提供的现代远程教育资源版本不同,在应用中难以实现同步教学,严重影响和制约了现代远程教育资源在教学中的普遍应用①。另一方面,教学资源的开发存在不匹配性,与应用环境不适应。教学一线的教师认为,远程教育资源中有很多教学内容与农村教育实践存在不匹配性,不适用于农村中小学生的教学体系。现有的远程教育教学资源不能满足农村学生的学习需求。例如,一些远程教学的课件、光盘,其内容比较零散、不系统。另外,提供给农村中小学现代远程教育的教学资源主要是一些城市学校优秀教师的课堂实录以及各种类型的练习题,这些内容对农村学校无疑是非常有帮助的,但很多情况下我们忽视了城市学生的知识背景、能力水平与农村学生有着很大的差别,即使是同样的教材,农村中小学和城市中小学生的教学深度和广度还是存在差距的,这样一来,远程教育可能给农村中小学生带来了更多的学习压力,使远程教育与农村学校的课堂教学产生冲突,与常规的课堂教学重叠,进而造成远程教育系统的闲置和弃用。

(二)教学资源有效利用低,闲置现象比较普遍

教学资源的有效利用问题是农村中小学现代远程教育中特别需要重视的问题。"农远工程"能否发挥解决教育资源的分配不公与教学信息的不能共享等问题,不在于所用技术的先进性,而在于资源是能否被广大的师生所便捷的使用和接受,能否有效提高教学质量。我国农村中小学在远程教学资源有效利用方面存在教育资源利用程度不高,甚至存在闲置和弃用现象。资源库虽然在不断建立完善,远程教育资源的公开化和信息化使教育资源不断丰富,但是资源应用难以与教师的教学进行有效的结合。据有关调查分析,在对"您观看农村中

---

① 钟绍春,王悦. 农村中小学现代远程教育存在的问题分析[J]. 中小学教师培训,2009(5).

小学远程教育资源网教学资源的周期"情况进行了统计：每天查阅 2 次的占3％，每天查阅 1 次的占 33％，每周查阅 2～3 次的占 41％，每周查阅 1 次的占15％，偶尔查阅的占 6％，不查阅的占 2％。这说明，一半以上的教师没有充分利用远程教育资源进行备课。产生的原因是农村的中小学的教学理论、教学方法、教学策略没有跟上，导致媒体资源在教学过程中难以发挥其应有的作用。远程教育资源库所共享的课件、网络课程以及练习题存在着农村与城市的教学内容和教学难点的差异，使很多农村中小学生都无法接受。农村中小学生要在有限的课堂时间内完成老师上课所教授的任务，甚至要在学校完成自己的家庭作业，所以远程教育和普通授课之间存在着一定的时间冲突，一定程度加大了农村中小学生的课业压力。

(三)教师掌握远程教育设备操作能力不足，维护管理能力缺乏

教师在实施远程教育中发挥着桥梁的作用。他们通过远程教育网络获得了信息和资源，并掌握远程教育的操作技术，可以将远程教育资源和传统教学结合起来，使农村中小学生能在有限的上课时间里更广泛地接触到更多的教育资源。当今教育经费与设备已不是远程教育最大的障碍，教师的教育水平和远程教育设备操作技能才是充分发挥设备效益的核心问题。在大多数远程教育项目的实施培训中没有专门组织促进县级教研员业务能力提高的活动。一些县级教研员，整日忙碌于日常行政性管理事务，个人的专业成长明显滞后于教育形势的发展①。新的教学模式，要求教师要掌握现代教育理论，了解本学科发展趋势，具备一定的学术水平，较强的实践能力、创新能力和教育教学科研能力，熟悉中小学教师继续教育的特点、规律，善于开展和组织教师进行有关继续教育教学活动；要求教师熟悉基础教育，能够深入中小学课堂，参与和指导中小学教师进行教学改革和研究。从目前的实际情况和调查结果来看，农村中小学中老师接受远程教育资源的程度和使用远程教育软硬件的技术能力来看，距这些要求尚存在一定差距。

(四)普及应用环境亟待改善

实施农村中小学现代远程教育工程以来，各地在农村中小学，特别是在农村小学、教学点推广应用远程教育工作方面形成了很多、很好的经验，取得了良好的教学效果，对农村教育教学质量的提高发挥了重要作用。但与全面推进农村中小学现代远程教育要求相比，仍然存在着一些问题。首先，在农村中小学生中普及和认同度不高。虽然在国家大量资金投入后，农村的远程教育基础设施已经普及，可以进行正常的教学使用。但是农村中小学生，接触互联网的机会不多，大多数学生对远程教育了解甚少，在缺少正确引导情况下，农村中

---

① 丁文平．谁来关注县级教研室的现实困境[N]．中国教育报，2007-01-26．

小学生还是更加青睐于传统的老师授课方式，而对远程教育的网络课程兴趣就不那么高。其次，农村中小学生学习时间有限。从客观上说，农村中小学生的上课时间以及课后所花在学习上的时间要远远低于城市中小学生。很多农村中小学生因为学校离家比较远，或者家庭经济困难，需要学生下课回家后帮忙做一点家事，这些都使农村孩子在课后继续学习的可能性大大降低了。城市中小学生，远程教育往往是通过其在课后或是周末假期时间利用家里的互联网进行远程学习，预习和巩固自己在学校的学习内容。而这一点对于农村中小学生来说是很困难的，因为农村家庭大多没有拥有个人电脑这样的条件。在上课方面，传统的教学方式更为农村中小学生熟悉和接受，农村中小学生能很快适应自己的老师教学风格，按照老师的进度进行学习，而既要利用远程教育又要完成学习任务，这对学习时间本来就不算充裕的农村中小学生而言是比较困难的。

（五）后续投入和良性的管理亟待加强

远程教育的推广和普及对师生的共同进步发展来说都是一种难得的机会。但在投入和使用的过程中缺少后续投入和良性的管理，影响了农村中小学现代远程教育的可持续发展。一是缺少远程教育设备配套硬件及设备运行维护的后续经费投入。现代远程教育项目的实施，设备的运行，资源的接收、应用，需要一定设备运行、维护和配套硬件设施（如几小时至 24 小时的延时电源、刻录空白光盘、杀毒软件、资源应用教室终端设备等）购置资金持续投入①。一些学校也是在争取工程项目时象征性的购置了部分配套设施设备，但一旦出现设备非人为损坏、停电、资源存储空间受限等情况，资源不能正常接收时，学校缺少设备、资源日常运行、维护和应用经费的后续投入，而使项目设备仅成为一种摆设。由此可见，资金的短缺，是制约学校现代远程教育正常开展和持续全面普及应用的一大关键性因素。二是学校远程教育设备管理、资源接收、专业整理技术人员边缘化现状。不少学校虽然在争取远程教育项目时，都安排和落实了专（兼）职远程教育一线管理人员。但他们往往身兼数职，既是信息技术或语数学科任课教师，又是计算机维修员和网络管理员，管理机房、维护全校的计算机，工作量大，待遇偏低。由于一些学校领导、教师对远程教育认识不够，对信息技术与信息化教育了解不多，看不到学校远程教育工作人员所做的烦琐工作。导致学校远教人员常被视为非教学人员和勤杂工，待遇普遍低于"主课"教师的平均水平。在职称评聘、调资晋级时，量化考核成绩还比不过一般教师②。这使得他们觉得搞此项工作，实现不了自己的个人价值和社会价

---

① 李婧．农村中小学远程教育的实施及存在的问题[J]．教育传播与技术，2007(2)．

② 姬玉银．农村中小学远程教育资源的运用研究[J]．教育技术导刊，2006(4)．

值，越干越不想干，这导致学校远程教育人员队伍的积极性不高。长期如此，将会严重影响学校远程教育的发展。三是农村远程教育资源接收不及时、使用状况较差。由于学校远程教育项目设备供电大多采用城乡生活用电，学校由于经费欠缺，无力购买长延时电源，致使项目设备运行时常受社区居民用电线路故障的维护维修制约。一些学校资源存储空间受限也舍不得投资升级扩容，设备损坏未能及时维修、更新。周末资源重播时，也因待遇问题，远程教育人员也不愿加班。这一系列的因素，导致一些学校资源接收不及时、下载不完整。使学科教师教学应用与教学研究时却调不出"货"来。

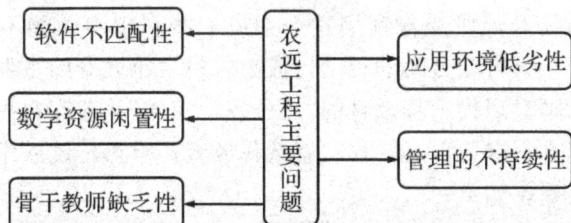

图 3-3　农村中小学现代远程教育存在的主要问题图示

二、农村中小学现代远程教育存在问题的成因分析

综合分析，造成我国农村中小学现代远程教育问题的原因，既有观念的，也有体制的；既有硬件方面，也有软件方面；既有内部的，也有社会的。主要原因如下：

(一)现代远程教育观念还没有成为农村中小学教育重要理念，没有转化为农村教育者的自觉行动

目前农村现代远程教育还仅仅处于补充的地位，没有成为农村中小学教育的重要组成部分。从县(市、区)教育主管机构的领导，到学校的校长，再到教师，对现代农村中小学远程教育的认识往往停留在"拥有"的层次上，对利用程度督促检查不够，教育资源存在大量浪费问题。有的县(市、区)教育主管机构领导把现代教程教育工程当作"政绩工程"和"面子工程"，用于应付上级检查，形式主义多；有的农村学校校长开会布置多、强调多，但在年终考评时又把电教工作列入次要地位；就教师而言，由于激励机制和考评机制不到位，更乐于用传统手段教学，认为现代教程教育对农村中小学来讲可有可无。孟小倩调查后认为，部分老师之所以不愿意运用现代教育技术手段进行教学，是因为农村小学教师不习惯运用现代教育技术手段进行教学，没有充分认识到运用现代教育技术手段进行教学的重要性，不能正确把握运用现代教育技术与深化教育教学改革、实施素质教育的关系。有些教师甚至认为开展远程教育是"上面搞的一种形式"，大部分的小学教师习惯于传统的"一块黑板一支粉笔"的教学方式，认为远程教育资源的利用与自己无关。

(二)农村中小学教师学历不高，专业素养和技术能力不能适应现代远程教育的发展

农村现代远程教育的快速发展对农村中小学教师素质提出了新的更高的要求。原有的老师要及时更新知识，提高本领，同时也要补充懂专业技术水平的新教师。但从农村中小学教育实际看，原有的教师年龄偏大，文化层次偏低，接受新知识较慢，并且由于农村偏远，待遇差，又难以及时补充新的大学生，这就造成了设备资源的极大浪费。农村现代远程教育是一个复杂的系统，需要教师素质的全面提升，要经常利用这个系统，在利用中才能不断熟悉现代教育，最后才能转化为自觉自愿的行动，成为农村中小教育的重要组成部分。目前农村中小学教师对现代远程教育的"三种教学模式"普遍存在畏惧心理，在使用中一旦遇到困难，卡住以后，往往就选择放弃，重操传统教学手段。农村现代远程教育复杂系统如下：

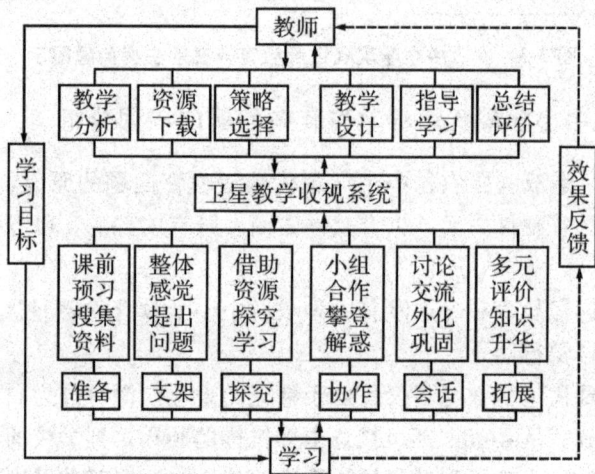

图 3-4 卫星收视教学模式图

（资料来源：曾祥翙．我国农村中小学现代远程教育工程述评．中国电化教育，2011.1)

(三)农村中小学现代远程教育资源教材"一刀切"，导致在农村地区教育缺乏针对性

在农村广大地区使用的现代远程教育教材，一般统一为人教版的教材。是适应城市教学教育的，它与广大农村地区的实际教育情况不适合。把城市教材用到农村地区，必然会引起水土不服，农村学生难以接受，不能消化。另外，适应农村中小学现代远程教育的大发展，更多的教育资源软件卖向农村，教师也面临选择困难的问题，一时无从下手。涂文扬在分析我国农村中小学现代远程教育现状基础上指出，"虽然远程教育提供很多教学资源，但真正本土化的资源却很难找到，而且许多资源针对性不强，需要做进一步的修改整理，而教师的自身开发能力有限，导致应用效果不很好。再者，远程教育资源库每个项目学校都配，学校管理员技术力量达不到，无法管理好资源库，而且形成资源信息孤岛，对教师没什么吸收力。"

(四)农村中小学现代远程教育管理体制不顺，基层学校缺乏应用的积极性

首先从教育制度层面上看，我国的应试制度是阻碍现代远程教育的最大障碍。长期以来，我国通过考试制度选拔大学生，这就使学生和家长更偏爱传统教学手段。对新的教学手段抱可有可无的心理，甚至怀疑的心态，害怕冲击了高考；其次，从领导体制上看，重心在县(市、区)这一层。形成了以县(市、区)教育局局长为组长，分管局长为副组长，电教中心、进修学校和财务科为成员的领导体制，基层学校缺乏自主权，没有运用的积极性，这种领导体制无法达到理想的效果；最后，在基层学校这个层次，电教工作也是"说起来重要，忙起来次要"，教师也没有应用的积极性。由于体制不顺，现代远程教育在农村中小学教育中没有取得应有的地位，没有发挥重要的作用，使农村学生难以适应快速发展信息社会的新要求。

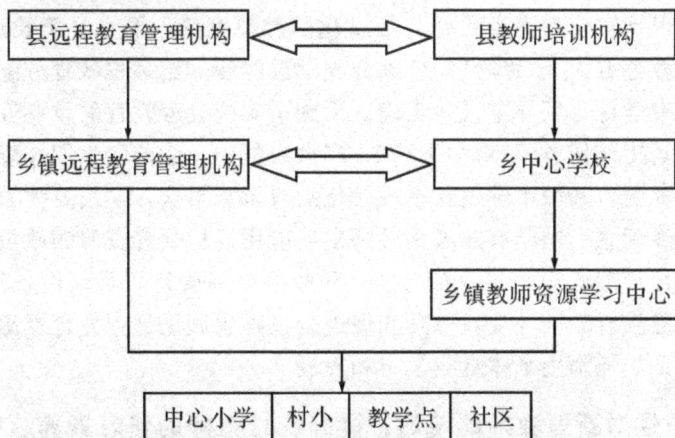

图 3-5 以县为主农村中小学现代远程教育管理模式

(资料来源：李娟，张家铭．农村中小学现代远程教育管理模式研究．继续教育，2010.8)

第三节 农村中小学远程教育发展的对策

近年来我国现代农村中小学远程教育普及工作得到较大发展，推动了农村教育工作的开展，但是，由于经济、社会、历史等方面的原因，现代远程教育的普及发展仍存着一些问题，要重视和认真解决这些突出问题，推动农村中小学现代远程教育上新台阶，取得新成绩。

一、加强宣传工作，提高农村领导和学校对现代远程教育的重视程度

在现代农村中小学远程教育普及工作中，部分农村领导和学校思想上有错误的认识。相对于传统的"一个教师、一支粉笔、一本书"的教学方式，远程教育的花费相对较高，部分农村学校领导担心由此带来的经济负担，农村中小学的远程教育资源因此闲置和浪费，远程教育资源也只在装点学校门面和应付上级领导检查评估时才会发挥作用。有的地方甚至舍弃远程教育这种新型的教学方式。针对这种现象，首先，各地乡镇政府领导需要认真贯彻落实大力发展"农远"现代工程文件精神，引导并支持农村中小学远程教育普及工作，加大对农村中小学远程教育工程的宣传力度。从公众的心理分析来看，人们对新事物的接受总要经历一段时间的缓冲，大力、长久、贴近生活的宣传有助于公众对远程教育的深入认识。通过对远程教育的逐步认识，会慢慢发现其对于开展素质教育、提高教学质量的重要作用。其次，学校领导也应转变陈旧错误的思想，正确认识到实现教育现代化、信息化的重要意义。要立足于长远的利益，敢于在新型教育方式上"冒险"。合理分配学校经费，给远程教育分配更多的资金投入，只有学校各领导重视并正确认识到了实施远程教育的重要性，学校老师才能明确其工作任务，"对症下药"，广大农村中小学的学生们才能获得更多远程教育的资源，和城市学生共享现代化的成果。再次，学校要大力宣传、提倡可持续发展理念。制定有效激励教师主动应用远程教育资源的政策；建立专门的远程教育管理机构，配备专门的远程教育设备管理人员、设备维修人员；优化学校远程教育教学环境，鼓励和促进全校师生利用远程教育资源，改进教与学的方法，加强师生个体自我学习和发展。

二、加强对新型教师的培训，提高农村教师的信息素养、教育技术应用能力

俗语说，"老师，是孩子的第二任父母"，可见教师对于学生成长的重要性。目前，大多农村中小学校有先进的远程教育资源，但却缺乏与之相匹配的先进教育人才，这也是目前农村中小学远程教育开展工作的又一大难题。鉴于我国城乡经济发展的严重不均衡，城乡教师的能力与水平也因此形成了较大差距。要顺利开展现代农村中小学的远程教育工作，加强对农村新型教师的培训有举足轻重的地位。一是各省、县(市、区)教育局应经常组织农村中小学教师的培训。通过培训，提高农村教师的信息素养，教育技术应用能力和水平，熟

练掌握远程教育教学方式，逐步使教师教学做到"会用远程教育教学，常用远程教育教学，优用远程教育教学"。二是各农村学校要鼓励优秀的、年轻的农村教师投入到远程教育教学中，改善目前农村中小学远程教育教学教师年龄结构偏大、思想陈旧、教育技术应用能力低的局面。让年轻的教师带领并引导学生学习，耐心听取学生和家长的心声，逐步提高学生对远程教育教学的兴趣，创造出良好的课堂氛围和学习氛围，引导学生由"被学习"变成"要学习"。只有抓好新型教师的培训工作，现代农村中小学的远程教育普及工作才能拥有前进的强大后备军。三是发挥骨干教师引领作用。农村中小学现代远程教育的丰富资源，为教师组织教学活动和制作课件提供了良好条件。为了在日常教学中广泛应用，消除教师对农村远程教育资源的抵触心理，教育管理部门一方面要采取座谈、演示等多种方式，向教师主动介绍远程教育资源所提供的丰富素材，让学科教师熟悉农村远程教育资源；另一方面发挥骨干教师的示范、引领作用，让有能力、有兴趣的教师上公开课，要让学科教师看到农村远程教育资源在课堂教学中的优势，调动他们应用农村远程教育资源的积极性[1]。

三、不断创新，自主开发，研究出高效的、本土化的远程教学资源

创新是现代农村中小学远程教育工程的发动机。由于"先天不足，后天缺陷"的原因，农村的教育资源有限，为了能让资源得到充分有效的利用，各学校要更加注重教学资源的创新，只有不断地创新，农村中小学才会有进步。各个任课老师和学校领导要不断反思和总结，逐步研究出一套适合自身的、高效的、本土化的教学资源，不断提高农村教育资源的有效利用率，逐步凸显现代农村中小学远程教育的价值。这不仅对于学校自身有重大影响，对于我国整个教育事业也有重大的意义。当然，教师从"不敢、不会、不常"用远程教育教学，到"会用、常用、优用"远程教育教学，再到不断地创新教学方式，这是一个漫长而艰难的过程，但只要广大农村教师带着对教育现代化的热忱，以及对远程教育教学的不断的探索实践，总会披荆斩棘，走出一条属于农村中小学自身的成长道路，为我国现代化教育尽一份力。一是要利用好资源库，丰富教学内容。安徽省黄山市祁门县深入开展"农村远程教育资源在本地教学中的应用与推广"活动，在日常语文教学实践中，远程教育技术不仅极大地改变了过去单一的以课本知识、教师讲授为主的教学模式，改善了在课堂教学中师生之间的信息交流，建立起以教师传授和学生自主探索相结合的新的现代教育体系，而且在学习内容和方式上，在学习时间和空间上都极大幅度地提高了学生的自

---

① 鲁文晓. 农村中小学现代教育实践与思考[J]. 黑龙江教育学院学报. 2011(4)：41-42.

主能动性，满足了学生个性发展的需要，有效地促进了学生素质的提高。它使课堂焕发出青春的活力和诱人的魅力①。二是要实现资源校本化。各个学校能够针对学校的具体教学实际和教师教学水平对资源进行"二次加工"，即对远程教育提供的资源进行收集、分析、整理、修改，创造出新的信息化教学资源。经过"二次加工"的资源同样可以上传到县或市的资源库，向其他学校发布，实现资源的共享，进而实现资源的最大价值。

四、建立健全农村中小学现代远程教育工作的考核、奖惩机制

一个好的管理者也不能忽视鼓励对员工的刺激作用。做好农村中小学远程教育的管理工作，必须加强管理制度的建设。从目前的情况来看，农村教师教学缺乏积极性。在同等待遇面前，大多数教师仍然会选择安全而简单的传统教学方式，因为采用远程教育教学，教师不仅要事先准备课件，还要选择多媒体，要尝试多种新的教学方式，费时也费力。究其原因，目前大多数农村中小学的远程教育教学并没有与教师的职称考核，工作考核挂钩，也并没有建立相应的奖惩机制，这将导致大多数教师对远程教育缺乏积极性。将远程教育工作纳入到教师的评估，考核，奖惩机制中，有利于调动农村中小学教师工作的积极性，有利于优化对远程教育工作的管理，有利于带动远程教育工作教学方式的创新。同时，也使得远程教育工作者和管理者有规可依，有则可考，这种互促互进的方式，不失为一种对策。其具体形式可以表现为评估教师每周，每月使用远程教育教学的次数；评估教师远程教育教学的质量，学生的反馈；将评估结果与教师的职称评定，年终奖金评定等相联系等等。从心理学角度看，这种管理方式可以使得广大教师多一份责任感，更多的是受到了鼓励，也是对其工作的一种认可。

五、鼓励企业与农村中小学的合作，为其远程教育工作提供更多的技术、资金、人才等支持

我国是在教育资源共享上还达不到与发达国家一样的水平。在国家不能全部包揽教育的情况下，利用先进教育资源和多种多样的合作模式是发展我国远程教育的重要途径。企校合作，便是一种新型的、多效的互补方式。例如，大型优秀企业与农村中小学合作，优秀毕业校友回校以自身企业帮助农村中小学的发展等。鼓励大型企业和农村中小学的合作，对于农村中小学来讲，企业可以为其提供更多的技术、资金、人才支持。例如，企业可以为学校研究更新、

---

① 胡来宝．远程教育资源在农村中小学教育中的运用和实践[J]．农村教师培训，2010(1)：20—22．

更系统的远程教育软件,提高农村学校的软件设施水平,减轻国家在远程教育教学软件开发工作上的难度;可以为学校筹措更多的教育资金提供另一种途径,利用增加的教育经费,为农村中小学自身的优化发展提供便利;可以为学校教师提供技术培训,提高广大教师对于新软件,新设施的熟悉度。对于企业,通过与农村中小学合作,往外输出企业资源,从而赢得国家给予一定的政策性优惠,为企业自身的长远发展作准备。同时,通过对农村中小学的帮助,也可以为企业自身在公众心中树立良好的企业形象,为企业更好的营销自己做铺垫。这样,企业和农村中小学就可以达到双赢。但在"校企合作"的同时,也要谨防企业的功利性超过教育的公益性。

六、总结经验,探索发现更优的远程教学方式,优化农村中小学远程教育

目前,我国农村中小学的远程教育普及工作,各地各校的开展进度参差不齐。因此,定期开展远程教育交流会是有其必要性的。交流会可以以邀请远程教育工作开展进度快的学校领导者作演讲的形式,也可以开展以优秀远程教育教学的老师为主的研讨会,同时,也可以深入到远程教育工作开展的很好的学校学习,为优秀教师录制教学视频,然后,发放到各个农村中小学,供广大教师参考和指正等等。交流会不仅是一种学优、学先进的过程,更是一种学术的、智慧的碰撞。它不仅可以帮助那些远程教育工作开展缓慢,成效低的农村中小学,也可以通过各个教师的交流,探索出更多更高效可行的教学方式,提高广大农村教师探索教学方式方法创新的兴趣和能力。在全国形成一种学术交流的好氛围,共享现代远程教育的资源,促进我国现代农村中小学远程教育的普及工作。在这一过程中,各地政府扮演着重要角色,需要为广大教育工作者提供一个定期开展学术交流会的平台,积极鼓励各学校广大教师的参与交流,支持学术言论自由,让广大教师在不断的交流学习中尝到甜头,这样才能促进远程教育的开展。

七、逐步建立覆盖城乡的信息化支持服务体系

就目前农村中小学远程教育的开展情况看,很多学校的硬件设施都做得很好,但是其软件设施并不完善。因此,需要探索建立具有针对性的技术服务团队,成立一套为城乡教学应用提供良好的技术支持服务的体系。技术团队的建立,是现代农村中小学远程教育工作开展的必然要求。没有好的技术团队,就没有共享的远程教育资源的服务体系,就没有不断更新的远程教育软件,也就没有教育信息化、现代化的发展。从实际情况看,这是一项大的工程,需要不断的投入人力资源,需要先进的技术人才的研发,需要各项人员的配合协作等

等。但一旦做好，投入使用，将会带来意想不到的效果。这样做便于不同的农村中小学受到有针对性的服务，获得有效的远程教育资源，减少因资源难于下载或不适用的技术难题，避免很多不必要的麻烦，也真正提高了农村中小学远程教育资源的质量。

农村中小学现代远程教育工程是一项不断探索、不断发现问题、不断解决问题的过程，也是不断创新、不断完善、不断发展的过程。经过几年的发展，我国的农村中小学现代远程教育普及工作已取得了很大成就，我们有理由相信，在未来，随着各地对农村中小学现代远程教育的重视和农村宽带网络的普及，农村中小学现代远程教育明天发展会更美好，会成为农村中小学教育的重要组成部分。

第四章　农村留守儿童心理健康现状与对策研究

　　随着全球经济一体化进程的加快和我国市场经济体制改革的深入，社会经济结构发生了一定的变化。在社会经济转型过程中，城镇化进程的推进，城市空间的拓展，为农村闲置的劳动力提供了大量的就业机会。20世纪80年代初以来，农村剩余劳动力开始大规模地向城市转移，有越来越多的农民工进城务工，实现他们的"淘金梦"。由于受到诸多条件的限制，大部分农民工在自己进城务工的同时却无力解决孩子进城就读所要面对的诸多现实问题，诸如住房条件较差、交通安全无保障等等，加之我国现行的户籍管理制度和人口分布状况，造成促进城市发展的农村劳动力不能享受与市民同等的待遇。于是，大量农民工只能选择将孩子留在农村，并托付给其他人代为照看，最终形成了农民工家庭父母与子女分隔两地的局面。另外，随着高校教育大众化的推行，越来越多来自农村的大学毕业生在就业过程中选择在外地工作，然后成家立业，由于经济及时间上的压力，自己的工作无法协调时，也会将儿童暂时放在老家一段时间。一个新的弱势群体——留守儿童由此诞生了。

　　家庭环境不利因素引发留守儿童情感、个性等一系列心理问题，针对这些问题，尤其是家庭不利因素所引发的留守儿童心理健康方面的问题，社会各界及学者们从多个角度进行研究并提出各种各样的建议与教育对策。

第一节　农村留守儿童心理健康的现状

　　农村留守儿童，并非自古就有，而是伴随着中国的城镇化进程出现的。关注农村留守儿童的心理健康，不仅关系到成千上万农村留守儿童的身心健康和生活幸福，更关系到祖国下一代的成长和社会的稳定。

一、农村留守儿童概况

(一)农村留守儿童概念界定

对于留守儿童概念的界定，主要考虑三个要素：一是父母外出的人数；二是关于儿童年龄的界定；三是关于父母外出打工的时间。

在学术界通常定义留守儿童为"父母一方或双方外出打工"，从留守儿童家庭教育的系统性、完整性考虑，缺少父母任何一方的关爱，都会造成孩子情感方面的缺陷；也有很多人认为父母一方外出打工不算留守儿童，在农村，村民更倾向于将父母双方都外出打工，孩子留在户籍地托付给其爷爷、奶奶、外公、外婆、叔、伯、姨等照顾的才算留守儿童。本章主要按照学术界的标准。

关于农村留守儿童的年龄，一直存在着争议，主要集中在对儿童的界定上，有的认为农村留守儿童是6～14周岁属于义务教育阶段的农村儿童，有的认为是指14周岁以下的儿童或是15周岁以下。近两年研究者倾向于参考《联合国儿童公约》的年龄标准，即18周岁及以下。也有的研究者在研究过程中将留守儿童分为学龄前和学龄(包括小学、初中、高中)儿童。

关于父母外出打工的时间，有的研究以父母一方外出打工半年为标准，也有研究以三个月或者一年为界定标准。学术界对这一时间长度的界定，更多从理论层面分析父母外出打工是否对孩子造成影响。有研究表明儿童留守时间达到半年时，和非留守儿童差别较大，可以作为划分留守儿童的标准。对于留守时间在三个月之内的儿童来说，他们的心理品质和社会适应性变化不明显。所以有人建议将父母外出打工的时间定为半年。

综上所述，农村留守儿童是指由于父母一方或双方每年在外务工时间累积达到6个月及以上，而被留在农村地区交由父母单方、爷爷奶奶(或外公外婆)或他人照顾及无人照顾的儿童。

(二)农村留守儿童的现状

1. 农村留守儿童的规模

由于留守儿童概念界定的不一致及计算方法的不同，目前对留守儿童数量的估算还没有形成共识，大多调研组都是针对某一地区进行研究，但从宏观上对农村留守儿童总体规模的探索也不少。

据国务院《中国儿童发展纲要(2001—2010年)》实施情况显示，2005年中国流动人口约1.5亿人，18岁以下随父母流动的儿童2000万人，留守在农村的也有2000万人，这一数字约占全国农村儿童总数的8%；2006年全国妇联提供的数据显示，我国农村留守儿童已达2000万人，并呈继续增长的趋势。

据《中国 2010 年第六次人口普查资料》样本数据推算，全国有农村留守儿童 6102.55 万人，占农村儿童 37.7%，占全国儿童 21.88%。调查显示，6～11 周岁和 12～14 周岁的农村留守儿童在校比例分别为 96.49% 和 96.07%，表明他们绝大部分正在学校接受义务教育，农村留守学龄儿童义务教育总体状况良好，但部分中西部地区的农村留守儿童受教育状况相对较差。2013 年全国妇联发布《中国农村留守儿童、城市流动儿童状况研究报告》，指出中国农村留守儿童数量超过 6000 万人，总体规模扩大。同时报告还指出，农村留守儿童在各地之间的分布很不均衡。其主要集中在四川、江西、河南、安徽、广东、湖南等劳务输出大省。

2. 农村留守儿童的监护类型

根据对留守儿童的调查研究及第六次人口普查抽样数据，从监护人不同这一角度，可以将留守儿童归为以下几种①：

(1)隔代监护

隔代监护是指留守儿童父母双方均在外务工，由爷爷、奶奶或外公、外婆照顾和抚养孩子的监护方式。

隔代监护有利有弊。一般来说，祖辈对孙子(女)或外甥(女)疼爱有加，能够让留守儿童感受到温暖，弥补父母不在身边的情感缺失。但隔代监护也因祖辈们的文化素质参差不齐而存在一些弊端：一是老年人因文化程度较低，教育观念陈旧，容易溺爱孩子，对留守儿童的学习等方面起不到很好的监督和辅导；二是由于年龄差距太大，祖辈与儿童间存在一定的代沟，因此老人有时候不能很好的关心留守儿童的心理需求。

(2)单亲监护

单亲监护是指父母双方中的一方外出打工，由另一方在家抚养孩子的监护方式。

目前一方外出打工中父亲外出的占大多数，由母亲承担在家教育孩子的责任，相对来说，孩子的生活变化不是很大，所以在农村很多家庭并不认为这些孩子属于留守儿童。父母一方监护孩子的方式也存在一定的不足，当一方外出打工，留守的一方必然会承担更多更重的家务和农活，有的还要照顾老人，过重的劳动负荷会让留守一方在对孩子的管教和监督方面缺少耐心，无力顾及孩子的学业或者心理变化。

(3)上代监护

上代监护是指父母双方均外出打工，由父母同辈人，一般是指留守儿童父亲或母亲的兄弟姐妹或者朋友来抚养的监护方式。

---

① 叶敬忠等. 留守儿童的监护现状与特点[J]. 人口学刊，2006(3)

一般将留守儿童交给孩子的姑姑或舅舅等有血缘关系的亲戚来监管，相比较祖辈来说，他们更有精力去照顾孩子的生活与学习，并能关注到孩子的心理需求；但这种监护方式也有它的不足之处：一是，监护人也有自己的孩子需要照顾，并且对留守儿童管教的度不好把握，过严怕影响自己与留守儿童父母之间的关系，或者引起孩子的反感；二是，对于留守儿童而言，他们会觉得这是寄人篱下，找不到自己的归属感，容易形成敏感、自卑等性格特征。

（4）同辈监护

同辈监护是指父母双方均外出打工，留守儿童由年龄较大的兄弟姐妹照顾的监护方式。

同辈监护中，年龄稍大的兄弟姐妹又分两种情况，一种是兄弟姐妹已经成家，可以照顾自己的弟弟妹妹，同龄人之间不存在代沟，彼此之间可以经常沟通、交流，在生活和心理上给予一定的支持和帮助。但同辈间一般监督和管教威望不高，不能有效的实施监护人的职责；还有一种情况是，兄弟姐妹本身也还是个孩子，还没有成家，这时他们也需要弟弟妹妹承担一部分家务和农活，存在一定的压力，精神上也不能很好的照顾自己的弟弟妹妹，这种类似于自我监护模式。

（5）自我监护

自我监护是指父母双方均外出打工，由留守儿童自己管理自己的监护方式。

这种监护方式所占的比例不是很高，且一般发生在年龄较大的留守儿童家庭中。2013年全国妇联报告指出，单独居住的留守儿童占所有留守儿童的3.37%，虽然这个比例不大，但由于农村留守儿童基数大，由此对应的单独居住的农村留守儿童高达205.7万。自我监护对留守儿童自控能力要求较高，在无人管教状态下，如果没有较强的自控力，比其他几种监护方式更容易出问题。

3. 农村留守儿童产生的问题

父母在儿童成长过程中起着不可忽视的作用，由于父母外出打工不能陪在身边，使农村留守儿童的生活等各方面发生了变化，如果儿童不能很快的适应这一状况，很容易引发安全、学习、心理及行为等方面的问题。

安全方面主要指由于缺乏有效的监督，农村留守儿童所出现的溺水、触电、车祸或者自杀等意外伤害事故；学习方面主要是农村留守儿童在学习方面得不到及时的辅导而表现出的学习目的不明确、态度不端正、学习成绩下降等问题；心理方面主要指农村留守儿童缺乏情感的沟通与呵护而表现出的胆小自卑、孤僻等；行为方面主要指农村留守儿童所表现出的打架斗殴、行为冷漠、逆反无理等等。

二、农村留守儿童心理健康的现状

学者对留守儿童问题的关注从 20 世纪 90 年代开始，主要关注家庭模式的变化给留守儿童带来的心理健康方面的问题，如留守儿童的认知、情绪反应、意志行为等；国内学者对留守儿童的研究多数从"问题"视角入手，指出留守儿童处于成长关键时期，缺少父母任何一方或双方的照顾及相应的家庭教育，其心理、行为等方面都会产生各种各样的问题，表现在性格、道德情感等方面。

(一)学习滑坡，排斥学业，厌学逃学

对于那些父母均外出的儿童，监护人是临时的或者是隔代的，"重养不重教"的现象十分普遍。大部分留守儿童祖辈只有小学及以下文化程度，没有能力给予留守儿童学习上的辅导。在家务、农活繁重时，他们还需要孩子的帮助，有的地方甚至出现留守儿童要经常或者不时地照顾祖父母或其他监护人的"逆向监护"现象。同时，留守儿童的学习往往缺乏自觉性，逃学和辍学的很多，学习成绩排在中下等的比例较大。

留守儿童很多排斥学业，排斥老师和同学，进取心不强，纪律涣散。比如上课做小动作、讲话，不遵守班级守则，课后不能按时完成作业。这跟他们在家没有人辅导以及学校的管理缺失有关，他们大多成绩不理想，导致辍学、退学严重。

(二)憎恨、仇视心理，性格孤僻

有些留守儿童，由于不能和自己的父母生活在一起，于是羡慕他人能够与自己的父母生活在一起。他们由思念自己的父母，发展到忌妒别人，表现在动不动和同学吵架，对同学冷嘲热讽，脾气暴躁，甚至有意去挑起矛盾，很难与同学朋友正常交往和相处。一些留守儿童产生憎恨、仇视的畸形心态，有的甚至出现暴力化倾向[①]。

有些留守儿童经常看到其他同学朝夕与父母相伴，有人关心和疼爱，而自己却没有，相比之下会感到失落和自卑。由于这些内心的活动很难向外倾诉，当事人也会感到没人能够真正理解自己。自卑感一旦形成，就会以一种负向情绪体验存在。由于客观环境和主观认知难以改变，随着父母外出务工时间的延长这种自卑体验不仅不会减少，反而会增加和泛化，严重影响身心健康。与父母关系越密切，感情交流越丰富的孩子，在父母外出后表现出的心理问题越明显。据对一些农村留守儿童的调查显示，大部分存在比较严重的自卑感。他们普遍反映，生活上的艰难和不便相对比较容易对付，真正的困难来自心理上的压抑，感到心里头有话没处诉说，尤其是遇到了挫折和委屈的时候，哪怕在父

---

① 张德山. 农村留守儿童心理健康状况与对策[J]. 现代教育论丛，2006(3)：19—22.

母面前哭一场也会轻松些。留守儿童由于自己父母不在身边，没有依靠和保护，因此，与父母全在身边的儿童相比，容易产生自卑的心理障碍，有的甚至自暴自弃，丧失信心，学习上降低要求，上进心不强。

性格孤僻不合群。农村留守儿童的监护人大多是其祖父母，老人不太和孩子进行沟通与交流，每天在这种环境里，儿童会变得越来越不愿和人交流，慢慢养成自卑或封闭心理。王玉琼等研究发现，性格孤僻、脆弱、渴望亲情成为"留守儿童"最大的心理问题。周宗奎等人研究发现，相当一部分孩子在父母外出时有失落感，在一段时间里不爱说话，不爱和别人交往，性格上变得自闭，这种心态在父母外出的女生身上有一定的代表性。

（三）逆反心理严重，道德意志薄弱

研究表明，与父母分离时间不同的留守儿童的心理状况存在显著差异，与父母分离时间越长，留守儿童的心理健康水平越低，各种心理问题越突出。由于缺乏倾诉的对象和家人的引导，留守儿童对外界的认识容易产生偏差，心理压力较大，性格发展不健全，存在着明显的缺陷，表现为内心封闭、情感冷漠、行为孤僻、缺乏爱心，还有的表现为胆小、自卑感严重或者任性、叛逆心理比较强等。当留守儿童普遍感觉孤独无助，心理压力会增加。

留守儿童正处于身心快速发展的时期，对外界充满了好奇和新鲜感。由于缺乏父母的亲情关爱和指导教育以及社会支持，在缺乏必要的道德约束的情况下，留守儿童容易在道德观念、道德行为方面受到一些负面影响。这就导致了部分留守儿童缺乏道德感，沾染上不良的习惯，犯罪的比例较高。其中"留守儿童"违法犯罪问题已经成为中国未成年人违法犯罪中一个不容忽视的现象。其犯罪主要有以下特点：其犯罪往往不计后果，随意性、盲目性较强，有些人手段残忍。模仿特征明显，手段花样不断翻新；团伙犯罪突出，破坏性大，打击难度大；流窜犯罪严重，犯罪低龄化，且低学历者居多，其中文盲、小学学历与初中学历者占有大幅比例。

但我们也应看到，用问题视角对待留守儿童的研究，有时其问题无形中被社会舆论等过分渲染，有夸大的成分，以至于"留守儿童"有时就被认为是"问题儿童"。有学者注意到了这一问题，认为留守儿童的窘境是媒体过度的渲染的结果，现有的大规模的个案研究大多以偏概全，并不能代表留守群体。2010年前后，对于留守儿童的关注，开始从积极心理学的角度，关注留守儿童的积极品质，如心理弹性等。

从儿童心理发展阶段特点和积极心理学的角度看：虽然农村留守儿童在生活压力事件水平上显著高于非农村留守儿童，但也有不少孩子在父母外出打工后，变得更加坚强自信，自理能力增强，而且能够理解父母的做法，把对父母的思念和感激转变为学习动力，自觉上进，表现良好。面对挫折更加坚韧，形

成了自主自强、勇敢负责的良好个性。看到了留守儿童群体积极的一面。

扩展阅读：

　　2010 年前后，对于留守儿童的关注，开始从积极心理学的角度，关注留守儿童的积极品质及幸福体验，如对心理弹性和幸福感的研究。也有学者采用"房树人"的研究方法，从农村留守儿童所画的画发现，205 名留守儿童 80% 的画符合该年龄段孩子的特征，同时画中也反映出留守儿童安全感较强，生活状态较好，人际关系较好；有 20% 的画显示出留守儿童对社会生活不适应，性格内向，情绪忧郁等。

　　资料来源：杨晓燕，吴晓川．积极心理学视野下留守儿童心理健康调研报告．中小学心理健康教育，2011.12：15—17

三、农村留守儿童心理健康的重要性

对农村留守儿童心理健康进行辅导，维护农村留守儿童的正常心理，纠正偏态心理，具有非常重要的现实意义。

(一)有助于农村留守儿童的身心健康成长

党的十六大报告把促进人的全面发展作为全面建设小康社会的目标之一，《中华人民共和国未成年人保护法》提到未成年人是祖国的未来和希望，健康的心理状态是新世纪高素质人才的重要标志之一，要培养新世纪的合格人才，必须从关注青少年的心理健康开始。只有维护留守儿童心理健康，才能让农村留守儿童更好的认识自己，才能有针对性的提高和改善自身，成为祖国的未来和希望。

(二)有助于农村留守儿童学习效率的提高

健康的心理对于农村留守儿童的学习效率起着重要作用。一个心理健康的人朝气蓬勃，开朗乐观，学校效率也高，而心理不健康的人常心神不宁，思虑过多，不能集中精力于学习和工作，既影响学习效率，也妨碍创造才能的发挥。农村留守儿童心理健康，才能找到学习自我发展的有利途径，有利于学业进步。

(三)有助于社会的和谐、稳定发展

当留守儿童带着一定的心理与行为问题长大，他们又会给社会造成怎样的危害？在一个正常的家庭里，由于父母的关爱不够或者教育不当，而引发个体违法行为的案例不少，何况缺失亲情与温暖的留守儿童。关注留守儿童心理健康状况，及时疏导其不良情绪，有利于减少违反犯罪事件，促进社会的稳定发展。

农村留守儿童较低的初中入学率，不利于我国九年义务教育目标的完成。

高素质人才培养有利于国家整体的稳定性，能提高个体应对突发事件的能力。而留守儿童的学习状况，不利于整个社会的快速和谐发展，农村留守儿童规模的不断扩大，涉及的范围越来越广，农村留守儿童表现的各种性格、情绪等心理及行为问题，不利于和谐社会的建设。同时，农村留守儿童心理问题也影响了社会主义新农村的建设和"三农"问题的解决。因此，留守儿童问题不妥善解决，将影响到社会的稳定和和谐，必然会成为国家新的不稳定因素。

第二节　农村留守儿童心理健康问题的原因

农村留守儿童心理健康问题的出现是多种因素相互作用的结果，我们不能将留守儿童心理健康问题简单的归为家庭或者父母外出打工，它的出现也是学校、社会、同伴及留守儿童自身等多种因素交互作用的结果。

一、家庭因素

家庭是社会的细胞，是儿童最早接触的社会环境。从教育顺序来说，儿童最先接受的是家庭教育，其次才是学校教育。家庭，包括亲子关系、家庭结构及家庭成员关系所形成的家庭氛围，对一个人的人格形成和发展具有重要而深远的影响，家庭也被称为"制造人类性格的工厂"，社会和时代的要求都通过家庭在儿童心灵上打下深深的烙印，很多孩子出现心理问题基本都是原生态家庭出现问题。家庭主要通过以下因素影响农村留守儿童的心理健康：

(一)亲子关系

父母是孩子最好的老师，家庭因素是造成留守儿童心理健康问题的最重要因素。已有研究表明亲子沟通、父母和孩子的联系频率等和留守儿童心理健康之间密切相关。

1. 亲子沟通与情感联系

必要的沟通是维持家庭亲密关系的首要因素，很多问题的产生都是因为沟通不畅产生误解所引起的。

父母双方或一方外出打工，孩子所享受的父母双方的爱是不健全的，本身会造成孩子性格方面的缺失或引起心理方面的问题，这就需要父母负起责任，经常和孩子进行沟通，借助于电话或者网络。但有些偏远地区通信不方便，外出打工的父母为了省钱，有时甚至几年才回一次家，父母很长时间和孩子联系一次，通话的内容更是比较简单，交流的内容大多是围绕学习成绩，父母借助于电话也看不到孩子的心理和感情变化，容易忽略孩子的感情，久而久之，留守儿童对于父母的电话变得可接可不接了。当留守儿童想念父母或者想和父母联系时，却又无法获得沟通渠道或者其他因素阻碍，导致沟通无法有效进行。

留守儿童长期与父母分离，加上沟通渠道单一，双方沟通意愿不一致，导致父母和孩子间的情感得不到及时有效的交流和反馈，这会使长期缺少亲情的留守儿童变得孤僻、抑郁，甚至有一种被遗弃的感觉，形成不良性格。

2. 亲子情感与家庭功能发挥

原生态家庭中，亲情、血缘关系发挥着有效的社会控制功能。家庭成员之间通过日常生活的点点滴滴形成浓厚的亲情关系，孩子对家庭及父母间的情感依恋可以有效阻止其偏差行为的出现与控制。对于留守儿童而言，得不到父母及时亲切的关爱，长期的分离使家庭联系弱化，情感依恋程度低，他们经常被忽视和被冷落。因此，亲情对留守儿童偏差行为的控制作用无法发挥。

在儿童时期的社会化过程中，父母扮演着教育子女的第一"重要人"的角色，在儿童的心理上比较容易树立父母的权威，父母正可以借助这种权威来指导儿童更好的进入社会。父母可以通过日常生活中的社会互动增进彼此之间的情感，便于权威意识的维护。但对于留守儿童来讲，父母不能有效发挥教育孩子的作用，在长期情感分离的情况下，父母对孩子的管教就显得苍白无力。有的父母难得回家一趟，所以尽可能的珍惜来之不易的与孩子相处的时间，尽量满足孩子的物质要求，但这并不能满足孩子的心理需求，也不能弥补亲情缺失所带来的种种问题。留守儿童在缺少家长教导与管束的情况下，学业也缺乏指导，很多留守儿童因此沉迷于网络，在网络中寻求自我满足感与优越感。

(二)家庭结构

家庭结构对农村留守儿童的影响，主要表现在其家庭教养方式方面。但对于农村留守儿童而言，家庭结构方面对他们的影响主要表现在监护人不同所带来的各方面的问题。父母长期不在家，监护人变成了留守儿童心理成长的重要承担者，监护人的思维习惯、文化程度、与留守儿童的关系以及监护家庭的氛围都会对留守儿童的心理发展产生很大的影响。

农村留守儿童，其监护人大多是祖父母辈，他们在思想和文化上与儿童间都存在很大的交流障碍，生活有时也得不到保障，隔代监护人容易溺爱孩子，而且老年人有时年龄较大，身体不太好，也不能很好地管教留守儿童。但我们也应该看到，有文化的老年人在照顾留守儿童时，对其性格的教育及塑造方面有时也会好于年轻父母，因为他们更懂得关照孩子的心理需求。

上辈监护人在管教留守儿童时往往不如父母那般自如，留守儿童也不能从他们那里得到父母般的情感关怀，不论是父亲还是母亲在儿童的成长和性格的塑造方面都起着不可或缺的作用，因此父母一方留守照顾儿童也会存在一些问题，使留守儿童某些性格缺失，有些大一点的孩子自己在家里，什么都要靠自己，虽然自理能力增强了，但是心理方面总归会存在一定的阴影。自我监护的留守儿童则完全缺少了父母家庭方面的教育，父母是孩子的第一任老师，是孩子最早的学习榜样，由夫妻关系所塑造的宁静、愉快的家庭氛围能让孩子有安全感，生活乐观、待人和善，当孩子成长过程中缺少了父母这一榜样的参照，在性格的形成和发展过程中就会产生一定的问题。

总之，完整的家庭结构和温暖的家庭生活在留守儿童的成长过程中是任何物质都不能替代和补偿的，家庭不利环境使留守儿童的行为及价值观得不到有效的指导。

(三)其他因素

1. 家庭经济

家庭经济对留守儿童的心理健康也存在一定的影响。留守儿童父母外出打工一般是为了增加家庭收入，有的父母认为我外出打工挣了钱就是为了让孩子花，所以没有限制孩子的零花钱。有的父母重视孩子的教育，外出打工是为了孩子有更好的前途，但没有时间给予孩子更好的支持和关心与理解，也会造成一定的问题。有的家长不太重视孩子的教育，由于思想观念差，认为到了一定年龄就应该外出打工，所以就造成一个恶性循环，外出打工只为钱，不关心孩子的教育及心理需求，反正到了年龄就该出去打工。

2. 父母外出打工时间

父母在儿童成长的不同时间段外出打工会对儿童的心理健康产生不一样的影响。儿童成长有几个关键期，在儿童小的时候，正需要父母关爱的时间里，父母外出打工会影响儿童的心理，他们会觉得父母抛弃了自己，但当孩子已经长大，基本能够理解他人的情绪情感，理解自己的父母，这时父母外出打工对其心理健康影响不是特别大。父母外出打工的时间长短不同，对孩子的影响相对来讲也不一样。已有研究表明亲子分离时间越长，情感越淡漠，留守儿童心理问题越严重。

围绕"留守儿童：你和父母待在一起高兴、满意吗?"这个主题展开调查，结果显示，75.4％的同学觉得一般或不是很满意，而仅仅只有15.8％的同学表示过满意或是很满意。究其原因，15.8％的同学中，都有一个共同点：父母回家后会关注他们，倾听他们的心声，把他们当作大人看待。他们喜欢这种感觉。

不满意的学生中，1～4年级的学生主要是因为没能和父母好好地在一起，主要原因是觉得时间不够，而这些儿童他们也能够理解父母外出打工的原因，能够理解父母的境况。5～6年级学生的调查数据就显得有点糟糕，因为缺少爸爸妈妈的管教，爷爷奶奶的力不从心，不认真学习。有些儿童情况严重点的，在外面要么就打游戏，要么没事就出去惹是生非，一点都不让家里人省心。但是在家里却截然不同，在家里他们都是真正的乖孩子，帮助爷爷奶奶做力所能及的家务，体贴照顾老人……他们会怪罪父母，心疼年迈的爷爷奶奶，但同时他们对于父母回不回来不是很在乎，因为父母一回来就问学习，成绩不好就打。

二、学校因素

学校教育在学龄儿童的人格发展中起重要作用。英国思想家欧文认为，教育人，就是要形成其人格。学校是对学生进行有目的有计划的教育，学生在学校里不仅能学到文化科学知识，发展智力，而且接受思想政治教育，形成优良的人格特征，以便顺利走向社会，适应社会生活。

(一)教育资源

在基础教育方面，教育资源大多集中在城市学校，资金分配也不是很公平，许多农村中小学没有建立良好的校园文化，学生之间、学生和老师之间缺乏交流沟通，学校对留守儿童的管理和心理疏导不到位，对他们学业的进步也会有消极的影响，在受"读书无用论"和枯燥的学习环境以及升学压力下，极易产生心理健康问题。

(二)课堂教学

学生通过课堂教学接受系统的科学知识并发展智力，学生在接受系统科学知识的过程中形成理想、信念、世界观，而理想、信念、世界观的形成对发展良好的人格特征具有重要意义。学习是一项艰苦的劳动，留守儿童最初受家庭不利环境的影响而产生厌学心理，学校或老师没有掌握，对留守儿童的教育不得法也会造成学生发生各种问题。

学校对农村留守儿童的心理健康起着重要的作用。但由于资源的分配问题，部分偏远地区农村中小学基础设施落后，教育资源有限，学校不是很重视心理健康，很少建立相应的心理辅导室，更别提开设心理课程，而农村留守儿童又大多集中在偏远地区。

(三)班集体和教师

学校的基本组织形式是班级，班集体对学生的人格发展具有重要的作用，学生在班集体中学习和生活，可以品尝到集体生活的乐趣，形成优良的人格特征，如组织性、纪律性、合群性等等，而部分留守儿童由于厌学、逃学，离开集体，就没办法培养这些品质。

对于在校农村留守儿童而言，班集体良好的风气和舆论也是一种无形、强大的教育力量，为培养留守儿童优良的人格特征提供了有利的外部条件。在班级中担任一定的职务，也有助于责任心等方面的培养，但因为农村留守儿童在人际沟通等方面存在一定的不足，缺少主动性，因此也会影响其对这些品质的获得。

教师的知识结构及管理能力、支持和教育方式等也会对留守儿童产生潜移默化的影响。留守儿童年龄越小，受教师的影响也越大，因此教师要关注留守儿童，既对其进行"言传"，又对其进行"身教"。教师与留守儿童的关系也会影响到留守儿童的人格发展，梅(M. A. May)和哈特肖恩(H. Hartshorne)研究发现，喜欢教师的学生说谎少，容易形成诚实的特征，不喜欢教师的学生会经常说谎。教师由于时间的关系，有时做不到对留守儿童的全面了解，对其家庭不是很熟悉，这样可能会忽视很多重要的信息，不能及时掌握留守儿童的心理动态。

三、社会因素

社会支持系统对农村留守儿童的心理健康尤其是孤独感有重要的影响，社会支持网络的缺失是造成留守儿童心理问题的主要原因。与城市相比，农村教育观念陈旧，不能有效弥补留守儿童家庭教育的不足，再加上不良社会环境的影响以及生活压力事件等等都成为影响留守儿童心理健康的因素。不同的地理环境、经济环境和人文及民族性格在一定程度上也影响儿童形成了不同的心理特点。

(一)社会环境

1. 社会文化氛围

由于我国正处在一个社会转型期，各种政治经济文化等方面的开放与交融使我们这个社会发展拥有更多机遇的同时也产生一些新的社会问题，人们对道德认知的下降还有情感价值观的偏离。网络社会，留守儿童自控力较差，一些庸俗和低级趣味的内容很容易影响到孩子，这些留守儿童极易受到不良社会风气的引导而走向心理的反面。

2. 社会监护体系

社会环境是个体心理发展必须依赖的外部环境，由于家庭监护的弱化及学校监护的局限，社会监护体系便显得至关重要。各级政府部门能否明确划分并担负责任，建立家庭、学校和社会共同努力、协调参与的留守儿童监护体系，对留守儿童的心理发展有很大影响。有些地方政府关注留守儿童多停留在形式上，只是统计村里有多少留守儿童，然后就没有下文了，而且对其心理健康关注较少。

(二)生活区域

留守儿童所居住的村落氛围对其健康成长也有不可忽视的影响。如果村里的人彼此互相帮助、和谐相处，一方有难，八方支援，彼此间亲人般热情，氛围比较温馨和睦，留守儿童也会得到他们的关爱和帮助，就能体会到爱和关怀，进而会影响到他们看待问题的角度和方式，并以一种积极、感恩的心态去面对生活。如果村里的氛围比较恶劣，邻里之间冷漠、封闭，彼此之间矛盾不断，留守儿童更容易产生孤独、冷漠的心理，在看待问题和解决问题上相对比较自私，生活态度比较消极。

四、个人因素

农村留守儿童所处的年龄阶段生理、心理、人生观没有成熟，行为最容易被诱导。生活得不到很好的照顾，学习没人监督，因此有些留守儿童遇到困难往往擅自处理，容易意气用事。留守儿童的心理健康状况与其自身的年龄有关。随着年龄的增长，留守儿童情绪性问题也越发明显，其中初一、初二是情绪性问题行为高发期。另外留守儿童自身的人格特征，自信水平及应对方式等都会对留守儿童的心理健康产生影响。

第三节　维护农村留守儿童心理健康的对策

社会各界对留守儿童心理健康的关注由来已久，并提出了很多的建议和对策。有些建议被采纳并付诸实践，如学校寄宿制、留守儿童家长学校等等，但很多措施并没有达到预期的目标，如寄宿制，有研究人员对住校的留守儿童进行调查，发现寄宿的留守儿童学习成绩反而不如走读的，而且在某些心理品质方面也没有表现出优势。社会各界所进行的各种解决留守儿童心理问题的探索，主要存在以下问题：大多短期措施较多、缺乏系统性，各种力量单兵作战、没有形成合力，学校进行的举措责权不明确，同时各种举措在实行过程中缺乏心理健康意识。因此对于留守儿童心理健康问题的解决，需要社会各界的努力与配合，包括政府政策的落实、学校教育的关注、留守儿童生活地区的扶持及其父母的重视以及留守儿童自身的努力，而不能单纯依靠某一方的力量。

一、政府要有相应的配套措施

(一)落实有关法律、法规

留守儿童的存在，是我国现行的户籍制度以及与此相关的就业、教育等体制的产物。家庭成员团聚在一起，这是每个家庭以及每个家庭成员所渴望的，但由于诸多的原因，无法达成这一愿望。和父母生活在一起，是每一个儿童健康成长的基本条件，家庭氛围及父母教育对儿童的影响是不可忽视的，有人曾说：家庭是性格形成的工厂。

对于一些体制上的原因，需要政府解决。留守儿童有关问题，必须从户籍制度以及其他相关体制的改革入手，逐步弱化乃至取消与户籍相联系的造成城乡隔离的各种制度。政府应制定和实施优惠政策和配套措施，使流入城市的农民享有与城市人平等的权利，当然这又会涉及流动儿童的诸多相关问题。

(二)发展农村乡镇企业

对苏南地区 512 名中学生进行调查，仅有 52 名留守儿童，对苏北地区 653 名中学生进行调查，有 232 名留守儿童，地区经济的发展与本地区留守儿童的数量有一定的关系。而农民长期离开家乡或非农忙时间离开家乡，更多是为了增加家庭的收入，提高生活质量，如果条件允许，谁也不想背井离乡，都愿意和老人、孩子生活在一起。因此，对于政府来讲，可以通过大力发展乡镇企业，既利用了当地资源优势，又吸纳了剩余劳动力。地方经济的发展，可以让农民离土不离乡就能富裕，这样，不仅可以大大减少留守型家庭，从深层上看，也是解决"三农"问题的最佳路径。

(三)给予地方政府相应的财政拨款

为了更好的对农村留守儿童进行集中管理，弥补家庭教育的不足，部分中小学加大了寄宿制学校建设的力度，寄宿制学校需要相应的配套设施，包括生活、娱乐及生活教师等，这都需要大量的经费作为支撑。

同时应大力发展职业教育，让没有考上高中的留守儿童有继续学习的机会，不至于提早进入社会，没有人引导，以此改变留守儿童失学、失管、失业的局面。

二、中小学校要有相关的教育措施

农村留守儿童目前的主要任务还是学习，所以中小学等教育部门要营造留守儿童乐观自信的心理环境，增进留守儿童的积极体验。对留守儿童的心理健康教育要注重开发和运用其心理资源，从积极的角度去关注留守儿童教育，帮助他们发现自身的潜能，培养积极品质并增强应对心理困扰的能力，学会以积极力量去克服现实困难，让他们以更积极、更乐观的态度面对人生。

(一)丰富校园人文关爱活动

针对留守儿童中存在品德行为偏差和心理问题的，学校可以充分利用学校教育的优势，发挥学校在农村留守儿童管理工作中的重要作用，着重开设心理健康教育课，大力开展心理教育和心理咨询活动，定期进行情感教育、体谅自己的父母等，消除留守儿童的不良情感体验，培养其正确的人生观和价值观。

老师要给予留守儿童更多的关爱、更多的帮助，一视同仁；要丰富留守儿童的课外生活，同时学校可以定期开展文艺、体育、科技和社会实践等活动，通过活动让他们学会自我管理、自我保护，发现留守儿童身上的闪光点及积极品质，并鼓励他们，让他们充分感受到生活的幸福。

学校要注重良好班集体氛围的形成，让班级同学团结起来；避免使用攻击型语言，多采用肯定的语言；献出自己的一份爱心，共同关爱留守儿童。

(二)建立留守儿童心理档案

建立留守儿童心理成长档案，记录每一位留守儿童的相关信息，及时补充相关数据，完善留守儿童"心理气象站"方面的工作。这既是留守儿童的渴望，也是学校人本化教育的要求。有条件的地方可以有计划地筹建寄宿制幼儿园和寄宿制中小学，把学校建设成留守儿童的大家庭和成长成才的摇篮。通过对留守儿童进行集中教育和管理，不仅可以兼顾留守儿童的学习、心理和生活，且有利于保护他们的安全。组织相关研讨，交流留守儿童管理工作心得，吸取解决留守儿童心理健康问题共性的经验，以预防为主。

(三)学校与家长间定期联系

及时记录父母、临时监护人情况，了解和掌握留守儿童基本情况，调研留守儿童现状，对留守儿童实行动态管理；建立留守儿童监护人联系制度，每学期召开一次留守儿童临时监护人会议，通报留守儿童在校学习、生活方面的情况，提出针对性的管理教育建议；定期对留守儿童进行家访，了解、指导监护人开展正确的家庭教育，不定期与"留守儿童"交心谈心，对他们进行正面引导。

这一措施最好能坚持，有专人负责，而不是短暂的应付性或者研究性的。

三、社会各界做好后勤保障工作

(一)农村社区资源服务留守儿童

社区可以根据实际情况，有组织地创建"托管中心"，对留守儿童进行集中照管，为留守儿童提供看护、娱乐学习、生活指导等服务；"托管中心"要建立留守儿童专项档案和父母及其他监护人的联系制度，并记录留守儿童每一天的思想、品行、学习和生活等情况，使老师和家长能有针对性地掌握留守儿童的真实情况；开通亲情电话，增加留守儿童与其父母的亲子互动和亲子交流的次数，让留守儿童在父母外出的情况下，依然能够享受到亲情的温暖。

(二)加强娱乐场所的管理和整治

在农村生活水平提高的同时，一些娱乐设施相继出现在农村，网络媒介也不例外，而对自己行为没有控制力、又缺人管教的留守儿童，网吧等各场所是他们经常去的场所，当然这样的孩子是少数，尽管是少数，也希望引起关注。乡村组织要会同有关部门切实加强对网吧和各类游戏厅等公共娱乐场所的管理和整治，并积极开展各类健康有益的活动，共同为孩子营造积极向上的良好环境，以解决他们学习和成长中的问题。

四、家庭要关注留守儿童的心理健康

(一)提高父母对孩子心理健康的认识

在孩子身心健康成长的很多方面，他人是无法取代父母的。家长的关心、爱护和引导，对孩子的成长起着举足轻重的作用。家长在忙于生计的同时，必须强化对子女的教育意识，既不能溺爱无度，也不能放纵不管，更不能轻易地把职责移交给他人。不能万事都指望学校教育，有些事情任何人都替代不了。父母离家时间很久，不能一回家就关心孩子的学习，学习不好，父母一回家就训孩子，这样不利于和孩子的沟通与交流，父母长久不回家，孩子渴望的是父母的关爱，而不是训斥。

父母要有高度的教育责任感，将孩子抚养教育成人，这不仅是宪法赋予每一个父母应尽的义务，也是一种道德行为。

(二)对留守儿童监护人进行指导培训

当然并不是所有的留守儿童都存在问题，也有部分留守儿童健康成长，究其原因，其监护人的作用不可忽视。爷爷奶奶等监护人，有一定的文化素质，比较注重对孩子的人格等方面的教育，留守儿童出问题的概率就比较小。如果监护人的方法不当，就算孩子和父母生活在一起，也不见得就心理健康，这样的例子也不胜枚举。

监护人需具备一定的文化素质，关注孩子各阶段的发展特点，以便掌握教育的主导权，为留守儿童树立良好的榜样、满足留守儿童求知的欲望。未来的社会是学习型社会，未来的家庭是学习型家庭，监护人通过各种途径丰富自己的知识，努力提高自身的文化修养，掌握一定的有关儿童教育方面的知识，既能丰富自己的视野，又能促进留守儿童的正常发展。监护人还需提升心理素质。监护人对留守儿童影响最大的是行为和与之密切相关的心理状态，监护人的心理状态对留守儿童的教育起着非常重要的作用。

每一位家长应尽力承担国家赋予的神圣职责——教育好子女。同时，还要提高自身素质，提高科学教育子女的能力，掌握科学的家庭教育方法，提高家庭教育的质量。特别是在市场经济条件下，人们的道德价值观发生了很大变化，其中有积极的变化，也有一些消极的倾向。孩子正处于价值观的形成期，很容易受周围环境的影响。这就要求家长正确认识这些变化，并不断矫正孩子成长过程中出现的偏差，将孩子教育成人。

(三)消除孩子与父母沟通的障碍

父母应坚持定期、不间断地与孩子保持各方面的联系，尽可能多地与孩子团聚。回家看孩子对于联系亲子情感是弥足珍贵的，亲情需要呵护，教育需要投入；同时父母要学会表达自己对孩子的关爱，在没有条件的情况下，父母可以多写信给孩子向孩子传递自己对他们的爱；如果有条件，应给孩子的住所安装电话，将自己的联系方式告诉孩子，便于孩子有问题能够及时向父母求助。

五、留守儿童要自我成长、自我磨炼

对有留守经历的大学生进行调查，发现和没有留守经历的大学生相比，在很多方面差异不是特别明显，因此让留守儿童树立自己的生活目标，找到方向很重要。人生目标很重要，有了目标和信念，就不会被其他的事件所干扰，能够坚强面对很多，同时也能够理解和克服父母外出所带来的不良影响。

"留守"确实给孩子带来了生活上、教育上、精神上的诸多不便，然而，从多篇报道中我们看到有许多留守儿童在生活上非常坚强，他们不仅学会了生活自理，而且在行为上也非常自立，学习上也很自觉。他们的表现甚至比其他完整家庭的孩子更为优异。这是因为他们珍惜父母出外打工带来的自我成长的机会，在理解父母打工选择的基础上，发展自身的独立性，增强生活、学习自理能力和自我控制能力，从而促进了自身社会行为的健康发展。

立志是成才的必要前提，是成才的动力。中国古话说：人无志不立；人穷志不短；要立长志，不要常立志，要明确目标，并将目标作为自己的动力，锁定目标后，要精心策划，坚定不移地实施。老师要以身作则，要求孩子成为什么样的人，自己就要做什么样的人。家长要既关注孩子学习的结果，也关心学习的过程，让孩子乐于学习，这是提高学习效果的最好方式。

儿童是在家庭教育、学校教育和社会教育三者的共同影响下成长并逐步社会化的。一般来说，家庭教育是基础，重在情感熏陶；学校教育是主体，重在理论教育，正面灌输；社会教育是前二者的延续和补充。三者只有进行合作，协调统一，优化管理，形成科学的育人体系，才能充分发挥其促进儿童社会化的作用。教师和留守儿童结对，教师代行家长职责，从学习到生活全程负责。"代管家长"在一定程度上扮演家长的角色，使远离父母的留守儿童在生活上多了一些嘘寒问暖的关爱，在学习上多了一些帮助辅导，在情感上多了一些交流慰藉，使家庭教育缺位、缺失亲子教育的留守儿童得到较好的教育补偿，为留守儿童的健康成长营造一个和谐的空间。

农村留守儿童心理健康问题，需要社会、学校、家庭各方力量的努力，为留守孩子送出一份温暖，为其健康成长献出一份爱心，共同构建农村中小学生的社会支持体系和监护体系，帮助留守儿童树立人生目标，坚定人生的方向，培育健康人格，给留守儿童创造一个良好的心理环境和社会环境，让其健康成长。

第五章　农村流动儿童心理健康
现状与对策研究

随着我国社会经济的快速发展，人们的传统生活方式正发生着前所未有的变革，为了谋求更好的发展和获得更多的经济收入，许多人选择离开户籍所在地到外地谋生。为了给后代提供更好的教育，越来越多的流动人员不再以过去"个体外出"的方式而是选择以"举家迁徙"的形式流动，这样就形成了数量颇多的流动儿童①。有学者又将这一群体称为"流动人口子女"或"农民工子女"。统计显示，上海市每10个儿童中就有4个是流动儿童，北京市每10个儿童中有3个是流动儿童。

数量庞大的流动儿童成为城镇化进程中农村教育面临的难点问题之一，他们的心理世界是怎样的，如何给他们提供更好的生存发展环境以保障其健康成长已经引起社会各界的广泛关注。本章拟首先将流动儿童置于城镇化进程的大背景下讨论我国关于流动儿童、流动儿童心理健康现状，接着阐述由于城乡二元分割造成从农村到城市亚文化跨越而带来的流动儿童社会适应难题及容易出现的心理问题，最后提出提高农村流动儿童心理健康水平的对策，构建政府、学校、家庭、社区、社会和自我一体的联合心理干预机制。

第一节　农村流动儿童心理健康的现状

20世纪80年代以来，伴随着中国城镇化进程的加快，越来越多的农村剩余劳动力流入城市，由此而产生的流动儿童教育问题已成为中国社会转型期的一个独特的社会问题，引起了

---

① 申继亮. 透视处境不利儿童的心理世界[M]. 北京：北京师范大学出版社，2009.

社会的广泛关注。随着研究的深入和细化，流动儿童研究的焦点逐渐从教育机会与教育公平问题扩展到流动儿童发展的各个方面，特别是他们的心理健康和社会融入状况尤为突出。

一、农村流动儿童心理健康问题的由来

(一)流动儿童的概念

流动儿童这个概念目前已广为人知，但是就其内涵与外延，不同的学者、不同的部门在使用的时候是有一些差异的。概括起来可以分为三种定义。第一种定义是"6～14 岁(或 7～15 岁)随父母或其他监护人在流入地暂时居住半年以上的少年儿童"，也可称作"流动人口子女"，这也是目前被学者们广为引用的一个概念。这一定义源于原国家教委、公安部于 1998 年联合发布的《流动儿童少年就学暂行办法》。之所以将流动儿童的定义界定为 6～14 岁或 7～15 岁，是因为该办法的主要初衷是解决适合义务教育年龄阶段的流动儿童在脱离户口所在地进入流入地后的教育问题，其中既包括具有城市户口的流动儿童也包括具有农村户口的流动儿童。第二种定义是"居住在本乡、镇、街道半年以上，户口在外乡、镇、街道"，或者"在本乡、镇、街道居住不满半年，离开户口登记地半年以上"的 18 周岁以下的人口。这一定义源于全国第五次人口普查，之所以这样定义是出于人口普查的需要，将居住时间和户口所在地等情况作为划分的依据，强调的是户口所在地和居住地的分离，也包含了拥有城市户口但户口不在居住地的城市流动儿童。第三种流动儿童的定义则是指的"持有农村户口、跟随父母或其他监护人在城市生活的儿童"，这一概念是考虑到大多数流动儿童来自农村这一实际情况，且与那些因父母外出而被迫留在农村的留守儿童相对而言的。这一提法常与流动人口子女、农民工子女、外来儿童、农民工随迁子女等有部分重合之处①。可见，广义的流动儿童既包括拥有城市户口的流动儿童也包括拥有农村户口的流动儿童。而与农村教育和农村学校有着密切关系的主要是后者。因此本章拟选用狭义的流动儿童定义，指的就是户籍登记地不在现居住地、但在现居住地居住半年以上且拥有农村户口的 18 岁以下的儿童，其中的流入地既可以是城市也可以是农村。

(二)流动儿童的产生背景

农民工举家迁徙的新趋势带来流动儿童数量的剧增。流动儿童是随着民工潮而出现的。从 20 世纪 80 年代开始，为了获取更多的经济收入和谋求更好的发展，大量农民离开土地进入城市打工，截至 2013 年，这一群体的数量大约

---

①　高云娇，余艳萍. 我国流动儿童社会支持和罪错行为的状况及关系的研究综述[J]. 青年探索，2012(3)：67－73.

为 2 亿人。他们的子女或者在家乡出生被带到城市，或在城市出生继续留在城市而成为流动儿童。孩子是家长的希望，与农村地区相比城市拥有的优质教育资源对农村孩子的家长有着巨大的吸引力，因此带着孩子举家迁徙到城市成为人口流动的新趋势，流动儿童的总量处于快速增长阶段，规模也在不断扩大。全国社科联课题组根据《中国 2010 年第六次人口普查资料》样本数据对流动儿童总数进行了推算，发现 0～17 周岁城乡流动儿童规模为 3581 万人，在 2005 年基础上增加了 41.37%，且有增长的趋势。在这些流动儿童中，户口性质为农业户口的流动儿童占 80.35%，据此全国有农村流动儿童达 2877 万人。

滞后的义务教育管理制度制约流动儿童教育质量。流动儿童出现之后，他们的教育问题对已有的义务教育管理制度提出了一定的挑战。由于义务教育阶段的财政主要由以县级地方政府负担。我国居民的户籍与教育等社会福利相联系，在相当长的时期内且只有具有本地户籍的儿童才能享受本地教育财政经费的资助。由于流动儿童在进入城市的同时户口却留在了农村，没有本地户籍就无法享受由流入地政府财政负担的教育经费补贴。流动儿童如需在流入地接受义务教育还会遇到制度上的障碍，如缴纳一定数额的借读费。此外许多学校还要求家长自愿交纳一笔学校建设的捐资助学费，少则数千元，多则数万元。这些措施的实施把大多数低收入的流动儿童挡在公立学校大门之外，无法享受平等的教育机会。即使后来国家出台了一系列政策保障流动儿童的受教育权利，但要从教育起点、教育过程和教育结果上保障流动儿童与城市儿童拥有同等的待遇还有很长的一段路要走[①]。

(三)流动儿童研究焦点的演变：从受教育权到心理健康

由于户籍不在流入地，处于义务教育阶段的适龄流动儿童的教育问题就引起了人们的关注。他们义务教育阶段的受教育权怎么实现，到什么地方去学习，学习质量如何，就成为一个困扰家长、流入地学校、流入地政府和国家的一个难题。而从政策层面，首当其冲的就是如何让他们的受教育权落到实处，围绕这一问题，教育者和研究者开展了大量研究。在 1996 年之前，国家层面并未出台有关流动儿童教育的政策法规体系，流动儿童教育呈现出无序和混乱的局面，许多公立学校要么拒绝流动儿童入校，要么收取名目繁多的入校费用。即使一些流动儿童好不容易迈进了当地公办学校的大门，在受教育过程中也无法享受到与本地儿童同等的重视，更无法享受平等的升学机会和权利，在活动参与、考试评优时还存在着对流动儿童的歧视。绝大多数的流动儿童只

---

① 韩嘉玲. 流动儿童教育与我国的教育体制改革[J]. 北京社会科学，2007(4)：98—102

能到并未取得正式办学资格甚至是"非法办学"的打工子弟学校就读。① 此阶段流动儿童的受教育权都无法得到保障,他们的心理健康问题也就无暇顾及。

从 1996 年开始,国家开始出台政策干预流动儿童的教育问题,逐渐从名义上的受教育权到有质量的教育公平。2006 年 6 月,全国人大通过新修订的《义务教育法》,规定"义务教育实行国务院领导,省、自治区、直辖市人民政府统筹规划实施,县级人民政府为主管的体制","父母或其他法定监护人在非户籍所在地工作或居住的适龄儿童、少年,在其父母或其他法定监护人工作或居住的接受义务教育的,当地人民政府应当为其提供平等的接受义务教育的条件"。这使得城乡流动儿童接受义务教育条件改善,大部分义务教育阶段的适龄流动儿童有机会在校学习。2012 年 2 月国务院办公厅更是发布《关于积极稳妥推进户籍管理制度改革的通知》规定今后出台有关义务教育等政策措施,不得与户口性质挂钩。"两会"期间教育部负责人提出"积极推进,有条件准入""异地高考"。许多省、市积极采取多项惠民政策保障流动儿童就学享受同城待遇。

随着研究的深入和流动儿童受教育权的保障,学者们更多关注流动儿童教育之外的其他研究议题,研究内容更广,研究角度更加多样,早期研究较多关注流动儿童的受教育权问题,而当今流动儿童的研究已从教育问题转向心理健康与社会融合②。在获得城市求学机会之后,接下来的一个重要问题是他们适应的怎样。从农村来到城市,生活和学习环境有了很大变化,流动儿童能否适应?哪些因素影响流动儿童的社会适应和心理健康情况,应该如何做才能提高其社会适应、心理健康和社会融入情况,引起了人们越来越多的广泛关注。

二、流动儿童心理健康的现状与问题

环境变化对流动儿童是一把双刃剑,既可能带来积极影响,也可能带来消极影响。环境变化产生的适应压力、文化背景差异等因素可能会降低流动儿童的社会适应带来心理困扰,不过流动本身开阔增加了流动儿童的视野且因要抵御外界压力而家人变得更为团结则有利于提高流动儿童的社会适应水平和心理健康。Rosa Alati 发现与本地儿童相比,刚到澳大利亚的流动儿童所表现出的外显行为问题较少,但是随着时间的增加,其外显行为呈现出增长趋势。③ 国

① 周序. 流动儿童教育政策中的社会控制理念[J]. 江西教育科研,2007(5):35—38

② 周皓,荣珊. 我国流动儿童研究综述[J]. 人口与经济,2011(3):94—103

③ Alati, R., Najman, J. M., Shuttlewood, G. J., Williams, G. M., & Bor, W.. Changes in mental health status amongst children of migrants to Australia: a longitudinal study[J]. Sociology of Health and Illness, 2003(7):866—888

内学者则主要通过比较流动儿童和城市常住儿童来揭示流动儿童的社会适应与心理健康状况。学者们纷纷利用焦虑、孤独、自我意识、心理健康、歧视知觉等具有一定信度效度指标的测量工具来探讨流动儿童存在的心理问题，尽管有研究发现流动儿童在城市的适应能力较强，流动儿童群体内部的整合较好，但流动儿童缺乏与其居住的社区及其中的同伴之间的交往与整合，相对比较封闭；尽管认同城市生活，但却很难融入城市生活，也成了一个困扰他们的重要问题。

总体看来流动儿童心理存在着不同程度的问题，容易发生更多的问题行为、更低的自我意识、较低的自尊水平和更多消极的人格品质，学习效能感不足。可见，流动儿童的心理健康不容乐观，主要体现为歧视知觉的出现，社会认同的偏差，负性情绪的滋生，社会适应的不良等四个方面。

(一)歧视知觉的出现

歧视知觉是一种主观体验，即个体知觉到由于自己所属的种族、户口身份等群体成员资格而受到了有区别的或不公平的对待，[①] 既包括个体知觉到的指向于自己的歧视，也包括个体所知觉到的指向自己所属群体的歧视。

流动儿童从相对落后的农村跟随父母来到陌生的城市之后，由于在衣食住行、所见所闻、特长爱好、家庭地位、经济状况等许多方面相对不如城市儿童，在相互比较之中极易引起城市儿童对农村流动儿童的歧视。加之户籍身份的特殊性，自然会经常体验到一些不公平对待。有研究显示，有近1/4的流动儿童认为城里人歧视他们，其中来自同伴的歧视感受最强烈。流动儿童的歧视知觉受所在学校类型、流动频繁程度、儿童性别、所处年级等因素的影响。一般而言，打工子弟学校的流动儿童比公立学校的流动儿童感受到更多的歧视体验，[②] 高年级流动儿童的歧视知觉比低年级的高；初中生流动儿童的歧视知觉比小学生高，这与他们青春期的到来有着密切关系。在性别上，流动男孩的歧视知觉相对更多，流动频繁的儿童的歧视知觉更高。

从儿童心理发展的角度来看，歧视对流动儿童有着很大的隐性和显性伤害。流动儿童的自尊水平显著低于城市儿童，人格品质比城市儿童更为消极，这与他们产生的歧视知觉不无关系。被同伴歧视不仅会降低流动儿童的自

　　① Sanchez, J. I. & Brock , P.. Outcomes of perceived discrimination among Hispanic employees: Is diversity management a luxury or a necessity[J]. Academy of Management Journal, 1996(3): 704—719

　　② 蔺秀云，方晓义，刘杨，兰菁. 流动儿童歧视知觉与心理健康水平的关系及其心理机制[J]. 心理学报, 2009, (10): 967—979

尊,① 使其变得孤独自卑,而且也会破坏流动儿童的同伴关系、学习成绩和身心健康,甚至会出现严重的问题行为。

(二)社会认同的偏差

社会认同是指个体对自己作为某群体成员身份的认识,以及附加于这种成员身份的评价和情感方面的意义。

在我国现行的城乡二元户籍制度下,儿童一出生就被贴上了"市民"与"农民"的标签,这种户籍制度容易导致流动儿童产生社会认同危机。我国流动儿童从农村到城市,在保持老家认同的同时又发展出对迁入城市的认同,即社会认同呈现出双重性。流动儿童自身的城市认同要高于家乡认同,但另一学者的研究却发现,城市同伴对同班流动儿童的认识则是农村孩子,两个群体之间有着一层隔膜。这样,流动儿童认为自己是城市人,而城市儿童却认为他们是农村人。② 这是因为当流动儿童与城市儿童在一起时,他们的农村身份就变得凸显出来,这使得他们在很多地方夸大了两者之间的差异。

城市儿童的这种偏见容易导致流动儿童产生社会认同危机,两个群体之间的沟通和认同处于尴尬境地。如果流动儿童的社会认同出现危机,就会阻碍流动儿童对城市同伴群体的积极融入,甚至会出现抵触。一旦老家回不去,城市也找不到家的感觉,在农村城市都成了无根之人,其心理状况值得关注。

(三)负性情绪的滋生

流动儿童来到繁华都市后,由于社会认同危机和歧视知觉的产生,在社会比较的过程中容易滋生自卑、孤独和社交焦虑等负性情绪。③ 自卑是流动儿童情绪心理问题的集中体现,是其心理问题的核心。

流动儿童不同于留守儿童,又有别于同辈的城市儿童,他们的行为方式和内心体验都经历一个起落的过程。再加上父母的社会地位和家庭的经济条件,及由此而引起的歧视知觉对他们心理的伤害,极易产生自卑心理。由此,流动儿童常常夸大自己与城市儿童之间存在的差别,继而又产生孤独心理,这已得到有关研究的证实。

除了自卑与孤独之外,流动儿童的社交焦虑也比较突出。由于流动儿童在城市里遭遇了从观念到福利的各种区别对待,使得他们在交往中担心被人看不起或被拒绝,而产生严重的焦虑心理。在学校里,总感到老师把他们当做不好

---

① 刘霞,申继亮.流动儿童的歧视知觉及与自尊的关系[J].心理科学,2010(3):695—697

② 袁晓娇,方晓义,刘杨,蔺秀云,邓林园.流动儿童社会认同的特点、影响因素及其作用[J].教育研究,2010(3):37—45

③ 胡宁,方晓义,蔺秀云,刘杨.北京流动儿童的流动性、社交焦虑及对孤独感的影响[J].应用心理学,2009(2):166—176

的学生；在班级里，总感到城里的同学瞧不起他们；走在街上，总感到社会上的人用低人一等的眼光看待他们。于是，在跟老师、同学等的交往中心存焦虑。

(四)社会适应的不良

流动儿童经历了社会认同危机、歧视知觉和负性情绪困扰，导致心理健康水平下降，这首先表现在流动儿童安全感和幸福感的降低上。

安全感是心理健康的基础，指个体对可能出现的身体或心理危险、风险的预感，以及个体在应对处置事物时的有力感，主要表现为人际交往过程中的安全体验，及对生活的预测和确定感、控制感。幸福感是个体对其生活质量的整体评估，是反映个体生活质量的重要心理参数，生活满意度是幸福感的重要组成部分。研究表明，流动儿童的幸福感、生活满意度总体水平都显著低于城市儿童。[①] 由于安全感得不到应有的满足，幸福感水平又偏低，导致流动儿童比城市儿童具有更多的问题行为，表现为退缩性与攻击性行为增多。[②]

三、流动儿童心理健康的重要性

心理健康是一种持续而积极发展的心理状态，是精神上和社会适应上的完好状态。流动儿童现象是经济转轨、社会城镇化转型过程中不可避免并将长期存在的社会现象，流动儿童迁入城市之后面临着来自生活、学习和社会等各方面的压力与影响，其心理健康不可避免地会受到波动。关注流动儿童的心理健康有着十分重要的现实意义。

(一)流动儿童心理健康关系流动儿童自身的健康成长

健康的心理状态是个体正常的学习和生活的前提。流动儿童在学习生活中会遇到各种各样的快乐和烦恼，心理健康的儿童有能力应对学习生活中的各类烦恼，而心理健康较差的儿童就容易处理不好，甚至一直闷在心里，影响自己的身心健康，有的一时想不开，甚至去做一些傻事，从而影响自己的学习和生活。

(二)流动儿童心理健康关系高素质人才的培养

良好的心理素质是人的全面素质中的重要组成部分，是未来人才素质中的一项十分重要的内容。培养学生良好的心理素质，是素质教育的重要组成部分，是培养跨世纪高质量人才的重要环节。作为青少年的一个重要组成部分，

---

① 曲可佳，邹泓，李晓巍. 北京市流动儿童的学校满意度及其与师生关系、学业行为的关系[J]. 中国特殊教育，2008(7)：50—55

② 师保国，徐玲，许晶晶. 流动儿童幸福感、安全感及其与社会排斥的关系[J]. 心理科学，2009(6)：1452—1454

流动儿童的思想、道德状况，直接关系到中华民族的整体素质，关系到国家前途和民族命运。这就要重视和加强城市流动儿童心理健康教育，注重自我修养，对自己保持一种积极、健康、向上的态度，在生活和学习中不断地陶冶情操，优化素质。

(三)流动儿童心理健康关系城镇化进程的顺利

流动儿童的身心健康不仅关系到一代人的健康成长，还关系到中国城镇化的可持续性发展。对个体而言，童年时期的经历会很大程度影响其将来对社会的贡献。因父母工作变动，流动儿童的生活和学习环境不断改变，他们的心理往往不能适应骤然变化的环境而容易出现问题。这些心理问题如果得不到适时的解决，就会影响流动儿童的健康成长和社会融合，甚至发生一些极端的事件，给社会带来不安定的因素。加上流动儿童处于身心发展转折期，其可塑性大、自制力差、缺乏成人适当的约束和科学的引导，使其极易受社会不良风气的诱惑和影响，甚至走上了违法犯罪的道路。可见，流动儿童心理健康问题是一个不容忽视的现实问题，它将关系到和谐社会的构建和城镇化进程的顺利推进。

第二节　农村流动儿童心理健康问题的原因分析

流动儿童的自我和社会适应都存在着诸多问题，这主要是由于外部学习生活环境的变化一时难以适应造成的，但是在外部环境的变化背后所暴露出的制度门槛、学校、社区、家庭等方面的问题同样是降低流动儿童心理健康水平的重要原因。

一、变化巨大的外部环境

城乡学习生活环境间的巨大差异，使得流动儿童的成绩、学习习惯和思维方式等方面处于劣势，在同伴交往中也易被边缘化，从而影响其心理健康。我国城镇与乡村在地理环境、社会条件、经济水平、文化教育和医疗卫生等方面存在巨大的差异，对流动儿童学习生活适应情况产生的影响也十分明显。生活节奏的变化，农村人从事农业生产主要随着季节变化，节奏较为散漫、无序，计划性不足，效率较低，农村学生也容易养成一些散漫、计划性不足的毛病。而城市学校的生活较为严格的时间要求，从而使得农村学生适应城市学校有节奏和条理性生活需要跨越一定困难。

制度规范的差异。在农村生活时，各方面的规章制度和法律规范相对弱化，人们的行为主要受乡规民约、风俗习惯的约束。到了城市学校后，所在社区和学校都有相关的成文或不成文的行为规范的约束。上下课、吃饭、休息、娱乐、交往等方面有城市的一些习惯和时间限制；在公共场合，有相关惯例或明文规定，如不准随地吐痰、不准大声喧哗、大街上要遵守交通规则、上车要排队等，在学校更有明确的规章制度。因此需要了解并遵守城市的日常行为规范、道德规范、规章制度与法律规范。

需求层次的不同与交往方式的转变。从生活方式看，绝大多数农民工属于生产型或分配型转移的劳动力，而非消费型的转移劳动力，他们的生活追求和消费方式是满足于温饱而非享受，满足于基本的物资需求而非高层次的精神享受；而流动儿童相应也就更看重物质方面而非精神方面。在人际交往的圈子来看，农村中多以血缘、地缘为主的人际交流，而到了城市后则发生转变；在乡下以往更多的是直接面对面的交流，而在城市中有着间接的通信传媒信息沟通。这都需要流动儿童作出一定的转变方能适应。

二、或隐或现的制度门槛

国家对流动儿童的政策有一个不断变化的过程，从早期的有限抵制已经步入到了积极接纳阶段，但是目前在制度政策层面仍然对流动儿童设置了一定的门槛。甚至部分不合理的政策没有保障流动儿童的正常待遇（如户籍与社会福利间的关联，进入公立学校的各类门槛等），易使流动儿童滋生一定程度的不平等感而变得自卑敏感。

2013 年央视《朝闻天下》栏目连续报道了上海广粤路菜市场流动儿童刁芊文的艰难曲折的入学故事给大家留下深刻而又心酸的印象。早期，爷爷为了办理入学文件跑了一个多月，可一直到学校招生截止，爷爷也没有筹齐。最后还是在记者和校长等人的帮助下，最终小芊文如愿以偿地走进了课堂，但其中到城市学校求学的各种门槛将许多流动儿童挡在了大门之外。仅入学一项就需要城市许多不同部门的若干证明，每个证明都要"标准件"。以至于有家长因为辛辛苦苦从老家开回的证明"不合格"，手续太烦琐办不了借读证，求助假证假章把孩子送进学校，结果被抓。可以看出，虽然各级政府有了"流动儿童就读公立学校"的明文规定，也严格规定学校和教育行政部门不能收取赞助费和借读费，流动儿童进入公办学校的金钱门槛降低了。然而，经过规范之后，城市却通过提出备齐"五证"、办理借读证等要求，对从农村到城市的流动儿童家长设置了另一种类型的门槛。

这里的门槛可以分为两类：一类是手续极其复杂的证件办理手续，审批十分麻烦，加之一些办公地点的搬迁，办理起来有相当难度。另外一类则是相关部门工作人员的消极态度，或者是有意无意推诿拖延、挤压刁难，也变相导致了孩子们入学难。这些门槛的出现都表明流入地政府普遍对解决流动儿童就学缺乏积极性，甚至有些消极怠工。

三、针对性不强的学校心理教育举措

尽管我国现有教育理念一再强调实行素质教育，追求全面发展，反对排名，但在许多学校的实际教学中，学生成绩的好坏仍然在很大程度上影响到教师的教学质量效果评价。由于众所周知的城乡教育差异，先前农村基础教育落后城市基础教育，流动儿童在进入城市公立学校学习后难以适应城市教学环境、教学方法和教学进度，出现了拖后腿的现象，教师在内心是不怎么希望流动儿童进入自己班级里面的。在一次访谈中，某教师认为他们基础太差，一年级了连剪刀都不会用，影响了大家的学习进度。

此外，由于教育资源的分配存在很大的校际差异，优质教育资源满足城市儿童的家长需求方面已经力不从心了。所以流动儿童进入的相对来说是那些比较薄弱的学校，在心理咨询教师的配备、对心理健康教育工作的重视程度则弱一些。因此这些学校心理健康教育工作对流动儿童心理问题关注不足，很难为流动儿童提供个性化、针对性的心理咨询与辅导服务，无法实现学会调适的基本目标和寻求发展的高级目标。

四、淡薄的家长心理教育意识

流动家庭较低的经济水平决定了这类家庭在用于子女的教育投资上捉襟见肘，主要用于维持生活的必需开销和每年必须缴纳的学杂费。家庭经济收入偏低，基本生活消费的支出占较大比例。书本参考资料费和校服费等，对儿童智力开发、兴趣培养和课外素质拓展系列的投资相对较少。

居住环境较差，学习环境不理想。大多数流动家庭在城市是以租房为主，住房面积比较拥挤，将近一半的儿童没有自己独立的房间，为了节省开支，一些家庭是劳动经营场所和生活区混居，环境混乱嘈杂，不能给孩子提供相对稳定安静的学习环境；除了孩子学习的课本参考书和课外读物，大人阅读的书几乎没有。在调查家长是否检查孩子的作业时，只是在老师提出要求的情况下才检查。

流动人口文化水平和职业层次偏低。流动人口学历以小学和初中为主，这种偏低的文化程度决定了流动人口在城市从事的职业层次也偏低，多是以体力劳动为主，大多集中在建筑、装修和服务行业，职业随意性和流动性较强，子女经常需要适应不同环境。

父母对孩子的高期望和低关注。由于流动儿童父母自己生活很艰辛，因此对孩子寄予了更多的期望，希望自己的孩子能超越自己。但是与此不相称的却是他们在对孩子的具体成长指导和学习指导方面或疏于管理或力不从心，这显得目标与手段之间脱节。

很多父母由于劳动时间相对较长，每天与孩子相处的时间很有限，即使与孩子在一起，也缺乏和孩子的有效沟通和交流。流动儿童父母比较关心孩子的学习、身体和生活状况，而对孩子行为规范和心理烦恼等深层次的需要和变化知之甚少。家长在打工更换地方的时候，孩子的心理问题被放置到相对靠后的位置。家长社会经济地位较低，以生活照顾、成绩导向为主，心理健康教育意识淡薄，甚至有些家长自身都存在一定心理问题，使得部分流动儿童的心理健康家庭教育处于真空状态。

家庭教育内容单一，方法简单。许多儿童认为父母对自己的教育方式是专制命令式，但家长却认为自己还是以说教为主，这意味着流动儿童与父母的价值观和沟通方式以及情感交流等方面存在很多问题，必须引起重视。此外，流动人口家庭教育的内容比较单一，标准偏低，更关注孩子学习情况和考试分数等，甚至有家长认为把孩子交给学校是为了不让他因流入社会而失控，只要孩子不出大事就是目的，在这样标准下，父母很可能会因此放任自流，疏于对孩子严格要求和管理，对孩子健康成长产生极为不利的影响。

五、固有的社会偏见与缺位的社区心理教育

由于缺少成人监管，放学后流动儿童要么在家里看电视，要么穿梭于学校周边的胡同、街道、店铺、网吧等场所的社会微环境中。一方面流动儿童会遭受城市人的歧视目光。流动儿童在行为方式价值观念方面与城市儿童的差异，使两个群体在日常交往中难以融合。而流动儿童因处于社会化初级阶段，社会适应性发展与社会交往技巧发展不足，难以依靠自身能力实现与学校内其他人群的良好互动与相互融合。还可能因此出现一些在城市人眼中的"不合规矩的行为"如此种种，皆有可能使他们被排斥在人群之外。另一方面当无人监管的流动儿童在大街、公园、商铺等闲逛时容易受到庸俗、暴力、色情等内容的诱惑而影响心理健康。

社区是国家治理、社会自治和流动儿童依存的共同场域和连接纽带。由于大量进城流动儿童长期被排斥在传统的"单位体制"之外，在家长和学校对流动儿童的心理问题做的不够好的情况下，城市的基层单位社区所应该承担的责任就更大，社会社区心理健康教育和服务工作可以说是一个重要的减压阀。然而，由于专业心理人员不足等原因使得社区能为流动儿童提供的心理健康服务少之又少，远不能弥补家庭和学校心理健康教育的不足，应利用组织"青年志愿者"等社会资源，积极参与对流动儿童的教育，呼吁社会对流动儿童的心理健康问题引起一定的关注。

社区心理健康教育和服务工作很有意义，但是目前我国社区心理专业人士比较匮乏，真正掌握了心理学知识和技能的人少之又少，使得社区心理健康教

育工作的开展受到较大制约。此外，社区工作协调难，因为社区为居民自治组织，组织调控能力较弱，需要协调的事情非常多。加之社区可用资源和手段有限，社区的心理健康教育工作更是难上加难，对流动儿童心理健康教育工作也就很容易流于形式，社区所提供的社会支持薄弱。

第三节　提高农村流动儿童心理健康水平的对策

找到了影响流动儿童心理健康的重要因素之后，需要积极调动各方面的资源，构建政府、学校、社区、家庭、社会和自我一体的联合辅导机制，形成合力，共同促进流动儿童心理健康。

一、充分发挥学校心理教育平台的积极作用

流动儿童所在学校要充分发挥心理健康教育平台的积极作用。首先，要探索针对性强的流动儿童心理健康教育举措，如沙盘游戏、团体辅导等。其次，学科教学中要渗透针对流动儿童的心理健康知识。最后，加强流动儿童与本地儿童的沟通，以消除歧视和增强归属感。

（一）探索针对性强的心理教育举措

首先，教师应该主动倾听学生的心声，因为他们渴望得到情绪调控和生涯规划的指导，希望有更坚强的支持系统，这是因为师生关系是学校环境中非常重要的人际关系，对其学习、情绪、自我等方面有较大影响。其次，学校可以增加这样的教育宣传内容，普及人际交往、情绪调控、生涯规划、时间管理和压力应对的技术技巧。最后，建立平台，让学生可以相互支持、相互疏导。并把这样的理念渗透到日常的学生管理工作中，倡导健康生活和积极的自我调适。

（二）重视日常养成教育

流动儿童的社会适应性是一种能够创造未来幸福生活的习惯和能力。社会适应性具有普遍性的价值，是养成教育的基本，通过养成教育培养学生的良好习惯，有了良好的习惯，就易于培养儿童幸福生活的能力。为了激发流动儿童读书兴趣和习惯，提升他们的人文素养，许多流动儿童学校开展了"诵读经典、创建书香校园"活动。该活动以"经典伴我成长"为主题，通过"设立班级图书角、派设读书指导员、开设读书展示栏、开展读书竞赛"等形式，在校园里掀起了"读好书、好读书"的读书热潮。该活动于每学期末进行总结评比，并对读书成果突出的学生及指导老师进行表彰。通过这些活动的开展，老师们发现，流动儿童变得更有礼貌了，学习更加刻苦了，脸上的笑容也更多了。

（三）加强沟通以增强归属感

在学校管理、教学、指导和活动中，具体到班干部选拔、座位安排、集体

劳动、课堂发言、课外辅导和课外活动中，教师要在同等对待的同时，根据流动儿童的实际情况实施补偿引导。不仅如此，还需要加强学生间的交流，增进文化认同。同伴关系是学校环境中非常重要的人际关系，同伴关系的好坏直接影响学生学习、情绪、自我意识等方面的发展。流动儿童的社会适应状况与本地社区、学校和同伴群体对这些流动儿童的接纳、开放和支持是密切关联的。流动儿童群体内部的整合较好，但是与其居住社区之间的整合不理想。遇到本地同学欺负的时候，一些往往并不怎么有关系的外地学生也会抱团，给予反击。当流动儿童追随家长进入城市时，展现在他们面前的是一个充满挑战的陌生环境，他们曾经熟悉的环境和资源也被抛诸脑后。因此，加强农村流动儿童与当地儿童的交流和沟通，增进彼此的友谊，促进对流入地文化的认同，有利于改变流动儿童的不合理认知，提高心理健康水平。

二、政府部门积极完善各项制度政策

(一)给予流动儿童平等待遇的机会

一方面加快教育体制改革，消除流动儿童在城市扎根的各种门槛，具体落实在教育起点上化解流动儿童的入学难，在教育过程中消除先人为主的偏见和歧视，在教育结果上打通流动儿童的上升通道。

教育起点上化解流动儿童的入学难。流动儿童进入公立学校接受教育，需要政府进行持续、大量的投入，公立学校多接收一名流动儿童就读，当地政府就要多投入一份教育经费，其积极性自然难有保障。在城市教育管理体制中要充分考虑到流动儿童的入学问题，采取各种积极措施，解决流动儿童受教育问题，进而帮助解决其心理健康教育问题。

对流动儿童就读城市公立学校的任何歧视，都于理不通、于法不容。破除这种歧视，需要学校、教育行政部门和城市政府转变职能，改进工作；需要学校教师和有关部门工作人员转变观念，提高服务水平；同时还需要加快教育体制改革，促进教育资源均衡化和教育经费的合理流转，提高流入地政府的义务教育供给能力，为流动儿童就读城市公立学校创造良好的制度条件。

(二)政府购买面向流动儿童的心理教育服务

政府有成功购买流动儿童健康服务的宝贵经验。早在 2006 年有研究发现大量流动儿童及其家庭面临严重的健康卫生问题，流动儿童获得最基本的一次普通的健康体检都会是一种奢望，无法得到实现。在此背景下，"北京协作者"组织积极筹措社会资源，组织动员社会工作者和医务工作者参与流动儿童义务体检服务，根据"北京协作者"过去 4 年公益健康服务的统计数据来看，接受公益健康服务的 12000 余名流动儿童中至少 80％以上表现出不同程度的健康问题，而很多问题都与日常行为习惯有关，如果能够做到早预防、早发现、早治疗、早救助，完全可以避免问题恶化。结果收到了较好效果。依此类推，如果能将积极尝试政府购买心理健康服务等举措来保障流动儿童方便快捷地获得心理健康辅导服务，那么流动儿童的心理问题就可以相应减少。

三、营造公平有序的社会氛围

随着城镇化进程的加快，农村劳动力大量转移，城市流动人口逐年递增，这是社会进步的一个重要表现。衡量一个城市发展水平的指标有很多，而城市对流动儿童的态度也算是一个重要标志。解决流动儿童的教育问题时，我们所持有的态度应该不是同情，更不是排斥，而是一种关注。毕竟城市的发展离不开流动人口的参与和支持，让流动人口，特别是农民工子女和城市孩子一样享受优质的教育资源，尽快融入城市文化中。从政府职能部门到社会各个群体和机构，首先要改变对流动人口的一些固有思维，社会应该给流动儿童以应有的尊重，给他们以平等的成长机遇和没有偏见的人际交往氛围。近年来，社会上对于农民工的评价偏向于批评，而关于他们对我国经济建设和社会发展所作的贡献却宣传得很少。这使得众多的城市居民对农民工形成较差的印象，并以不友善的眼神、苛责的语言、不和睦的态度表现出来。舆论压力和遭受排挤的境遇，不仅伤害农民工自身的心理，而且殃及其子女脆弱的心灵。

因此，社会各界和各地政府应当加强农民工对于城市建设贡献的宣传工作，出台相关政策，从户籍、生存环境、就业机会等方面，保护农民工的基本权益，满足农民工归属与爱、自尊等的需要。① 要使他们在城市中能够健康快乐地生活，进而为流动儿童的教育创造良好氛围。教育公平是社会公平的重要基础，流动儿童出现的一些心理问题与其受到的不公平对待有很大关系。由于户籍造成的政策性偏差，流动儿童上学往往受到不平等对待。各地政府和有关部门应当采取有效措施，保证流动儿童与城市儿童一样享受平等受教育的机会。要继续加大义务教育阶段的经费投入，保证学校有足够的财力接收流动儿童入学。通过制定相关政策，鼓励各有关学校（特别是一些条件较好的学校），积极主动地接收流动儿童入学，不得以各种理由拒绝接收流动儿童，不得以各种名义收取流动儿童的入学资助费。教育行政部门要加强对流动儿童教育的监管，通过建立学生信息网，促进流动儿童信息共享，减少流动给儿童造成的学习连续性的中断。

---

① 熊易寒. 城市化的孩子：农民工子女的城乡认知与身份意识[J]. 中国农村观察，2009(2)：2—11

四、社区多种渠道提供心理教育服务

社区应该通过多种渠道为流动儿童提供心理健康教育服务和社会融入的机会，在流动儿童的心理健康教育中有所作为。社区可以从宣传入手加大对心理健康的普及力度，并为流动儿童提供更多参与社区活动的机会来加强社会融合。

宣传是一个重要的心理健康教育手段，可以在社区宣传栏中通过刊出心理健康教育的相关内容，开展各种形式的宣传教育，促进流动儿童的健康成长，创造良好的舆论和精神氛围。有条件的社区可以与社会上的专业心理人员合作开展心理健康普查、服务、教育与咨询工作，对辖区内的流动儿童心理健康状况进行调查摸底，积累资料；然后，借助于科学手段动态跟踪流动儿童的心理，如让流动儿童设计心情的晴雨表来报告自己的情感体验；此外，还可以不定期举办形式多样的讲座、心理培训活动，来提高辖区内流动儿童家长的心理教育意识，提高他们的素质；最后，利用社区内和社区外的有效资源，为生活在社区内的流动儿童提供心理服务，遇到有问题的流动儿童及时联系专业机构与专业人士。鉴于流动儿童在同伴关系建构过程中表现出较高的主动性，交往对象呈现外向发展特征。因此社区可以借助于节假日逛公园等活动让流动儿童体验丰富的城市生活，以发展起外向型的社会网络，推动城市流动儿童社区教育的发展。

五、家长努力转变落后的教育观念方法

(一)营造和谐温馨的家庭氛围

由于流动儿童的父母大多从事的城市人不愿意做的脏累差且收入较低的工作，这就决定了他们在社会阶层中的地位相对偏低，导致很多流动儿童对父母的形象和从事的职业感到不满，进而出现社会认同危机、歧视知觉等心理问题。与城市居民相比，流动儿童的父母大多受教育程度偏低，知识水平不高，家庭文化氛围较差，不懂得如何科学地教育孩子。当孩子由于环境的不适应而影响学习进步时，常遭体罚、辱骂，这些严重影响孩子的自我评价，挫伤自尊心，使孩子极易产生自卑心理。流动儿童的父母忙于生计，很少有时间和精力教育孩子。当流动儿童随父母从贫困地区来到发达的城市，熟悉周围环境是一种重塑习惯的机会和挑战。如果父母不能对其进行关爱与引导，他们极易在适应期中遭受排挤，体验挫折，从而影响心理健康发展。

在我国，绝大多数家长都把未来的希望寄托在孩子身上，流动儿童的父母也不例外，孩子是他们奋斗的动力，"只要一家人在一块，再苦也没什么"。与留守儿童相比，陪伴在身边的父母就是流动儿童最为宝贵的教育资源。因此首

先父母要充分利用闲暇时间，耐心倾听孩子的心声，引导孩子接触城市环境，有意识地系统地培养孩子良好的生活习惯、行为习惯、学习习惯，以尽快适应城市生活。其次，父母应该学习科学育儿的方法，努力提高全面塑造孩子良好思想品质和健康人格特质的能力。要及时了解孩子的生活、学习、心理等方面的情况，多给予表扬和鼓励，不能轻率地贬低他们的能力或品质。最后，流动儿童家长要学会调节和控制自己的负性情绪，为孩子创造一个和谐温馨的家庭氛围。

(二)从关注孩子的分数到关注孩子的心情

流动儿童家长一方面努力转变落后的教育观念与教育方法，从关注孩子的分数到关注孩子的心情。家长也需要首先受教育才能做好家长工作。流动儿童的家长是家庭教育中最重要的资源，流动儿童家庭教育的重要依托是其父母，实施家教的过程，也是家长自我教育的过程。只有家长素质提高了，观念更新了，才有助于建立一个夫妻交流、亲子交流无碍的关系。

父母与老师之间的交流机制，对于家校合作，提高家庭教育质量，改善家长教育态度和方法有很大的作用，也能在家庭和学校之间搭起通畅的桥梁。可以借助这一渠道，对流动儿童集中的学校采取针对性的家长学校教学，可以针对流动人口家庭教育中存在的许多盲点和缺陷，通过家长接待、家长学校课程学习、流动儿童问题共性特点的探讨、经验交流分享等方式，进一步提高流动人口的家庭责任感和社会责任感；提高家长的文化素质、道德水平以及家庭教育素质。

(三)家长要关注自身的心理健康

家长的心理健康状况会传递到流动儿童身上，家长的心理健康和社会融合越好，流动儿童的心理健康和社会融合也越会往好的方向发展。这是因为流动儿童由于没有深刻的迁出地文化烙印，因此在城市生活中相对容易接受新规范和新观念，但是其接受过程更容易受到父母这类重要他人的影响，这是因为家庭是儿童社会化过程的重要场所，家长的观念、行为、生活体验等都会影响儿童的心理健康与社会融合。所以家长要关注自身的心理健康和更多的社会融合，以此来带动流动儿童的心理健康往好的方向发展。

六、加强自我教育增强心理保健能力

随着在流入地的流入时间越来越长，流动儿童的歧视知觉呈现逐渐下降的趋势，这跟流动儿童的逐渐适应变化了的环境有一定关系。但特别值得注意的是，流动儿童的心理健康和社会融入状况存在着巨大的个体差异，那些具有积极心理品质、善于积极应对的个体适应更好。这意味着在克服流动儿童自卑等消极心理的过程中，自我教育具有至关重要的作用。

　　"自我实现的预言效应"理论认为，人们具有一种自动促使预言实现的倾向，这种预言尽管不一定有根据，但由于主观上已经肯定了它的存在，就会使人们的心理及行为尽量趋向于主观假说。流动儿童由于自卑心理的存在，在学习生活中抑制了能力的正常发挥，经常遭遇失败，这种失败又恰恰验证了当初的自我预言，从而强化了"自己不行"的印象。因此，应引导流动儿童充分认识到，由于人的先天遗传和后天环境教育不同，在一定时期内，人与人之间在知识能力、素质等方面存在一定的差别是正常的。别人比自己优秀的原因是多方面的，如果是自身无法改变的原因，则不应自卑，因为自己无法控制；如果是自己可以改变的原因，则不该自卑，因为通过努力可以做到。心理学家阿德勒认为，超越自卑、追求优越是人之通性。人有了自卑，就产生了补偿的需要，不断补偿又会不断产生新的自卑，于是又向新的优越努力。这种克服自卑，追求优越，实现人格完善的过程就是超越。流动儿童大多处在人生发展的早期，他们的身心还不成熟，人格还未定型①，对自卑感的克服与超越不仅需要家庭、学校、社会的支持与帮助，更需要依靠自身的努力，把压力转换为动力，通过积极的补偿行为，努力实现自我超越。②

　　特别对于年龄较大的流动儿童而言，在客观境遇相对稳定的前提下，可以多涉猎一些有关心理健康的相关知识和技巧方法，不断充实和提高自己的心理保健意识和能力，以调控相对容易变化的主观方面来弥补客观境遇的不足。例如运用艾利斯 ABC 理论来化解在同伴互动中可能遇到的尴尬，与头脑中不合理信念进行辩论、挑战、分析，以合理的思维取代不合理的思维，以合理的内部语言取代不合理的内部语言，以改变认知为主来帮助自己；利用空椅子技术来与自己对话，发现内心的冲突，分清自己的真实认知和可能的情感体验；利用积极的心理暗示技巧来让自己变得更有智慧和更有吸引力，从而使自己可以充满自信和能量，怀着谨慎乐观的心态来积极学习和生活。

---

　　① 李晓巍，邹泓，金灿灿，柯锐．流动儿童的问题行为与人格、家庭功能的关系[J]．心理发展与教育，2008(2)：54—59

　　② 戴斌荣．流动儿童的心理特点与教育对策[J]．教育评论，2011(3)：35—37

第六章 农村学生心理健康教育现状与对策

第一节 农村学生心理健康教育的概述

一、农村学生心理健康教育的内涵

农村中小学生心理健康教育是指教师运用心理学、教育学和社会学的有关理论，根据农村中小学教育的特点和农村中小学生身心发展的规律，通过课堂教育教学、游戏、活动、辅导等各种教育途径，帮助农村中小学生获取心理健康的初步认知，唤起农村中小学生自我认识、自我保健的初步意识，并对已经出现心理偏差或形成心理障碍的学生提供一些便捷有效的心理服务，以促进农村中小学生身心正常发展，提高农村中小学生心理健康水平的教育活动。

要正确理解这一概念，必须克服以下三个认识误区：

(1)农村中小学生没有心理疾病就是心理健康的理念。农村中小学生心理健康教育的关注点是促进农村中小学生的心理健康发展，这是无可争议的。但什么是心理健康？前面章节已经给出明确的理论与操作定义，但在现实生活中，一些人对心理健康的认识走入了误区，他们错误地认为没有心理疾病就是心理健康，心理健康就是没有心理疾病。这种非此即彼的观点，忽视了心理健康是一个连续体，在心理健康与心理不健康之间没有截然的分界线。实际是在心理健康与心理不健康两个极点之间存在一个较大的空间，即既非心理健康又非心理疾病，心理学上称之为"心理亚健康状态"，或"心理第三状态"。这种状态，虽不是明显的病态，但却严重影响农村中小学生的学习生活质量，将他们的精力容易引向非建设性的渠道，降低了他们的快乐感、幸福感和自我满足感，束缚了他们的创造性。因此，我们必须走出这一认识误区，正确认识农村中小学生心理健康实质，心理健康的对立面，是心理疾病和"心理第三状态"，农村中小学生心理健康教育的目标与其说是减少学生的心理疾病，不如说是消除学生"心理第三状态"。

（2）农村中小学生心理健康教育的对象是有心理障碍的学生。农村中小学生中存在心理疾病、心理障碍的毕竟是少数，而绝大部分学生是心理健康或心理亚健康状态。而农村中小学生的心理健康教育的目的是促进所有学生心理的健康发展，这就要求我们必须关注所有学生心理的健康发展，而不能仅仅关注少数有心理障碍或心理疾病的学生。对于那些心理障碍比较严重达到心理疾病的学生也不是心理健康教育所能解决的问题。

（3）农村中小学生心理健康教育是农村学校的一项具体工作。农村中小学生的心理健康教育是一种教育理念，是学校教育的核心。作为一种教育理念，它不是农村学校的一项具体工作，它要求农村学校所有教育工作者和行政管理人员必须按照农村中小学生心理健康教育的理念调整自己的工作行为和工作态度；要求农村学校一切教学工作、管理工作和后勤服务工作都应遵循农村中小学生心理健康教育的规律，将促进农村中小学生学生心理的健康发展作为一切工作的出发点；要求农村学校为农村中小学生创设有利于其身心健康发展的校园物质生活环境和人际心理环境。

二、农村中小学生心理健康教育的内容

根据农村学校心理健康教育的目标，可以把农村中小学生心理健康教育的内容分为发展性心理健康教育和补救性心理健康教育两大方面。但以发展性心理健康教育为主。

（一）发展性心理健康教育

1. 辅导学习

学习是学生的天职，是中小学生的主要任务与主导活动。因此，辅导学习是中小学生心理健康教育的重点内容之一。由于方方面面的原因，农村中小学生在学习方面存在的问题主要体现为三方面，即愿不愿学、能不能学和会不会学。愿不愿学是学习动机的问题，能不能学是学习能力的问题，会不会学是学习方法的问题。这三个方面构成农村中小学生学习心理教育的具体内容。

学习动机问题的辅导主要是针对农村中小学生学习动机过强、过弱或缺乏等问题进行辅导。心理学研究表明，学习动机过强、过弱都不利于学习效率的提高，只有中等程度的学习动机，学习效率、解决问题的效率才最高。因此，对于那些学习动机缺乏或过弱的学生，农村学校与教师要通过明确学习目的、培养学习兴趣、创设问题情境、适当开展学习竞赛等措施激发和培养这些学生

的学习动机。对于那些学习动机过强的学生，农村学校与教师也要通过创设宽松的学习环境、多元化评价、发展学生的个性与特长、生活上关心鼓励学生等方式调整其过强的学习动机。

学习能力问题的辅导主要是针对农村中小学生学习能力不强或学习潜能没有足够开发等问题进行辅导。心理学研究表明，学习能力是提高学习效率的前提和保证。因此，对于那些学习能力不强或学习潜能没有充分发挥的学生，农村学校的教师除了在教育教学过程中要注意开发学生学习潜能外，还要有意识、有计划地利用心理学的原理和方法，对农村中小学生进行专门的训练。训练的内容要根据农村中小学生学习能力发展的特点进行，主要包括观察力、注意力、记忆力、思维力和想象力的培养与训练。

学习方法问题的辅导主要是针对农村中小学生缺乏科学的学习方法和应试技巧等问题进行辅导。调查表明，农村中小学生中那些学业不良的学生，常常表现为缺乏学习计划，不会听课，不会有效地复习，不能很好地应试等，这些问题归根结底就是学习方法和应试技巧的问题。这就要求农村学校和教师，一方面要根据学生的不同特点，教给学生科学的学习方法，使他们学会学习；另一方面还要有针对性地对一些学生已经形成的不良学习方法进行矫正，从而提高他们的学习效率。此外，考试技巧的指导也很必要，因为考试是检查学生学习效果的重要形式。一些学生由于缺乏必要的应试技巧而产生考试焦虑。这就要求学校和教师通过自信训练、放松训练与系统脱敏等方法来减缓学生的考试焦虑。

2. 塑造人格

基础教育阶段是塑造学生人格的重要时期。根据农村中小学生的心理发展特点进行有计划的人格塑造和教育，是农村中小学生心理健康教育的重要内容。这方面主要包括培养良好的自我意识、积极的情绪和良好的性格等。

自我意识的教育主要是培养农村中小学生的自知、自爱、自信、自尊和自强精神。自知就是教育学生正确认识自己，客观评价自己。教师既可以通过课堂教学和专门知识讲座，让学生对自己的生理和心理发展有一定的了解，避免因无知而导致焦虑、害怕等心理症状，又可以创设各种各样的环境和活动，帮助学生更好地认识自己。例如，有些农村学校在学生中开展"五个我"的主题班会，使学生充分认识到自己的优缺点，收到了较好的效果。具体做法是，在开学初让学生自我介绍"我的目标是……"，"我的优点是……"，"我的缺点是……"，"我最喜欢……"，"我害怕……"等，促进学生相互了解；在学期末，又要求学生讲出"我学得最好的是……"，"我在……方面有了进步"，"我学得不好……是因为……"，"我在……方面做得不好"，"我希望……"，这样做对自己更好地了解。自爱就是要教育学生喜欢自己、悦纳自己，正确对待自己的优缺点，合理调整自己的奋斗目标。教师要尊重学生的人格和心理发展的个别差异，不要一味指责，不要求全责备，并创造各种机会让学生获得成功。自信就是要教育学生对自己的认可、肯定、接受和支持。教师要教育学生看到自己的长处，积极乐观地与人交往，并不断提高和发展自己，与此同时要注意防止学生产生自负和自卑心理。自尊与自强就是要教育学生学会有尊严地生活，学会靠自己的努力战胜各种困难。教师要充分发扬学生的优点，激发和培养他们的自尊心理，创造各种活动去培养和锻炼学生克服学习、生活中困难的勇气和毅力。

情绪的辅导主要是培养农村中小学生积极健康稳定的情绪。这不仅是因为积极健康稳定的情绪本身就是学生心理健康教育的重要内容，而且对学生健全人格的形成影响很大。调查表明，农村中小学生最常见的情绪问题是控制和调节自己情绪的能力较弱，由此影响了部分学生的学习和生活，甚至导致师生关系、亲子关系和同学关系的紧张。因此，教师要让学生对不良情绪的危害有正确的认知，在此基础上，教给学生控制和调节情绪的具体方法。让他们学会如何发泄消极情绪，如何改变不良心境，如何保持情绪稳定等，使自己的情绪保持积极健康和稳定的状态。

性格的辅导主要是培养农村中小学生良好的性格特点与行为习惯。著名的物理学家爱因斯坦曾经说过："优秀的性格和钢铁般的意志比智慧和博学更为重要……智力上的成就在很大程度上依赖于性格的伟大，这一点往往超出人通常的认识。"可见，培养良好的性格是心理健康教育的重要内容。首先，教师要让学生了解自己性格中的优点与不足，激发学生克服自己性格弱点的愿望；其次，教师要通过多种途径培养学生的良好性格，并教会他们自我疏导、自我锻炼的方法；最后，教师还要对学生的不良性格和特征，如怯懦、自卑、狭隘、忌妒、敌对、暴躁、孤僻、猜疑、急躁、抑郁等进行矫治，努力使其形成良好的性格特征。

3. 引导生活

生活辅导就是要引导农村中小学生掌握一定的社会生活知识与技巧，熟悉社会生活的规范，理解自己的社会角色，从而为以后走上社会奠定基础。这是农村中小学生心理健康教育的重要内容。主要包括交往辅导、消费辅导和休闲辅导。

交往辅导主要是培养农村中小学生进行正常社会交往的能力，这是实现农村学生社会化的重要途径。一方面，教师要让学生掌握正常社会交往的原则、知识和技巧，如学习社会礼仪，包括文明言行、待人接物等；学会尊重、理解他人，守约有信等；学会调解人际冲突，避免与人发生不必要的争吵；学会巧妙地发表自己的正当意见，正确面对和反驳与自己不同的意见等。另一方面，教师要对影响学生正常交往的不良心理进行辅导，如学生的害羞心理。对此，教师应进行耐心辅导，并通过对学生进行社交和自信心的训练加以消除。

消费辅导主要是培养农村中小学生形成正确的消费观念和良好的消费行为习惯。随着我国农民的生活和消费水平的不断提高，农村学生已经拥有了一定数额的零花钱。对农村学生进行必要的消费辅导，不仅有利于培养农村中小学生正确的金钱观和消费观，而且有利于培养他们健康的消费心理和良好的消费行为。这就要求农村学校和教师要重视消费教育，要在适当的场合向学生介绍一些消费常识、消费技术，让学生制订消费计划，学会管理资金，形成正确的消费观念，养成良好的消费行为习惯。

休闲辅导主要是培养农村中小学生正确地对待和使用休闲时间，使休闲生活变得有意义。随着我国学校"减负"工作力度的加大和新农村素质教育的深入推进，农村学生的闲暇时间不断增加，加强对农村中小学生的休闲生活的指导已经成为心理健康教育的紧迫任务。如果农村学校和教师能对学生大量的休闲时间进行科学的指导，既可以培养学生良好的个性、高尚的情操，也可以充实学生的生活，提高生活的品位和质量。为此，农村学校和教师要引导学生制订科学的休闲时间活动计划，正确认识和处理休闲与学习的关系，形成正确的休闲态度和方式，培养健康有益的业余爱好。

4. 指导升学就业

中小学生教育，一方面要为高一级学校输送合格新生；另一方面要为社会培养合格的劳动者。如果学生对社会现实和自身素质缺乏必要的了解，对社会各项工作的要求认识不够，往往就会导致学生升学就业的盲目与被动。升学就业指导是中小学生心理健康教育的重要内容，对农村中小学生尤为重要。这方面的辅导主要包括认识自己和了解社会。

认识自己的辅导主要是培养农村中小学生在升学就业的抉择时要考虑自己的长处与不足。为此，农村学校和教师要帮助学生准确认识自己的个性、兴趣、气质、能力、需要与专长，了解自己的优缺点和发展差异，指导他们在升学就业过程中做到扬长避短。

了解社会的辅导主要是培养农村中小学生在升学就业的抉择时要考虑到社会等的需求。为此，农村学校和教师要及时向学生介绍社会的需要以及各种职业或专业的发展趋势与动向，让他们广泛了解各方面的信息，结合自己的个性与特长，确立适当的职业或专业，为今后的学习与工作提前做好心理准备。

(二)补救性心理健康教育

补救性心理健康教育主要包括以心理卫生为中心和以心理治疗为中心的教育两大方面。

1. 以心理卫生为中心的教育

这类教育主要处理的农村中小学生以下心理问题：因心理挫折、冲突而导致的心理危机及其应付方式；问题行为的早期发现及其矫正；吸烟、饮酒、赌博等不良行为习惯对学生的身心危害及其指导；不良个性对心理健康的影响及其纠正等。这部分教育内容与发展性心理健康教育内容有相似和重叠部分，但侧重点还是有所不同。发展性心理健康教育强调的是普及有关心理健康知识、以预防心理问题，并使学生形成一定的自我教育能力为目标；而以心理卫生为中心的补救性心理健康教育则强调问题的早期发现，及时进行补救，避免问题加重，并逐步消除学生不良的心理与行为，提高适应能力，尽快步入学习与生活的良性循环。

2. 以心理治疗为中心的教育

这类教育主要是对农村中小学生中常见心理疾病的咨询与诊断、治疗与护理等。如学校适应不良综合征、焦虑症、恐怖症（包括空间恐怖、动物恐怖、社交恐怖、学校恐怖等）、强迫症（如强迫性怀疑、强迫性想象、强迫性思维等）、学习障碍等问题的矫治。这些问题如若处理不当，就会加重疾病的程度，导致心理失常。当然，对于这类学生应以医院治疗为主，农村学校心理健康教育只起发现和康复期的辅助作用。

三、农村中小学生心理健康教育的原则

(一)坚持科学性与针对性相结合

心理健康教育是以提高全民族素质为宗旨的教育，是着眼于受教育者及社会的长远发展，培养良好的心理素质，促进身心全面和谐发展和素质全面提高的教育。农村中小学生的心理健康教育必须根据农村学生的身心发展特点和规律，有针对性地、科学地开展，要注重科学性与针对性。要根据农村学生的年龄、性别和个性特点，灵活运用心理健康教育的原理和方法，因势利导，才能收到预期的教育效果。

(二)面向全体学生发展与关注个别差异相结合

农村学校的心理健康教育，必须坚持以全体学生为教育对象。面向全体学生的心理健康教育，可以是面向全体学生进行心理健康教育的讲座，广泛普及心理健康的基本知识，也可以是各种形式的心理健康教育活动，提高学生整体的心理健康水平。心理健康教育是要促进学生心理素质的全面提高。在进行心理健康教育时，要兼顾学生心理发展的不同方面，不应有所偏颇，不能过分重视学生认知能力的发展而忽略了他们个性和社会性的发展，也不能过分强调学生个性的发展而忽视其认知能力的发展。在帮助学生更好地适应环境和追求发展时，不能"头痛医头，脚痛医脚""只见树木，不见森林"，而应从学生心理发

展的整体性和统一性去考虑，促进他们身心的全面发展。

由于农村中小学生的心理发展既有共性，也有差异性。这些差异性表现在他们具有自己的个性特点，拥有不同的社会背景、家庭环境、生活经验和价值观念。因此，农村学校在开展心理健康教育时，不是要消除这些特点与差异，相反要根据不同学生的不同需要，开展形式多样的、针对性强的心理健康教育活动，使学生的这些差异性、独特性最合适而完美地展示出来。这就要求农村学校和教师在开展心理健康教育时要坚持面向全体学生和关注个别差异相结合，尊重学生差异，关注学生个别差异。

(三)教师的科学辅导与学生的主动参与相结合

心理健康教育要以学生为主体，所以工作要以学生为出发点，同时要使学生的主体地位得到实实在在的体现，要把教师的科学教育与指导和学生的积极主动的参与有机地结合起来。

所谓教师的科学辅导，即要在遵循民主、平等原则的基础上对学生进行系统、有效的辅导，在学校教育中，尽管教师与学生的角色不同，所处的地位不同，但他们在人格上是平等的，应该互相尊重、互相理解。这个原则实际上是与学生主体性原则相辅相成的，因为每个学生都有自我表现和人际交往的需要，都渴望自己的内心世界能为他人所了解，只有在民主型的师生关系中进行的心理健康教育，才能真正体现学生的主体性。因此，在心理健康教育中，教师要多给学生发表意见的机会，要尽量采纳他们的合理意见和建议。在心理健康教育中，教师必须尊重学生的人格，不允许任何讽刺挖苦或嘲弄学生的行为发生，不能揭学生的短，更不能将学生的秘密泄露给其他任何人。当然，并不是说遵循民主、平等的原则，就不能批评学生的各种错误行为，民主并不意味着放任和迁就，对各种错误，教师要及时指出并作严肃批评，只是要注意方式方法。民主、平等原则旨在营造一种宽松的气氛，使学生能够在温暖的集体中，在教育者的帮助下健康成长。

调动学生主动参与的积极性就要做到以学生为主体，充分发挥和调动学生的主体性，引导学生积极主动关注自身心理健康，培养学生自主、自助维护自身心理健康的意识和能力。教师应充分认识到学生的主体地位，认识到心理健康教育效果的好坏，是以学生主体的积极性的发挥和参与的程度为转移的。因此，在所有的准备工作中，要从学生实际和生活经验出发。选择的事例，设计的各种活动，都应是学生所关心和熟悉的，这样他们才会不断体验，并逐渐认识到心理健康教育是自己所真正需要的，才能积极参与进来。另外，还要尽可能为学生提供和创造条件，使他们成为心理健康教育中的"主角"，而不是像学科教学中那样接受教师知识的灌输。这样，学生才会真诚地倾诉自己的心声，宣泄消极情绪，挖掘心理潜能，使心理健康教育真正取得实效。

四、农村中小学生心理健康教育的意义

在农村中小学开展心理健康教育，能够帮助农村学生摆脱学习、人际交往、升学就业、适应生活和社会等方面的心理难题，具有十分重要的理论意义和实践价值。

(一)社会发展的需要

知识经济时代的人才，首先应该是心理健康的，从事创造性学习和创造性活动，要以个体的心理健康为基本条件。现代神经生理学家认为，只有那些心理健康的人才会把创造潜力付诸实现。然而，随着社会竞争的日趋激烈，人们普遍承受着各种心理压力，心理障碍、心理疾病的出现也比较频繁，并呈现不断增长的趋势。农村中小学生正处于身心发展的重要时期，且相当一部分是独生子女，竞争的日益加剧加上独生子女这种特殊的家庭结构，很容易使其在学习、生活、人际交往和自我意识等方面产生各种心理问题。近年来，随着城镇化进程的加快，农村外出务工人员日益增多，多数子女成了留守儿童，他们多由爷爷奶奶代为照顾，老人本身精力有限，加之地处农村，对孩子的心理健康问题重视不够，在这种情形下，农村学校对中小学生开展心理健康教育，帮助他们掌握和调控自我、发展自我的方法和能力，全面提高他们的心理素质，已成为社会和时代发展的需要。

(二)促进学业的需要

农村中小学生心理健康教育是一种发展性教育，主要任务是发挥学生的心理潜能，培养学生良好的心理素质，为促进他们学业的成功创造条件。近年来，心理学界突破了传统的智力概念的局限，相继提出了情智和成功智力的概念，教育学界也把培养学生的非智力因素提到了极为重要的位置。这些都反映了人们对于人的素质的相同看法，即个体的心理素质对一个人的学业、事业成功具有巨大的影响，甚至比传统智力因素的作用要大得多。实践也证明，在基础教育阶段，注重学生的心理健康教育，培养他们良好的心理素质，是他们学业成功的重要保证。

(三)塑造品行的需要

心理问题不仅阻碍学生智力潜能的发挥和学业的进步，而且往往还扭曲学生的道德良知，不利于形成良好的思想品德，甚至还会因心理品质的问题而引发道德品行等方面的问题。加强农村学生的心理健康教育，使他们的心理处于健康状态，这是学生接受学校和教师教育影响，形成良好品行的重要基础。一方面，学生心理只有处于健康状态下，才最容易顺应社会和教育者的教育要求，并接受各种道德规范，形成符合社会和学校要求的品德；另一方面，从心理形式上来分析任何一种品德，都包括知、情、意、行等心理因素，通过心理

健康教育提高学生的各种心理品质，必将有利于学生品德的培养。相反，如果忽视学生的心理健康教育，不能及时疏导学生心理的不平衡状态，学生往往会自觉不自觉地抵制学校教育的影响，转而接受与学校教育要求相悖的种种价值观，对不良规范失去抵抗力，逐步形成不良品德，更有甚者，还会直接导致学生的反社会、反道德行为等。可见，学生心理健康教育工作是塑造学生良好品行的有效途径。

第二节　农村学生心理健康教育的问题与原因

随着经济的发展、社会的进步、教育改革的深入，心理健康教育已成为农村中小学校素质教育至关重要的组成部分，《中小学心理健康教育指导纲要（2012 年修订）》（以下简称新《纲要》）的出现更为新时期农村中小学心理健康教育指明了发展的方向。然而，在农村地区，由于经济发展较为缓慢、学校环境较为简陋、教育改革措施较少覆盖，使得当地的心理健康教育几乎止步不前，尤其是近些年大量农村剩余劳动力进入城市打工，使得"留守儿童"面临性格内向、情绪消极、人际交往能力差、学习困难等心理问题，使得农村中小学生的心理健康教育在稍有成效的前提下又面临新的挑战。

一、心理健康教育课程设置的问题与原因

新《纲要》要求学校开设心理健康教育课程，以每两周一课时为最低标准；提出心理健康教育课程化的要求，即学校需明确规定心理健康教育的内容，其中包括教学计划、课程标准、课程内容等方面。虽然，农村中小学领导及教师开始意识到学生心理健康教育的重要性，但受传统应试教育思想影响，在实践中游离于学校心理健康教育的热潮外。多数农村中小学校没有建立起心理健康教育组织体系，单独开设心理健康教育这门课的农村中小学更是屈指可数，甚至一些学校认为心理健康教育就是思想品德教育，心理健康教育这门课不必独立开设，其他学科内容兼而有之。尽管一些学校采取了多种形式心理健康教育，如办讲座及咨询等，但对学生实际年龄和心理特点欠考虑，设计形式化，缺乏系统性和有效性。

迄今为止，尚未有完整的规章制度为农村中小学生的心理健康教育提供保障，农村中小学多未开设专门的心理健康教育课程，即使开设了心理健康教育课程，其课程设置也并不理想，学校在设置课程时很少安排心理健康教育。农村学生有限的时间还会被其他课程所占用。现有的心理健康教育的教材虽种类繁多，但对不同地区、不同情况的农村中小学生的身心特点针对性不强，大多数农村学生的心理健康教育课程都没有相应的教材。教师上课时常使用自己准

备的材料或是思想品德课的教材。

究其原因主要是农村中小学校和教师对心理健康教育的重要性认识不足，心理健康教育意识淡薄，重视程度不够，经常将心理健康教育和原有的思想品德教育混为一谈，将学生的心理问题当作道德问题处理，认为开设思想品德课程就已经足够，不需要再开设心理健康课程。即使开设了心理健康教育课程的学校，教师在课前往往没有对学生的心理健康水平进行细致的调查研究，没有采用严谨的问卷、科学的观察、仔细的筛查等方法，所以教师不清楚学生的心理发展水平和可能存在的心理问题，无法采用有效的方法进行有针对性的教育。

二、心理健康教育师资配备的问题与原因

新《纲要》要求加强心理健康教育教师的队伍建设；提出对校长、班主任、全体教师开展心理健康教育工作的要求；明确规定心理健康教育教师的配置和培训项目，并将这项工作纳入全体教师的编制和培训中；要求提高教师自身的心理健康水平。

经过多年努力，农村中小学生的心理健康教育在师资配备方面取得了较大的进展。有关研究发现，农村中小学对心理健康教育的认识逐渐深入，校长、教师都认为很有必要开展心理健康教育，能提升学校的教育成果；有些学校建立了心理健康教育专家指导制度和聘任心理健康教育兼职人员的资格审定制度，部分教师已从任教其他学科转向任教心理健康教育课程。为进一步开展心理健康教育奠定了坚实的基础。

但不可讳言，农村中小学校心理健康教育师资匮乏，力量薄弱。在一些农村中小学校，几乎没有专业化的心理健康教育教师，心理健康教育教师被班主任所代替。非专业化的心理健康教育教师队伍缺乏应有的心理健康教育专业知识技能、测试技术、辅导方法和技巧，在很多情况下是以常识和经验来判断学生的心理状况，在实际的心理辅导过程中常常采用品德教育的方式，以批评教育、惩罚教育为主要教育方法，在客观上伤害了学生的身心健康，导致学生一系列的心理问题不能得到及时地解决。还有一些教师由于缺乏心理健康教育的理论知识和技能，不能及时发现和正确判断学生的心理问题，简单地把学生的心理问题归因于品行问题，采取不恰当的教育措施，从而影响了学生的健康发展。仍有部分农村中小学校对心理健康教育缺乏正确的认识，学校很少对外聘请专业的心理健康教育教师，现有教师多为班主任、思想品德课教师以及课务相对较轻的教师、校医等兼任。学校在考虑教育经费的使用时较少将心理健康教育的相关场地设置囊括在内，在购置图书资料时忽略心理健康教育的有关内容，在培训教师时忽略心理健康教育方面，在配置教师时没有设置心理健康教

育教师的编制。这些都使得心理健康教育教师的心理知识储备无法达到教育改革的要求。一些学校聘任的毕业于师范院校的心理教育专业的教师缺乏必要的实践经历和进入工作岗位后的专业培训，心理教育技能难以提升。此外，农村学校心理健康教育教师自身也面临心理问题的困扰，他们中有的不愿留在农村学校从事心理健康教育工作，有的表现为职业倦怠、心情烦躁、焦虑、人际关系紧张等，在教育学生时无法正常发挥自己的职能、无法缓解学生的心理问题。

究其原因主要来自学校和教师。从学校方面说，对心理健康教育存在错误的认识。第一，学校认为农村学生不会出现心理问题，心理问题是伴随着经济迅速发展、人们生活富裕产生的，因此只会出现在城市中，而农村发展较为缓慢、经济较不发达、娱乐设施缺乏，农村学生忙于课业和田间劳作，没有时间思考其他问题，心理也就不会产生障碍，所以并没有对心理健康教育进行全面的宣传。第二，学校认为有专门负责心理健康教育事宜的教师就已经足够，其他的教职工只需做好本职工作，因此行政管理人员、班主任、任课教师、思想品德教育教师平时只忙于自己的事情，教学工作、课程内容与心理健康教育脱节，同时学校在对教师进行培训时往往忽略心理健康教育方面的内容。第三，农村的教育经费本来就紧张，需要针对主要课程进行仔细规划，很少能考虑到不受重视的心理健康教育课程。第四，学校认为心理健康教育教师和其他学科的教师一样只需要在课堂上教授有关的知识，并没有设立单独的心理咨询室、心理活动场所、学生"心里话"信箱等设施，也没有安排在心理咨询室中值班的心理健康教育教师。农村中小学的职称评定对象不包括心理健康教育教师，这让心理健康教师的生存环境较差，保障机制不完善，找不到生活、工作的前进目标和方向，自然就没有积极性和主动性去教育、咨询辅导学生。

教师对心理健康教育也存在错误的认识。第一，教师将学生的学习不良、情绪异常、人际适应不良等心理问题归因于学生没有认真学习、性格怪异、个人道德有问题等，采用心理健康教育以外的方法对学生进行教育。第二，长期受到应试教育的影响，使得教师在平时没有进行心理健康教育方面的自我培训和自我提升，仍将注意力集中于学生的学习成绩和学校的升学率，仍采用灌输法和题海战术进行教学，忽视学生的心理健康。甚至还有一些心理健康教育教师只做"表面功夫"，为了应付教育主管部门的检查。此外，在农村中小学担任心理健康教育教师，会遇到工作压力大、工作时间长、工作事情多、获得的报酬少等方面的难题，长此以往，难免心力交瘁、精神状态差、为生活所迫，进而产生困扰、情绪不稳定、心理出现问题。

三、心理健康教育活动开展的问题与原因

心理健康教育活动是心理健康教育的重要组成部分，在交通不便利、信息阻塞的偏远农村地区，以活动为主要形式的心理健康教育能适应当地中小学生的心理特点和需要，便于学生掌握心理健康的知识和维护心理健康的方法。小学阶段主要是游戏和活动；中学阶段则主要是活动和体验，如安排心理讲座、编写心理小报、编排心理剧、组织各种形式的班级或学校活动及社会实践活动、定时开展心理咨询或辅导等方式。研究发现，农村中小学进行心理健康教育的方式很多，在途径上，以班会活动、讲座、板报、刊物为主；在方法上，以同伴游戏、心理咨询辅导为主。还有些学校与其他学校加强心理健康教育交流，定期开展交流会、公开课活动等。

但也有一些农村学校心理健康教育活动开展得不顺利。它们多以课堂教学的方式开展心理健康教育，很少使用团体心理辅导等活动形式。据调查，农村中小学心理健康教育以开课和办板报的方式为主。有研究了解到有些地区农村学校将说教作为心理健康教育的基本形式，教师偶尔设计一些小游戏让学生玩玩就结束了，并没有起到心理健康教育的效果。

究其原因，迄今为止，我国在中小学生心理健康教育方面仍没有出台相应的法律法规、规章制度、实施细则，没有规范、有效的心理健康教育模式为全国范围内的学校心理健康教育工作提供指导、借鉴。由于农村中小学地处偏远地区，与城市的联系较为疏远，很少有机会得到心理健康教育有关专家学者的指导、实用信息的反馈，与其他心理健康教育开展较好的学校交流的机会也很少。因此，农村学校即使想要开展心理健康教育也难于摸索恰当的模式。有些学校即使尽力尝试心理健康教育，但因缺少可操作、可细化的执行程序而不了了之。

四、心理健康教育开展的成效问题与原因

近些年，由于社会和教育部门大力宣传心理健康教育对学生身心健康发展的重要作用，家长、社会开始正视学校开设的心理健康教育课程和活动，并关注其对学生教育的成效。农村中小学生逐渐接受学校开设的心理健康教育课程，在遇到心理上的困惑以及与同学产生矛盾等难题时也愿意去找心理健康教师咨询。

然而，心理健康教育工作开展得很不平衡。据调查发现，有些农村学校每学期才举行一次心理健康教育课教研活动，心理健康教育的效果无法得到保障。也有研究发现，在有些地区农村大部分中小学生对心理健康教育不感兴趣，以应付、逃避的态度对待心理健康教育，更没有体验到心理健康教育带给

他们的快乐和心理健康水平的提高。农村中小学的心理健康教育出现了三种倾向：德育化倾向，即将心理健康教育与德育混淆，采用德育的方法和教材内容对学生进行心理健康教育；知识化倾向，即心理健康教育教师仅讲解心理健康的知识，不向学生传授解决心理问题的方法；医学化倾向，即认为心理健康教育只需要对有心理问题的学生提供咨询或辅导，违背了发展性原则，缩小了心理健康教育的范围。这三种倾向都大大减少了心理健康教育开展的成效。

究其原因，学校、家庭、社会对农村学校心理健康教育的成效关注不够，缺少相应的评价考核机制。农村中小学生多出自农民家庭，其父母常年忙于农务、无暇顾及孩子的具体学习情况，认为孩子只要学习成绩好就足够了，而"留守儿童"的父母更没有时间和精力关注孩子的思想意识和心理健康，也就不会去对孩子接受的心理健康教育成效进行关注与评价。同时，农村的环境也有令人担忧的地方，整天四处转悠的闲杂人员、偷抢黄赌等不良现象、网络带来的消极信息，给农村中小学生的心理健康造成严重的威胁。家庭和社会环境对学生心理健康的不作为既无法给学校的心理健康教育带来帮助，也不能对学校的心理健康教育的成效进行考核，进而使学校的心理健康教育工作处于孤立状态。有关教育行政部门也未能建立管理农村中小学生心理健康教育的制度，未能把成效考核作为评估该学校心理健康教育水平的重要标准，这些在一定程度上阻碍了农村中小学生心理健康教育工作的开展。

第三节 农村学生心理健康教育的对策

自 20 世纪 80 年代以来，我国学校的心理健康教育发展迅速，为解决学生的心理问题、提高学生的心理健康水平发挥了重要的作用。但是，在一些农村地区，由于种种原因导致中小学生的心理健康教育情况不容乐观。为了改变这种现状，应该从课程设置、师资建设、活动开展、成效考核等方面提出相应的对策，为促进农村中小学生的心理健康教育提供参考。

一、科学设置心理健康教育的课程

(一)探索适合农村中小学生心理健康教育的课程和教材

近年来，国内一些专家、学者根据自己的研究课题、研究成果和从事心理健康教育的实践，编写出版了心理健康教育相关书籍或活动指导书，但这些教材还不能满足农村中小学生对心理健康的需求，不能满足农村学校维护学生心理健康的愿望。因此，提高对农村中小学生心理健康教育的科研能力，探索适宜农村中小学生心理健康教育的课程和教材迫在眉睫。

提高对农村中小学生心理健康教育的科研能力，需要农村学校采取切实有效的措施。这里有两方面需要注意：一方面，心理健康教育的科研应以求真和求实为取向，即研究应从实际出发，从农村中小学生的心理特点和实际存在的心理问题出发，以教育和应用为导向，以解决心理健康教育的难题、提高心理健康教育的质量为目标，采用教育实践、案例分析、实证研究与理论探究相结合等方法，在研究的同时加强与兄弟学校的交流合作。另一方面，农村学校应狠抓管理，切实落实科研所需的计划、命题、成员、时间、场所、行动、经费支持，以高质量的成果加速学校心理健康教育的发展。

探索适宜农村中小学生心理健康教育的课程和教材，需要注意以下几个方面：第一，探索要以《关于加强中小学心理健康教育的若干意见》与《中小学心理健康教育指导纲要（2012年修订）》为指导。第二，要借鉴国际、国内城市中小学积累的大量心理健康教育的实践经验及成果。第三，以农村特殊的环境和中小学生的身心发展特点为依据，使研究内容和结果更符合学生的需求。同时，探索也应关注中小学生在不同年龄阶段的不同心理需求，例如小学生主要在学习适应和游戏等方面存在疑惑；初中生则面对自我和人际交往等方面的难题，高中生无法厘清人际关系和社会适应等头绪。第四，探索还需考虑农村中小学生的认知特点、学习能力、阅读兴趣，让学生在心理健康教育教师的引导下愿意接触能提高自己心理健康水平的教材和课程。

（二）尝试开发农村中小学生心理健康教育的校本课程

鼓励农村中小学根据本校特点，自主开发心理健康教育活动课程、实践课程以及心理健康教育兴趣活动，作为国家心理健康教育课程、地方心理健康教育课程的有益补充。在尝试开发过程中，首先，需要建立开发校本课程的组织，为校本课程能顺利开发提供组织保障。在挑选开发组织的成员时需要考虑广泛性、全面性。因此，成员应当包括心理健康教育的专家、校本课程实践者、其他课程优秀教师、学生、家长、村民。其次，在开发校本课程之前，需要对农村中小学生的心理健康现状、心理健康教育资源、心理健康教育存在的问题等方面进行深入的调查研究。再次，拟定心理健康教育校本课程的目标。该目标既要与我国中小学生心理健康教育的总目标一致，又要参考农村中小学具体情况。再其次，编写校本课程的方案。方案大致包括校本课程的目标、课程设计的基础、课程的结构、实施的措施、教育资源的安排等方面。最后，是对校本课程进行评价。评价以学校课程委员会、校本课程实践者、学生为评价主体，主要评价校本课程实践者和学生在心理健康教育活动过程中的具体形态。

（三）将心理健康教育深度融入农村中小学生的日常教学

将心理健康教育潜移默化地融入学生的日常教学中，会起到润物细无声的作用。融入的内容主要包括三个方面：第一，在学习上，需要让学生意识到学习的重要性，帮助他们设立正确的学习目标、采用合适的学习方法、调整学习心态、培养良好的学习习惯，让学生学会从学习中收获知识和乐趣。第二，在人格发展上，需要让学生正确认知自我、愿意表达想法、合理控制情绪、增强抗压能力。第三，在适应性上，需要引导学生树立正确的世界观、人生观、价值观，让学生习得与同伴、教师、亲人和睦相处，引导学生热爱生活、珍惜机遇。

要真正做到深度融入，教师应该做到：首先，需要制定明确的教学目标，即在制定教学目标时既要考虑传授知识的目标，也要考虑心理健康教育的目标。其次，教师应建立与学生间平等的师生关系，即在教学过程中，教师应一视同仁、关心爱护所有的学生，以平和、宽容的态度对待学生，使学生主动加强与教师的交流互动，同时还应注重保护学生的隐私，让他们愿意向教师敞开心扉。再次，教师应做到民主，将自己的视线放到与学生同样的水平，尊重学生的主体性、倾听他们的意见、认真思考他们的问题、多给予学生积极的评价。最后，要在其他科目的教材中找寻心理健康教育的因子，让学生在不知不觉中形成健康的心理。

二、合理配备心理健康教育的师资队伍

（一）加深对心理健康教育重要性的认识

加深农村学校校长、教师、家长对学生心理健康教育的认识，可以通过讲座、学习交流会、专业培训等各种有效的方式，让他们深刻认识到开展心理健康教育对农村学生的重要作用。校长要主动地将科学的心理健康教育引进学校、提升心理健康教育在学校教育系统中的地位、引导教师开展生动有趣的心理健康教育活动，并将对心理健康教育教师的考核纳入到学校常规考核中。教师作为教书育人的主体，需要在学习中产生对心理健康教育的兴趣、树立正确的心理健康教育观念、培养对学生进行心理健康教育的动机和兴趣。家庭作为教育孩子的重要场所，也不能缺少相应的心理健康教育，因此，学校需在与家长接触时适当转变他们的教育观念，让他们能够全力支持学校心理健康教育的开展。

（二）提高心理健康教育教师的专业素养

农村中小学生的心理健康教育教师专业素质参差不齐，这在一定程度上影响了农村学校心理健康教育的质量。为此，学校应该采取切实有效措施，努力提高农村学校心理健康教育教师的专业素养。第一，学校应该及时购置心理健康教育的专业书籍，为专任教师提高自身专业水平提供必要的条件。学校也可以定期对从事心理健康教育的教师进行校本课程等各种形式的培训，以提高他们的实践操作能力。第二，学校应该尽可能聘任师范院校心理健康教育专业的毕业生，并给予其相应的实践培训，从而提高他们从事心理健康教育的实践能

力。同时，学校也可以为那些具有多年教育经验、重视且喜欢教授心理健康教育、责任心强的非心理健康教育专业的教师，提供心理健康教育的培训、学习和考察的机会，从而提升他们的专业知识与技能。学校还应经常邀请心理健康教育的专家、心理健康教育开展较好的教育者为本校的教师开设讲座和指导，进而提高本校教育者的实践水平。

(三)开展心理健康教育教师的职称评定工作

为提高农村中小学心理健康教育者的任教信心、使得心理健康教育工作稳定有序的开展，需要开展心理健康教育者的职称评定工作，从制度上保障教育者的生存和工作环境，让他们愿意长期从事、热爱这份工作。

三、有效开展心理健康教育活动

(一)强化对心理健康教育的活动的设计

心理健康教育主要有心理健康教育知识课、活动课、团体心理辅导、一对一心理辅导等方式，而其中活动课占据重要的位置，它既能让教育者以活动的方式高效率地完成教育的目标，又能让学生在活动中获得健康的心理感悟。为了让心理健康教育活动课有序进行，首先需要选择专业素养较高的教育者，即那些拥有丰富心理健康知识和经验、热爱心理健康教育、师德高尚、实践能力强的教育者。其次，教育者自身要心理健康、人格健康，能用教育的方式影响学生，让他们信服、让活动顺利。最后，教育者要深刻了解活动课的理念：多元的教学目标、整合的课程内容、专题性的知识学习、双重的学生个体作用、反思的教师作用、互动的教学过程、多样的教学手段、发展性的教学评价。

(二)建立农村中小学生的心理健康档案

农村中小学生心理健康档案的建立对学校工作大有裨益。首先，心理健康档案让心理健康教育者更能准确地了解学生的基本情况和心理状态，从而方便以后心理辅导的开展并发挥心理健康教育的危机干预作用。其次，心理健康档案可以为教育者研究学生心理发展的水平和特点提供纵向研究的数据，利于教育者的科研工作。最后，心理档案能帮助任课教师、班主任、学校有针对性地进行教学，从而更好地解决学生当前所面临的难题。建立学生心理档案时，可根据实际情况选用文本式或电脑软件式两种方式。在建立过程中，第一，明确档案的具体内容，主要包括学生的人口学资料、智力情况、个性特征、心理健康水平、学习能力以及相应的辅导建议。第二，在确定了档案的内容之后，就要开始搜集相关的资料，一般可以通过观察法和访谈法、标准化的心理测验、教育者自编调查问卷等方式进行。第三，在建立档案所需要的学生资料搜集完毕后，教育者还需要结合学生的实际情况提出相应的对策及心理辅导的建议。

(三)促进心理健康教育制度化

心理健康教育对于我国的教育事业来说还较新,需要有关的法律、制度来规范其发展。有关部门需要依据相关的法律条款,将心理健康教育的内容加进教育法规中,使心理健康教育制度化、合法化、规范化。例如,确定农村中小学生心理健康教育组织的归属问题和专职心理健康教育者的人事编制和职称评定问题、在学校心理健康活动或咨询辅导中意外事件的处理办法等,从而调动心理健康教育者的积极性、为其创造良好的工作环境。

四、切实加强心理健康教育工作成效的考核

(一)构建心理健康教育的评价体系

构建心理健康教育的评价体系,是促进农村中小学生的心理健康教育有序开展的保障。具体的评价体系应该包括:(1)学校管理心理健康教育的组织,如领导人员、相应的规章制度、对心理健康教育教师的具体评价等方面。(2)学校心理健康教育者的队伍建设,如教育者的详细情况、他们研究的课题和成果、他们参加的专业培训和学术交流活动等方面。(3)学校心理健康教育的开展情况,如对学生开设心理健康教育课程的情况、在其他学科中融入心理健康教育的情况、举办心理健康讲座、培训的情况等。(4)学校心理健康教育的成效,如学生心理健康水平提高的程度、教师与学生关系的改善、心理健康教育科研成果的增加、参与心理咨询学生人数等内容。

可以通过校内自评、校间互评、上级教育主管部门检评等方式对农村中小学的心理健康教育成果进行定期或不定期的评价,进而促进学校心理健康教育工作的顺利开展。

(二)建立学校、家庭、社会三位一体的监督网络

维护学生的心理健康,需要学校、家庭、社会交流合作、建立三方共同努力的监督网络。学校在心理健康教育中发挥主导作用,也是架设家庭与社会沟通的桥梁。在监督心理健康教育的开展时,学校需要提高对心理健康教育的重视程度,也要向家庭、社会大力宣传心理健康知识和重要性,进而推动农村学校心理健康教育的有效开展。家庭、社会在对心理健康教育的监督中也起着重要的作用。因此,学校应成立家长委员会、家长学校,定期向家长培训心理健康教育的有关知识,增强家长对心理健康教育的重视,让家长利用家庭教育的环境与孩子进行有效的沟通、进行心理健康的教育,也让家长时刻关注学校心理健康教育的开展情况,起到外部有力监督的作用。学校还需与当地政府联系协作,为学生建立健康有益的文化教育场所,避免不良环境对学生的影响,同时当地政府和有关教育部门也应关心学生的心理健康,自发监督心理健康教育的开展。另外,学校可以在每个班级设立心理委员,发挥同伴关系对心理健康教育的影响作用,让学生互相帮助、共同成长。

第七章 农村教师心理健康的现状与对策

第一节 教师心理健康的概述

教师是人类灵魂的工程师，肩负着人才培养的重任，不仅在知识和能力的教学中要充分发挥"传道、授业、解惑"的作用，而且在培养学生"成人"的教育工作中对学生人格的健全发展、心理健康水平的提高也起着十分重要的作用。拥有健康的身心是教师开展教育教学工作的基本保障和有力支撑，因此，教师的心理健康不仅关系到个人的生活水准和工作质量，而且关系到社会主义国家建设人才的培养、中华民族的伟大复兴。

从 2003 年《国务院关于进一步加强农村教育工作的决定》和教育部《2003—2007 年教育振兴行动计划》实施以来，农村教育得到了较快的发展，农村教师的各方面素质都有所提高。但是，伴随着社会的发展、变迁和教育改革的不断深化，农村教师现有的综合素质水平，仍与新农村建设目标的要求还有很大的差距。要全面提高农村教师的综合素质，就必须重视他们的心理素质发展状况，因为心理素质是教师综合素质结构中的重要组成部分。作为良好心理素质集中体现的心理健康水平，长期以来一直是农村教育工作中被遗忘、被忽视的部分，这在很大程度上不仅影响了农村教师队伍整体素质的提高，而且还制约了农村基础教育的改革和发展。在以往对农村教师进行的各种师资培训中，更多是针对提高教师职业技能、专业水平的培训，很少或几乎没有关注到农村教师的心理素质和心理健康水平。随着农村教育的重点推进和优先发展，越来越多的教育工作者开始重视农村教师的心理健康问题。要造就一支师德高尚、结构合理、素质优良的农村教师队伍，就必须关注农村教师的心理健康问题，促进其全面发展，这样才能保障农村教育工作深入、持续，呈现良好的发展态势。

一、心理健康的内涵

健康是人们从事正常的学习、工作和正常生活的必备基础，也是人们普遍关心的问题。传统观念中提到的健康，往往只注重生理健康而忽视心理健康，认为没有生理方面的疾病就是健康。随着现代心理卫生、心理健康运动的兴起，越来越多的人认识到提高人的健康水平，不能仅限于健康的身体，还必须包含健康的心理。世界卫生组织（WHO）明确指出，健康是指身体的、心理的和社会适应良好的完整状态。因此，提高人们的健康水平，不能只限于保护人类机体的生物学机能，还必须提高人们精神生活的质量，即提高心理健康水平。

但有关心理健康的定义，一直存有争议。有些学者认为心理健康就是指人的心理功能正常、无心理症状，很显然，大多数临床医生更乐意接受这样的定义，但这种观点有些偏于狭隘、过于消极。也有些学者认为健康乃是一种功能状态，在这种状态下，人不仅免予心理疾病，而且具有丰富的生命活力，能充分发挥自身的潜能。还有些心理学家按统计学的观点给心理健康下定义，他们采用统计学上常态分布的概念，取其平均值作为区分健康与不健康的标准，即认为健康的心理就是一种平均状态，偏离了心理平均位即为不健康者。从以上各种观点可以看出，虽然其侧重角度各有不同，但较为一致的看法是心理健康能够充分发挥个体潜能，并能妥善处理和较好适应人与人之间、人与社会、人与环境之间的相互关系。

二、教师心理健康的标准

既然教师的心理健康水平对其自身的工作和生活以及学生的健康发展都有十分重要的促进作用，那么，什么是心理健康？教师的心理是否健康又如何判断呢？心理健康是指个体的心理调适能力和良好的发展水平，即人在面临内部问题和外部环境的变化时，能持久地保持正常的心理状态，是诸多心理因素在良好态势下运作的综合体现。世界卫生组织规定的心理健康的标准主要包括：①要具有良好的认知能力和适度的情绪反应；②人格稳定，行为积极；③悦纳自我和悦纳他人。综观学者们有关心理健康标准的多种阐述可以发现，个体与周围他人、环境之间是否协调，个体自身内部各种心理与行为活动是否一致，以及人格特性是否具有时间上的一致性或稳定性等三个方面，是衡量个体心理健康状况的重要标准。

心理健康标准是评价人们心理健康水平的标尺，教师的心理健康标准不仅应该与其他人群遵循同一个心理健康标准，从知、情、意、自我和社会性等方面来评判，同时还应适当结合教师职业的特殊性来制定。教师心理健康标准应包含以下几点：

(一)智力正常，能胜任教学工作

一个心理健康的老师首先应具有良好的教育认知水平：具备敏锐的观察力，教师就能及时觉察到课堂中的各种情况，从学生的细微表现中捕捉其内心世界的变化；拥有良好的记忆力，可以帮助教师记住学生的姓名、学习情况和家庭状况等，帮助教师记住课前安排的教学内容和设计的教学方法；凭借丰富的想象力，教师能够对课堂教学进行合理设计和调控，把学生带入丰富多彩的、凭感知无法到达的境界；优良的思维品质，使教师善于在教育教学情境中透过纷繁复杂的表面现象，准确、系统地认识现象之间的关系并深入把握其本质；良好的注意分配力，则能使教师在处理个别特殊学生、个别现象和问题的同时关注全体班级同学的动态变化，在恰当控制教学时间进度的同时维护好课堂教学秩序和学习纪律。

(二)人格健全，情绪稳定且控制良好

繁重艰巨的教育教学工作要求教师具有良好的、健全的人格特点，譬如乐观、勇敢、坚持、善良、宽容、开朗、思想开放等，还要有正确的教育观、人生观、学生观。同时，能恰当地表达和控制自己，克制偏爱情绪，一视同仁对待学生，具有给予爱和接受爱的能力，能冷静、妥善处理学校工作和社会生活中的突发事件。既不将生活中不愉快的情绪带入课堂，不发泄、迁怒于学生身上，也不将工作中的不良情绪带回家庭。心理健康的教师不仅能协调与控制情绪，而且心境良好，他们虽然也会有悲、忧、愁、怒等消极的情绪体验，但相比之下其愉快、乐观、开朗等积极情绪状态更加占据优势。

(三)接受他人，善与人处

是否拥有良好的人际关系也是衡量教师心理健康的重要指标。心理健康水平较高的教师通常能客观地了解和理解别人，能接受他人(包括对方的优点和缺点)，能认可别人存在的重要性和作用，同时也能让自己被他人、集体所理解和接受；同时乐于与他人交往，在交往中能与他人和谐相处，积极的态度(如尊重、真诚、友善、信任等)总是多于消极的态度(如猜疑、嫉妒、畏惧、敌视等)。教师是生活在各种社会关系网络中的社会成员，拥有多种社会角色，社会角色的多变性需要教师增强角色的适应能力和角色转换能力，要善于调节心理状态，使自己与集体、社会融为一体，建立起和谐的师生关系、同事关系和家庭关系等多种人际关系，构造良好的社会支持系统，维护其心理健康。

(四)了解自我，悦纳自我

教师的心理健康还体现在个体是否具有自知之明，并能接受和悦纳自我。

心理健康水平较高的教师能较为准确、全面地了解自己，对自己的能力、性格、情绪等各方面的特点做出恰当、客观、积极的评价，正确地理解自己所担当的教师角色，肯定自己的工作价值和生活意义，并且按照社会要求和个人特点正确定位自己的人生目标和理想。同时，他们能面对现实，辩证地看待自己的优缺点，有勇气接受自己的缺陷和不足，即使对自己无法补救的缺陷，也能安然处之、坦然面对。此外，在认识自我、悦纳自我的基础上，他们还能以发展的眼光看待自己，积极主动地规划目标、调控行为，努力发展自身的潜能，使现实自我的个性朝着正确的理想自我的目标发展，努力完善自我。

(五)热爱教育事业，享受工作乐趣

作为一名心理健康的教师，还应学会把教育教学工作看作是乐趣而不是负担。他们能积极投身于工作实践，在工作中尽可能地发挥自己的聪明才智。在掌握专业知识和教育理论、教育技术的基础上，适应当前发展、改革与创新的教育环境，结合学生的心理特点和接受能力，根据具体的教学内容和教学情境，对教学内容、教学方法进行科学的加工和设计，并能对教学过程、教学效果进行反思和调节，力求达到最佳的教学效果，真正把教育当作一种事业而不仅仅是职业来追求。同时，他们能认可教育工作的意义和价值，能认同教师角色，热爱教师职业，真正愿意投身教育，对工作充满热情和动力，爱生、爱校、敬业、乐业，在卓有成效的教育教学中充分享受工作带来的乐趣并从中获得满足和激励。

三、教师心理健康的重要性

著名教育专家叶澜先生提出①，对于教师而言，"育人"固然重要，但"育己"同样不容忽视，这是对教育质量、教师生命质量具有决定意义的问题。没有教师生命质量的提升，就很难有高的教育质量；没有教师精神的解放，就很难有学生精神的解放；没有教师的主动发展，就很难有学生的主动发展；没有教师的教育创造，就很难有学生的创造精神。只有当教育者自觉完善自己时，才能有利于学生的发展与完善。所以，教师的心理健康对教学工作甚至整个教育事业意义重大。

健康的心理状态是维持个体正常生活、学习和工作的重要基础，也是一个人全面健康发展的较为重要的组成部分。教师良好的心理发展状况对维护其自身的生理健康、保障教育工作的顺利开展以及促进学生的心理健康发展，都有着十分重要的意义和作用。教师教育教学工作及其施教对象性质的特殊性，决定了教师必须具备比常人更好的心理素质。心理健康是教师素质的重要组成部

---

① 叶澜等．教师角色与教师发展新探[M]．北京：教育科学出版社，2001.

分，只有教师处于积极、健康的心理状态，才能充分发挥其主动性与创造性，取得良好的教育教学效果。

（一）维护教师自身的生理健康

个体的生理状况可以对其心理健康产生影响。人的躯体疾病、生理缺陷会给人的心理特点和心理状态带来负面影响，使人产生焦虑、烦恼、抑郁等不良情绪，影响人在认知、情感、意志等方面的表现，甚至影响着人际关系的和谐。例如，个体大脑的急性和慢性病变，均会引起个体神志不清、定向能力和记忆力减退、认知能力下降和行为失控等，而内分泌失调引起的心理及行为异常也是非常显著的。

人是一个生理和心理紧密结合的有机整体，精神和躯体在同一生命进程中共同起着作用，因此，心理状况同样可以对生理健康产生积极或消极的影响。苏联著名生理学家巴甫洛夫曾经说过："忧愁、顾虑和悲观，可以使人得病；积极、愉快、坚强的意志，乐观的情绪，可以战胜疾病，可以使人强壮和长寿。"由此可见，心理健康与生理健康关系极为密切。只有心理的健康才能维护和促进身体的健康。例如，二战后的生理学家研究显示，个体在体验愉快等积极情绪时，内分泌系统会产生一种能缓解疼痛的激素，从而使其在伤害程度不变的情况下疼痛感明显减轻。另有一些相关研究发现，情绪急躁、缺乏耐心、易激动的人易患冠心病，焦虑、忧郁情绪易引发心肌梗死。即不健康的心理状况，如长期的过度焦虑、愤怒、抑郁等消极情绪，会导致生理上的异常或病变，引发各种心身疾病。心身疾病是一组发生发展与心理社会因素密切相关，但以躯体症状表现为主的疾病。因此，教师在日常生活和工作中保持乐观、愉快、自信、平和的心态，将有助于提高自身的免疫能力、抵抗疾病的侵袭，促进身体健康。

（二）保障教师自身的可持续发展

健康的心理发展水平是教师顺利开展教育教学、保障工作成效的重要基础。例如，因材施教的落实要求教师具备敏锐的观察力，教学内容中的"双基"、重要教学环节的处理方式等需要教师具备准确的记忆力，恰当处理在教育教学过程中发生的突发事件则需要教师具备较好的思维品质，因此，只有拥有良好的感知、观察、注意、记忆和思维等基本认知能力，教师才能顺利开展课堂教学。不仅如此，教师还需要拥有高尚的思想、良好的品德、不断进取的敬业精神和言行一致、公平公正的教育态度等优良的人格品质，这样才能使学生"亲其师、信其道"，使教育教学工作收获理想的结果。

同时，教师是人，既然是人，必然会在生活和工作中遇到各种各样的矛盾、冲突问题，心理健康的人能客观地评价自己和客观环境，能以正确的态度和方法来对待矛盾和处理问题，能努力争取个体与环境之间的适当平衡，从而避免心理问题或心理疾病的产生。但如果这些问题不能得到及时有效地解决，就可能导致教师心理健康水平的下降和心理疾病的出现，这种状况又会直接影响他们的人际交往态度与行为，妨碍其建立良好的师生关系、同事关系和家庭关系，危及个人正常的工作和生活，严重的还造成其婚姻关系破裂、工作难以维系，并带来了一系列的社会问题。

(三)促进学生的心理健康发展

情绪在维持人的心理健康的过程中发挥着核心作用，健康的情绪能引导人积极向上，不良的情绪则会阻碍人的健康成长。一个心理健康的教师总是持有乐观、积极的心态，能克制生活中不愉快的情绪而不迁怒于学生，能冷静处理课堂情境中的不良事件，能营造出一种和谐与温馨的学习气氛，使学生心情愉快。教师的这种积极情绪往往能感染学生，使学生变得更加冷静、坚强、乐观和豁达，促进其个性和社会性的健康发展。美国全国教育联合会的《各级学校的健康问题报告》指出："由于情绪不稳定的教师对儿童的决定性影响，就不应该让他们留在学校里。一个具有不能制止的脾气、严重的抑郁、极度的偏见、凶恶不能容人、讽刺刻薄或习惯性谩骂的教师，对于儿童心理健康的威胁，犹如肺结核或其他危险传染疾病对儿童的身体健康的威胁一样严重。"这说明教师心理健康对学生心理健康成长的重要性，它是影响学生心理健康发展的重要的"师源性"因素。

教师自身心理的不健康状况，往往会使他们不能正确理解学生的行为，无法巧妙地处理学生问题，影响学生的学习活动和学习效果，阻碍良好师生关系的形成，严重时甚至可能伤害学生的心灵。如果教师在课堂上表现出较多的紧张、烦躁、冷漠等消极情绪，那么就会出现一种紧张与压抑的学习气氛，使学生如坐针毡、惶恐不安。同时教师存在心理情绪问题极易导致其出现不当的教育行为，直接损害学生的自尊、自信，使学生或逆反、抗拒或自卑、焦虑，不但导致学生丧失学习兴趣、积极性和进取心，而且还影响学生个性和社会性的健康发展。

第二节 农村教师心理健康的现状

社会心理学的研究发现，凡是对他人高度负责、与人接触较多的角色，如心理咨询师、教师、警察、护士、新闻工作者等，都要经受相当多的内心冲突与不安。教师职业，除了脑力劳动强度较高外，还要对学生、对家长、对社会高度负责，常常要接触和体验很多情绪上的紧张和痛苦，因此，教师出现心理问题的概率比其他人群更大。关注教师，不仅仅是关注教师的物质待遇，心理健康问题同样需要关注。教师直接的服务对象是学生，教师的心理健康不仅关系到教师的自身发展,更关系到学生的未来成长,应该引起全社会的重视。由于教师职业是一个典型的助人行业,具有复杂性、长期性、艰巨性等特点,同时,教育教学工作本身也是一个充满压力的情境,教师不仅要在工作中持续地付出,还需要处理与学生、家长、领导等可能面临的各种矛盾和冲突,极易引发疲劳、挫折、紧张、焦虑等各种身心问题。越来越多的关于教师心理问题的个案报道和学术界的实证研究,都说明当前中小学教师心理健康问题不容乐观。

尽管人们常用"蜡烛""春蚕"来定位教师的角色,可是如果这些"蜡烛""春蚕"自己都不堪重负的话,他们又怎么能教育好学生呢? 在上海中小学教师心理研究课题组 1997 年公布的一份题为《小学教师心理问题不容忽视》的报告中指出:上海小学教师心理健康问题的检查中,其中 12% 有明显症状,2% 程度较为严重。对武汉市全体中小幼教师心理健康与工作压力状况的调查统计资料也显示:武汉市中小幼教师的心理异常状况比较严重,心理异常检出率为40.4%。在环境条件较为优越的城市教师的心理健康状况尚且如此,农村中小学教师的心理健康状况又如何呢?

一、农村教师心理健康的总体水平

我国现有中小学教师近 1000 万人,其中 90% 以上分布在农村。不少调查研究显示,农村中小学教师的心理健康状况十分令人担忧。研究者王丽君采用《精神症状自评量表》(SCL-90)对河南省农村中小学教师进行了问卷调查①,研究发现农村教师的心理健康水平显著低于全国成人常模和城市教师水平,有中度以上心理卫生问题的教师占 22.6%,其中恐怖、精神病性、强迫、躯体化、偏执和焦虑等心理问题表现得最为明显,是农村教师存在的主要心理问题。学者赵红利的研究也证实,农村中小学教师的心理健康水平低于全国普通人群,心理健康问题的检出率为 24.3%。李英霞等人采用《职业倦怠通用量表》对河北农村中学教师进行的调查结果显示②,54.01% 的农村教师情绪耗竭程度在中度以上,28.8% 的农村教师去个性化程度达到中度以上。从以上数据可以看出,我国农村教师心理健康的问题检出率明显高于正常人群,心理健康水平处于较低的状况。

综观这些有关农村教师心理状况调查的研究文献发现,农村中小学教师心

---

① 王丽君. 中小学教师心理卫生问题及对策研究[J]. 河南社会科学,2005,13(3):138-141.

② 李英霞,李聪捷,魏海茹. 农村中学教师心理健康问题的调查[J]. 医学理论与实践,2010,23(8):1027-1028.

理问题主要表现为以下几个方面：一是较多的消极情绪体验，表现在疲劳、烦躁、焦虑、愤怒、抑郁、精神不振，对学生冷淡、粗暴，对学校领导和家长的评价过分敏感担忧，常常有说不出的不安和烦恼。在这种抑郁和焦虑心态下，还会经常出现身体生理上的不适感觉，如失眠、无食欲、腰酸背疼、头晕目眩等。二是不良的人际关系，教师的人际关系主要包括师生关系、与领导的上下级关系、与其他教师的同事关系以及教师与学生家长、自己家人的关系等。研究表明，在心理失衡和角色冲突面前人往往会发生认知偏差，容易对他人作出消极反应。很多教师在工作繁重、产生心理压力时，不能进行有效的自我心理调节而产生心理问题，其危害极易在人际关系中表现出来，例如，表现出胡乱冲家人发脾气、粗暴体罚学生等攻击行为。三是职业行为方面，职业倦怠明显，表现出对教学工作失去积极性，消极对待自己的本职工作，备课马虎了事，上课随意敷衍，教学上懒于钻研、毫无创新。同时，还缺乏教育学生应有的责任意识，对学生丧失爱心和耐心，或是处理方法简单粗暴，或是对有行为偏差的学生听之任之。总体来说，农村教师心理健康状况堪忧，存在问题不容忽视。

二、农村教师心理健康的差异状况

有关农村中小学教师心理健康问题的调查研究结果表明，农村教师心理健康状况存在着地区、性别、年龄、学科等方面的显著不同。

(一)农村教师心理健康状况的地区差异

研究者王丽君采用《精神症状自评量表》(SCL-90)对 438 名河南省农村中小学教师进行了问卷调查，他们的研究发现，农村教师的心理健康水平显著低于全国成人常模和城市教师水平，有中度以上心理卫生问题的教师占22.60%，而同比城市教师心理问题的发生率仅为 12.72%，城乡差异十分显著。狄文婧对我国农村教师心理健康状况进行的元分析结果表明，在躯体化、抑郁、焦虑、偏执、精神病性 5 个因子水平上，农村教师组得分显著高于国内常模组。

(二)农村教师心理健康状况的性别差异

在对农村教师心理健康状况进行性别差异分析时，研究结果显示农村男教师和女教师的心理健康问题各有不同。例如学者赵红利的研究发现[1]，农村女教师的心理焦虑程度显著高于男教师，心理健康问题远比男教师严重。狄文婧

---

① 赵红利. 农村中小学教师心理健康状况研究[J]. 平顶山学院学报，2011，26(1)：122-125。

的元分析结果也显示①，在躯体化、抑郁、焦虑、恐怖等四个因子上女教师显著高于男教师。而在李英霞等人的研究结果中，农村中学男教师的职业倦怠程度要明显高于女教师。

(三)农村教师心理健康状况的年龄差异

不同年龄的农村教师其心理健康状况也表现出较大差异。首先，各年龄组的农村教师存在的主要心理健康问题有所区别。老年教师在躯体化、强迫症状、忧虑和饮食、睡眠等其他问题方面比青年教师严重，而青年教师则在人际关系敏感、敌对、偏执和精神病性比老年教师更加严重，有明显差异，中年教师居于其中。其次，不同年龄的农村教师心理问题严重程度也存在显著差别，其心理健康水平随年龄增长有所下降，更容易产生身体上的不适和心理上的焦虑、烦躁。

农村教师的心理健康水平不仅具有较大的地区、性别和年龄差异，还存在着显著的学科差异和中小学之间的差异。通常情况下，担任不同学科的农村教师其心理健康水平存在着明显差异，即担任语文、算术、外语的主课教师心理健康问题要比音乐、体育、美术等副课教师更为严重，其躯体化症状、焦虑和抑郁水平都显著高于副科老师。同时，农村小学、初中和高中教师的心理健康水平之间也明显不同。中学教师的心理健康状况相对不如小学教师，农村小学教师存在中度以上心理健康问题的检出率最低，而高中教师的心理健康状况最为糟糕。

三、农村教师心理健康问题产生的缘由

每个教师心理健康水平不仅是教师个人发展的问题，同时，它也涉及社会多方面、多因素的发展变化。因此，造成教师心理健康问题的原因也是多样和复杂的。农村教师心理健康问题的产生既与当前市场经济的发展、教育体制的变革所带来的压力和冲击有关，也与学校对考试升学率的片面重视所导致的教育教学重负有关。同时，职业的高要求也加剧了农村教师的心理健康问题，作为"太阳底下最光辉的事业"，教师职业本身有其特殊性，这种特殊性包括教育对象的多样性、教育工作的示范性、教育内容的广泛性、教育任务的复杂性等，这些都要求教师有较强的心理调节与适应能力，无形中也增加了教师的心理负荷。此外，教师自身的性格、经验和能力素质等方面的个人因素也是造成心理健康问题的重要来源。

---

① 狄文婧. 我国农村教师心理健康状况的元分析[J]. 青海师专学报(教育科学)，2008，6：91-94。

(一)变迁的社会环境

当前,农村中小学教师素质普遍偏低,存在着知识陈旧、观念落后、缺乏现代教育教学技能等诸多问题,而另一方面我国的教育体制近年来一直在进行着改革,随着职称评定、教师聘任、按绩取酬、末位淘汰等学校人事制度改革和全员聘任制的实施,这些调整和变化必然使得不少农村教师面临着前所未有的压力,出现一些职业适应不良问题。同时,与城市教师相比,农村教师生存环境艰苦、待遇偏低,除工资外没多少奖金福利,其工资、住房、医疗和养老保险等方面缺乏应有的保障,尤其是一些地方许多中小学教师的合法权益仍然得不到保障,无疑会影响广大农村特别是山区中小学教师的生活水平,间接影响了他们的心理健康水平。与此同时,社会对教师仍旧保持着较高的期望。教师历来被人们誉为崇高的职业,比喻为"园丁""春蚕""蜡烛"等等,即使在价值趋向多元化的当今社会,人们仍以安于清贫、守住寂寞的完美形象要求教师。教师不仅要担当起关心学生生理和心理、学习和生活的全方位照料者,同时还要成为专业知识渊博的学者和教学研究的科研工作者等多种角色,这诸多要求对教师的生理和心理都是极大的挑战。从业压力的增大使一部分农村中小学教师长期处于焦虑和危机之中,产生这样或那样的心理健康问题。

此外,尽管基础教育课程改革的实行初衷旨在培养学生的自主性和创造性,但同时也增添了教师的工作负荷。它意味着教师要放弃原来熟悉的教法,再次学习新的技能和运用新的教学方式,才能适应课改要求。而与农村教师知识和技能的老化、滞后相对应的是,他们获得自我发展、自我提升的继续教育机会并没有明显增加,这必然会使农村教师担心在知识更新、技能提高和信息化教育手段的应用等方面处于竞争劣势,在一定程度上也会增强他们的紧张、焦虑和恐惧情绪。

(二)严格的学校管理

学校管理方面造成教师工作压力、产生心理问题的主要源自两方面:一是教学任务繁重、岗位工作时间较长。目前农村教师分布不合理、教师外流和减员严重、青黄不接和老龄化严重,这些都导致师资力量不足、负担较重。1999年国家教育部曾作过全国性的调查,农村教师的周工作量大都在 20 节以上。教师工作负担过重现象较为普遍,除了备课、上课、批改作业外,还要写科研论文、准备公开课、应付教育部门的各种检查、参加在职培训等活动。长时间、超负荷的工作压力,往往容易造成农村教师头痛、易激怒、情绪波动、中枢神经系统功能失调等生理和心理症状,健康水平下降。慕彦瑾的调查显示①，53.8％的农村教师每天包括备课、上课、评改作业、辅导学生、参加学习、组织学生活动、自习跟班等在内的工作时间平均在8－10小时，25.8％的农村教师每天工作10小时以上，平均每周授课在20节以上，高中教师工作时间更长，而这些还都只是能够计算的显性工作。

二是教学成效直接与升学率挂钩，尽管国家一再倡导实施素质教育，然而由于种种原因，不少地区的教育部门还是把提高升学率作为唯一目标，逐级定任务，任务分解到最后直接与每位教师的职称评聘、奖金分配、评优评先等经济利益挂钩。升学率高，教师待遇和地位就高，反之，物质上将遭受损失。教师整天在这些压力下生存，很少有放松和调节的机会，日复一日的紧张状态，影响着教师的身心健康，使他们很难保持一种良好的精神状态来工作。例如，有学者在调查中发现，大部分农村学校仍以升学率和考试排名为主要评价指标，制订了许多非人本化的管理和绩效考评制度，如严格的全天考勤坐班制、领导一票否决制和末位处罚制等，使教师整个学期都处在高度紧张的工作状态中，其心理压力自然会倍增。

(三)特殊的施教对象

从学生来看，农村学生的教育教学工作难度更大。每天接触的学生不少与教师角色期望背离，农村学生厌学问题突出，这部分学生常常在学习上不仅不愿独立思考，总是依赖老师辅导，而且对学习感到乏味、兴趣不浓，每天只是迫于老师、家长的压力才不得不背着书包来上课。不少农村学生缺乏长远动机，普遍存在意志薄弱、克服困难毅力差等现象，往往只求能混个初中文凭，或是考上技校、职高以便早日上班工作，甚至中途弃学的情况也司空见惯。此外，近几年来，随着城市化进程的快速发展，农村劳务输出人数的增加，留守儿童的数量也在持续增长。由于缺乏父母亲的关爱和管束，部分留守儿童的成长发展受到了一定影响，出现了学习态度不端正、行为习惯较差、情绪性格不良等一些值得关注的问题。教师职业本来就是一份劳心劳力的工作，既要组织教学，又要管理学生，面对学生层出不穷的新情况、新问题，农村教师很容易感到苦不堪言、身心俱疲。面临的负性刺激和感受的消极体验更多，这些都会在很大程度上影响教师的身心健康。

农村学生成长于其中的家庭教育环境，也是影响农村教师教育教学工作成效的一个重要因素。与城市家庭父母相比，农村学生家长在教育观念、科学文化素养、家庭教养方式等方面的素质较低。他们往往对孩子抱有一种听其自然、放任自流的态度，很少过问孩子的学习、了解孩子的思想，不重视家校沟

---

① 慕彦瑾. 心理压力：西部农村教师面临的最大挑战[J]. 中小学管理，2011，9：42－44。

通，不配合教师工作，忽视甚至放弃教育孩子的责任。很多农村家长认为只要将孩子的吃、穿照顾好就行了，认为孩子对付着初中毕业后就可以务农或打工，使孩子缺乏应有的积极进取之心。由于缺乏良好而稳定的家庭教育，农村学生出现了较多的学习问题、交往问题和心理健康问题，而家庭教育的缺失所带来的这些问题被大部分转嫁给学校，进一步加大了农村教师教育教学工作的难度。

（四）农村教师的自身因素

在影响农村教师心理健康状况的各种因素中，除了以上一些外部环境的影响，个人的生理遗传因素、人格特征、意志品质、成长经历以及自我调节能力等也是影响教师心理健康的十分关键的因素。

影响教师心理健康的生理遗传因素主要有两个方面：一是遗传因素。与强型神经系统的个体相比，弱型神经系统的人在面临无法解决的冲突面前往往会有更强烈的病态反应；同时，遗传所形成的生理解剖特征例如体型过于肥胖、长相较差等，在一定程度上也会成为自卑、封闭等心理问题产生的原因。二是不良的身体健康状况。临床发现，很多身体健康不佳如患有支气管哮喘、消化性溃疡、头痛、呕吐等疾病的人，都有不良的心理反应和心理问题出现。

就自身人格特点来看，通常情绪不稳定、意志薄弱、争强好胜、性格过于内向而敏感、心理调节机能明显不足的个体心理出现问题的可能性更大。如果一名教师在人际交往中经常表现出过于敏感、斤斤计较的反应，缺少宽容和大度，或是情绪难以捉摸、动辄发怒生气，很容易导致人际关系紧张、教育教学效果下降，进而影响自身的心理健康。个体自身的心理调节机能也是影响教师心理健康的一个重要因素。一些教师在面临师生、家庭和同事等方面的冲突和矛盾时，往往缺乏正确而有效的调节手段，例如，王丽君的研究发现①，70％以上的男教师面对苦恼和挫折，采取的方式是睡大觉、吸烟、喝酒等。如果个体不能有效地调节自己的心理活动，时间久了难免会出现这样或那样的心理问题。

第三节 提高农村教师心理健康水平的对策

提高农村教师的心理健康水平，是一个需要社会、家庭、学校和每个教师共同参与的系统工程。它既离不开国家、社会提供的良好的政策引导和经济支持，也离不开各级教育主管部门、学校系统的高度重视和大力扶持，更需要农

---

① 王丽君. 关注农村教师的心理健康[J]. 河南教育学院学报（哲社版），2008，1：10-13。

村中小学教师积极主动地提高自我反思和自我调节的能力，这样才能较好地改善自身的心理健康状况。

一、国家和社会层面的措施

从社会和国家层面来看，继续加大对农村教育经费的投入，进一步明确农村教师师资培训内容，努力促成整个社会形成尊师重教风气等措施，都有利于提高农村教师的心理健康水平。

(一)继续加大对农村教育经费的投入

国家教育职能部门要通过制定各种有效的政策，加大对农村教育经费的投入，想方设法逐渐改变农村教师目前所面临的物质困境。首先，在科学调查研究的基础上，合理规定农村教师的工资待遇，逐步缩小城市教师和农村教师的工资待遇差距，改变城乡教师"冰火两重天"的不同境地。其次，努力提高农村教师医疗、住房、养老等物质待遇，保障其合法权益。最后，加大对农村基础教育的投入，还应包括农村学校办学条件、基础设施的改善，即改善农村教师的工作环境和工作条件，为教师教学方式和学生学习方式的改变提供现代化的教学资源。这些问题的妥善解决可以解除农村教师的后顾之忧，为其身心健康提供必要的物质保障，使他们真正成为农村教育工作中教书育人的中坚力量。

(二)调整农村教师师资培训的内容

作为国家教育主管部门应尽快出台教师心理健康教育实施的具体指导性意见，从教师从业资格的获取及从业之后的继续教育等方面，为农村教师提供基本的、后续的心理健康教育。在师范生教育中应开设有关心理健康教育课程，不仅帮助准教师了解学生的心理特点及其相应的教育教学对策，同时提高他们认识自我和调整自我的能力，以减少工作中的冲突和不适应感，维护心理健康。同时，承担教师继续教育的各级培训机构应将维护和促进教师心理健康的内容纳入培训任务之中，把教师心理素质的培养同教师的职业技能和专业发展放到同等重要的地位。

(三)促成整个社会形成尊师重教风气

胡锦涛总书记在全国优秀教师代表座谈会上，曾先后多次倡导尊师重教。他指出，教师是人类文明的传承者，推动教育事业又好又快发展，培养高素质人才，教师是关键，因此必须形成尊师重教的良好社会风气。广大农村中小学教师长期以来一直默默耕耘、无私奉献，坚守在条件恶劣、环境困苦的农村中小学教育教学岗位上，更应该得到全社会的尊重。国家应进一步推进师德建设，弘扬尊师重教的良好风尚，一方面应倡导尊重教师的劳动、尊重教师的人格，而不是只用学生的分数和升学率来评判教师；另一方面还应鼓励遵循教育原则、按教育规律办事，避免教育的功利思想，让教育回归原态，以此激励农村教育工作者积极进取、乐于奉献的精神。

二、学校管理层面的策略

农村教育工作自身所具有的复杂性、艰巨性、持续性是教师身心疲惫的重要原因，社会的发展、改革的深入以及现行的教师评价机制又常常造成他们的内心冲突和矛盾，再加上部分教师不良的认知和行为调节方式，这些很容易使农村教师出现各种生理和心理方面的健康问题。学校作为最基层的组织，在学校管理过程中，应坚持以人为本，注重人文关怀，不仅要基于农村教师政治上的关心、物质上的保障，而且还要注重情感上的关怀和心理上的支持，给他们的身心健康提供最有力的支撑。

(一)减轻农村教师的工作负担

过重的教学任务和过高的工作压力是影响农村教师心理健康的主要因素。学校管理者首先应该依据每位教师的实际能力来确定教师的工作角色和任务，尽量避免通过延时或节假日加班等各种"超负荷"工作导致教师出现各种身心疾病，减轻工作负荷。其次，进一步健全和完善农村教师的工作评价体系，建立和整合结果与过程的发展性、多元化的评价机制。在对学生成绩、升学率等教学实绩进行考核的基础上，加强对教师教学过程、学生素质发展、业务能力、工作态度、师生关系等多方面的评价。最后，有计划、有目的、分批、逐次地安排教师接受继续教育和深造培训，通过提高教师的业务能力和教育教学效果，帮助教师实现自我发展、自我完善，切实帮助教师减少职业枯竭现象的产生。

(二)创设良好的工作环境

要改善农村教师的心理健康状况，学校还可以从政策制定、行政管理等各方面尽可能为他们创造宽松的工作环境，营造积极的心理氛围。学校管理者首先必须尊重每一位教师，保障教师真正享有工作岗位上更多的自主权和支配权，并通过召开教代会、参加教研活动以及个别谈心等方式广泛听取教师的心声，把教师的意见真正当作学校重大决策的依据。同时在评优评先、福利待遇、评职晋级等方面还要公平公正对待每位教师，特别应优先考虑那些任劳任怨、勤勤恳恳，为学校做出较大贡献的教师。此外，开展各类文体娱乐活动，丰富教师的业余文化生活，关注并帮助解决教师的个人和家庭问题，这些措施都能有助于营造出一个具有高支持氛围的学校工作环境，促使教师实施更加高效的教育教学。

(三)多途径开展心理健康教育

在条件较好的农村中小学可以建立心理健康咨询室，并设置专职或兼职的心理健康教师，负责学生和教师的心理健康工作。在学校心理咨询室的影响下，通过课程、讲座、咨询信箱、个别咨询、团体辅导等多种形式，加强农村教师心理健康教育。同时，学校教育主管部门还可以联合心理健康工作者、医院等相关部门和人员，充分利用互联网的优势开设心理健康咨询网站，使农村教师不仅能够学习相关的心理健康保健知识，还能够匿名进行在线咨询，从而及时解决教师的身心健康问题。如果能将教师身心健康教育以制度的形式固定下来，把教师身心健康工作纳入学校常规管理工作之中，就能促使广大农村中小学教师更好地学习心理卫生和心理健康的知识，学会自我调适，真正减少教师身心健康受损情况的发生。

三、个人层面的调整方法

长期以来，对教师的继续教育基本被狭隘地定位在职业培训上，仅仅关注教师专业知识的掌握和教学技能的训练，对教师精神世界和心理健康的重视程度远远不够，特别是对农村中小学教师的心理健康维护工作基本为零。究其原因，首先，源于学校管理者和教师的认识模糊、观念落后。许多农村中小学教师还未能正确理解心理健康教育的内涵和重要意义，更不知道如何进行心理健康教育。其次，专职或兼职心理健康教育工作者的严重匮乏，严重影响着农村学校心理健康教育工作的开展和普及，成为制约开展心理健康教育的最大障碍。尽管党和国家出台了若干加强中小学心理健康教育工作建议的文件，但在广大农村，其经济、教育水平发展的落后状况决定了心理健康教育事业的滞后，农村学校目前从事心理健康教育的师资从数量和质量上，都远远满足不了需求。例如，对江西省中小学教师实施心理健康教育状况的调查表明，仅 8％的乡镇学校教师回答自己学校有心理辅导室，2％的乡镇中小学教师回答已开设心理健康教育课。在农村中小学学生心理健康维护工作极不到位的情况下，教师的心理健康就更加无人问津。从质量上来看，农村中小学心理健康教育的从教人员基本由非专业人员兼任，大多是政治课教师、班主任、常识课教师，这些人的共同点是缺乏系统的专业培训，没有持证上岗。

因此，针对目前农村教师存在的心理健康问题以及农村学校心理健康教育的开展现状，更为重要也更加有效的是帮助农村教师增强心理保健意识，掌握心理和情绪调控的一些方法和技巧，从个人层面来调节和维护自身的心理健康水平。

(一)认知调节

同样一件事情，由于不同人对事件的认知系统不同，引发的情绪也会截然不同，即所谓的"境由心生"。辩证唯物主义认为，任何事情都两面性。不良情绪的产生通常是由于人们只注意到事物消极或黑暗的一面，而如果把认知转移或调节到事物积极或光明的一面，人的情绪也会变得更加乐观、自信起来，从而促成问题的解决或维护心理的良性发展。

1. 如何看待自己：了解自我，悦纳自我

自我概念是个体对自己身体、能力、性格、态度、思想等方面的认识，是由一系列态度、信念和价值标准所组成的、有组织的认知结构。不正确的自我概念会导致个体产生不恰当的行为和不理性的情绪，每个人只有树立正确而稳定的自我概念，才能正确认识自己，客观评价自己，合理要求自己。农村教师应树立正确的人生观和价值观，对自我应有一个准确的定位和认识，不仅要了解自我，还要正确评价自我。譬如教师可以坚持收集有关自己教学效果和学生学习情况的资料，用来帮助了解自己教学方法的利弊，了解学生是否接受这些方法，评价工作就做得越全面，就越有利于提高自己的教学能力，对自己也就更自信。

悦纳自我就是要无条件的、全面的接受自己。包括接受自己的优点与缺点、长处与短处、成功与失败，接纳自己的软弱或错误，也包括接纳自己不完美和心存不足的地方。当一个人采取一种坦然的形式来接纳自己的时候，会得到一种身心的释然或解放。教师这一职业，受领导、同事、学生和家长的评价影响较多，许多教师在意自己在别人眼中的形象，在乎别人对自己的看法和评价，这是无可厚非的。但倘若将别人的评价和要求作为左右自己言行的唯一决定因素，自身不能树立稳定而积极的自我概念，内心就会变得敏感脆弱，经不起挫折打击，很容易在别人各式各样的评价和要求中迷失自我，引发心理上的冲突和焦虑，这对心理健康的维护十分不利。

2. 如何看待工作：教师是职业，更是事业

教师工作首先是一种职业，是绝大多数教师在社会中所从事的作为主要生活来源的工作。教师也有普通人的基本需求，首先要生存，要养家糊口，从这个意义上来说教师也是千千万万职业中平凡的一种。教师必须考虑现实中的很多条条框框、规章制度，考虑升学率、论文、职称、上下级关系，想让自己孩子、父母和家庭能够过得更好。但如果仅仅把教师当作一份可以提供基本物质保障的工作，那么这些教师通常只会敷衍地应付工作，把职称、收入作为工作目标，对教学、对学生不会有太多的热情和投入，更谈不上什么意义和追求，有些甚至会误人子弟。

如果把教师当成一份可以终身托付的事业来做，那么必然会因为珍视自己的工作意义和价值而热爱自己的这份事业，把对孩子终身发展有益、挖掘学生潜力获取更大成就作为工作目标，会自觉加大工作的力度和情感投入，会热爱自己的每一个学生，把学生的成长当作自己最大的快乐，即使不能桃李满天下，也会兢兢业业地努力做到不误人子弟。当一名教师能够把自己的工作当作乐事而不是负担的时候，必然会因常常保持愉快、积极的心境而身心健康。

　　3. 如何看待学生：换位思考，更多理解

　　有的教师常说："现在的学生到底怎么了？这么简单的问题，讲了好几遍，有的还是不会，怎么就是不开窍呢？""我已经找这个学生谈了很多次话了，可他还是屡教不改、违反纪律。"这些想法通常会使教师产生挫败感，体验到沮丧、焦虑等负性情绪。这种认识往往源于教师过多地站在自身角度看待问题，而没有设身处地地从学生的角度去理解。其实成人和孩子看待同一事物的角度是不同的，就知识学习过程来看，教师拥有的生活经验和知识储备远远大于学生，所以他们在理解同一知识内容时感受到的难易程度是不同的。如果能够再学习一些教育学、心理学知识，理解学生的认知发展差异和个性水平差异，那么教师就能够换位思考，找到学生的现有思维水平和思维方式与所教内容之间的契合点，并想方设法采取因人而异的适当方法，去帮助每一个学生取得进步。

　　不少教师在下课铃响了以后，为了完成自己的教学任务而延迟下课时间，下面的学生大多表现出不耐烦、焦急的表情，甚至不再听课。如果把这样的行为看成是对教师教学工作的不尊重而产生愤怒的情绪，那么非但解决不了实际问题，反而有可能将师生关系搞僵。如果教师能够换一个位置，从学生的角度来考虑，考虑学生的感受和压力，就会对学生的行为表现持宽容的态度，并会致力于提高自己的教学水平，减少自己的负面情绪，维持自己的身心健康。

　　(二)情绪调节

　　掌握情绪调节技巧，学会及时进行心理疏导，提高压力的应对能力。如果对自身的情绪特别是消极情绪不加以适当控制和调节，教师很可能会在不适当的场合、以不适当的方式表达出来，譬如把不良情绪发泄在学生身上，这样既伤害了学生，也破坏了自己在学生心中的形象，妨碍后续的教育教学工作。如果消极情绪积蓄过多，得不到适当的宣泄，容易造成心身持续的、高强度的紧张状态并出现心身疾病。

　　1. 心理宣泄

　　个体在遇到挫折时由于受到消极情绪的影响，容易出现思维狭窄、偏激的情况，这个时候如果能找个合适的场合适度发泄一下，往往能使个体恢复理性避免冲动且不计后果的行为。这里主要介绍两种适宜的心理宣泄方法：（1）倾诉宣泄：倾诉就像倒垃圾一样，及时清除有可能污染心灵的污染源，让被堵塞的心灵畅通起来。不愉快时，不要一个人生闷气，要学会倾诉。倾诉的对象可以是亲人、朋友、同事等，也可以是心理咨询师，把自己积郁的烦恼、愤怒、痛苦等消极情绪倾诉出来或大哭一场，以缓解心理压力。或者把那些让自己感到不愉快的事件书写出来，例如通过写信、日记、绘画等形式发泄自己的不满，也可以达到宣泄的作用。（2）运动宣泄：当积累的心理能量通过某种方式释放，积累的负面情绪得以宣泄，人会有一种如释重负的快感。普遍认为比较有效的用体育运动来消耗心理能量的包括比赛、跑步、拳击等，可以很好地释放心理能量、宣泄不良情绪。还可以进行一些重体力劳动，这样一来就可以借助于体力上的消耗把心理上的负荷释放出去，情绪也就会平和些了。需要注意的是，抽烟、喝酒、暴饮暴食、打架等活动，虽然也能在一定程度上缓解个体的紧张、焦虑、愤怒等情绪，但由于它们具有更多的消极性和破坏性，因此这不是值得提倡的宣泄方式。

2. 注意转移

所谓注意转移，是指在心情烦恼、苦闷的时候，为了控制不良情绪，可以有意识地改变注意焦点、分散注意力、做感兴趣的事或改变环境等，把注意力从引起不良情绪反应的刺激情境转移到其他事物或活动上去。例如，到田野里走一走，到河边钓钓鱼，呼吸一下新鲜空气，放松一下心情；参加自己喜爱的娱乐活动，如下棋、画画、跳舞，或者看电影、听音乐、读小说、看报纸等；个体还可以有意识地安排一些工作任务，使自己的注意力集中在该项工作上，因为忙于工作而无暇顾及令人不快、烦恼的事情。注意力转移使人的情绪更加稳定，不良的情绪也会慢慢随之好转。总之，学会有意识地把这些不良情绪转移开，就可以使紧绷的神经松弛一下，不良情绪常常可以得到减轻或排解，这也是一种较为有效的调节情绪的方法。

3. 放松训练

放松训练是指使有机体从紧张状态松弛下来的一种练习过程。其直接目的是通过肌肉放松使整个机体活动水平降低，最终达到心理上的松弛，从而使机体保持内环境平衡与稳定。放松训练的基本种类有呼吸放松法、肌肉放松法、想象放松法三种，这些训练可以降低压力情境下个体消极体验对身心健康的不良影响。譬如想象放松法要求个体头脑里要有一种与感到放松密切相联系的、清晰的处境，通过唤起宁静、轻松、舒适情景的想象和体验，来减少紧张、焦虑，控制唤醒水平，引发注意集中的状态，增强内心的愉悦感和自信心。个体可以想象自己躺在温暖阳光照射下的沙滩，海浪有节奏地拍打着岸边，迎面吹来阵阵微风；或者想象自己正在空气清新的树林里散步，这里小溪流水，鸟语花香……练习的时候如果个体身临其境之感越深，放松的效果则越好。

(三)建立和谐的人际关系

任何一个人的成长与发展都离不开周围人们的支持与帮助，比如家庭关系的和睦，同事关系的和谐，上下级关系的融洽等。同样，教师也是要求人际互动的职业，只有处理好与同事、领导、学生、学生家长以及家人和朋友之间的关系，才能拥有令人愉快的学校、家庭和社会环境。良好的人际关系，是教师减缓压力的重要因素，也是保障教师顺利工作的基础。不和谐的人际关系会引起不愉快的情绪体验，给教师带来一定的心理负担和压力体验。

1. 与同事的关系："双赢"思维

教师的同事自然也是教师。教师之间因为是相同的职业，处于同一个环境，所做差不多相同的事情，彼此之间就会相当的熟悉和了解，能够增加彼此之间的友好关系，但与此同时，相似的工作性质也会在教师同事之间产生一定的摩擦和矛盾。譬如，由于嫉妒他人的出色工作而故意拆台，诋毁他人，由于评优、晋级而引起的利益冲突，或是由于分处不同工作角色引起的方式、目标分歧。但是社会的发展使人们之间的交往变得更加频繁而深入，合作、互利在人们的社会生活中越来越重要。孤军奋战往往难以取得成功，因而，一个人要想在自己的事业中取得成功，一定要广结善缘，乐于助人，在帮助别人获得成功的同时，自己也获得成功，这就是"双赢"。

作为教师群体中的一员，要达到"双赢"的目标，必须正确对待同事之间合作和竞争的关系。竞争作为发展的重要动力，要把握一个"度"。尽可能使竞争在公平有序的条件下进行，使每个人的潜能被更大地激发出来，更好地投入到工作中，避免出现明争暗斗、相互诋毁、不相往来、互不买账等导致群体凝聚力下降、士气低落、人际关系紧张的恶性竞争。同时学生的教育教学工作强调全体教师的精诚合作，我国著名教育家叶圣陶指出："教师之间要团结无间，互相配合。"因此同事之间不仅应该相互理解和尊重，正所谓"己所不欲，勿施于人"，而且还要突破"各人自扫门前雪，莫管他人瓦上霜"的错误观念，互帮互助、共同进步。

2. 与学生的关系：尊重宽容

师生关系历来就是教育中的一个关键性问题。教师不仅要完成"传道、授业、解惑"的任务，而且要关心学生的个性发展和身心健康；不仅要让学生掌握知识，而且要让学生学会学习；不仅要让学生会做事，更要指导他们学会做人。而这一切都必须建立在和谐融洽的师生关系的基础上。对一个教师而言，其教育理念的体现和教育效果的取得，无不是通过良好师生关系的建立以及合理的交往与沟通来实现的。所以，教师必须重视建立良好的师生关系，这就要求教师能够完整接纳并欣赏学生，充分肯定和激励学生。

人民教育家陶行知提醒教师要做到"有教无类"，他说"当心你的教鞭下有瓦特，你的冷眼里有牛顿，你的讥笑中有爱迪生。"学生成长的过程就是一个不断犯错与纠错的过程，在这个过程中教师应该做的首先就是谅解、宽容，然后再加以指导。例如，教师遇事时要耐心倾听学生的想法，尊重学生的意愿，不打断、不过早下评断；课堂上允许学生提出不同的见解，鼓励学生大胆发表不同意见；相信学生有无限发展的潜能，善于发现并赞扬学生的优点和长处，不在大庭广众之下让学生丢脸等等，这些都是教师宽容和尊重学生的表现。

3. 与学生家长的关系：平等合作

实现教育的培养目标，需要各种力量和谐一致地配合行动，苏联教育家苏霍姆林斯基说过，"教育的效果取决于学校和家庭教育影响的一致性。如果没有这种一致性，那么学校的教学和教育过程就像纸做的房子一样倒塌下来。"教师和家长在教育学生的过程中互相交流教育信息，形成教育合力，将对孩子的健康成长产生积极的影响。教师要正确处理好与学生家长的关系，要认识到两者之间并不存在领导与被领导者、教育与被教育者的关系，而是为着共同的教育目标——教育好学生而结成的平等合作关系。这种平等合作的关系要求教师在与学生家长共同探寻解决问题的途径时，注意用商量、征询的口气，深入细致具体地了解情况，虚心听取学生家长的意见和建议，共同做好学生的教育工作。教师既不应该对家长表现出强制命令的态度，也不能采取随意迁就的方式，教师的过于强势或过于弱势，都不利于学生的健康成长。

由于家长和教师是站在不同位置，有着同样尊严的教育者，这种平等合作的关系还要求教师真正表现出对学生家长的尊重。无论学生家长是什么样的职业、地位和身份，教师都应一视同仁并以礼相待，决不能按照家庭背景和身份地位人为地把学生家长分为三六九等予以区别对待。同时教师在对待学生家长时还应该做到细致、耐心地对待家长的挑剔，宽容地接受学生家长的不同意见，充分理解学生家长对子女的情感，慎重、委婉而中肯地提出批评学生的意见。

此外，为了维护自身的心理健康，农村教师不仅要掌握一些认知、情绪、人际关系等方面的调节方法，而且还要努力提高自我修养、增进个人能力和素质。每一位教师都应保持开放的心态，树立"终身学习"的意识，自觉通过各种渠道和形式加强学习和实践，不断提高专业教学能力和水平，只有这样才能适应不断变化的教育形势和教育要求，真正拥有心理上的安全感，维护健康的心理状态。

第八章　农村中小学教师专业发展的现状与对策研究

　　农村中小学教师是农村教育的基本力量，没有农村中小学教师的专业发展，就没有农村教育质量的提高，也就没有农村社会经济水平的提高，城镇化的进程也将势必因之而受到相应的影响。本章在探讨农村中小学教师专业发展的背景、内涵与动因等基本理论问题的基础上，对新世纪以来我国农村中小学教师专业发展的改革、现状与阻抗因素进行了回顾和评析，并结合美国、英国、澳大利亚等西方发达国家的有关域外经验，从伙伴支持、校本培训和自主发展等层面提出了促进我国农村中小学教师专业发展的本土性对策。

第一节　农村中小学教师专业发展的概述

　　了解农村中小学教师专业发展的社会背景，探寻农村中小学教师专业发展的内、外部动因，并从不同学科视角来审视和解读农村中小学教师专业发展的内涵，是认识和理解农村中小学教师专业发展问题的逻辑起点。

一、农村中小学教师专业发展的背景

　　知识经济、终身教育与城镇化是我国进入 21 世纪以来备受人们关注的几大关键词。在此新的时代语境中，农村中小学教师被赋予了新的历史任务和发展期待。

(一)知识经济赋予了农村中小学教师新的历史任务

　　21 世纪是一个以知识、智力和创新能力为核心的知识经济时代。在知识经济中，教育与经济的互动比以往任何时代都更为密切。一方面，教育具有直接的经济价值，它可通过生

产、传递知识，培养、提高人的智力和创新能力来直接推动经济的发展；另一方面，经济对教育提出了新的要求，它内在地要求教育的思想、观念、内容和方法发生与之相适应的转变，它急切地期待教育所培养的人才能满足其快速、多元发展的需求。然而不容忽视的是，在我国农村社会经济形态尚未发生根本性转变的情况下，教育与经济的互动在农村并未得到充分的显现，农村教育与农村经济的分离依然是农村社会的一种"常态"。作为农村教育的主干力量，农村中小学教师既肩负着培养农民子弟的传统使命，又承担着促成农村教育与农村经济有效融合的新的历史任务。因此，知识经济时代农村中小学教师的专业发展，不仅关系到农村教育水平的提升，而且关系到农村教育与农村经济互动质量的提高，并将对社会经济的整体转型起到至关重要的作用。

(二)终身教育呼唤着农村中小学教师的专业发展

21世纪还是一个教育贯穿人的一生发展的终身教育时代。古语中的"活到老，学到老"也许是对当今这一时代特征的最好诠释。在终身教育中，农村中小学教师既是他人终身教育的责任主体，即终身教育者；又是自我终身教育的责任主体，即终身学习者。作为终身教育者，农村中小学教师需要不断地更新教育内容、调整教育手段，以满足农村不同年龄群体、不同教育对象的教育需求；作为终身学习者，农村中小学教师自身的专业知识和专业观念需要"与时俱进"，通过持续不断的学习来紧随科学知识的更新步伐和现代社会的变化节奏。可见，无论从教育者的视角来看，还是从学习者的视角来看，农村中小学教师的专业发展在终身教育的时代语境中都是一个重要且紧迫的议题。

(三)城镇化推动着农村中小学教师的专业发展

如果说知识经济、终身教育还只是为农村中小学教师专业发展提供了较为宏观的社会背景，那么城镇化则为农村中小学教师专业发展刻上了更为具体的时代印记。所谓城镇化，系指"随着社会经济的发展，农村要素不断转化为城市要素的量化过程以及城市要素不断向农村扩散的同化过程的有机统一。"①就目标而言，城镇化旨在破除城乡"二元"社会体制，逐渐消除城乡社会差别。就形式而言，城镇化可看成是农村劳动力转变为工业、服务业劳动者的过程，是农村土地用途的转移过程，更是农民"市民化"的变迁过程。在城镇化的影响下，农村教育已产生了许多"突变"甚至是"异化"的问题，如优质教育资源和生源的批量流失，乡土教育的日渐萧条和衰弱，留守儿童的日益增多及其带来的教育隐患。面对这些汹涌而至的变化，农村中小学教师唯有在专业上获得既与城市中小学教师"同步"，又与农村本土文化"兼容"的发展，方能在城镇化的浪

---

① 胡俊生.农村教育城市化：动因、目标及策略探讨[J].教育研究，2010(2)：89—93.

潮中具备"处变不惊"的品性，方能真正成为"既通且专"的农村教育专业人士。

二、农村中小学教师专业发展的内涵

从社会学、人类学、教育学等不同学科视角来审视农村中小学教师的专业发展，可以多层面地发掘出其丰富、多元的内涵。

(一)社会学视角下的农村中小学教师专业发展

在中国，"教师是社会的代表"这一观念有着较为牢固的历史根基。有鉴于此，探讨农村中小学教师专业发展的内涵，可以首先从社会学的视角来进行分析。

在社会学视野中，"社会如同舞台"：舞台中的演员要扮演一个角色，社会中的人也有一个特定的社会角色；舞台中的演员要服从舞台剧本，社会中的人要服从社会规范；舞台角色和剧本塑造了演员的舞台形象，社会角色和规范则塑造了人的社会形象。①

相对于农村其他大部分成员而言，农村中小学教师由于掌握着更多的"文化资本"，长期扮演着"知识传递者"的角色，因而往往被视作为农村社会的"文化代表者"；相对于城市中小学教师而言，农村中小学教师由于长期置身于相对落后、信息闭塞的农村社会环境之中，在专业权力的表达上更多地扮演着"缄默者"的角色，因此在专业规范的制定上也通常处于被支配的地位，往往被看成为教师行业中的"规范服从者"。前一种颇具正面意义的形象是"内生性"的，因为它主要源于农村中小学教师自身的影响力；后一种带有消极色彩的形象则是"外源性"的，因为它更多的源于城乡社会环境的差异。

从这两种意义不同、特征各异的形象来审视，我们可以看出农村中小学教师的专业发展具有以下含义：一方面，农村中小学教师的专业发展是"为了农村"的发展，它担负着传承、发展农村文化的重要职责，它具有代表、引领农村文化的特殊使命；另一方面，农村中小学教师的专业发展又是"追随城市"的发展，特别是在城镇化的社会大环境之下，这一含义将会在很长一段时间内被凸显出来。尽管"为了农村"和"追随城市"二者之间具有一定的矛盾性和冲突性，但这对农村中小学教师专业发展并非必然地起着"阻抗"的作用；倘若我们能够直面正视这些矛盾和冲突的存在，设法化解农村中小学教师在此过程中可能遭遇的困境和迷惘，这些矛盾和冲突亦有可能转化成为农村中小学教师专业发展的能量源泉。

(二)人类学视角下的农村中小学教师专业发展

人类学是以人为研究对象，把人的存在及其发展置于人类发展与变迁的历

---

① 马和民．新编教育社会学[M]．上海：华东师范大学出版社，2009：67.

史背景之下来进行考察研究的学科。人类学自诞生之日起，就对教育赋予了特别的关心，并秉承独特的研究理念，以人类学的概念、原理和方法来研究教育过程中人的发展与成长。人类学曾用三个形象的隐喻来揭示人成长的特点与规律，为我们理解农村中小学教师专业发展的内涵提供了更为丰富、多元的视角。①

首先，人类学将人在成长过程中遭遇的重大经历或特殊事件隐喻为"震撼"经历，并认为这些"震撼"经历对人的发展起着关键的影响。在这一观念指引之下，我们应认识到：农村中小学教师专业发展具有明显的"个性化"特征，它与农村中小学教师的个人生活史、教育生活史相关；农村中小学教师专业发展是一个"非线性"的过程，他们亲历的种种"震撼"体验有可能是促动其"突变"或"质变"的重要力量。

其次，人类学将人在成长过程中对所从事活动的投入状态隐喻为"沉醉"的过程。所谓"沉醉"，是指发源于人的力量意志（will to power）的充实、丰盈状态，是人对所投入活动的欣喜和享受。如尼采所言，只有当人具有充实、丰盈的生命力的存在时，他才沉醉；只有当人沉醉的时候，他才是真实、完满的人。② 这意味着我们在理解农村中小学教师专业发展时，不能仅仅将之视为一个纯粹的理性认知过程，而且要从非理性的情感维度来对之进行审视。

此外，人类学还将人在成长过程中与其生存场域的互动隐喻为"民族"的过程。这里所指的"民族"的过程，即与"全球化"相对应的"本土化"过程。它实际上是提醒我们，在追寻农村中小学教师专业发展"普适性"规律的同时，还须深入探究农村中小学教师专业发展的"民族性"特点。特别需要关注的是那些与农村地域和乡土文化息息相关的"地方性知识"，因为它们对于农村中小学教师专业发展而言，既富有本土特色的生态性意义，又蕴含着不可估量的潜藏性价值。

（三）教育学视角下的农村中小学教师专业发展

从教育学的视角来审视农村中小学教师专业发展，可将其分解成横向和纵向两个层面的内涵。

横向层面的专业发展主要指向于农村中小学教师专业素质的完善，具体涉及专业信念、专业知识、专业能力等方面内容。专业信念是指农村中小学教师自己选择、认可并确信的教育观念或教育理念，它可能是从自己教学实践经验中逐渐累积形成或由外界直接接受而来的教育观念，也可能是经过深思熟虑并

---

① 姜勇．教育人类学的"成长"隐喻与教师的专业发展[J]．教师教育研究，2009（2）：45—49．

② 陈家琪．也谈尼采的微言大义[J]．书屋，2001（1）：22—25．

富于理想色彩的教育理念；专业知识是指由学科内容知识、一般教学法知识、课程知识、学科教学知识、教学情境知识、关于学生及其特征的知识以及关于教育哲学与历史渊源的知识等七大类型知识构成的知识整体系统；专业能力则主要涉及沟通、诊断、管理、调控、评价等方面的教育能力。

纵向层面的专业发展则更多地指向于农村中小学教师专业成长的程度与特点，对此国内外均有大量的相关研究成果。其中，较有代表性的研究当属司德菲(B. Steffy)所提出的生涯发展模式。该模式将农村中小学教师的专业成长划分为五大阶段，并对每一阶段的特点都进行了解释说明：一是预备生涯阶段，其特点为理想主义，有活力、富创意、进取心强；二是专家生涯阶段，特点是具备较高专业水平，能有效地完成教学任务；三是退缩生涯阶段，特点是观念较为固执，有抵触变革的情绪，在教学上往往会有无力感；四是更新生涯阶段，特点是反思前阶段出现的问题，并积极调整应对；五是退出生涯阶段，特点是打算离开教师工作岗位，或对教学工作眷恋不舍，或准备回家颐养天年。①

三、农村中小学教师专业发展的动因

概括而言，新课改与义务教育均衡发展的殷切期待为农村中小学教师专业发展提供了外部驱力，教师专业化与农村教师"赋权"的愿景诉求则是农村中小学教师专业发展的内部动因。

(一)外部驱力：新课改与义务教育均衡发展的殷切期待

作为国家教育发展的一项重要战略，新一轮基础教育课程改革从正式推行到现在，已有十余年时间。新课改在取得巨大成就的同时，许多问题亦随之而不断涌现。当人们对这些问题进行反思和归因时，几乎不约而同地将教师推至这一风口浪尖之上。特别是对于那些长期处于农村教育一线的教师来说，更是被卷入了研究与实践界关注的"漩涡"之中。新课改总体上是否得到了农村中小学教师的内在认同？新课改的理念是否落实到了农村中小学教师的日常教学行动之中？新课改提出的要求是否"高估"了农村中小学教师的回应能力？对于这些问题，无论是位居"庙堂"之高的决策者，还是身处"江湖"之远的执行者，恐怕都难以做出确定性的回应。也正因为如此，人们在批评新课改有关政策对农村的适应性的同时，又不得不将期待的重心回落到农村中小学教师身上。从此意义上说，农村中小学教师在专业上的成熟度，决定了新课改的广度和深度；提升农村中小学教师专业发展水平，是进一步深入推进新课改的殷切期待。

当前我国教育发展的另一重大战略是推进义务教育均衡发展。《国家中长

---

① B. Steffy. *Life Circle of the Career Teacher* [M]. Washington：Corwin Press, Inc. 2000：234-256.

期教育改革和发展规划纲要（2010－2020 年）》明确指出："均衡发展是义务教育的战略性任务"；要"建立城乡一体化义务教育发展机制，在财政拨款、学校建设、教师配置等方面向农村倾斜"。党的十八大报告特别强调，要"均衡发展九年义务教育"，"合理配置教育资源，重点向农村、边远、贫困、民族地区倾斜"。从这一系列国家层面的政策文件中，我们可以看出，义务教育均衡发展与农村教育、与农村中小学教师的发展具有不可分割的内在联系。义务教育要实现均衡发展的目标，关键在于农村教育质量的提高；而农村教育质量能否达到义务教育均衡发展的要求，则关键取决于农村中小学教师专业发展水平的高低。

（二）内部动因：教师专业化与教师"赋权"的愿景诉求

自 1966 年联合国教科文组织和世界劳工组织联合发表的《关于教师地位的建议》（*Recommendation concerning the Status of Teachers*）提出"教师工作应被视为一种专门职业"的口号以来，旨在提高教师专业地位和专业水平的"教师专业化"运动，已经成为世界众多国家提高教育质量、提升教师素质的主导性潮流和趋势。概括地说来，教师专业化的内容包含两个向度：一是群体层面的专业化，即教师由普通职业群体向专门性职业群体转化的过程；二是个体层面的专业化，即教师个人通过持续的学习、不断的反思来改善其教学实践，从而获得他人不可替代的专业地位的过程。对于农村中小学教师而言，无论在群体层面，还是在个体层面，都不可避免地受到了教师专业化这股浪潮的冲击。群体层面的专业化意味着农村中小学教师需要对他们所从事的职业重新定位，对所承担的角色及其相应任务重新适应，进而获得"共时"的专业发展；个体层面的专业化意味着农村中小学教师必须通过不断的学习和反思来应对本专业领域的各种变化，质疑各种习以为常的观念和做法，敏锐地从具体事务中抽象出潜藏的问题，并对之做出自我分析、判断和抉择，进而获得富有"个性"的专业发展。① 总之，教师专业化这一美好愿景能否实现，与农村中小学教师专业发展的水平和质量休戚相关。

教师"赋权（empowerment）"一词源于人们对大学与学校（K－12 Schools）伙伴合作的研究。有学者从"知识—权力"的视角分析大学教师与学校教师在合作中的互动，发现二者由于知识占有方式的差异，话语权力和地位也不尽一致。前者被认为是以后者及其实践为研究对象并进行创造、阐释教育知识的"生产者"或"立法者"，而后者则是应用前者研究成果的"消费者"或"执行者"，

---

① Duffy, G. *Professional Development Schools and the Disempowerment of Teachers and Professors* [M]. Phi Delta Kappan, 1994：596－597.

由此生成的关系是一种指导与被指导、权威与服从的关系。①欲破除这种非对等的关系，实现真正意义上的伙伴合作，最为关键的是如何赋予学校教师更多的权力。具体而言，教师赋权包括两方面含义：一是制度赋权，即通过"权力分享"的协作文化机制让学校教师享有与大学教师同等的对话和决策权力，使其主体地位得到实质性承认，从而更大程度地释放其合作潜能；二是自我赋权，即学校教师意识到自身作为专业人士的存在，有信心地展示个人专长并对本专业事务进行自我判断和抉择。制度赋权是自我赋权的基础，自我赋权是制度赋权的深化和落实。必须注意的是，两类赋权对于农村中小学教师而言，都有一个共通性的前提，即农村中小学教师的专业发展必须上升到一定的自主化程度，因为真正的权力从来都不是被他人所赋予的，而是博弈的结果、博弈的过程中又充满着实力的较量和竞争。②

第二节　农村中小学教师专业发展的现状

把握我国农村中小学教师专业发展的改革动向，厘清本土农村中小学教师专业发展的现状，并对其中存在的问题进行多维度的分析，是进一步寻求农村教师专业发展对策的基础。

一、农村中小学教师专业发展的改革举措

进入新世纪以来，我国政府先后出台了多项改革政策并推行了多项改革举措来致力于提高农村中小学教师素质、促进农村中小学教师发展。概括地讲，可将这些改革政策与举措大体地归纳为"数量补充型"、"地位保障型"和"质量提高型"三种类型。③

(一)"数量补充型"改革举措

1. 派遣师范生赴农村顶岗实习支教

顶岗实习支教系指师范院校委派高年级优秀师范生到师资短缺的边远农村中小学，通过"顶岗补缺"的方式来完成教育实习和支教服务双重任务。从发展历程来看，顶岗实习支教经历了一个由"前期试验"到"大力推进"的过程：先是

① Wilson S. M. & Coolican M. J. How High and Low Self—empowered Teachers Work with Colleagues and School Principals [J]. *Journal of Educational Thought*, 1996 (2)：99—117.

② 李国栋，杨小晶. U-D-S伙伴合作：理念、经验与启示[J]. 外国教育研究，2013 (10)：30—37.

③ 胡伶. 义务教育均衡发展背景下农村教师政策的问题与改进[N]. 教育发展研究，2009(22)：4—8.

以河北师大、西南大学、忻州师院等院校为试点，之后通过教育部《关于大力推进师范生实习支教工作的意见》这一纲领性文件的推动，越来越多的师范院校参与进了这一改革行列。据不完全统计，仅在2008至2009学年，全国就有19个省份124所师范院校派遣了8.5万名师范生到1.6万所农村中小学校进行顶岗实习支教。①

概括来讲，顶岗实习支教对农村中小学教师专业发展起到了一定的促进作用，它为农村中小学教师队伍输入了大量的新鲜血液，有效缓解了农村边远地区师资匮乏的状况；但与此同时，顶岗实习支教也给农村教育和农村教师专业发展带来了一系列问题。首先，缺乏经验、尚无教师资格的师范生在农村中小学直接任教，其"合法性"受到了人们的普遍质疑。其次，分批次、轮番式的顶岗对农村中小学的教学质量以及学生发展的持续性也造成了一定的不利影响。另外，在该举措的实施过程中，"重教育实习、轻支教服务"的取向也较为普遍，甚至有论者直接提出：顶岗实习支教主要旨在"强化"教育实习，而支教服务只是其"附属"功能。

2. 重建"面向农村"的师范生免费教育

在我国计划经济时代，师范生教育一贯执行的是免费的政策。伴随市场经济体制下高校"包分配"机制的破除，师范生免费教育曾一度销声匿迹。2007年3月，国务院总理温家宝在政府工作报告中提出"今年将在教育部直属师范大学实行师范生免费教育"；同年5月，国务院正式批复了由教育部、财政部、人事部等部门联合提交的《教育部直属师范大学师范生免费教育实施办法（试行）》，并决定从2007年秋季开始，在教育部直属的6所师范大学推行师范生免费教育。与以往师范生免费教育政策相比，本次政策除了具有"免费"（免学费、住宿费，并补贴部分生活费）的特点之外，还具有较为突出的"面向农村"的特点，譬如它明确规定："免费师范生就业时必须按照约定回到生源所在地中小学任教10年以上，到城镇学校工作的须先到农村学校服务两年。"②

从师范生免费教育的实施状况来看，其初步成效是较为明显的。2011年，首届10597名免费师范生中，90%以上去了基础教育较为薄弱的中西部任教，39%进入县镇及以下中小学。不过值得注意的是，尽管在师范生免费教育的政策文本中，明确规定了它与农村教育的对接关系。但在这一政策的实际执行过

---

① 高伟山.124所师范院校开展实习支教，积极服务农村教育[N].中国教育报，2009-11-26：1.

② 国务院办公厅.国务院办公厅转发教育部等部门关于教育部直属师范大学师范生免费教育实施办法（试行）的通知[EB/OL]（2013-06-30）.http：//www.gov.cn/zwgk/2007-05/14/content_614039.htm.

程中，还是出现了一些偏离政策初衷的情况。有报道称，免费师范生下基层的意愿并不强烈，甚至对执教基层有抵触情绪；另外，到农村任教的比例偏低，陕西、江苏、云南、安徽、江西和河北等 6 个省区在农村学校任教的免费师范生仅占总数的 4.1%，在福建、山西、甘肃、贵州、青海、海南、山东、宁夏、内蒙古和广东等 10 省区，竟无一名免费师范生站上农村中小学的讲台。①

3. 开展农村义务教育教师特岗计划

农村义务教育学校教师特设岗位计划（以下简称为"特岗计划"）是由教育部、财政部、人事部、中央编办于 2006 年联合启动实施的一项专门针对改善农村义务教育阶段师资薄弱问题的计划。该计划旨在通过公开招募高校毕业生到西部"两基"攻坚县的县以下农村义务教育阶段学校任教，引导和鼓励高校毕业生从事农村教育工作，逐步解决农村地区师资力量薄弱和结构不合理等问题，提高农村教师队伍的整体素质。农村特岗教师的聘期为 3 年，原则上安排在县以下农村初中，适当兼顾乡镇中心学校；受聘期内享受与当地学校教师同等的待遇；聘期满后考核合格者，自愿留任的均可转为正式在编教师。

"特岗计划"自 2006 年实施以来共招聘近 30 万名特岗教师，赴中西部 22 个省区 3 万多所农村学校任教，服务期满后留任率连续三年达到 87%。同时使农村教师队伍的配置总体状况得到改善，尤其在年龄、学历、学科结构方面，有效地缓解了农村教师数量、质量、结构和应届毕业生就业等问题。与师范生免费教育相比，"特岗计划"的效率更加明显，具体体现为：第一，周期短、成本低、数量大；第二，针对性强，公开招聘考试的模式易于推行；第三，专项财政拨款的激励效果显著。但也存在着一些问题，如政策文本模糊、配套政策不到位，使得该计划在执行过程中兼有灵活性与盲目性，导致考试公正性有待加强、部分地区特岗教师留任率低、考核无标准可依等问题。②

（二）"地位保障型"改革举措

1. 实施农村义务教育教师绩效工资

绩效工资不同于与我国传统的按劳分配制度，它是以岗位的实际状况（如责任大小、劳动强度、技术含量和环境优劣）和工作业绩来确定岗位级别和工资水平。2008 年 12 月，国务院常务委员会审议并通过了《关于义务教育学校实施绩效工资的指导意见》，决定从 2009 年 1 月 1 日起，在全国义务教育学校实施绩效工资。该意见规定：绩效工资分为基础性和奖励性两部分，基础性部分主要体现地区经济发展水平、物价水平、岗位职责等因素，占绩效工资总量

---

① 吴齐强，黄娴，银燕. 首届免费师范生去了哪里[N]. 人民日报，2011-9-28：3.
② 王学男. "免费师范生"与"特岗计划"的政策比较研究[J]. 上海教育科研，2012 (10)：30—33.

的70％；奖励性部分主要体现工作量和实际贡献等因素，占绩效工资总量的30％；此外，该意见还特别指出，要"对农村学校特别是条件艰苦的学校要给予适当倾斜"，"中央财政要进一步加大转移支付力度，对中西部及东部部分财力薄弱地区农村义务教育学校实施绩效工资给予适当支持。①从这些规定可以看出，教师绩效工资具有"公平为主，兼顾效率"的价值取向，其中一个很重要的目的便是提高农村义务教育学校教师的工作积极性，保障农村义务教育学校教师的社会经济待遇和地位，进而推动义务教育的"均衡化"和农村义务教育学校教师的专业发展。

自绩效工资在农村义务教育领域实施以来，在各级政府的高度重视下，相关的财政投入逐步到位，相应的实施细则陆续出台，其正面的促进效应也在不断彰显。譬如，绩效工资使得农村教师的工资收入普遍得到大幅提高，经济待遇得到较大改善，专业地位得到有力保障；另外，其中以绩效考核为基础的教师评价制度，切实体现了对农村教师专业发展的重视，对农村教师的职业认同感和教学积极性的提升有很大促动作用。但不可否认的是，在该政策的执行过程中，也出现了一些功能异化的问题，主要体现为：第一，扩大了地区间的工资差异；第二，出现了程度不一的"同城不同酬"的现象；第三，绩效标准的制定在某些学校存在着"行政化"的倾向。

2. 深化农村中小学教师编制改革

编制问题涉及农村中小学教师的切身利益，关系到农村中小学教师的身份和地位。为深化农村中小学教师编制改革，解决农村中小学长期以来因教师编制少而导致的人员紧张问题，国家连续出台了一系列相关政策。2001年，国务院批复同意了由中央编办、教育部、财政部联合提出的《关于制定中小学教职工编制标准的意见》；2009年，中央编办印发的《关于进一步落实〈国务院办公厅转发中央编办、教育部、财政部关于制定中小学教职工编制标准意见的通知〉有关问题的通知》在第二、三条中专门强调，"各省（区、市）可根据实际需要，在县域范围内和总量控制的基础上，按照有增有减的原则，参照县镇标准核定农村中小学教职工编制"，"各地要结合本地实际，切实保障编制紧张学校特别是农村寄宿制学校、教学点分散的地区教职工的基本需求。"②

按照以上政策要求，全国各地在规划和制定本区域内中小教师编制标准

---

① 国务院办公厅．国务院常务会通过义务教育学校绩效工资指导意见［EB/OL］(2013-07-12)．http：//www.gov.cn/ldhd/2008－12/21/content_1184109.html.

② 中央编办．关于进一步落实《国务院办公厅转发中央编办、教育部、财政部关于制定中小学教职工编制标准意见的通知》有关问题的通知［EB/OL］(2013-07-15)．http：//info.jyb.cn/jyzck/200903/t20090320_256812.html.

时，对农村中小学教师予以了不同程度的扶助倾斜。但是，仍有几方面较为突出的问题亟待解决：一是编制标准整体偏紧，城乡标准仍不统一；二是单一的"生师比"编制计算方式，严重不适应我国农村地区（特别是教学点分散地区）义务教育正常运行与可持续发展的客观需要；三是编制的管理与监督制度不健全，部分地方政府往往根据自身财力和需要而非教育实际来核定使用教师编制。①

(三)"质量提高型"改革举措

1. 推行农村中小学教师国家级培训

教师培训是提高教师质量、促进教师专业发展的必不可少的环节。在新课改启动之际，全国范围内大规模的教师培训就已经拉开序幕，2001 年颁布的《基础教育课程改革纲要（试行）》指出，"要以实施新课程所必需的（教师）培训为主要任务，确保培训工作与新一轮课程改革的推进同步进行。"之后，教师培训的重心逐渐向农村地区转移，2007 年教育部制定的《国家教育事业发展"十一五"规划纲要》明确提出，要把"提高农村义务教育师资水平"作为一项主要任务，并提出"实施农村教师培训计划，到 2010 年，使中西部地区 50％的农村教师得到一次专业培训……"从 2010 年开始，农村中小学教师培训被正式列入为中小学教师国家级培训计划（简称"国培计划"）的主体内容，并被视作为落实《国家中长期教育改革和发展规划纲要（2010－2020 年）》的"第一个重大项目"。

"国培计划"本着提升教师专业发展水平、促进义务教育均衡发展、推进高质量教育公平等理念，为众多教师，尤其是广大的农村教师提供了前所未有的发展机遇。与此同时，国家制定了专门政策予以保障，并投入了大量专项资金予以支持。因此，自"国培计划"实施以来，各地实践广泛开展，取得了非常显著的成效：一方面体现在参训人员的不断增多，由最初的几十万上升到现在的几百万，由此可见农村教师对之的高度热情；另一方面体现在培训效果的不断增强，有调查表明，农村中小学教师对"国培计划"总体实效的赞同度高达3.99 分（满分为 5 分）②。对于"国培计划"尚须改进的地方，国内著名教育学者朱旭东曾对之做过精辟的分析，现将其主要观点归纳如下：一是培训机构的开放度、竞争性不够；二是优秀培训资源不足与资源浪费并存；三是培训项目设计存在内在逻辑不一致性；四是培训设计与培训需求之间未建立有效的逻辑关

---

① 韩小雨，庞丽娟，谢云丽. 中小学教师编制标准和编制管理制度研究：基于全国及部分省区现行相关政策的分析[J]. 教育发展研究，2010(8)：15－19.

② 付天贵. 影响国培项目农村教师培训有效性的主要因素[J]. 中国成人教育，2012(1)：111－113.

系；五是培训目标与培训课程之间也没有明确的一一对应关系。①

2. 推进城乡中小学教师交流制度建设

城乡中小学教师交流是指在教育行政主管部门的统一管理下，城市中小学与农村中小学通过"结对帮扶"与"互派教师"的形式，实现促进农村教师专业发展的一种双向交流机制。2003 年，《国务院关于进一步加强农村教育工作的决定》提出"要建立城镇中小学教师到乡村任教服务期制度"，标志着我国城乡教师交流制度正式启动。2006 年，教育部专门颁发了《教育部关于大力推进城镇教师支援农村教育工作的意见》，要求各地切实加强城镇教师支援农村教育的制度建设工作。2010 年，《国家中长期教育改革和发展规划纲要（2010—2020年）》也特别指出，要"建立健全义务教育学校教师和校长流动机制，城镇中小学教师在评聘高级职务（职称）时，原则上要有一年以上在农村学校或薄弱学校任教的经历。"

在上述紧锣密鼓的国家政策要求之下，全国各地先后程度不同地开展了城乡中小学教师交流实践，部分省（区）还形成了相对稳定的城乡中小学教师定期轮换交流机制。然而值得注意的是，现有政策文本过于强调城镇教师支援农村教育，而对农村教师到城镇中小学锻炼体验未有明确的说明，使得城乡中小学教师交流大多停留在单向性的支援层面之上，其双向性的互惠特征并未得到应有的展现。另外，相关配套保障机制和与之相对应的评价机制的缺失，使得城乡中小学教师交流"形式化"现象较为严重，并由此引发了部分教师对这一制度的淡漠态度和抵触情绪，这为农村中小学教师的专业发展带来了一定的负面效应。

二、农村中小学教师专业发展的基本状况

历经上述改革，我国农村中小学教师队伍建设取得了快速的进步，农村中小学教师的专业地位和发展水平与以往相比也有了很大的提升。但改革永远都是一把"双刃剑"，在取得巨大成就的同时，由于其自身存在的种种局限缺陷以及在执行过程中产生的种种异化现象，导致一些问题交织呈现于当前的农村中小学教师专业发展领域之中。在此，我们主要从城乡比较的视角，通过对教育部发展规划司编制的《中国教育统计年鉴（2010）》有关全国普通中小学专任教师数据的分析，阐释农村中小学教师专业发展的基本现状。

（一）生师比与城市基本持平

"生师比"系指在指定的年份中在校学生人数与同年教师人数之比，它在一定程度反映了教师教学工作量的大小程度。一般来讲，合理的生师比既可以为

---

① 朱旭东. 论"国培计划"的价值[J]. 教师教育研究，2010(6)：3—8.

教育质量提供人力资源保障，又可以为教师专业发展提供时间和精力上的保证。

近年来，通过上述"数量补充型"改革举措，我国农村中小学教师缺口得到了及时的弥补，农村中小学教师队伍得到了有效的充实；与此同时，受城镇化的驱动，大量农村家庭人口逐渐向城市转移，农村中小学学生数量相应地比以前减少了许多。在这两方面因素同时作用之下，农村中小学的生师比也产生了一定的变化。

表 8-1　城乡中小学"生师比"比较表

学校		在校生人数	专任教师人数	生师比
高中	城市	8582032	566527	15.15：1
	县镇	14062284	846289	16.62：1
	农村	1629035	105378	15.46：1
初中	城市	10590217	705956	15.00：1
	县镇	24324161	1545884	15.73：1
	农村	17844749	1271542	14.03：1
小学	城市	18204675	947337	19.22：1
	县镇	27700170	1479228	18.73：1
	农村	53502198	3190526	16.77：1

资料来源：教育部发展规划司. 中国教育统计年鉴（2010）[M]. 北京：人民教育出版社，2011：70—164.

从表 8-1 数据可以看出，农村中小学生师比与城市中小学生师比总体上呈基本持平的状态。在高中阶段，县镇的生师比最高，为 16.62：1；其次是农村，为 15.46：1；最低的是城市，为 15.15：1。在初中阶段，县镇的生师比依然最高，为 15.73：1；其次是城市，15.00：1，最低的是农村，为 14.03：1。到了小学阶段，生师比最高的则是城市，为 19.22：1；县镇、农村的生师比分别为 18.73：1 和 16.77：1。

（二）学历水平与城市仍有差距

学历对教师而言既意味着求学的程度，又代表着从教的资格。学历水平虽然不一定与教师实际水准完全一致，但由于教师从教的基本信念、基础知识和基本能力往往都是在获得学历的过程中初步养成的，因此在通常情况下，学历依然被视作为衡量教师专业发展水平的基础性指标。

近年来，通过有关改革举措，我国农村中小学教师的学历水平已有了大幅度的提升，并从过去单纯追求学历"达标"逐渐转向了学历"达标"与学历"升级"

并举的地步，但与城市中小学教师相比较而言，仍然存在着一定的差距。

表 8-2　城乡中小学专任教师学历分布比较表

学校类型		教师人数	各学历分布比例（%）					学历达标率（%）	高一级学历指标率（%）
			研究生	本科	专科	高中	高中以下		
高中	城市	566527	5.97	91.01	2.93	0.09	0.00	96.98	5.97
	县镇	846289	2.26	91.50	6.13	0.11	0.00	93.76	2.26
	农村	105378	2.06	89.44	8.25	0.25	0.00	91.50	2.06
初中	城市	705956	2.11	80.57	16.87	0.44	0.01	99.55	86.28
	县镇	1545884	0.34	62.80	35.60	1.24	0.02	98.74	63.14
	农村	1271542	0.20	54.62	43.23	1.91	0.04	98.05	54.82
小学	城市	947337	0.46	48.19	43.78	7.47	0.10	99.90	92.43
	县镇	1479228	0.07	25.96	58.57	15.20	0.20	99.80	84.60
	农村	3190526	0.03	15.19	55.93	28.13	0.72	99.28	71.15

资料来源：教育部发展规划司. 中国教育统计年鉴（2010）[M]. 北京：人民教育出版社，2011：70-164.

表 8-2 数据显示，在学历达标率[①]上，农村、县镇、城市各阶段都始终保持着由低到高的水平差距，特别是在高中阶段差距尤为明显，农村、县镇专任教师的学历达标率分别只有 91.50%、93.76%，而城市专任教师的学历达标率高达 96.98%。

在高一级学历指标率[②]上，农村、县镇专任教师在各个阶段都与城市专任教师都存在着较为明显的差距：在高中阶段，农村、县镇具备研究生学历的专任教师比例分别只有 2.06%、2.26%，二者比例相加起来亦与城市（5.97%）存在着一定的距离；在初中阶段，农村、县镇具备本科以上学历的专任教师比例分别为 54.82%、63.14%，城市具备本科以上学历的专任教师比例则高达 86.28%；在小学阶段，农村、县镇教师具备专科以上学历的专任教师比例仅占 71.15%、84.60%，城市的比例则达到了 92.43% 这一高度。

---

①　学历达标率系指所持学历达到《中华人民共和国教师法》第十一条规定的"小学教师中专以上、初中教师大专以上和高中教师本科以上"这一最低标准的教师人数在教师总数中所占的比例。

②　高一级学历指标率系指所持学历超过最低标准（即小学教师大专以上、初中教师本科以上、高中教师研究生以上）的教师人数在教师总数中所占的比例。

(三)中高职称比例远低于城市

职称是教师作为专业技术人员的等级称号。教师的职称既可在一定程度上反映其具有何种专业水平和能力，又可在一定程度上表明其具有何种专业身份和地位。因此，在衡量教师专业发展水平时，职称亦往往被列定为重要指标之一。

表 8-3　城乡中小学专任教师职称分布比较表

学校类型		教师人数	各类职称分布比例(%)					
			中高	中一	中二	中三	未评	
高中	城市	566527	30.99	34.66	28.22	0.58	5.55	
	县镇	846289	20.97	35.09	35.73	1.35	6.86	
	农村	105378	16.45	35.85	37.64	2.00	8.06	
初中	城市	705956	21.96	42.66	28.27	1.35	5.76	
	县镇	1545884	11.07	44.06	35.79	2.91	6.17	
	农村	1271542	8.92	40.02	38.92	4.46	7.69	
学校类型		教师人数	各类职称分布比例(%)					
			中高	小高	小一	小二	小三	未评
小学	城市	947337	2.05	55.96	31.54	2.64	0.39	7.41
	县镇	1479228	1.43	54.82	34.64	2.85	0.29	5.97
	农村	3190526	0.75	49.40	38.21	4.73	0.31	6.59

资料来源：教育部发展规划司.中国教育统计年鉴(2010)[M].北京：人民教育出版社，2011：70-164.

由表 8-3 可知，教师职称在城乡学校中的分布亦呈现出不平衡的状态。其中差异最为明显的体现在中小学职称的高端——"中高"职称之上。无论是在高中、初中，还是小学，城市、县镇、农村教师的分布都呈现出极为明显的"梯度下滑"趋势。在高中阶段，城市教师获得"中高"职称的比例为 30.99%，而县镇、农村教师的比例分别只有 20.97%、16.45%；在初中阶段，城市教师获得"中高"职称的比例为 21.96%，而县镇、农村教师的比例之和(19.99%)尚不及城市初中教师；在小学阶段，城市教师获得"中高"的比例为 2.05%，县镇、农村教师的比例相加起来(2.18%)才与之基本相当。

(四)年龄分布不如城市均衡

依据教师生涯发展理论，年龄对教师的专业发展也会产生较大的影响。不同年龄的教师由于处于生涯发展的不同时期，其专业发展的速度与质量也会呈现出不同的特点。另有大量研究表明：年龄结构均衡合理，老、中、青搭配得当的教师队伍对于教师专业发展整体水平的提升具有良好的推动作用。此处需要特别说明的是，由于小学阶段教师年龄的城乡分布在国家教育统计现有资料中暂未发现相关数据，故未将该阶段教师年龄纳入统计范围内。在此仅以2010年全国普通高中、初中教师的有关数据为样本来进行分析。

表 8-4　城乡中学专任教师年龄分布比较表

学校类型		教师人数	各年龄阶段分布比例（%）				
			≤30 岁	31～40 岁	41～50 岁	51～60 岁	≥61 岁
高中	城市	566527	29.45	38.63	26.52	5.16	0.22
	县镇	846289	34.04	39.20	22.56	4.12	0.08
	农村	105378	33.92	42.23	19.59	4.11	0.14
初中	城市	705956	23.77	41.46	27.07	7.62	0.08
	县镇	1545884	25.38	43.32	24.13	7.15	0.03
	农村	1271542	29.40	41.15	21.13	8.30	0.02

资料来源：教育部发展规划司. 中国教育统计年鉴（2010）[M]. 北京：人民教育出版社，2011：70−164.

从表 8-4 的数据可以看出，城乡中学教师的年龄分布具有以下特点：

在高中阶段，30 岁及以下的教师在城市、县镇、农村的分布呈"倒 U"型的状态，即县镇教师的比例最高（34.04%），而城市教师（29.45%）、农村教师（33.92%）的比例相对更低；31～40 岁的教师在城市、县镇、农村的分布呈"梯度上升"的形态，按比例由低到高分别是城市教师（38.63%）、县镇教师（39.20%）、农村教师（42.23%）；41～50、51～60 岁的教师在城市、县镇、农村的分布均呈"梯度下滑"的形态；到了 61 岁及以上这一年龄阶段，城市、县镇、农村的教师分布则呈"U"型的状态，即比例最低的是县镇教师，比例相对较高的是城市教师和农村教师。

在初中阶段，30 岁及以下的教师在城市、县镇、农村的分布呈"梯度上升"的状态，按比例由低到高的分别为城市教师（23.77%）、县镇教师（25.38%）、农村教师（29.40%）；31～40 岁的教师在城市、县镇、农村的分布呈"倒 U"型的状态，即县镇教师的比例最高（43.42%），而城市教师（41.46%）、农村教师（41.15%）的比例相对更低；41～50 岁、61 岁及以上的教师在城市、县镇、农村的分布呈"梯度下滑"的形态；51～60 岁的教师在城市、县镇、农村的分布呈"U"型的状态。

总体看来，农村、县镇中学教师的年龄分布不如城市中学教师均衡。在农村、县镇中学，青年教师的比例明显偏高；而在城市中学，各年龄阶段教师的分布相对更为合理。从理论上讲，不管是城市、县镇，还是农村，教师在年龄上的分布都应该是基本均衡的。但从目前这种实际状况来看，似乎隐含着一条潜在的"法则"，即随着年龄的逐渐增长和专业的逐步成熟，农村、县镇教师向城市的逐渐流动具有一定的"必然性"；与此同时，为了填补经验丰富的师资向城市流动的缺口，农村、县镇中学又不得不大量招录缺乏实践经验的大学应届毕业生。①

三、农村中小学教师专业发展的阻抗因素

在了解当前基本现状以及有关问题的基础上，接下来我们有必要围绕着"阻抗因素"这一主题，从社会环境、教育政策和学校管理等维度，对我国农村中小学教师专业发展存在的种种问题进行探讨分析。

(一)社会环境因素

1. 农村社会经济水平的长期落后

在城乡二元体制的影响下，农村社会经济水平长期落后于城市是个不争的事实。经济上的"城强乡弱"，导致城乡教育之间的关系也表现为强者与弱者的对立态势。教育投入的相对偏低、教育经费的捉襟见肘，使得农村教育始终难以摆脱"弱者"的地位。尽管"以县为主"的农村义务教育经费管理体制的建立和农村义务教育绩效工资的实施对于这一困境的化解产生了一定的积极作用，但并未使这一局面得到根本性的改观。在有限的经济条件情况下，要让农村中小学拿出资金用于改善教师的福利待遇，提高他们的经济地位，并为他们提供专业发展的专项资助，依然是件举步维艰的事情。

2. 农村自然生态环境的日益恶化

有研究表明，自然生态环境亦为影响教师专业发展的变量之一。特别是对于农村教师而言，农村的自然生态环境是其选择在农村从教与发展的一个关键性因素。在以往，"山清水秀、风光旖旎"是人们在形容农村这一画卷时经常使用的几个词汇。然而，伴随工业化进程中工业企业污染向农村的大量转移，城镇化进程中农耕土地被城市的大量征用，以及农民自身环保意识的不够到位，过去人们对农村的这种美好印象如今正在悄然地消失，农村自然生态环境已陷入了日益恶化的境地。这一状况直接或间接地导致农村教师职业吸引力大不如从前，农村教师力图走出农村、调入城市的欲望也越来越为强烈。

3. 农村本土文化建设的日渐萧条

教师是在特定的文化环境影响之下，通过内化、传承、创造文化等实践活

---

① 范国睿. 教育政策观察[M]. 上海：华东师范大学出版社，2009：194－195.

动来逐步实现自我完善和发展的。从此意义上说，教师的专业发展离不开其所处的文化环境。农村文化是农村教师作为文化人生存与发展的根基与土壤，亦是其获得"地方性知识"的重要源泉。① 近年来，在城镇化的推进过程中，受一些急功近利思想因素的驱动，"城镇化"这一取向被无限地放大，而"本土化"这一取向则越来越被边缘化，农村本土文化建设面临着日渐萧条的困境。以往许多富有农村特色的文化活动（如露天电影、乡戏、社戏以及一些民俗文化活动）如今已鲜见踪影，原本发挥着重要的本土文化传播功能的农村文化站、广播站等文化机构设施也因投入不足或运作不当而陷入难以为继的状态，农村人生活已逐渐失去自己独特的文化内涵。由于本土文化氛围的缺失，农村教师的专业发展不得不游离于其所在文化场域之外，其课堂教学也面临着缺乏本土文化积淀的危机与尴尬。

（二）教育政策因素

1. 农村生源质量保障政策的欠缺

但凡在基础教育一线从事过教学工作的人都有这样一种体会：生源质量不仅在很大程度上决定着教师的教学效能，而且会对教师的专业信念产生很大影响。目前，困扰农村教育发展的一大问题便是优质生源流失日益严重，生源质量普遍下降。一方面，城乡学校办学水平的差距导致大量农村优质生源向城市流动；另一方面，数亿青年农民进城务工又给农村学校留下了大量的留守儿童，由于缺乏父母的直接关爱和教养，留守儿童在学习生活、人际交往、人格发展等方面都或多或少地存在着一些困难或障碍，这对农村学校的整体生源质量也造成了不利的影响。由于国家暂时没有出台直接相关的政策，各地也未拿出行之有效的办法，农村中小学教师只能"孤独地"应对这一无奈的现状。长此以往，农村中小学教师在教学上的效能感必然会大打折扣，在专业信念上的无力感和挫折感也会因此而得到强化。

2. 城乡教育资源分配政策的失衡

城乡教育资源分配是一个涉及多方利益、关乎教育公正的话题。诸多国家的历史经验表明：在市场经济的条件下，完全依靠市场或社会来对城乡教育资源进行分配，只会加剧城乡学校利益的不均和城乡教育机会的不公；只有充分合理地利用国家政策这一"天平"，才能真正有效地平衡各方利益和确保教育公正的实现。从我国现有的城乡教育资源分配政策来看，在人力、物力和财力的配置上向城市"一边倒"的倾向依然存在，政策本身应具有的均衡性和公平性功能没有得到充分的发挥。前文"改革述评"所指出的"城乡中小学教师交流大多

---

① 葛孝亿. 农村教师专业发展范式转换——"地方性知识"的视角[J]. 中国教育学刊，2012(3)：82—85.

停留在单向性的支援层面之上，其双向性的互惠特征并未得到应有的展现"，以及"基本现状"所提及的"随着年龄的逐渐增长和专业的逐步成熟，农村、县镇教师向城市的逐渐流动具有一定的'必然性'"等问题，归根结底是城乡教育资源分配政策这一"失衡的天平"作用之下的结果。

(三)学校管理因素

1. 农村中小学管理的自主性缺失

受"集权式"教育行政体制的长期影响，中央、地市、县镇、农村中小学之间形成了色彩非常鲜明的"自上而下"的管理关系。农村中小学作为这一管理体制中的最底层，在很多方面只能被动地接受上级教育行政部门的指挥，而不能做到完全意义上的自主办学。虽然"以县为主"的农村义务教育管理体制对于破解这种传统的非对等关系起到了一定的促进作用，但未能从根本上实现农村中小学权力的解放。在这种自主性缺失的学校管理氛围中，农村教师的专业发展在很多方面也会受到种种干扰和限制。譬如，攻读高一级学历和学位(如教育硕士)要经上级审批，评定中高职称要动用层层"关系"，参加各类培训还要看领导是否愿给指标和机会。再深入到农村教师的课堂教学之中，我们同样可以发现这种限制几乎无处不在。课前备课要无条件地接受上级的检查，讲课过程中要时常应对领导的随堂听课，连课后作业批改也得服从督导们的监查。如果站在农村教师专业发展的内部动因——"教师赋权"这一视角来看，我们就不难发现，这种管理者习以为常的管理方式其实潜在地剥夺了农村教师的专业自主权，而且在心理层面上很容易给农村教师带来压迫感，让他们觉得难以真正成为教学这一专业的主人。①

2. 农村中小学管理的制度性失范

规章制度是农村中小学管理的重要途径和手段，以"制度化"的管理来引导和带动教师的专业发展已成为当前许多农村中小学共同追求的目标。为促成这一目标的有效实现，我们有必要对现有农村中小学管理过程中发生的制度性失范进行检讨。"制度性失范"原本是组织社会学中使用频率较高的一个专门术语，此处可概括地理解为农村中小学在制度制订、制度执行和制度监督的过程中产生的违规、越轨或"潜规则"行为。譬如，将多数非管理层的教师排斥在学校制度决策圈子之外便是一种制度制订的失范；为获取绩效奖励或相应荣誉而采取请客送礼、打"招呼"等非常规手段的行为便可视作为制度执行的失范；校长"一言堂""人治大于法治"等行为则是一种制度监督的失范。虽然这些制度性失范通常是以非公开的形式在农村学校场域中呈现，但作为一种不良的"隐性"

---

① 卢乃桂，操太圣. 中国教师的专业发展与变迁[M]. 北京：教育科学出版社，2009：2-3.

制度文化，它轻则会影响农村中小学教师的教学工作热情和专业发展积极性，重则会招致农村中小学教师心理上的内在抵制和行为上的日常抗争。

第三节　推进农村中小学教师专业发展的对策

农村中小学教师质量的相对薄弱是一个全球性的教育问题。为了促进教育均衡发展、追求高质量的教育公平，世界各国都推行了有关政策和措施来致力于农村中小学教师专业发展水平的提高。有鉴于此，我们在了解中国农村中小学教师专业发展现状及其问题的基础上，还有必要从"国际比较与借鉴"这一视角出发，探寻农村中小学教师专业发展的域外经验，然后再据此提出有针对性的本土对策。

一、推进农村中小学教师专业发展的域外经验

自 20 世纪 80 年代以来，在推行新一轮大规模教育改革的过程中，世界各国均意识到了农村中小学教师专业发展问题的紧迫性和重要性，并实施了一系列有针对性的项目来应对解决这一问题。在此主要以美国、英国、澳大利亚等西方发达国家的有关经验来予以介绍评析。

(一)"为美国而教"项目

1. "为美国而教"项目概述

"为美国而教"(Teach for America)是 1989 年美国普林斯顿大学一位名叫温迪·科普(Wendy Kopp)的大四学生在其毕业论文中构思创建的一个大学生支教项目。她设想先成立一个非营利性教育组织，从美国各个顶尖大学中招募优秀大学毕业生，然后聘请大学教育专家和资深中小学教师对他们进行一系列的合作式教育培训，再将他们输送到边远贫困地区农村学校，以缓解农村薄弱学校师资匮乏问题，保障农村低收入家庭学生的受教育机会和权利。

1990 年，"为美国而教"项目开始由设想转变成实际行动。在初始阶段，许多人对之表示怀疑甚至是不屑，因为这一项目毕竟是由一毫无教育理论背景和教育实践经验的刚毕业的大学生发起的。但让人意想不到的是，该项目自正式启动以来，发展速度非常之快，并取得了奇迹般的成就：年度运转资金从第一年的 250 万美元提高至现今的 2.12 亿美元，资金赞助方从起初的极少数企业发展至众多私人、企业、基金会乃至美国联邦政府；合作地区已从最初的 6 个地区扩展至如今的 45 个地区；志愿者申请人数从 2500 名增加至 46000 名，录用人数也随着各地区对志愿者需求的不断提高从 500 名增加至 4600 名；而

且有 90％以上的校长对志愿者的教学服务质量感到满意。①

2."为美国而教"项目的经验

"为美国而教"之所以能够从成立之初不被看好的小项目一跃成为当今美国最具影响力的一大民间教育项目，与美国大学生高度的社会责任与服务意识密切相关，与美国各界对教育均衡发展、教育民主公平的强烈诉求密切联系。但"为美国而教"最终能吸引越来越多的人投入于该计划之中，最为关键的还是实施了一系列合理有效的策略来保障项目的成功。②

(1)以优惠措施激励大学生参与

为吸引优秀大学毕业生积极参与，"为美国而教"采取了一系列优惠措施。第一，志愿者只需履行为期两年的服务；第二，志愿者对执教服务区有一定自主选择权；第三，志愿者享受带薪服务(年薪在 22000 美元到 40000 美元之间)；第四，作为美国服务队(America Corps)的成员，"为美国而教"志愿者可申请每年 4725 美元的教育奖金；第五，志愿者可享受研究生院和公司提供的特殊待遇，对于一些已经签约的志愿者，各大公司与企业还允许其延缓两年再上岗。

(2)执行严格的志愿者选拔程序

为保证志愿者队伍的教学服务素质，"为美国而教"对申请人员实行严格的选拔程序。首先，它要求申请人员必须是来自全美最具竞争力的大学。其次，在对申请者进行面试的基础上，再对他们进行涉及 16 种教学实践素质的能力考查。最后，招募人员对候选人做出等级评价，原则上只有达到"优秀"等级的人方有希望被录用，录用比例一般控制在 13％左右。

(3)集中培训与跟进指导相结合

在志愿者被分派到各个学区任教之前，他们必须在开学前的暑假接受为期 5 周(每周 6 天，每天 15 个小时)的高强度短期集中培训。负责对志愿者进行教育培训的人员均为精挑细选出来的资深教育专家和优秀中小学教师。培训主要分理论学习和实践操作两部分进行，理论学习主要围绕学习教学策略、教学管理、课程开发和教育热点问题以及多元文化理论等展开，实践操作则是在培训教师的指导下进行教学实习。理论学习与实践操作的培训时间基本持平。在整个培训过程中，专业精神、反思精神和多元文化精神将始终贯穿其中。此

---

① Teach for America Corps. A Summary of Current Independent Research about Teach for America [EB/OL](2013-07-20). https：//www. teachforamerica. org/sites/default/files/what_the_research_says. pdf.

② 吴金芳. 美国贫困地区基础教育师资问题经验研究：以"为美国而教"为鉴[J]. 基础教育研究，2012(9)：22－24.

外，为使志愿者成为出色的教育工作者，该项目还为他们提供了一系列的后期跟进式指导。

（4）根据志愿者背景确定其岗位

一项策略要最大化地取得实施效果，必须因地制宜、联系实际。"为美国而教"则能够紧密联系实际，有的放矢地采取相应措施。例如，在追求满足服务区教师数量需求的同时，重视招募同服务区儿童具有相似或相同背景的志愿者，尽可能减少师生间的文化排斥现象；根据合作区儿童早期教育、土著教育质量低下、师资短缺等问题，招募这些领域的志愿者以促进教育发展。

（5）以双重评估制度促质量提升

志愿者所教班级学生学业成绩在一定程度上能够反映志愿者的教学水平。因此，"为美国而教"主要通过测量志愿者所教班级成绩来对志愿者的教学水平进行侧面评估。在该项目的成绩测量系统下，学生成绩由两部分组成：一部分是学生课堂表现得分，这部分由志愿者评定；另一部分是根据一定的评价标准对学生第一部分的成绩进行调整、合计而得出的分数。这一成绩测量系统能更准确地反映学生的学习变化，有助于全面了解学生成绩，并掌握志愿者的教学情况，从而给予志愿者及时的信息反馈，使其能及时调整教学策略，提高教学质量水平。

（二）跃进学校计划

1. 跃进学校计划概述

跃进学校计划（Accelerated Schools Project）是美国斯坦福大学莱文（Levin Henry）教授倡导发起的一个融"农村教师发展、处境不利学生进步和薄弱学校改进"为一体的综合性改革项目。他通过研究指出：在过去的20年里，处境不利学生的教育问题之所以一直没有得到明显的改善，很重要的一个原因便是学校、教师、社会人士往往都想当然地认为这些学生的发展速度比其他学生更慢是个"合乎常理"的现实。这一认识往往致使这些学生被普遍赋予更低的期望，从而导致他们的发展越来越落后于其他学生。在他看来，如果要从根本上提升教育的整体质量、改变教育不公的现状，应将改革的核心目标定位于促进处境不利学生的"跃进式"发展。①为实现这一目标，大学、社区、学区、家庭、学校等机构的所有相关人士应携手努力，通过改造薄弱学校、促进农村教师发展、完善社区教育服务系统等方式来共同为之营造支持性的教育环境。

1986年，莱文以美国两所小学为试点，开始实施其跃进学校计划。经过三年的努力，试验取得了显著的成效，这两所小学的学生成绩、教师的教学积

---

① Levin H. Accelerated schools for disadvantage students [J]. Educational Leadership，1986，(6)：19—21.

极性以及家长和社区人士的参与程度都有了明显的进步。此后，跃进学校计划以星火燎原之势迅速蔓延到美国其他各州的中小学校。截至 2013 年 4 月，全美共有 42 个州的 1800 多所学校加盟进来。另外值得一提的是，目前这一项目的影响力还不仅限于美国本土范围内，巴西、澳大利亚、西班牙、奥地利、以色列等国家均有大学、政府和中小学纷纷通过合作"买入（Buy—in）"的方式加入进来，使这一项目成为了国际上改造农村薄弱学校、促进农村教师发展的改革典范。①

2. 跃进学校计划的经验

跃进学校计划的成功是设计者莱文教授自己也未曾预料到的，如他自己坦言："我们最初并没有那么雄心勃勃，我们只想通过亲身参与的方式来帮助改造这两所试点学校，以期实现我们的一些理论设想，并据此发表一系列相关论文来扩大在教育界的影响。"②尽管他的这一番话语不免含有谦逊的意味，但他所设计的这一计划在事实上的成功告诉我们，其中有许多值得学习的经验，归结起来主要有以下几点。

（1）变协作理念为行动准则

为了有效转化"大学—地方—学校"伙伴合作理念，使之落实到具体的实践过程之中，跃进学校项目提出了三项明确的行动准则：一是"目标统一"，即按照"调查研究—陈述理想—集体讨论—民主协商—形成决策"的具体思路来统一谋划学校远景，制订共同目标；二是"权责对应"，即赋权于每一个体，让其参与决策，并对自己的决策负责；三是"倚靠众力"，指协作各方要相互倚重，充分依靠每一成员的知识经验、个人专长和独特资源。从这些准则的内涵可以看出，它们既充分体现了伙伴合作的变革理念，又为各方参与成员的实践提供了明确行动指向。

（2）聚各方单力为整体合力

"大学—地方—学校"伙伴合作未必在刚开始时就很顺利，观念的不合甚至对立都有可能出现。为化解这种可能存在的隔阂或冲突，跃进学校项目还设立了一套共享的价值观念体系，具体涉及平等、参与、沟通、反思、实验、信任、风险共担等七个方面。借助这套价值观念体系，跃进学校项目将大学、地方、学校和家庭的利益职责紧紧凝聚在一起，使这些原本分化的单方性力量拧成了一股整体性的合力，共同致力于处境不利学生的进步和农村教师的专业

---

① John Chi—kin Lee, Henry Levin, Pilar Soler. Accelerated Schools for Quality Education: A Hong Kong Perspective [J]. The Urban Review, 2005(1): 63—81.

② Stanford University. Accelerated schools: Building on success [EB/OL](2012-11-15). http://www.stanford.edu/dept/news/pr/94/940413Arc4342.html.

发展。

（3）化复杂过程为简明程序

跃进学校计划在名义上好像只是为了改造学校，但在实质上却是一个涉及教师发展、学生进步、教育资源整合等多重目标因素的综合性方案，因此其实施过程是颇为复杂的。为了化繁为简，提高项目的可行性，莱文等人经过反复研讨，设计出了一个简明清晰但又逻辑缜密的程序，具体包括合伙入股、澄清现状、形成远景、确定优先变革领域、建立责任承担机制、评估进展等六个阶段。通过这套脉络清晰、简明易行的实施程序，跃进学校计划循序渐进地引导着农村薄弱学校及其教师"由后进转变为先进"。

（4）以强效教学促师生跃进

强效教学（Powerful Learning）是跃进学校计划提出的一种重要的课程教学策略。从内涵上看，强效教学包含五个要素：情境的真实性、内容的连续性、对象的全纳性、学习者自主性、过程的互动性。从实施上看，强效学习采用的是"大齿轮与小齿轮相互作用"的运作方式。"大齿轮"系指上述提及的三项准则、七项观念、六个阶段以及强效学习的五个要素；"小齿轮"则指向于参与项目的每一个体作用的发挥。[①] 通过这种齿轮式的运作方式，强效学习推动着学校内外环境的改善，使农村教师和处境不利学生在"高挑战、高支持"的氛围中不断地向前跃进。

（5）从扎根试验到大力推进

1986—1989 年是跃进学校计划的试验期。在此期间，莱文组建了跃进学校工作组，以美国丹尼尔·韦伯斯特小学和荷里布鲁克小学作为试点，委派专职人员扎根于这两所小学进行试验。结果表明，这两所以处境不利学生为主体的薄弱小学在面貌上焕然一新，学生成绩产生了根本性的变化，教师专业发展的积极性、家长和社区的支持度亦比从前提高了许多。1990—2000 年是跃进学校项目的推广期。在此阶段，莱文等人通过注册的方式使跃进学校工作组升级为跃进学校指导中心，开始在全国范围内大力推广这一项目。由于试验成效显著，再加上它成本低廉，因此仅在该中心成立的第一年，便吸引了美国 6 个州 53 所中小学的参与。此后，申请加入这一项目的学校数量逐年递增。有调查显示：参与该项目的学校教师除了在教学成绩上有大幅度上升之外，其教学

---

① Isle Brunner, Wendy Hopfenberg. Growth and Learning in Accelerated Schools：Big Wheels and Little Wheels Interacting［EB/OL］（2012-11-15）. http：//www. eric. ed. gov/contentdelivery/servlet/ERICServlet？accno＝ED360449.

自信心、工作责任感和专业发展积极性也得到了明显的增强。①

(三)教育行动区计划

1. 教育行动区计划概述

教育行动区(Education Action Zone)计划是 20 世纪末英国新一届工党政府上台后为在教育领域推行"第三条道路(the Third Way)",提高薄弱公立学校教育质量而采取的一项重大教育改革措施。教育行动区的实质是通过教育管理权的转移,吸引教育以外的社会力量参与教育薄弱地区学校的管理和运作,从而为薄弱学校带来新的管理思路、经验和资金,迅速扭转这些学校的办学质量。从 1998 年秋英国政府批准成立第一批教育行动区起,目前共有 100 多个教育行动区,地域遍布英格兰全境。教育行动区一般设在学生学业成绩低下,需要特别支持的城镇和乡村地区中小学,每个教育行动区由 20 所左右学校组成。为保障该计划的有效推行,每一教育行动区都能从政府手中获得每年 75 万英镑的资助,另有社会捐赠资金约 25 万英镑。②

教育行动区通常由私营企业、学校、家长、地方教育当局和当地其他机构通过伙伴合作的方式组成一个联合体,向中央教育主管大臣提出申请,接管学生学业表现不良的一群薄弱学校。就组织机构而言,教育行动区的结构像一个政策网络,决策权不在地方当局,而是在"行动论坛"(Action Forum)。每一个教育行动区都设有一个行动论坛来为加盟学校制订计划和实施计划,提供日常管理。论坛的日常运作由一名项目主任(project director)负责,论坛成员经筛选后由一些有代表性的教师、家长或社区人员担任,他们往往通过论坛来监督和管理教育行动区的日常事务及各种活动。

2. 教育行动区计划的经验

虽然教育行动区计划的主要目的在于扶持薄弱学校和处境不利儿童,但在其推行过程中非常重视农村教师专业发展的促进工作,故在此选择其中有关经验予以介绍。

(1)赋予教师课程和教学自主权利

课程与教学能否自行支配和调控,是体现教师专业发展水平的重要标志。在此方面,政府赋予了教育行动区学校教师充分的自主权利。在课程上,教育行动区学校可以像私立学校一样不受国家统一课程政策的约束,允许教师根据自己的教育理念和学校的实际需要对国家统一课程的内容选择、逻辑组织和顺

---

① Accelerated Schools Plus™. History of Success: the Accelerated Learning Academies [EB/OL](2013-04-20). http://www.acceleratedschools.net/services.htm.

② Marny Dickson. Curriculum Innovation in Education Action Zone [J]. Education Review, 2005(1): 119-124.

序安排进行重新的自主设计。在教学上,允许教师进行更加自由和灵活的改革以激发学生的学习兴趣和热情,提高学生的读、写、算水平,降低逃学率和辍学率;鼓励他们针对学生的多样化需求采用更加"个别化"的教学模式和策略。①

(2)为薄弱学校教师配备教学助手

教师人数短缺、工作负担过重是教育行动区薄弱学校的一大突出问题。要提高教育质量,当务之急便是补充师资力量。教育行动区决策层经过深入研究,决定增加教学助手的人数,并转换原有教学助手的职能,将教学助手的作用重新界定为"为教师和所有的学生提供支持,以确保学生高质量的学习。"教学助手一般面向家长招聘,基本要求是能在读、写、算和学习习惯上辅助教师对学生进行指导。想要应聘教学助手的家长需要先学习相关的国家职业资格课程,取得基本的从业资格后,继续学习专门的教学助手课程。家长担任教学助手在沟通学校与家庭的关系方面显示出了极大的优势,同时,教学助手能为教师提供学生学习情况的详细反馈;在对学生的影响方面,直观的变化是直接对学生的学习和成绩负责的员工数量大为增加了,学生成绩有了明显提高。②

(3)为在职教师提供专业发展培训

薄弱学校的改造涉及多个方面,其中重要的一环是培训师资,加强师资队伍建设。凡是把教师的专业发展作为重点投资项目的行动区,在促进整个学校的发展,尤其是促进学校教学质量提高方面,成效往往十分显著。当然,这些行动区在师资培训方面的投入也是惊人的。政府已从"教育行动区"计划的经验中认识到了教师专业发展的重要性。2001 年,教育标准办公室在总结巴恩斯利等行动区经验的基础上,出台了"在职专业发展(Continuing Professional Development)"计划,作为国家提高教育标准的重要措施推行。

(4)为教师和教学助手提供充足经费

教育行动区成员一致地认识到,充足的经费支持是教师专业发展的重要保障。几乎所有的行动区在总结成功的经验时,都将政府和私立部门提供的充裕的经费列为首要因素。无论是师资培训还是设备的更新,抑或是新岗位的设立和助手的聘请,无不以充足的经费为后盾。如巴恩斯利教育行动区,为便于对学生的成绩做出及时的跟踪,获取反馈信息,行动区为所有教师举办信息技术培训,并为每位老师配备便携式电脑;赫里福郡教育行动区中增加的教学助

---

① Marny Dickson. Curriculum Innovation in Education Action Zone [J]. Education Review,2005(1):119-124.

② 王艳玲."教育行动区"计划——英国改造薄弱学校的有效尝试[J]. 全球教育展望,2004(9):67-71.

手，其岗位薪金同样靠政府财政拨款；布莱克本教育行动区还总结出，保证 3～5 年的行动区资金能一步到位，便于作总体规划，尤其是便于确保计划和措施的联系性，使教育质量能够持续提高。另外，还专门设立了"最佳教学实践研究基金"和新的教师专业发展基金。①

(四)乡村地区计划

1. 乡村地区计划概述

乡村地区计划(Country Areas Program)是澳大利亚联邦政府推出的一项历时长达 30 多年的重大政策举措，其主要目的在于提高乡村学校教育质量和促进乡村教师专业发展。该计划最初于 1977 年提出，原名为"弱势乡村地区计划"(the Disadvantaged Country Areas Program)；后来为扩大资助范围，在 1982 年正式更名为"乡村地区计划"。自 2001 年该计划被纳入联邦政府发展目标规划后，资金投入得到了大幅增加，每年得到约 2200 万美元的政府拨款。②

乡村地区计划由澳大利亚联邦政府和各州(区)共同实行。联邦政府的主要职责包括提供资金资助、制定总体政策、开展年终审核和监督计划执行情况等。各州(区)政府根据本州学校地理分布、在校学生状况等具体情况制订并实施计划。为使资金得到合理有效的利用，各州(区)政府都制定了严格的标准用以评定符合资助条件的学校。以维多利亚州为例，该州规定达到以下标准的学校方可申请资助：一是学校距离首府墨尔本要有 150 公里以上；二是学校离市区(2 万人以上的人口聚集区)的距离要有 25 公里以上；三是学校所在区域的人口不足 5 千人。在计划的管理上，由于各州(区)的情况有所不同，因而形成了不同的管理模式，概括起来可分为"州—学区—学校"三级管理模式、学校自主管理模式和目标评估管理模式。

2. 乡村地区计划的经验

在乡村地区计划中，教师专业发展被视作为一项核心的内容，联邦、州(区)政府以及学校为此专门制订并采取了一系列相关措施。

(1)以优惠政策吸引优秀教师到乡村任教

为吸引优秀教师到乡村任教，乡村地区计划在教师职前阶段就非常注重鼓励和引导他们赴乡村进行教育实习体验。譬如，西澳州在该计划的预算范围内专门设置了"师范生赴乡村体验项目"(Student Teacher Rural Experience Pro-

---

① 王艳玲."教育行动区"计划——英国改造薄弱学校的有效尝试[J]. 全球教育展望，2004(9)：67—71.

② Australian Department of Education, Employment, and Workplace Relations. Information on Funding for Country Areas Program [EB/OL] (2013-07-25). http：//deewr. gov. au/information-funding-country-areas-program.

gram)，并通过报销往返交通费、补贴生活费等优惠政策，提升师范生参与该项目的积极性。对于乡村正式教师而言，其可享受的优惠就更多了，他们可以享受到比城市正式教师更高的薪水、更多的带薪假期，甚至还可享受交通费用减免、外出旅游补贴等额外优惠。①

（2）以乡土化课程提高教师教学的适应性

为了增进乡村教师对乡土文化的理解能力，提高乡村教师在教学上对乡土文化的适应性，澳大利亚各州教育部门根据本地特色开发了一套专门适用于乡村教学的课程，范围涉及基础课程（如语言、自然科学、社会科学、文艺、信息技术和体育）、扩展课程（如高级英语、外语、高级数学和人文地理）和职业课程（如手工艺、家政学、农业技术、电子技术、法律、航海技术）等三大领域。除了州教育部门开发的课程外，各学校还根据本校所在区域特色开发了一系列校本课程，如为少数民族学生开设的少数民族语言课，为土著居民子弟开设的土著文化历史课，以及与乡村生活密切相关的农牧业技术课等。

（3）以伙伴合作形式促动教师的专业发展

与美国、英国农村教师培训有关项目较为类似的是，澳大利亚的乡村地区计划也非常重视采取"伙伴合作"的形式来促动乡村中小学教师的专业发展。一方面，各州教育部门鼓励乡村学校与距离其较近的大学建立伙伴合作关系，并设置专项资金用于扶助和维系它们与大学的联系；另一方面，还聘请大学里不同专业领域的教育专家以短期"驻校"的方式与乡村教师进行校本课程开发、教学行动研究、课堂教学艺术、多元文化认同等方面的交流，这样做既可以使乡村教师得到及时的指导，又可以在一定程度上减轻乡村教师的孤独感。

（4）以信息技术为教师教学提供资源支持

为了给乡村教师提供有效的教学资源支持，各州为大部分乡村学校配备了较为齐全的现代化教学设施，并委派专业技术人员进行技术指导和定期维护。此外，各州还在关于乡村地区计划的官方网站上专门开辟了关于乡村教师的栏目，内容包括各种教学信息、优秀教学课件、网络图书馆、电子文献数据库、教育专家在线指导教学、教师论坛等。乡村教师可以很方便地在网上搜集教学资料，并能自由地与其他各地的乡村教师交流教学心得。

二、推进农村中小学教师专业发展的本土对策

在对待农村中小学教师专业发展问题上，尽管美、英、澳等发达国家采取

① Sue Trinidad, Elaine Sharplin, Graeme Lock, DonBoyd, Emmy Terry. Developing Strategies at the Pre－service Level to Address Critical Teacher Attraction and Retention Issues in Australia Rural, Regional and Remote Schools [J]. Education in Rural Australia, 2011(1)：33－40.

的举措形式不尽相同，但我们还是不难发现其中存在一条共性的规律，即总体而言，农村中小学教师的专业发展需要经历一个从外在支持、充分培训到内在自主的基本过程。借鉴域外有关经验，结合本土实际现状，我们认为可从以下几方面入手推动农村中小学教师的专业发展。

（一）创设"伙伴式"合作支持氛围

1. 建立大学、地方、农村中小学伙伴式合作关系

农村中小学教师的专业发展绝非一个纯粹自然的过程，他们需得到多方面的外力支持。其中，大学、地方（包含学区、社区和学校所属区域内的相关教育行政机构）和农村中小学是三股最主要的支持力量；在三者之间构建一种伙伴式的合作关系，营造一种合力支持的氛围，是当前国际促进农村中小学教师专业发展的主流范式。从国内有关伙伴合作的实践来看，目前最需切实解决以下两方面问题。

一是要设法打通大学与农村中小学之间的沟通渠道。频繁的沟通是伙伴合作各方建立彼此信任关系的关键所在。由于交通状况、经济条件等因素的限制，大学与农村中小学的互动比起大学与城市中小学的互动而言更为困难，教育理论与教育实践的"隔阂"在农村也体现得更为明显。欲破解这一难题，首先需要大学拿出"事不避难"的改革勇气，敢于将教育实习、教育科研和社会服务的基地向农村中小学适当转移；其次需要农村中小学摒弃"自我菲薄"的卑微心态，勇于以农村文化引领者的责任意识与大学教授进行交流和探讨；另外还可通过现代化教学技术、网络技术等手段，在大学和农村中小学之间建立资源共享、互通对话的信息通道，使农村中小学教师能获得及时有效的专业支持。

二是要充分吸纳地方参与和支持伙伴合作。目前我国教育领域开展的伙伴合作大多还只是局限于"大学—中小学"这一层次，地方融入这一改革模式的范例还较为少见。事实上，我国的地方部门虽然不像西方分权制国家那样拥有相对独立的立法权，但在协调大学与中小学的文化冲突、扩大伙伴合作的物资财政资源、制定伙伴合作的配套政策方面仍可起到十分积极的作用。况且，它们对于本地教育的实际控制权相比起西方而言有过之而无不及的特点。因此，要使伙伴合作进一步深入开展下去，必须考虑扩大伙伴合作的主体范围，主动吸纳地方的参与并积极获取它们的支持，由此进一步增强伙伴合作的"合法性"。① 唯有如此，才能真正让农村中小学教师在专业发展的过程中真正获得"被重视、被需要"的感受和体验。

---

① 李国栋，杨小晶．U-D-S伙伴合作：理念、经验与启示［J］．外国教育研究，2013（10）：30—37.

2. 促进大学、地方、农村中小学之间的文化融合

合作未必开始就很顺利，观念的隔阂甚至对立往往都有可能出现，这其中尤需关注的便是大学、地方和农村中小学之间的文化融合问题。教育分工化发展的历史，造就了三者的巨大文化差异：从本质上看，大学文化是一种研究性文化，地方文化是一种制度性文化，而农村中小学文化则是一种实践性文化；从特征上看，大学文化以探究和批判为主导，地方文化以规范和执行为主导，而农村中小学文化则以行动和反思为主导；从关注重心看，大学文化更多地关注理论的完备性，地方文化更多地关注制度的合理性，而农村中小学文化更多地关注各种理论、政策对农村教育情境的适切性。几种异质的文化走到一起，如何突破各自的思维定势，实现求同存异，最理想、最现实的路径便是：民主协商。

民主协商作为一种具有巨大潜能的协作路径，它能有效促进不同文化之间的对话。具体到伙伴合作情境中，它要求伙伴成员在相互尊重、彼此信任的基础上，以"去自我中心"和"共变"的心态直面复杂教育情境中的各类问题。民主协商对于伙伴合作而言，还是一种价值导向。有学者在分析伙伴协作的功能时提出，"大学—地方—农村中小学"伙伴合作的实质是将原本分离的各类教育机构整合为一个"教育共同体"，其深层价值在于以"合力"的形式提升农村中小学教师的民主观念、进步意识和协作精神，并鼓励他们将这些观念、意识和精神渗透入农村中小学生的培养实践之中，进而推动农村中小学所在区域的民主化进程。[1]

3. 确保大学、地方、农村中小学之间的互惠共生

传统由大学主导的合作范式，无论是与地方合作，还是与农村中小学合作，多数被认为是以"大学为本"。瓦格纳（Wagner J.）曾形象地将之比喻为"资料榨取式"或"抢占山头式"的合作，即认为大学以合作的名义走进地方和农村学校，要么是为了获取课题研究、论文写作的原始素材，要么是为了扩充教育实习、社会实践的基地，其潜在的假设是把地方和农村中小学看成为大学的"实验室"或"试验田"，而不是"服务室"或"责任区"。[2] 此类合作对于地方和农村中小学来说并无实际的意义，因而也是缺乏动力的。在反思这一现状的基础上，研究者提出：唯有始终坚持强调合作的"互惠性"和"共生性"，方能从

① Ira Harkavy, Matthew Hartley. University-School-Community Partnerships for Youth Development and Democratic Renewal [J]. New Directions for Youth Development，2009，(2)：7—18.

② Wagner J. The Unavoidable Intervention of Educational Research：A Framework for Reconsidering Researcher-Practitioner Cooperation [J]. Educational Researcher，1997，(7)：13—22.

根本上激发各方的参与动力和协作热情，进而推动"大学—地方—农村中小学"伙伴协作的可持续性发展。

"互惠性"这一思想最初来源于社会心理学中的人际互助理论，其基本主张是：在人际互助的过程中，人们普遍存在着一种追求对等的心理，当长时期地给予帮助而得不到相应回馈，或接受帮助却无能报答时，往往会倾向于放弃帮助或求助。这对于伙伴合作来说不无启发意义，即在设立合作共同目标时，就应综合考虑大学、地方和农村中小学之间的利益均衡；在执行合作任务分工时，还须充分关注人际结合上的能力互补。"共生性"则指伙伴合作的终极目标不能仅着眼于伙伴成员在认知层面的发展，还要从情感的向度为他们营造一种"共同生长"的支持性环境。其中，"化解农村中小学教师面对改革的保守态度或抵触情绪，让他们在与大学合作过程中充分体验到成就感与正面经验，是伙伴合作得以持续进行的根本动力"。①

(二)实施"校本式"专业培训模式

1. 农村中小学教师"校本式"专业培训的价值与内涵

鉴于当前国际教师教育从"大学为本"到"学校为本"的范式转向，以及国内现有相关教师培训项目存在的种种局限与不足，我们认为应施行以农村中小学为基地，由大学或师资培训机构提供必要课程和人员的农村中小学教师"校本式"专业培训。"校本式"专业培训意味的不仅是培训地点的转移，即从大学转向为农村中小学；它更是一种培训理念的变迁，其主要目的是为了避免农村中小学教师的知识能力发展游离于自身所处场域之外，其根本宗旨是为了唤醒农村中小学教师的专业自主意识，让他们能够真正以主人翁的姿态直面自身的专业成长。

从内涵上看，农村中小学教师"校本式"专业培训系指由农村中小学教师任职学校在搜集分析校内外各种相关信息的基础上，根据农村学校实际向大学等有关师资培训机构提出本校教师培训要求，然后在教育行政部门、师资培训机构和农村中小学的协同参与下，共同制订培训方案、共同确定培训内容，最后以合作协议的形式规定培训的整个过程的一种培训形式。本着自主性、针对性、灵活性和可持续发展性的原则，农村中小学教师"校本式"专业培训通过对农村中小学的特殊教学环境和条件进行分析和探究，能够有效关照不同地区教师专业发展需求的差异性，是农村中小学教师专业成长的最佳途径，是促进农村中小学教师专业成熟，提高农村教育质量和水平的有效手段。

---

① 操太圣，卢乃桂. 挑战、支持与发展：伙伴协作模式下的教师成长[J]. 教育研究，2006，(10)：27—31.

2. 实施农村中小学教师"校本式"专业培训的基本路径

实施"校本式"专业培训，首先须加强对农村中小学教育和农村教师成长过程的研究。为此，负责培训的有关专家(或称农村教师教育者)必须在研究的过程中强化"田野"意识，以适时"驻校"的方式深入到农村中小学第一线，对农村教育进行切实的调研，关注农村教师的发展需求和成长困境，真正走进农村教育的天地去研究教育；要把高深的研究成果以深入浅出、乐于接受的形式，展现在农村教师眼前，与农村教师共同探讨和交流，并勇于接受、回应他们的挑战和质疑。

实施"校本式"专业培训，其次可通过采取"大校本"的方式来拓宽农村中小学教师培训的路径。我国广大农村地区的中小学较为分散，很多农村学校规模较小，财政支付能力有限，在教师学习资源的投入上也相对较少，教师的专业发展需求与学习资源供应存在着较大的矛盾。在这样的情况下，通过采取"大校本"的方式对农村中小学教师实施区域联片培训，一来可以节约培训成本、减轻农村学校的经费压力；二来可以提高教师学习资源的利用率、实现区域优质资源共享。

实施"校本式"专业培训，还可充分发挥农村本土骨干教师的示范带动作用。"校本式"专业培训需要有着丰富教育研究经验、洞悉教师成长规律的专家的指导，也需要有着丰富课堂实践体验、熟谙本土教育文化的骨干教师的引领。况且与前者相比，后者更能以自己的切身体验激发起同行的共鸣和移情，更容易在同行发展过程中形成"榜样"的印象或扮演"重要他人"的角色。

(三)构建"自主性"专业发展机制

1. 农村中小学教师"自主性"专业发展的价值与内涵

得力的专业支持、适切的专业培训，是农村中小学教师专业发展的外在必要条件。而这些外在条件能否在实质上导致农村中小学教师的内在改变与自我超越，关键取决于他们在发展过程中是否获得了专业上的"自主性"。这种"自主性"反映的是教师在专业上从他律到自律的质性演变历程，彰显的是教师个体的生命价值和作为一个专业人士的尊严。

概括来讲，"自主性"专业发展可理解为农村中小学教师个体自觉主动地追求作为教学专业人士的生命意义与存在价值的不断进取的过程。具体而言，可将其内涵分解成三个维度：首先是发展愿景的内在性，即农村中小学教师充分意识到专业发展是自我之所需、自我之所求；其次是发展内容的个体性，即农村中小学教师因人生目标、职业追求的不同而在发展内容上具有强烈的差异性和个人色彩；再次则是发展过程的自觉性，即农村中小学教师在专业成长过程中应对重重困难、突破常规羁绊时表现出来的主动性和坚持性。

2. 构建农村中小学教师"自主性"专业发展机制的基本路径

在农村中小学场域中实现教师的"自主性"专业发展，需要相应的机制来激发内在的发展愿景、累积个性化的发展经验，进而实现由他主到自主，由外在动机向内在动机的转化与超越。结合新一轮基础教育课程改革的实际需求，我们认为可从以下两条路径来考虑构建农村中小学教师"自主性"专业发展机制。

一方面，以课程开发为契机，组建农村中小学教师学习共同体。新一轮基础教育课程改革将农村中小学教师也纳入为课程开发的主体范围，这实则为他们提供了良好的继续学习和自我提高机会。不容置疑的是，在农村中小学教师参与课程开发的过程中，无论是对国家课程、地方课程的再开发，还是对校本课程的开发，单纯依靠过去那种各自为政的态度和方式显然不切实际，采取组建团队、协同作战是唯一的路径选择。所谓农村中小学教师学习共同体，是指由农村中小学教师自发组织，以共同开发课程和共享相关经验为宗旨，积极利用各种学习资源，实现互促共进的学习型组织。一般说来，这一组织具有共同的文化背景、互动合作的同袍关系和共享的行为规范和价值观念等特点。

另一方面，以教学反思为基础，建立农村中小学教师行动研究群。新一轮基础教育课程改革带来的另一大变化便是促成许多农村中小学教师养成了教学反思的习惯。教学反思是农村中小学教师对自身日常教学行为乃至习性的再认识和思考，它具有真实性、具体性和个性化等特征，这些都与当前教师专业发展领域倡导的行动研究不谋而合。在教学反思的基础上开展行动研究，并以制度化的形式将其组织成为一个群体，是对新课改这一相关成果的深化和拓展。特别需要注意的是，在建立农村中小学教师行动研究群时必须关注它与传统教研组的差异，譬如：在人员构成上，它允许拥有不同学科背景的人员加入；在组织目标上，它更关注从研究与教学相结合的层面来反思、探讨有关实践经验，更注重从实践经验的背后发掘出潜在的、与理论相通相融的教育教学规律。

第九章　农村教育人才流动的问题与对策研究

　　教育人才是指基础教育教师队伍中不同类型的人才，包括高学历、高职称、具有特殊称号或在教育、教学、科研、管理、德育等方面表现突出的教师。农村学校的教育人才对于支撑农村学校的发展具有举足轻重的作用。理论上讲，这部分教师作为社会人才的一部分加入人才流动的大潮是社会经济发展的需要，也是教育发展的需要。教育人才流动的过程在一定程度上起到教师合作交流、经验共享的积极作用，有益于教师自身的发展、专业水平的提升和教师队伍整体素质的提高。在教育均衡发展呼声渐高的时代背景下，教师流动与均衡发展挂钩的趋势逐渐明显，教师流动也逐渐具有高敏感度、高关注度、高复杂度的问题①。尤其是近些年，教师流动逐渐变成推进教育公平的政策话语和政策实践。

　　但从教师流动的趋势来看，教育人才的流动总体上呈单向性，特别是城镇化进程的不断推进，加速了教育人才单向流动的可能性和便捷性。教育人才流动方式紧随经济因素的现象较为突出，教育中的"马太效应"在这一过程中表现得十分明显。特别是农村地区教育人才的流动，基本上处于无序状态，不仅缺乏流动模式化、规范化、有序化的正式制度的规划与管理，且没有达到教师流动应有的效果，农村学校的教育人才只出不进，教育人才的流失严重。

　　教育界有一句名言：教学质量是学校的生命线。缺少优秀教师支撑的农村学校何来生命力？在我国大力发展农村教

---

　　① 韩淑萍．我国教育均衡背景下教师流动问题的研究述评[J]．教育探索，2009.1：10.

育，将农村教育作为重中之重的背景下，防止农村学校教育人才流动演变为流失，是确保国家对农村教育投入效益有效的重要内容，也是逐步提升农村教育质量，提升教育整体水平，缩短城乡教育差距，进一步促进教育均衡发展的有效途径。正是基于这样的认识，本章将重点探讨农村学校教育人才流动中产生的问题，梳理引起农村学校教育人才流失的主要原因，并就农村学校教育人才的培养、防止农村学校教育人才的外流等方面，从政府、教育行政部门、学校三个层面提出建议。

第一节　农村学校教育人才流动产生的问题

本节将从两方面分析农村学校教育人才流动的问题，一是农村学校教育人才流动的非常规方式，只出不进，即教育人才的流失；二是农村学校人才流失引起的学校发展困境，属于农村学校人才流失后产生的负面效应。

一、农村学校教育人才流动中产生的问题

有关资料显示：我国某市五年来累计离职 1000 多名优秀教师；其中一个县，三年内先后离职 500 多名教师；另一个县，一年引进 210 名教师，而流出的竟有 220 多名教师。在这些离职教师中，大都是已有 10 年以上教龄，具备中、高级职称的教师，其中有许多教学能手，还有不少是全国、省、市级的优秀教师[1]。教师离职已经成为经济欠发达地区教育发展的一个亟待解决的问题。近几年，随着学校人事分配制度及内部管理体制改革的逐步深化，尽管教师离职现象在一些经济欠发达地区有所缓解，但在贫困地区，这种离职可以说是有增无减，甚至愈演愈烈，尤其是优秀中青年骨干教师离职现象仍然比较严重[2]。农村学校教育人才的教育系统外流动或教育系统内流动，如果在流出量与流入量保持相对平衡的话，可以认为是常规性的流动，农村学校教育人才流出量大于流入量的现实状况，则是人才流失的典型表现。

（一）农村学校教育人才流动中的流失现象

教师流动包括教育系统外流动和内部流动，教育系统外流动是指具备一定条件的合格劳动者选择了教师职业或在职教师放弃这一职业，即教师行业的流入与退出。如农村学校在职教师转职的人数比例与进入教师的比例相当，则不会出现教师流失的问题，出现入职与转职比例不当则可称为流失；内部流动是

---

①　范莉莉．中小学教师流失的管理学分析[J]．教学与管理，2006.11：17－19.

②　赵志纯，柴江．西北贫困地区中小学教师离职意向的结构方程模型分析[J]．教育测量与评价，2011.10：22.

指在职教师由现职学校转入另一所学校任职。如农村学校教师流入其他学校，伴随其他学校流入本校，则成为正常流动，否则亦可称为流失①。

随着教师地位和经济待遇的不断提升，农村教师，尤其是农村学校中的教育人才转职进入其他行业的较少，农村学校教育人才的流动多发生在教育系统内部，但流出量远远大于流入量，调出人数大于调入人数。从农村学校教育人才流动的方向来看，一是农村地区向城镇或其他经济发达的省、市地区流动；二是从下一级学校向更高一级学校流动；三是从同类层次学校的更高行政职位流动。这种现象在全国范围内普遍存在，尤其在贫困农村地区，这种现象更为突出。我们在调查中发现，有一个不到50名教师的镇中心小学，5年间流失10多位优秀教师。究其原因，主要在于农村教师的工作任务重、压力大、进修难、生活单调、向往城市生活、收入偏低等②。

（二）农村学校教育人才补充不足的问题

一是农村学校潜在教育人才的培养与发展受到限制；二是农村学校教育人才流出后短期内未能得到补充，总体上表现出教育人才匮乏、培养难的问题。

首先，农村学校培养一名特级教师或在教学、科研方面突出的教师所花费的心血比城市学校多好几倍，教师自身素质、学历起点、学校为其提供的资源等，城乡地区具有较大差异，决定了农村学校教育人才培养的难度更大、周期更长。

其次，优秀师范毕业生不愿去农村学校任教，青年教师储备不足。据江苏省一项调查资料显示，阜宁县年富力强的教师多集中在县镇小学，而农村小学30岁以下的教师偏少。农村地区的中小学，特别是中西部贫困地区的学校，办学条件较为艰苦，福利待遇较城市学校有较大差距，且农村学校提供的教师专业发展平台较窄，对师范生的吸引力较弱，长期处于"要人难"的尴尬境地。为引导师范生到农村学校任教，国家教育部出台了"特岗计划"，引导和鼓励高校毕业生从事农村教育工作，以逐渐解决农村地区师资力量薄弱和结构不合理的问题，各省、市（县）也通过优惠政策、补助政策等方式鼓励师范生到农村学校任教，都是针对农村义务教育阶段中小学师资力量薄弱、结构失衡、素质需要进一步提高等问题做出的具体举措。而现实的状况是，虽然面临与日俱增的就业压力，师范类毕业生宁愿踏入城市学校招考的洪流中，也不愿意到农村学校任教。

最后，部分学科教师流失后补充不足。如苏北农村初中就存在这样的现

---

① 柴江. 农村教师流失特点解读与补充机制创新[J]. 中小学教师培训，2010.9：58.
② 谢华，段兆兵. 农村小学教师流失问题与补充机制研究[J]. 教育理论与实践，2011.10：6.

象,农村学校流出教师以主干学科(语、数、外)教师流居多,而地方教育行政部门并没有根据学校实际为其配备教师,经常出现随意安置、"人情安置"教师的问题。在对一名农村初中校长的访谈中了解到:T区已经三年没有为该校补充新教师,学校每年上报的教师需求几乎成了废纸一张,而其他一些学校虽然补充了一些教师,但都是"关系户",并不是学校所需要的紧缺学科教师,校长所头疼的是如何为这些教师安排足额的课时,而被安置的教师也只是将学校当作暂时的安置点,机会来到时就会"飞"出去,这种无视学校需求,将学校当作"客栈"的补充方式只会使农村学校蒙受更大的损失①。

二、农村学校教育人才流失后产生的问题

教师是教育的"血脉",农村中小学教师大量地快速地流失的直接后果是农村教育质量严重滑坡②。教育人才在农村学校中扮演着极为重要的角色,是提升学校教学水平、提高学校教育质量的重要力量,缺少教育人才"核心力"影响的农村学校,其发展的后劲明显不足。

(一)农村学校教育人才流失对学校师资队伍发展的影响

1. 农村学校教育人才的流失会缩小专业引领者的范围

专业引领按引领者范围的不同分为教研员的引领、专业研究者的引领和教师自身的引领,其中,教师自身引领包括了如特级教师、学科带头人等教育人才对其他教师的专业引领方式。依靠学校自身"专家"对校内教师进行引领的方式能够满足教师专业发展的现实需求。

学校中教师对教师的引领具有机动性、现实性、适切性的特点。教师在提高自己专业素养的过程中,与校内经验多、水平高的优秀教师的交流与学习的条件更为便利。尤其对于农村学校,校内的优秀教师大多为本校培养,对于学校教学的实际、教师的需求、学校的发展有着较为清晰的认识,相对于校外专家,他们更了解中小学课堂,教师能从中找到自己身影和话语,这方面来说,校内优秀教师对其他教师的实践引领所带来的实际收益可能更多。如农村学校的优秀教师流失,无异于釜底抽薪,农村学校中优秀教师对其他教师的"传、帮、带"的专业引领和辐射带动作用将中断,极易造成农村学校教师队伍层次的降低和梯队的断层。

2. 农村学校教育人才的流失对青年教师的发展造成负面影响

中年骨干教师和老教师是学校的宝藏,他们中有很多人身怀"绝技",有的

---

① 苏北农村优质资源流失及应对策略研究课题组.2010年9月调研报告.

② 新华网重庆频道:农村教育承受不了教师流失之痛[EB/OL]. http://www.cq.xinhuanet.com/jrht/20121127.htm.

是班级管理能手，有的是教学工作"巧匠"，在长期实践中获得的特色经验是青年教师所不及的①。青年教师是学校发展的希望和后盾，在青年教师的培养实践中，"导师团""师徒制""讲师团"等学校培养新教师的各种方法，是为了让青年教师快速成长，并充分发挥学校教育人才"传、帮、带"的作用。一是通过优秀教师的师徒式引导与帮助，使青年教师较快地度过适应困难期；二是在帮带过程中以示范、观摩、课堂案例、教学研讨等方式加强青年教师与优秀教师的互动，将优秀教师多年的工作经验和教学经验传承给新教师。实践表明，优秀教师的帮带对于年轻教师的成长发挥了积极的作用。

相对于城市学校，农村中小学的骨干教师、特级教师人数比例较少，可拥有的"导师"资源有限，农村学校若拥有这种类型的优秀教师如获至宝，对本校青年教师的帮带不仅是教学经验、技能、方法的传授，也是青年教师奋发向上的"精神"榜样。缺少优秀教师或优秀教师流走的农村学校，"传、帮、带"的预期作用将大打折扣。

(二)农村学校教育人才流失对学校教学教研工作的影响

1. 农村学校教育人才流失对教学的影响

教育人才流失将带来任课教师队伍"量"与"质"的双重问题。首先，教师的流失具有突然性的特点，学校经常被搞得措手不及。教师流出带来的首要问题是相应任课教师的补充。教师流出通常发生在学期末或开学初，只有教师拿到确切的调动通知时才告知学校，学校往往处于被动局面，经常发生招不到相应课程任课教师或错过上报招聘计划的问题，任课教师队伍出现结构性混乱的现象；其次，中小学课程的教学具有较强的专业性，不同年级、不同课程的教学内容、方式、方法差异较大，即使同一科目的任课教师教学的内容编排上也存在差别。农村优秀教师的流出将引起学校课程安排的困难和学生适应新教师教学方法的问题；最后，优秀教师流出后主干课程或优秀课程的教学质量无法保障。农村学校优秀教师大多承担化学、物理、数学等主干课程，部分课程是学校的观摩课程或示范课程。优秀教师流出后，这些课程"由谁来上"是农村校长最为之头疼的事情。

2. 农村学校教育人才流失对学校教研活动的影响

中小学所开展的教研活动以教师为主体，虽有学者认为应让专家在每个阶段对学校的教研活动发挥指导作用，但对于农村中小学而言，聘请教育教学专家的条件尚不具备，教研活动的主要力量多局限于本校的管理者和教师，在农村中小学教研活动组织结构中，优秀教师扮演着不可或缺的角色，优秀教师起

---

① 向祎.青年教师是学校发展的希望——青年教师培养之实践[J].民族教育研究，2010.21：28.

着重要的推动作用。

　　具体而言，优秀教师对农村学校教研活动的主要作用有：一是唤醒其他教师的研究意识。教学研究中强调优秀教师的作用，并非让优秀教师大包大揽的代替其他教师做研究，不是传授给教师现成的方法，而是带着或引导教师做研究，把其他教师的创造潜能诱导出来；二是"引导体验"作用。教研活动中优秀教师要作为首席参与者进入教研过程，在互动中，不断地反馈、调节、引导其他教师努力改善自己的教学行为，体味教学研究的乐趣；三是发挥研究"带头人"的作用。优秀教师以自身的体验和探索，发掘学校教学改革实践的共同问题，会同学科教师以专项研究等方式深化教研活动，帮助教师提高教研活动的水平。农村学校教研活动的有效开展需要优秀教师发挥上述带头作用，缺乏优秀教师的学校的教研活动容易造成低水平的重复，或以学校管理者的角色替代优秀教师，易产生教研活动"空洞"的问题。

（三）农村学校教育人才的流失影响学生家长对学校的信任度

　　学生家长口中的"好学校"多指拥有数量多、素质高的优秀教师的学校，家长对子女任课教师的教学水平、教学经验的关注度随着教育观念的变化逐渐较高，不管是城市或农村的学生家长，对子女的教育高度重视。尤其是农村地区的学生家长，已普遍认识到在经济腾飞、靠知识吃饭的现代社会中教育对其子女走向"幸福"的重要性，对学校教师的要求也逐渐提高，不仅仅满足于一般文化知识的学习，更关注教师教育对子女长期发展的影响。

　　面对毕业生就业压力的与日俱增，在部分农村地区泛起了新"读书无用论"的现象，但多数农村家庭对子女的教育报以较大的希望，期望自己的子女通过学校教育走出农村，能够光耀门楣。家长对子女的期望无疑转嫁到教师的身上，对教师和学校提出更高的要求。聚焦于学生的家长和学校，经常会因任课教师的种种问题产生矛盾，如更换班主任、语文教师普通话不标准、数学老师讲的孩子听不懂等等，一方面反映出学生家长的教育观念有较大改变，开始注重与学校的沟通，关注孩子的在校学习；另一方面也反映出学生家长本身对学校的教育的信任度不高。农村学校教育人才的流失，势必在短期内对学校的教育教学质量有所影响，也会使得部分学生、家长对学校的教育教学质量提出质疑，特别是优秀教师所带班级的学生家长，对教师流出后替代教师的关注度会明显增加，如出现学生反映新任教师教学水平或教育方法不如流出教师的问题，有可能导致两种可能结果：一是对学校施压，要求更换教师或调班；一是选择其他学校就读。两种结果都反映出学生家长对当前学校教育教学水平的信任度不高。

第二节　农村学校教育人才流动过程中流失现象产生的原因

由于农村地区的工作环境、发展空间、福利待遇等因素，越来越多农村教育人才如同"抽血"一般从乡村流向城镇。农村教育人才的流失由多方面原因造成，既有历史、经济的因素，也有人为的因素（如学校的无序竞争），本节主要从城镇化对农村学校发展的负面影响、制度缺陷和教师个人三方面分析农村学校教育人才流失的原因。

一、城镇化进程的加快引起农村教育人才的流失

（一）城镇化削弱了农村财政收入，限制了当地学校的发展

城镇化进程的不断加速，各种产业逐渐向城镇聚集，使得财力本身薄弱的县、乡（镇）政府财政缺口加大。尤其是部分贫困地区，工业不发达，农业发展又受到地理环境的限制，县财政收入不能保证当地基础教育之所需，即使县、乡（镇）财政的多数用在教育上，还有很大的缺口。经济条件的制约束缚了当地教育的发展，学校的软硬件跟不上，学校为教师提供的发展平台无法搭建，导致许多教师人在心思走。特别是农村教师队伍中的优秀教师，当农村学校无法保障其自身发展需求时，一旦有机会极易产生跳槽的想法。同时，城镇化引起农村人口向城镇转移，农村学校的生源逐渐减少，再加上有些城镇学校，尤其是新建学校，为在短时间内提高自己的知名度就在升学率上下功夫。通过全区、全县性的大型考试招收一部分考试名次靠前的农村学校的学生，或通过自己学校组织的考试面向农村学校招收一部分学生，农村学校的"尖子生"经常被挖走，这无形中增加了农村学校优秀教师扎根于农村的不稳定因素。

（二）城镇学校的新建与扩建，吸引着农村学校的教育人才

快速城镇化带来了城市教育资源的日益紧张与短缺，各种产业注入后新进职工的子女、打工人员子女、布局调整后新划入城镇范围的适龄儿童等，大量农村学校生源涌入城镇。顺应城镇化快速发展的"潮流"，就得调整城镇学校布局，在城镇兴建扩建学校，招聘新教师。相比农村学校，新建或扩建的城镇学校对农村学校的教育人才有着极大的吸引力，一是城镇学校招聘优秀教师时开出的条件，如薪金待遇、职位承诺、家属安置等优越的跳槽条件具有一定的诱惑力；二是城镇学校本身具有的地域优势、工作条件和未来发展机会符合农村教育人才的个人发展追求。对工作环境、生活条件、发展机会等方面进行综合权衡后，作为"经济人"的农村教育人才跳槽已屡见不鲜。

二、教师进出机制不完善引起教师流动的单向问题

(一)农村学校教师编制管理混乱，新鲜血液的注入受到影响

部分农村学校存在超编但又缺人的尴尬局面。由于编制限制，教师队伍得不到及时的充实，特别是教师流失后，新鲜血液进不来，导致专业教师匮乏，可培养的青年教师储备不足。目前比较普遍的现象是，虽然各县都表示教师超编，但事实上农村学校在岗教师根本不能满足正常的教学，其中，教育行政人员挤占编制、靠关系在学校挂职、因身体原因在家休养、到外地私立学校高薪任教、还经商捞外快的问题较为突出，"吃空饷"现象严重。按照全国各省市实施情况总结，发生"吃空饷"常见的情况是，一个在某地或某部门的实权人物，把本人的家属、亲友、或花钱"买通"自己的人，名义上安插到"旱涝保收"的政府部门或事业单位，根本无须去上班，只要挂上个"号"即可从那里源源不断地领取工资、奖金、享受各种福利待遇。教育行政部门对这一现象在编不在岗的教师严重影响学校教学，在表面上显示出了农村地区教师超编的现象①。

(二)行政部门未顾及农村学校的可持续发展，强制抽调教育人才

为实现优质教育资源的有效集中，打造高质量、高水平的"品牌学校"，一些地方政府或教育行政部门直接抽调农村学校的优秀教师，或对学校间的无序竞争给予默许。将优秀教师集中于为数不多的学校来打造"品牌学校"是我国目前教师流动的另一主要形式，主要表现为这些享有一定特权的学校借助于教育行政部门的力量对农村学校优秀教师(包括骨干教师、教学能手、学科带头人等教师)强制进行的抽调。

三、农村学校教育人才自身发展需求是关键原因

(一)作为"经济人"对优质生活与工作环境的追求

教师资源流出农村学校更多的源于流入学校所搭建的发展平台、较多的经济收入、优厚的福利待遇、子女的就学等因素，客观上由于农村教师现实的生存与工作环境导致的。教师作为"经济人"，基本的生存和发展的需要如得不到满足，其工作的热诚度和对教师职业的忠诚度势必有所影响，社会生活中的花费、住房、医疗、孩子上学等问题与教师专业发展的空间问题，将使农村学校中有"一技之长"的优秀教师心有所向。城镇公办学校招考(聘)或城市私立学校的教学条件比较好，教职工待遇比较高的，极大地诱惑着农村学校的优秀教师，也成为农村学校优秀教师教育系统内部流入的主要单位。

---

① 柴江．农村教师流失特点解读与补充机制创新[J]．中小学教师培训，2010.9：59.

(二)绩效工资实施后城乡教师工资收入差距加大

从 2009 年 1 月 1 日起，全国义务教育学校陆续实施绩效工资，根据国务院常务会议审议并通过的《关于义务教育学校实施绩效工资的指导意见》，要求地方各级政府遵循多劳多得、优绩优酬的原则，按照以县为主、经费省级统筹、中央对(贫困地区)适当支持的管理方式确保绩效工资的实施。但在实施过程中出现了诸多与政策相悖的矛盾，比如实施时间一再拖延，绩效方案先天不足致使学校绩效工资方案的程序非法等，其中最重要的矛盾是地区、城乡、学校教师的工资差距甚大，招致一线教师"怨声载道"。自绩效工资实施以来，教师与学校、校长间的矛盾最为突出，教师纷纷提出疑问，"重点向一线教师、骨干教师和做出突出成绩的教职工倾斜的政策体现在何处?"从绩效工资实施的一年多时间来看，部分地区已经稳定的教师队伍又出现了新一轮的非常规流动高峰，直接的推动力就是绩效工资的负面影响。

从义务教育发展角度来看，绩效工资的实施其目的是改变传统分配制度，鼓励和吸引优秀人才长期从教，在稳定教师队伍的基础上最大程度的调动教师的积极性。它将教师的行为和绩效与报酬联系起来，促使教师为了他们所期望的报酬去展现组织所要求的行为或绩效。但是"绩效"的标准难以确定和统一，不同的理解方式带来了不同的实施方案，同一地区的不同区域、不同省份的同级城市、城市学校和农村学校教师的工资差距甚大。一些地区城市教师的工资是农村教师的一倍之多，严重挫伤农村教师的积极性，加重了绝大部分教师心理的失衡。为追求更高的绩效工资，有能力的骨干教师或学科带头人纷纷流向城市学校和发达地区[1]。

第三节　防止农村学校教育人才流失的对策与建议

城乡基础教育的均衡发展是以优秀教师和学生为基本保证。之所以出现城乡教育质量参差不齐除了客观存在的教育资源不均之外，更多的是由于教师素质不等影响到教育水平和效果的高低差别。评价教育质量高低最终体现在培养对象的质量上，对于学生的发展而言，与之密切相关的是教师的教学与培养和学校所创设的学生得以全面发展的机会与平台，学校日常教育教学工作中教师与学生的接触最多，也最能在教学、活动、师生交往过程中发挥教育的作用，因此优秀教师在实现初中教育质量提升进程中具有不可忽视的作用。

学校的发展以教师作为依托，发展的好坏以教育质量作为最基本评价的标准。正是由于优质教师资源对于农村学校发展的重要作用，优秀教师的争夺成

---

[1]　柴江.农村教师流失特点解读与补充机制创新[J].中小学教师培训，2010.9：59.

为学校竞争的一项内容。作为优秀教师的代表，学校的特级教师、骨干教师、学科带头人、教学能手等教育人才自然成了相互争抢的对象，出现了各种不同形式的非正常流动现象。优秀教师对于学校发展的意义并不仅仅表现在与学生培养相关的课堂教学、教育培养等方面的作用，这只是优秀教师基于特定社会背景下本体功能的体现，新时代所赋予的教师的作用，尤其是优秀教师，是以自身发展作为依托充分发挥他们的榜样示范作用，促进广大教师积极探索与主动发展。优秀教师所含有的发展的动力是学校赖以生存和发展的基础，当前所倡导的学校内涵发展也是以教师作为中枢系统下启学生培养上承学校发展的，离开优秀教师的辐射作用学校就缺少了发展的潜力，优秀教师的流失也必将损伤流出学校的动力系统，最重要的是削弱了部分学校竞争的核心力，其结果会造成初中教育发展的不均衡。因此，如何有效的防止农村学校教育人才的流失，为农村教师提供发展的机会与平台，这些问题的解决，在实现城乡教育均衡发展的大背景下具有一定的现实意义和实践价值。

一、对政府应对农村学校教育人才流失的建议

对于农村学校教育人才流失的问题，政府缺少必要的政策导向，而且在一定程度上起到负面的影响作用，如积极扶持个别城镇中小学的发展而忽视农村学校的建设。由于客观存在的城乡学校发展的不均衡，政府在制定政策时有意无意的关注城镇重点学校，在经费的投入和政策的制定上与农村学校有所差别。尤其是财政投入方面，作为政府机构理应均衡区域内教育的均衡投入，但众多农村学校所划拨财政拨款只能勉强维持学校的基本运转，经费的短缺致使农村学校无力增加教师的福利，尤其是对学校做出卓越贡献的骨干教师和优秀教师，无法以物质奖励鼓励这些教师，而对于农村青年教师的恋爱、住房，中年教师的子女就读、就业，老年教师生活、就医等等问题，农村学校更是无能为力，一系列的问题随之产生。

(一)切实提高农村教师的待遇，关注农村教师的现实生活问题

教师的工资待遇直接关系到教师的切身利益，关系到教师基本生存需要的满足和发展需要的满足，工资的高低会直接影响到教师教育教学工作的积极性和主动性，也是农村教育人才流失的重要原因。当前，在绩效工资实行的背景下，如何进一步缩短城乡教师工资差距，是缓解农村教育人才流失的有效途径。

1. 以立法形式规定农村教师工资不低于城镇同级别教师的平均工资

首先，通过立法保障农村教师的公平对待。有必要在绩效工资实行的前提下给予农村教师必要的关注，可以以立法的形式给予农村教师特殊的津贴与补助，使其工资总量与城镇同级别教师相同，工资不低于城镇同级别教师的平均

工资。

其次，制定短期的权宜性策略。针对绩效工资实施后出现的城乡教师工资差距变大的问题，根据地区统计结果给予差距较大的农村教师适当的补助，如地方政府可以在其基本生活上给予物质性的资助，或者中央政府减免其作为纳税人的义务，使得他们的基本生活能得到保障。

2. 制定长期与维持的政策制度关注农村教师

首先，采取长期的固定性策略。确立农村中小学教师工资发放的固定标准，工资的支付继续由国家财政和地方财政共同承担，但可以相应的提高国家财政承担的比例。绩效工资的实施按照按劳取酬、优绩优酬的原则基础上，建立与中小学教师的劳动特点、职业社会价值、岗位聘任制、社会经济发展水平相适应的教师收入分配制度。对于在边远地区、贫困地区工作的教师要给予特别优惠政策，实行特殊的收入分配标准和方法。

其次，采取维持性的制度策略。可建立起符合教师职业特点的社会保障制度，能够使教师享受到失业、养老、医疗保险等带来的一些优惠政策，另在购房、医疗等方面给予一定的优惠或打折，特别是使农村教师能享受住房公积金这一殊荣，来缓和教师对待遇的不满意度，提高教师的心理平衡度，这样一种制度的建立可以使教师免除后顾之忧，教师也不会有基本生活上的担忧。

(二)切忌发展地方经济而以牺牲教育事业为代价

地方政府对待当地教育事业的发展存在既喜又悲的矛盾心理，之所以悲是因为教育事业属于公益事业，其投入不以营利为目的，且不能得到立竿见影的收益，对于地方经济的发展虽有促动作用但周期太长，因此在投入上不如其他事业那样爽快；之所以喜是因为教育事业的发展可以带来相关领域的发展，如住房、消费等，常常将教育作为获取快速盈利的手段。这种矛盾的结果是打造收益较大、发展前景较好的城镇学校，而对于后劲不足的农村学校则较少的关注，由此必然扩大城乡学校发展的差距。

1. 适当加大对教育事业的财政投入，关注农村学校的经费问题

首先，适当加大对教育事业的财政投入，由中央政府和省政府共同承担，根据各省市教育发展的不同需要，以市为单位制定财政分拨办法，可利用财政拨款成立专项经费管理委员会，专门对有特殊需求的地区予以支持。

其次，农村学校需要经费的支持，应在投入上给予适当的支持。经费划拨除了满足日常开支外，重点关注农村经费使用的特殊需求。大多农村学校的办公经费只够维持正常的学校运转，学校发展和维护的经费没有来源。上面划拨下来给农村学校的经费，同时，在经费报销上的规定还不能与农村学校的实际衔接，有许多属于学校正常开支的项目的经费都无法处理，另外，乡镇负责农村学校财政的状态下所形成的许多办事程序和办事方式，没有随着财政支付方

式的变化而有所改变，更是增加了农村学校的经费短缺问题。

再次，对农村学校实行下年经费早拨早到位制度。一所学校就像一个家庭，开学就得花钱，上级部门检查工作需要接待、校际交流和活动需要经济保障、组织开展各项活动需要活动经费、维护学校的安全需要聘用人员等等，没有一样不要花钱，而这些特殊经费的使用需要提前预支。

最后，经费下拨办法应给予农村学校特殊优惠。上级财政部门下拨到学校的经费正常中按在校学生的人下拨的，农村学校如果按学生人数下拨的经费正在逐年下降。近年来，随着学生大幅度地涌进城里的学校，农村学校的学生呈直线下降趋势，有的乡镇的中小学呈倍数下降。但是，财政部门的拨款方式没有改变，农村学校校长就已经成了"难为无米之炊"的"巧妇"了。

2. 学校的布局设置不能以经济收益为出发点

首先，学校的布局应遵循教育发展规律，按实际需求设置学校，如学校的规模、校址的选择等，不能因为考虑教育投入的成本随意撤并学校，造成部分生源流失的同时带来诸多问题，如教师的正常生活，撤并地区文化荒漠等。学校布点是根据周边社区学生数量和增长趋势规划建设的，并且各区的实际情况也大不相同，学校的设置如不遵循这一规律，更多的普通百姓将为上学难而发愁。

其次，禁止为发展新区域而随意迁校。随着经济的突飞发展，众多地区拓展发展区域，新区、开发区建设作为发展的新起点备受地方政府关注。新区的建设与繁荣需要众多产业的配套发展，其中之一是要有教学质量高、规模大的学校，因此，迁校就成了辅助新区发展的重要举措，作为一种政府行为，迁校是作为带动相关产业发展，也是为满足新区居民上学要求的举措，但这一行为不是以当地教育发展为目的，而是成为经济发展的牺牲品。

二、对教育行政部门应对农村学校教育人才流失的建议

教育行政部门作为学校的直接管理机构，如何执行政府政策，如何提升农村学校的竞争力，如何为农村教师的发展需求提供帮助，如何规范教师的流动，遏制农村生源的流失等问题是责无旁贷的。

(一)重点扶持农村一般学校和薄弱学校，在政策上有所倾斜

教育行政部门的教育发展观念直接影响农村教育发展的方向，以均衡发展的理念指导自身的行为，扶持农村薄弱学校与一般学校的发展，通过缩短农村学校与城镇学校发展的差距，提升农村教育质量，减少农村优质教育资源流失的可能性。

1. 应关注城乡义务教育的相对公平，考虑农村学校的实际需求

教育行政部门在对待影响各级学校切实利益的事情处理上，应多考虑农村

学校发展的需要，像农村学校多少年培养出来的优秀教师，只要重点学校和民办学校需要则可以立即从农村学校调走，有时还可以为他们提供一些方便；教育设备投入和使用都是优先考虑武装重点学校，美其名曰建设对外开放的窗口；教师教育培训一般是首先考虑到重点学校，然后才考虑到乡镇的中小学；经费的划拨上尽管目前已经考虑到按学生人数平均划拨，但是农村学校和城里学校的师生比例已经发生了本质性的变化，按人划拨本身就已经是一种不公平。面对这些问题，作为教育行政部门必须要认真研究农村学校的实际，根据校长们的实际需求优先考虑，才能保证农村学校和校长从根本上解决一些难以解决的问题。

2. 加大对农村学校的经费投入，优化农村学校尤其是薄弱学校的硬件资源

第一，设立专项资金，逐步完善农村学校教育资源。首先，建立图书室、资料室。订阅与教学相关的各种期刊、杂志、报纸，以便及时更新教师的知识，为教师自身的发展提供必要的物质保障，为丰富教师的精神生活创造有利的条件。其次，配备所需的各种器材。在此基础上，完善教师的健身器材，成立教工之家，丰富教师的业余生活。最后，学校建立网络平台。一方面要做好中小学远程教育资源的开发，使其能满足中小学师生的需要，另一方面要逐步完善网络资源。

第二，城乡学校教学设施的配备设置统一的标准。建议出台《城乡基础教育学校教学设施配备办法》，对各县、市固定资产进行评估后统计不同区域城乡学校教学设施配备的差异，结合学校当前的学生数量以及教学需求制定统一的配备办法，对教学设施不足的学校给予经费投入的适当倾斜，保证农村学校与城市学校具有相当的发展基础。

第三，开展农村薄弱学校改造工程。经费投入应保证学校校舍、仪器设备和图书资料等教学设施设备向薄弱学校倾斜，协调学校间教育物质资源的配置公平，让教师和学生拥有较好的学校环境和条件。

3. 城乡地区同类学校的教师工资待遇力保相对均衡，防止教师因分配不均离开农村学校

第一，绩效工资实施后诸多矛盾的解决应将缩小区域差距作为切入点。研究发现，绩效工资收入的差距更多地表现在不同区域的学校，由于分管部门不同导致绩效工资标准有所差异，尤其对于不同地域同一级别学校的教师而言，绩效工资的差距更能引起教师的心理不平衡。其实，省内各地市（县、区）之间执行的标准不一，特别是许多城市同一市内直属学校与县（区）学校执行差别很大，导致了"同工不同酬"的现象，各地区在制定绩效工资标准时更多地依据各自财政能力确定下拨款项，由于涉及义务教育阶段的全部教师，人数众多，经

费投入之大，而且中央、省只承担绩效工资的极少部分，地方财政成了主要支出主体。因此，地方经济发展水平直接决定了教师绩效工资的多少，存在差距也是客观存在的现实。

绩效工资实施后的矛盾主要指向不同地区的差距，因此有必要制定全省统一的执行标准或最低标准，由省政府应制定全省相对统一的执行标准，足额兑现教师绩效工资，避免区域间的不平衡而引发矛盾冲突。另外，对于经济欠发达地区、财政相对紧张的市（区、县），中央、省两级财政加大转移支付力度，确保绩效工资的及时兑现和有效实施。

第二，建立农村教师的工作激励制度，增加农村教师的心理平衡与自我优越感。农村教师的职业优越感来自于职业收入的水平和外界对本职业重视程度的自我感悟。教育行政部门除了在缩短城乡学校教师收入差距，提升农村教师收入水平，给予其他优惠（医疗、购房）等方面下功夫外，还应联合农村学校给予做出突出贡献的教师一定的奖励，奖励以物质奖励和精神奖励为主，物质奖励经费可由教育行政部门特设奖励基金，设立"突出贡献奖"，专门用于个别优秀农村教师的突出贡献（如省市教学比赛、技能大赛、说课比赛等）；精神奖励主要是提升教师个体精神上的自我优越感，在评优、评职称等方面给予突出贡献的教师一定的优先考虑权。

(二)防止农村优质教育资源流失的应对上有所作为

1. 教育行政部门规范自身行为

教育行政部门应规范自己的行为，不能随意抽调农村优秀教师，教育行政部门应认识到强制抽调对农村学校发展带来的一系列发展问题，考虑到教育的整体发展，应严格禁止城镇学校到农村学校抢教师，可建立相关惩罚办法，但前提是教育行政部门不是成为始作俑者，要以坚决禁止和严厉处罚的态度杜绝这种行为。

2. 建立农村学生流失备忘(奖惩)制度，防止农村学生资源流失和禁止城镇学校挖掘农村学校优质生源的行为的发生

首先，为进一步加强中小学辍学管理工作，要将其纳入乡（镇）一把手工程和教育目标管理责任书中，出台相应文件或制度，并将之作为学校评比、相关学校领导评优的考核指标。

其次，把抓好学生辍学工作一并列入领导任期考核目标责任制中，认真总结奖惩。各乡（镇）、学校也要根据目标管理责任书和各乡镇的实际情况制定相应的、行之有效的规章制度和乡规民约，采取教育、行政、经济和法律等手段，保证学生到校率稳步提高。

再次，完善规章制度，加强管理。建立学校未报到学生月报制度，及时报到区教育局，区教育局协调乡（镇）村政府及时寻找动员学生返回学校。

最后，杜绝城镇学校到农村学校挖掘优秀生源的行为。教育行政部门要将之看作常规管理来抓，严格审查入学、转学学生的来源与原因，可适当展开调查，对无序、违规的招生单位给予处罚。

（三）关注农村教师的发展，为其发展提供平台，提升农村教师整体素质

关注农村教师的发展，为其提供发展的平台有两层意思，第一层意思为农村教师的发展提供机会，为的是满足部分农村教师自我发展的需求，使之有与城镇学校教师同等的发展机会和条件，减少农村教师因农村学校发展后劲不足而选择流向城镇的可能性；第二层意思是通过有目的地培养，提升农村教师整体素质，这样即使有部分优秀教师流向城镇学校，农村学校也有坚实的后备力量予以补充，不至于出现"青黄不接"、教师队伍断层的问题。

1. 有针对性的提高农村教师的业务水平

首先，要重视农村教师的教育学和心理学知识的学习。教育学和心理学知识的学习可以采取多种形式，如请师范院校的教师到县、乡进行短期的教育学、心理学相关知识的培训。但这种形式有利于教育学、心理学知识的普及但不利于教师们深刻的掌握。另外可以选拔一些基础较好的教师到学校脱产进修，学习教育学、心理学，回来后再给乡、县的其他教师传授。为确保培训的效果，每次培训后应有一次考核，凡没有通过的教师进行二次、三次培训，直到彻底掌握。

其次，普通话水平达标是教师，尤其是文科教师教学水平的一个重要衡量指标。对于目前普通话水平尚未达标的教师，要送到师范院校进行普通话培训，争取达标。另外，因为语言的学习、强化需要一个好的环境，所以，学校应该提倡课上、课下都要坚持使用普通话，培养普通话的语感。

最后，提升农村教师使用多媒体的能力。作为现代的教师，应该掌握使用现代教学媒体进行教学。鉴于苏北农村地区缺少多媒体设备的实际情况，教育行政部门应该利用寒暑假组织教师到有设备的学校去集中学习，一有机会就组织教师参加一些利用多媒体教学的教学竞赛，鼓励教师掌握多媒体技术。

2. 加强农村教师的培训力度

以机构培训为主的教师教育是局限在特定时空的、不连贯的、缺乏内在逻辑与发展关联的教师教育，要转向不受时空限制的、持续的学会教学和教师专业发展。以提高骨干教师的能力和水平为重点到骨干培训与全员培训相结合；机构培训与校本培训相结合；集中培训与分散培训相结合；卫星、网络、函授和自学等并举。

首先，做到培训方式的多元化。农村学校可以立足学校与教师的实际需要开展校本培训，教师以解决在教育教学实践中面临的主要问题和提高实际教学及科研能力为目标，将本职工作与培训任务，理论学习与实践经验总结，教学改革与教育科研紧密结合，通过各种形式的课题研究活动，教学观察、分析、交流活动，讲座、咨询、读书、实地培训活动等，为农村教师走向专业成长提供最基本的帮助。另外，农村学校校本培训要注重校际交流和校际互助，应倡导协作式、开放式校本培训，充分发挥乡镇中心校的组织协调作用，使校本培训这一有效的教师培养方式在促进农村教师专业成长方面真正发挥作用。此外，还需要十分丰富的农村教师教育网络资源，为教师提供全方位的职业发展服务。

其次，培训注重实践与农村教师的需求。目前的农村教师培训大多还是知识补充型培训，更新理论知识作为培训的首要内容。而教师教育起源于实践的需要，落脚在促使实践能力的发展。观照农村教师教育的特殊性，建构农村教师与农村环境相互依存的发展方式，承认与开发农村教师所具有的与乡土联系的知识，从而在提高农村教师自身价值的基础上发展农村教师。教师教育课程的设计必须尊重教师及其教育实践，把实践情景的现状和未来发展以及把实践能力相对稳定和动态变化结合起来。

最后，由于不同的地区，不同层次的教师对培训的需求存在差异，需要针对不同地区，不同层次进行培训。如：村完全中小，中学教师及代课教师培训内容：研究教材、教法；新课程实施培训，提高学历层次；转变教育观念，了解外部信息；训练教育教学基本技能（班级管理、教学基本功）等。乡中心教师培训内容：信息技术培训；先进的教育理念培训；新课程实施培训；补充、更新专业知识；研究教材、教法、提高教学技能；提高学历层次等培训。骨干教师培训内容包括：教育改革信息，尤其是基础教育改革的进展，基础教育改革的理论基础，新课程标准与教材分析；更新教育观念，研究如何促进学生的发展；运用信息技术获取与交流信息和多媒体计算机辅助教学；教育研究方法，如何开展行动研究；扩展知识，由掌握单一学科向综合型发展等等。为此，培养教师的策略要发生转变：由过去的职前一次性、定向性、层次性与封闭性培养模式转变为职前与职后一体化、非定向、统一大学层次、开放性终身学习制度培养模式。由关注教师一般素质到与关注（农村）教师特殊素质的统一，由课程分割重叠到课程一体化基础上的多元化与乡土化，由关注师范生到关注农村中小学现场教师，由关注教师的教育活动到关注教师的教育活动与管理活动结合，由大学、进修学校、教研室等定向分割培养教师到教师教育资源一体化培养教师并整体向农村教师倾斜。

（四）教育行政部门联合相关部门（如人事、财政）共同规划农村教师的补充办法

农村教师的补充办法的常规制度的建立不仅有利于扩充农村教师队伍，为农村教师队伍增加新鲜的血液，是一长久发展的策略，同时也是应对农村教师流失的另一办法，通过不同弥补流失，在一定程度上减少流失后农村学校的损失。

1. 农村学校教师的分配尊重学校需求

这就要求政府、教育行政部门有计划的招聘教师，对于教师类型的确定上应以学校上报数据为参考依据，为农村学校分配教师时应做到客观、尊重学校的切实需求。目前，教师流失后没有得到及时补充的重要原因是县级政府对教育行政部门提出的教师补充要求没有给予应有的重视，"人为"的造成了农村教师补充难。

政府部门首先应有一个教师补充的长期规划，根据县级当前编制、流失数量、财政状况、县域学校的布局要求、教师年龄结构、学科结构因素，合理制定农村教师补充规划，为教育行政部门及学校提供充裕的教师资源，这是保证分配足额与合理的基础性条件。

其次，出台教师补充的纲领性文件。县级政府对农村教师的补充与稳定要制定规范性文件，将农村教师补充的条件、程序、方式、渠道以文件的形式确定下来。

最后，建立健全的执行和监督机制。为防止教师补充过程中"人情""关系"等人为因素的介入，应明确人事、教育、计划等行政部门在农村教师补充与稳定工作中的职责，使农村教师补充与稳定工作法律化、规范化、制度化。

2. 建立不同于城市的农村教师退休制度

针对当前农村教师年龄结构失衡、新教师补充难、年轻教师发展空间有限等问题，可在农村地区建立新的教师退休制度，鼓励农村大龄教师提前退休或者内退，但可享受平均的工资待遇和当前水平的绩效工资。现在，农村教师队伍中青年教师较少。由于老教师的知识结构、教学方法和手段等都不适应新课改的要求，学生不喜欢，成效难提高，因此就有必要将农村教师退休或者内退年龄适当提前，将老教师率先调整出去，空出岗位让给青年人。

通过加快替代进程来扩大青年教师进入数量，尽快改变教师构成比例。青年教师进入数量各地应该每年确定一定规模，但规模的确定应考虑到学校的具体需求，招收的对象可扩展到其他院校有志于教育教学事业的优秀青年，学历标准要定在本科及以上，高标准进，严格录用，具体方法是：按照录用要求，先让一部分青年人进入教师队伍，参加教学实践，并且每年参加全国教师资格考试，特别是学生的民主评议，经过至少三年的考察考核，最后根据成绩总和择优录用部分优秀教师，其他清除教师队伍。但是这种方法的使用有一个致命的前提，即农村学校具有与城市学校一样的吸引力。

三、对农村学校应对优质教育资源流失的建议

农村学校应对优质教育资源流失主要从学校的科学管理和学校发展两方面入手，学校的科学管理其目的是为教师营造良好的氛围，使农村教师有强烈的归属感，从心理层面减少流失的可能；学校的长足发展主要是缩短与城镇学校发展的差距，就当前发展状况而言，应注重学校的内涵发展，重视学校的文化建设和教育教学改革，从"软环境"入手加强主动发展的步伐，提升农村学校的综合竞争力，使农村教师看到希望，也使农村学生家长看到曙光。

(一)农村学校应注重自身的内涵发展

当前，教育均衡发展的理念逐步引导学校的发展由外延发展走向内涵发展。内涵发展理念作为均衡教育发展，缩短城乡差距，提升农村学校发展自主性，为农村教育走特色发展之路提供了可行性思想。内涵发展注重微观的地方行为、学校行为和教师行为，使更多的教师与学生获得特有的发展权与教育机会均等权，只不过城乡教师与学生享受的权利有所差别，但各有特色，无法替代。农村学校的发展在新形势下应更加注重内涵的提升，以主动发展替代被动救援，充分调动农村教师和学生的积极性，从隐性层面不断提升农村学校的竞争力，形成农村学校发展的特色。

1. 农村学校的发展应以学生为中心，给学生以归属感

首先，学校的教育目标要把人的发展放在首位，真正为人的全面发展服务。教育的一切活动，尤其是学校教育就必须把人作为首要因素渗透到教育教学工作中，"以学生出发，以学生告终"，体现以人为本，充分考虑学生的需要，围绕学生的问题，以学生的需要为出发点，以学生的问题为切入点开展教育教学活动，强调学生的主体作用也就是强调"内因"作用，一切外在的因素也才能发挥作用。

其次，人的发展应作为农村学校教育工作的出发点和落脚点。农村学校背负着与城市学校同样的重担，即以升学作为考核质量的唯一标准，这也是普遍认为农村教育质量不高的重要原因。教育价值观的偏差无疑助长了"应试教育"的倾向，我们的教育除了分数、成绩、升学率，还能剩下什么？升学的功利追求使得本来应该以"育人为本"的教育，无奈选择了"升学为要"，将"人的全面发展"变成了考试分数的提高，因此，学校作为教育的实施者，应树立正确的教育价值观，为学生的全面发展创造条件，提高学生的综合素质，充分开发他们的潜能，培养学生乐观、积极向上的心理品质，促进学生人格的全面发展。

2. 农村学校要寻求主动发展的道路，走与城市学校不同的特色之路

首先，农村学校要理解主动发展的重大意义，比等待扶持要现实的多。农村学校与城镇学校的差距客观存在，而且这种差距具有长期性，农村学校必须

寻求一条自主发展之路。学校的发展也遵循矛盾的定律，内因是事物发展变化的依据，事物发展的根本原因不在事物外部，而在事物的内部。每一所学校都在追求发展，但发展的路径不尽相同，所以办出的学校也不一样，唯有认清学校发展中的困境并主动采取应对策略，适时的进行变革和办学思路的创新，才能在学校竞争中立于不败之地。内涵发展所需要的理念、制度、管理、文化等，都需要学校从自身办学理念和思想中提升并物化，倡导学校主动发展意味着学校要承担起变革的重担，形成自主发展的意识，实现学校管理的科学化、民主化，积极谋划自身的发展，捕捉各种发展机遇，利用一切可利用的资源挖掘和集聚各种变革力量，推进发展进程，使学校从被动、依靠、盲从中解放出来，让学校成为自己命运的主宰。

其次，特色发展是提升农村学校教育质量的必然选择。就是要求农村学校在发展历程和办学实践中逐步形成的独特的、优良的办学特征和特有属性，是在不断积累、总结、凝结、升华的基础上形成的。建设特色学校，就是要在明确学校办学宗旨，自主选择、多元互动的基础上，在学校制度与隐性文化的各个层面——精神、管理、行为等方面都或多或少存在着区别于其他学校的独有特征。特色的形成不是一蹴而就的，而是多种因素共同作用的结果，其中办学定位是首要的、根本的因素，是学校改革与发展的根本依据，是提高办学水平的出发点和归宿。尤其是对于农村学校而言，找准办学定位是形成特色的首要因素，需要通过学校改革的研究与实践，激活不同层面变革主体的内动力，增强不同层面变革主体的内生力，以变革主体的成长发展来逐步发现并形成特色。

最后，主动与特色的发展需要转变思维方式。农村学校发展的艰辛道路是有目共睹的，但农村学校的发展进程中转变怨天、怨地、怨人的消极观念，以自主、乐观投身教育实践，应立足于当前从而面向学校未来。在创建学校特色与选择主动发展之路的过程中，定位发展方向、方式和步骤是一难点，由此出现了特色的照搬与模仿，或是仅仅将特色集中于校园环境的建设和教学设施的配备等方面，没有真正体现主动发展所需要的动力和特色建设所需要的独特性。对于农村学校而言，其特色不在于硬件建设，而应该是软环境的创设和农村丰富课程资源的开发，其所处区域的教育素材比城市学校更有特色和吸引力，因此，农村学校特色发展的关键就在于如何将精神土壤与制度文化升华为学校为之骄傲的特色，并作为学校发展的动力源，只有通过不断的反思、继承、发扬与创新，才能够找到自身发展的立足点。

3. 以学校文化浸染师生心灵，提升师生文化修养的同时增强对农村学校的责任心

学校文化建设是初中教育内涵发展的重要内容，是构建文明校园、和谐校

园、精神校园的重要组成部分，也是师生内在素质提升的重要手段，师生文化修养的提升有益于培养师生爱校、为校的责任心，在一定程度上减少农村教师和学生对学校的不满，减少师生流失的可能。

第一，让文化重新回归学校。从学校发展角度来说，文化是一种力量，是学校发展的精神力量，当代对文化在教育中的功能关注更多的是形成学生对周围世界和自己的一种积极而理智的、富有情感的行为，探索、创造、超越现实的态度与作用方式。因此，文化作为开发学生生命潜能并具有生命意义的力量渴望在学校教育中重新回归，素质教育所倡导的开发学生潜能、促进学生健康全面发展的教育本质回归需要文化的力量与"应试教育"相抗衡，学校教育中存在的功利主义和以"分数"为纲所开展的各种教育活动需要文化的力量逐步渗透改革。

第二，号召师生自觉追求文化浸染。学校文化自觉作为一种理念的提出为学校文化建设的思路与策略选择提供了发展的方向，使得学校重新审视教育教学实践和教育改革，反思、重建与创建学校文化。文化自觉应作为学校文化建设的现实追求而渗透到教师教学与专业发展、学生学习与全面进步、学校管理与制度建设，以文化的精神力量牵动学校的全体人员与物质建设，真正实现学校文化建设的自我生成。

第三，让学校文化成为教师教学与专业成长的动力。从学校角度出发要求教师结合自身工作，做到自我反思、自我发展与学校内涵发展同步，教师不仅作为学校制度与理念的执行者，更重要的是促动教师的内涵发展，教学工作的反思、教学理念的实践、教育思想的贯彻，都要求教师走出经验的束缚，在充分掌握教育规律的基础上形成体现自我教育的观念和能力的"本质力量"，通过合理的教育教学活动，践行"以学生为本、为学生全面发展"的教育目标。

第四，提升学生的学习力量和主动求发展的内驱力。使学生从学校的各方面教育、教学工作中感受到文化的精神力量，以对文化的理解和感悟反思自己的学习、生活，重新思考和定位自己在学校教育中的角色，深刻理解学习的意义和价值以及在今后自我发展中"文化自觉"所带来的思考方式和行为方式。

(二)为教师的发展创设良好的氛围，提升农村学校管理的科学性

1. 农村学校要为教师的发展服务，以多种活动与交流促发展

农村教师有发展的需求，在教育教学中寻求自身存在价值是教师职业特性的体现。农村教师一般在教学中能够体会到这种优越感，因此，学校能否以科学、有效的方式为农村教师提供达到这一目标的机会是学校工作到位与否的重要体现。农村教师要逐步搭建这一平台。由于教师的条件和要求不同，具体的合作、交流方式是多种多样的。如：根据教学上的需要，举办各学科讲座或报告会；由各中小学根据本校教师的业务情况，采取以老带新、互教互学、集体

备课等方式；各种各样的参观、访问、进修、研习等工作都是具体而有效的合作、交流活动。这种以全体教师整体提高为取向的教师教育，尽管在研究之初教师可能费时费力，但当教师从自身研究中找到了有效的教学策略和教学管理策略时，就有可能较为熟练地解决种种"教学困惑"、减少无效的劳动，在不一定增加工作时间前提下提高教学效率。多种方式主导下的教师交流与合作，能够提升教师的实践素养，才真正体现了以师为本的学校发展目标。

2. 为农村教师创设公平公正的竞争机会，摆脱学校管理中的领导行为

首先，学校制度的形成应有教师的参与，以保证制度的合理性。针对当前农村学校管理的个人行为，或可以说忽视教师参与的制度，在教师心中并没有形成统一的认可，必将带来教师与学校之间的矛盾，也不易于使教师对学校形成感情，缺乏归属感的教师其流失的可能性也越大，因此，学校相关制度、办法的制定应最大限度的征求广大教师的意见。

其次，农村教师所关心的评比办法必须做到透明、公正。据调查了解，部分农村教师之所以离开学校，是由于感觉到在学校没有发展希望，其重要原因在于评优、评奖、评职称的不公正待遇，学校领导班子应注意规章制度的权威性，不能以"人情"而伤害其他教师的利益，否则将得不偿失。

最后，学校领导的行为应有监察团体，防止个人行为或腐败行为的出现。教育行政部门应增设监察机构，定期不定期的以调查的方式对校领导的工作予以监督，做到学校工作的透明化，为教师创设良好的工作环境。

(三)加强农村学校校长培训工作，努力提高农村校长的管理水平

农村学校校长的管理水平是提高农村学校工作水平的关键。而对农村学校校长进行培训，则是提高其管理水平的重要途径。

首先，要使培训的内容系列化，从农村校长工作实际需要出发，研究和确定培训内容，形成一定序列，一项项地进行培训，而不能像过去一些培训部门在确定培训内容的时候，跟风向走，上面提倡什么就培训什么；有时是跟兴趣走，对什么感兴趣就安排培训什么。这样的培训对于全面、系统地提高农村学校校长的管理水平是不利的。

其次，要坚持培训与时俱进，在培训中着重研究和探讨当前存在的教育教学问题，寻找解决这些问题的方案，让农村学校的校长们培训之后能够回去用得上。

再次，在培训方法上注意理论联系实际，既重视理论的学习和研究，也注意与农村教育教学的实际相结合，以保证通过培训，能够让农村学校的校长们的能力和水平实实在在地得到提升。

最后，在培训方式上注重案例教学和研究。农村学校校长的工作实践显示，他们最缺的面对一些特殊的问题和情况如何科学而艺术的处置。为了体现

这种需要，注重案例教学和研讨是一种比较理想的培训方式。尤其是通过对典型案例的解析，不仅可以帮助农村学校的校长们学到工作的方法，还可以使得他们举一反三，形成应付各种情况的能力。

　　总的来说，农村学校教育人才的流失会使农村教育的发展受到"软性资源"的限制，农村学校教育人才流失与补充不足若同时存在，将形成恶性循环，损失的不仅仅是学校的教育质量，更重要的是影响农村教育的整体发展。解决与应对农村教育资源的流失问题，各级政府部门、教育行政部门及学校应采取灵活、多变且具有实效并落到实处的措施，留住优秀的教师和优秀的学生，农村学校才有发展的动力，才能办出农村学校的特色，才能真正实现教育的可持续发展。

第十章　城乡学前教育均衡发展现状与对策

　　"人生百年，立于幼学"，学前教育是人生的起步教育，是基础教育的基石，是国民教育体系重要组成部分，也是重要的社会公益事业。

　　我国学前教育始于清末民初，已有百余年发展历史。从19世纪60年代随着洋务运动及维新运动的展开，我国产生了近代新式学校，并于1903年建立了我国第一个官办的幼稚园。张之洞、张百熙、荣庆、康有为、张謇等人成为我国学前教育的倡导者与办学先驱。尤其是张謇，善于把自己的教育思想和主张拿到实践中去验证，并不断创新，一生创办了多所蒙养园、幼稚园，成为我国早期幼儿教育的探索者与实践者。五四运动以后，各地纷纷建立了幼稚园，出现了蔡元培、恽代英、陶行知、张雪门、陈鹤琴、张宗麟等学前教育家。自新中国成立以来，学前教育历经曲折，改革开放后得到飞速发展。随着社会主义现代化的发展，广大群众对学前教育的期盼越来越大，要求也越来越高，而学前教育发展非均衡已产生了入园难、入园贵、城乡差距大等新问题，并成为社会关注度极高的热点。

第一节　城乡学前教育均衡发展概述

　　教育部部长袁贵仁指出，各地要把均衡发展作为义务教育的重中之重，努力实现2012年义务教育区域内初步均衡、2020年区域内基本均衡的新目标。教育均衡是构建和谐社会的基础，也是教育公平社会平等的现实体现，接受学前教育是现代社会公民的基本人权，正因为如此，教育公平被视为实现社会平等"最伟大的工具"。然而，作为基础教育基础的我国当前学前教育事业的发展还存在许多亟待解决的问题，至 2010 年我国学前教育三年毛入园率仅为 56.6%，而且地域非均衡现象十分明显。坚持学前教育的普及与公平已经成为当前中国学前教育发展战略的基本问题。

一、学前教育均衡发展的内涵

(一)均衡的基本含义

均衡是一个在人们日常生活与科学研究中使用频率较高的词汇，几乎被各个领域使用。在不同的领域中，均衡的内涵不一。

均衡最初是物理学中的一个概念，它所指的就是一个物体在受到外力(外力的合力为零)作用下所能保持的一种静止或匀速直线运动的状态。

作为博弈论的核心概念，均衡是使指博弈双方所达到的一种稳定状态，没有一方愿意单独改变战略。

在经济学中，均衡一般是指经济体系中变动着的各种力量处于平衡的状态。通常有两种含义：

1. 市场供给与需求的均衡。

2. 区域之间的均衡。追求不同区域之间经济发展水平差距的合理化。

美学中的均衡是指布局上的等量不等形的平衡。

均衡是相对的，不均衡是绝对的。

(二)教育均衡发展的基本含义

关于教育均衡发展的概念，目前还没有比较一致的定义，研究者大多是根据自己研究的具体问题，对教育均衡发展展开描述性定义。但是，在阐述教育均衡发展的具体内涵时，有些要素是研究者们共同关注的。比如，从研究问题指向的范围看，有的研究者关注区域教育均衡，有的研究者关注教育机会在不同人群中的分配，有的关注不同教育层次间的资源占有的机制和分配问题；从研究的学科取向来看，有教育哲学取向的，有教育经济学取向的，也有公共政策研究取向的。由于不同研究者关注的具体问题以及研究取向和方法的不同，对教育均衡的定义也就各不相同。

教育均衡发展是指通过法律法规确保给公民或未来公民以同等的受教育的权利和义务，通过政策制定与调整及资源调配而提供相对均等的教育机会和条件，以客观公正的态度和科学有效的方法实现教育效果和成功机会的相对均衡。

教育均衡发展主要包含以下相互联系的三层含义。

一是确保人人都有受教育的权利和义务。这往往由国家通过法律的形式加以确认和保障。

二是提供相对公平的接受教育的机会和条件。在教育实践中，教育均衡发展还应包括学习条件的均等，即在教学内容、教育经费、教育设备、师资水平等方面有相对均等的条件，学生在教育的过程中受到平等的对待。

三是教育成功机会和教育效果的相对均等。每个学生接受教育后都应达到一个最基本的标准，都能获得学业上的成功，在德、智、体、美等方面实现全面发展。

上述三层含义是紧密联系在一起的，而且是逐层递进的。其中，受教育权利和义务的平等是最基本的要求，是受教育机会均等、条件均衡、教育成功机会和效果相对均衡的前提；接受教育的机会均等和条件均衡是进一步的要求，又是效果相对均衡的前提和条件；而教育效果的相对均衡是最高的要求。正如联合国教科文组织国际发展委员会编著的《学会生存——教育世界的今天和明天》中所说："可能平等地受教育，这只是求得公平的必要条件，而不是它的充足条件。人们有可能同样受到教育，但并不是说，他们都有同等的机会。平等的机会必须包括同样成功的机会。"可见，教育均衡发展所追求的最终目标不在于教育的"输入"平等，而在于教育要有平等的"成果"。

我们必须看到，教育均衡发展只是一个相对的概念，其基本含义是"满足所有人最基本的学习与发展需要"，绝不是要求绝对的平均和平等。教育均衡发展特别关注受教育群体之间，主要是弱势群体与优势群体之间平等地分配教育份额，包括享有同等入学机会，同等受教育条件，同等发展可能等等。在一定意义上说，教育均衡发展就是要相对公平地将受教育权利和义务分配给各社会阶层及其所属的社会成员，尤其应满足弱势群体接受教育的基本需要，保障其实际占有和支配教育资源及其份额，并在此基础上给予每个人以更好的教育，带来应有的教育效果。

(三)学前教育均衡发展的基本含义

学前教育均衡发展是指通过法律法规确保给予适龄幼儿以同等受教育的权利和义务，通过政策制定与调整以及资源调配而提供相对均等的教育机会和条件，以客观公正的态度和科学有效的方法实现教育效果和成果机会的相对均衡，其核心追求是实现幼儿教育资源配置的相对均衡。

就其实质而言，学前教育均衡发展主要涉及幼儿教育权利的保障问题，教育的民主与公平问题。具体而言，学前教育均衡发展主要表现为三个层面：

在物质层面上追求优质幼儿教育资源的相对均衡配置，学前教育的"硬件"设施(包括生均教育经费、园舍、教玩具、设备等)的配置较为平衡，教育的"软件"(包括教师、图书资料等)的配置较为均衡，从而为所有学龄前儿童提供相对平等的学前教育机会与条件，在学前教育过程中得到同等的对待与支持。

在制度层面上保障所有学龄前儿童的教育权利平等的实现，均能获得平等的入园机会和就学机会，国家制定的有关学前教育法律、法规和政策，各级政府和教育部门制定的有关学前教育法规、政策，都要体现学前教育均衡发展的基本思想。

在意识层面关注每个儿童的潜能得到最大程度的发展，社会应为之提供最适宜的发展环境及条件，使每个儿童都能在体、智、德、美等方面得到全面、和谐、均衡、可持续发展。

(四)学前教育均衡发展概念辨析

1. 学前教育均衡发展不是"平均"发展。

学前教育均衡发展不是"削高就低"搞平均主义，而是根据不同区域、城乡不同幼儿园的实际情况，分区规划、分步实施、分类发展，那种认为均衡发展就是"平均发展"和"平均用力"，甚至是"削高就低"的观点是错误的，均衡发展更强调一种全面、协调和可持续的科学发展。

2. 学前教育均衡发展不是"划一"发展。

学前教育均衡发展是整体发展，不是低水平的"一刀切"。追求个性化、特色化，不仅是教育发展的趋势，也是实现更高层次学前教育均衡的迫切需要。因此，学前教育均衡发展并不要求整齐划一，要鼓励不同区域、不同类型的幼儿教育根据各自的实际情况，创造性地探索有自己特色的发展道路，最终实现优势互补、特色发展、整体提升。

3. 学前教育均衡发展不能"一蹴而就"

学前教育发展不均衡有着长期、深刻的历史原因，解决起来需要有一个过程。均衡是相对的，而不是绝时的。学前教育均衡发展是一个由"相对均衡—不均衡—相对均衡"，不断地螺旋式上升、循环发展的动态过程，学前教育均衡发展是学前教育事业发展的理想状态，不可能一蹴而就。

4. 学前教育均衡发展不是相互限制发展。那种认为均衡发展就是限制发展是低水平、低层次的整齐划一发展，甚至是以高就低、高水平"等待"低水平的发展的观点也是错误的，均衡发展不是限制或削弱发达地区和优质幼儿教育资源的发展，而是在均衡发展思想指导下，用更有力的措施支持、帮助基础薄弱地区和弱势幼儿园加快发展，在共同发展中相互促进，在互帮互促中不断实现高位平衡。

二、学前教育均衡发展的意义

(一)教育均衡发展是打破城乡教育二元结构制度瓶颈的必然选择

城乡二元体制是制约我国经济社会发展的主要制度障碍，是我国城乡社会教育非均衡发展的制度因素。城乡二元体制是以户籍制度为核心，在城乡之间实行不同的社会资源分配与再分配的经济社会制度。在城乡二元体制下，城市和农村都成为封闭性的结构，城乡被割裂开来，造成了城乡之间、流动人口之间与本地人口之间在教育、医疗、就业、社保、卫生等诸多方面的资源分配与使用的不平等，导致城乡居民在社会地位、权利、义务、身份等方面不对等。

当前，随着我国工业化和城镇化的快速发展，城乡交流日益广泛，城乡分割的二元制度已经成为经济社会发展的严重障碍。2003 年，党的十六届三中全会《决定》指出：统筹城乡发展、统筹区域发展、统筹经济社会发展、统筹人与自然和谐发展、统筹国内发展和对外开放。提出"五个统筹"理念的重要目的之一就是解决地区之间发展不平衡的问题。2008 年，党的十七届三中全会通过了《中共中央关于推进农村改革发展若干重大问题的决定》。全会认为：我国总体上已进入以工促农、以城带乡的发展阶段，进入加快改造传统农业、走中国特色农业现代化道路的关键时刻，进入着力破除城乡二元结构、形成城乡经济社会发展一体化新格局的重要时期。2010 年中央颁布了《加大统筹城乡发展力度，进一步夯实农业农村发展基础》的文件，该文件首次在主题中突出了"统筹城乡发展"。

城乡分割的二元教育体制在城乡二元社会体制框架下形成的，受城乡二元体制的影响，我国城乡之间在经济、社会等各个方面存在的差别很大，教育领域存在诸多问题，教育资源有限与资源配置不均的现象并存。对未纳入义务教育体系的学前教育来说，城乡、县际、园所之间发展不均衡的问题尤为突出，城乡学前教育的差别还有进一步加大的趋势，农村幼儿入园率极低。按教育部 2009 年的统计数据，全国在园幼儿 2657.81 万人，学前三年、两年、一年的毛入园率仅为 50.9%、65.0%、74.0%，农村学前一年的毛入园率仅为 60%。① 目前，有些地区的农村学前教育基本处于无人管理状态，或管而不理，或只管不投，或自生自灭，长期处于低层次、低效率运转，导致相当多的农村 0～6 岁幼儿难以接受到良好的学前教育，影响到他们的健康成长，也造成学前教育机会的不平等。

学前教育是基础教育的基础，社会统筹发展既然包括教育的均衡发展，其中也应包括学前教育的均衡发展。均衡发展学前教育，实现教育的公平，是实现社会公平，提高国民素质，进而实现社会经济全面发展的基础与前提。适应城乡经济社会体制由二元体制向一元体制的转变，城乡学前教育均衡发展就成为历史发展的必然结果。

(二)学前教育均衡发展是解决日益扩大的城乡学前教育差异的战略措施

当前，日益扩大的城乡居民收入差距拉大了城乡居民教育支付能力的差

---

① 胡光秘．城乡一体化背景下农村学前教育的主要问题与对策[EB/OL].http：//blog. sina. com. cn/s/blog＿736accb40100qgp8. html.

距。在我国，义务教育已经基本实现了免费教育，但学前教育未被纳入义务教育的体系中，学前教育的费用仍然由各个家庭承担。城乡居民人均收入差距逐年呈拉大的趋势，使城乡幼儿教育的负担差距也同时逆向拉大，农民的学前教育负担相对加重，因而不送孩子上幼儿园的问题难以避免。

城乡学前教育办园条件的差距也造成城乡学前教育质量的差距。农村幼儿办园条件较差，普遍存在设施不全、玩具配备不足的现象，甚至有相当多的"无寝室、无床铺、无操场、无幼儿游乐器械"的"四无"幼儿园，缺乏足够的卫生和健康设施，缺少电视机、影碟机、录音机、计算机等现代教学设备。而城市幼儿园及财力雄厚的单位幼儿园则是应有尽有，条件优越，甚至达到先进国家的水平，具有天壤之别。农村幼儿教师文化程度不高，专业素质偏低，教师队伍不稳定、年龄老化问题突出，农村幼教师资现状已经无法满足人民群众对幼教发展的需求。而大城市幼儿园师资队伍"高度化"十分明显，许多中小城市幼儿园大中专以上学历的教师已达 60％以上，甚至有不少硕士、博士担任幼儿园的教学与管理工作。而且由于地域与经济优势，城市幼儿园教师师资结构状况仍将进一步提高与优化。据统计，2007 年全国学前三年毛入园率为44.6％，其中城镇学前三年毛入园率为 55.6％，农村只有 35％，两者相差 20个百分点。从 2006 年至 2009 年，全国在园幼儿由 2263.85 万人增加到2657.81 万人，增长 17.4％；同期，城镇在园幼儿增长 25.9％，农村在园幼儿仅增长 7.4％，农村在园幼儿增长率比全国平均水平低了 10 个百分点，比城镇低了 18.5％。①

造成城乡学前教育差距长期存在，并且还有逐步拉大趋势的根本原因在于城乡分割的二元教育体制，在于国家长期以来对农村教育投入的不足，在于我国还没有建立起学前教育的政府责任体系，办学主体和投资主体很不明确。2009 年，全国在教育部门举办的幼儿园就读的幼儿数为 1198.81 万人（其中学前班 561.61 万人）、在民办园就读的幼儿数 1134.17 万人，在集体办就读幼儿数为 214.06 万人，在其他部门办园就读的幼儿数为 110.77 万人。可见，有55％的幼儿分布在非教育部门主办的幼儿园就读，说明政府在学前教育发展中没有真正起到主导的作用。

由于学前教育一直未能纳入义务教育的范畴，长期以来游离于教育主体与中心之外，被边缘化的趋势十分突出。学前教育在政府工作中一直未予高度重视，在管理部门视野中未能与中小学享有同等的地位，在经费投入中一直作为低投入或不投入的对象。要解决城乡学前教育差距拉大的问题，必须破除城乡

---

① 庞丽娟. 建议：加快学前教育的发展与普及［EB/OL］. http://news.sohu.com/20090313/n262784141.shtml

二元教育体制和政策，构建城乡均衡发展的教育体制和政策法律体系，切实保障农村儿童享有与城市儿童平等的学前教育权利与义务。

（三）学前教育均衡发展是促进教育公平的有力保证

学前教育是奠基性事业，具有极高的个人和社会发展价值。幼儿阶段是人生最重要的启蒙时期，是为后继学习和终身发展奠定坚实基础的重要阶段。相关研究成果表明，在人的一生中，这一阶段发展最快、可塑性最强。接受科学的学前教育，对于幼儿形成强健的体魄，养成健康的生活习惯，培养良好的思想品德，激发学习兴趣、创新意识和合作能力具有不可替代的作用，对人的健康、学习和社会行为等方面产生终身可持续的影响。大力发展学前教育，为儿童创造良好的人生开端，是坚持以人为本在教育领域的必然要求和具体体现。我国教育家陶行知先生早在20世纪20年代就强调："小学教育是建国之根本，幼稚教育尤为根本之根本"。实现学前教育的均衡发展，是促进城乡每个儿童健康成长的重要保证。

教育公平是社会公平的基础，教育的公平问题已经成为中国社会的焦点问题。1989年联合国大会通过的《儿童权利公约》第二十八条规定：缔约国确认儿童有受教育的权利，并在机会均等的基础上逐步实现此项权利。当前，学前教育已成为人民群众对教育公平的新诉求，成为事关千家万户利益的重大民生问题。大力发展学前教育事关千家万户的切身利益，是保障和改善民生的重要举措。要实现社会的公平必须实现教育的公平，而实现学前教育的公平是实现教育公平的体现与基础之一。基本普及学前教育是我国未来10年教育改革与发展的重要任务之一，大力发展农村学前教育、为广大农村和低收入家庭幼儿提供基本、均等的接受学前教育的机会，实现学前教育的城乡均衡发展既是普及学前教育的重点和难点，也是促进教育公平的基点。因此，实现学前教育的均衡发展是人民群众的迫切要求，是福泽万民的事业。

三、我国学前教育均衡发展的政策综述

2001年7月，教育部颁发了《幼儿园教育指导纲要（试行）》。这是在实施《幼儿园工作规程》基础上，又一个规范幼儿园教育改革的指导性文件。它吸收了国际最先进的教育理念，结合了我国20世纪90年代幼儿园课程改革的实践经验，确立了以儿童发展为本的教育价值取向，进一步规范了我国幼儿园的课程与教学，已经并将继续对我国幼儿园教育的发展起极大的推动作用。

2006年6月，全国人大常委会新修订的《中华人民共和国义务教育法》第六条首次以法律的形式提出"促进义务教育均衡发展"的思想。

2006年10月，《中华人民共和国关于构建社会主义和谐社会若干问题的决定》明确提出："坚持教育优先发展，促进教育公平"。

　　2007 年 10 月，党的十七大报告中指出："教育是民族振兴的基石，教育公平是社会公平的重要基础。优化教育结构，促进义务教育均衡发展。重视学前教育"。这是党的政治报告和文献中第一次提出"教育均衡发展"的思想。

资　料　一

高举中国特色社会主义伟大旗帜　为夺取全面建设小康社会新胜利而奋斗

——在中国共产党第十七次全国代表大会上的报告

（2007 年 10 月 15 日）

（摘要）

　　优先发展教育，建设人力资源强国。

　　教育是民族振兴的基石，教育公平是社会公平的重要基础。要全面贯彻党的教育方针，坚持育人为本、德育为先，实施素质教育，提高教育现代化水平，培养德智体美全面发展的社会主义建设者和接班人，办好人民满意的教育。优化教育结构，促进义务教育均衡发展，加快普及高中阶段教育，大力发展职业教育，提高高等教育质量。重视学前教育，关心特殊教育。更新教育观念，深化教学内容方式、考试招生制度、质量评价制度等改革，减轻中小学生课业负担，提高学生综合素质。坚持教育公益性质，加大财政对教育投入，规范教育收费，扶持贫困地区、民族地区教育，健全学生资助制度，保障经济困难家庭、进城务工人员子女平等接受义务教育。加强教师队伍建设，重点提高农村教师素质。鼓励和规范社会力量兴办教育。发展远程教育和继续教育，建设全民学习、终身学习的学习型社会。

　　2010 年 7 月，国务院颁布了《国家中长期教育改革和发展规划纲要（2010—2020 年）》，对新时期推动教育事业科学发展进行了战略部署，描绘了未来教育改革发展的蓝图，为未来 10 年教育改革发展指明了方向。《规划纲要》专章部署了学前教育，这在我们国家级的中长期教育规划纲要中还是第一次。把学前教育作为今后十年教育事业八大发展任务之一，确定了到 2020 年基本普及学前教育的发展目标，突显了国家对发展学前教育的高度重视，是党和政府新时期促进各级各类教育协调发展的重大举措。《规划纲要》的颁布，使得学前教育的改革与发展站在了一个新的历史起点上。

资 料 二
《国家中长期教育改革和发展规划纲要(2010—2020 年)》
2010 年 7 月

（摘要）

学前教育事业发展主要目标

指标	单位	2009 年	2015 年	2020 年
幼儿在园人数	万人	2658	3400	4000
学前一年毛入学率	%	74.0	85.0	95.0
学前两年毛入学率	%	65.0	70.0	80.0
学前三年毛入学率	%	50.9	60.0	70.0

第一章　指导思想和工作方针

把促进公平作为国家基本教育政策。教育公平是社会公平的重要基础。教育公平的关键是机会公平，基本要求是保障公民依法享有受教育的权利，重点是促进义务教育均衡发展和扶持困难群体，根本措施是合理配置教育资源，向农村地区、边远贫困地区和民族地区倾斜，加快缩小教育差距。教育公平的主要责任在政府，全社会要共同促进教育公平。

第三章　学前教育

（五）基本普及学前教育。学前教育对幼儿身心健康、习惯养成、智力发展具有重要意义。遵循幼儿身心发展规律，坚持科学保教方法，保障幼儿快乐健康成长。积极发展学前教育，到 2020 年，普及学前一年教育，基本普及学前两年教育，有条件的地区普及学前三年教育。重视 0 至 3 岁婴幼儿教育。

（六）明确政府职责。把发展学前教育纳入城镇、社会主义新农村建设规划。建立政府主导、社会参与、公办民办并举的办园体制。大力发展公办幼儿园，积极扶持民办幼儿园。加大政府投入，完善成本合理分担机制，对家庭经济困难幼儿入园给予补助。加强学前教育管理，规范办园行为。制定学前教育办园标准，建立幼儿园准入制度。完善幼儿园收费管理办法。严格执行幼儿教师资格标准，切实加强幼儿教师培养培训，提高幼儿教师队伍整体素质，依法落实幼儿教师地位和待遇。教育行政部门加强对学前教育的宏观指导和管理，相关部门履行各自职责，充分调动各方面力量发展学前教育。

（七）重点发展农村学前教育。努力提高农村学前教育普及程度。着力保证留守儿童入园。采取多种形式扩大农村学前教育资源，改扩建、新建幼儿园，充分利用中小学布局调整富余的校舍和教师举办幼儿园（班）。发挥乡镇中心幼儿园对村幼儿园的示范指导作用。支持贫困地区发展学前教育。

2010 年 11 月，《国务院关于当前发展学前教育的若干意见》（国十条）正式下发，文件明确指出：一是进一步明确了学前教育的定位；二是深入分析了学前教育形势；三是提出了发展学前教育事业的总体思路。指出"必须充分认识发展学前教育的重要性和紧迫性，把发展学前教育作为保障和改善民生的重要内容，按照公益性和普惠性的原则，坚持政府主导、社会参与、公办民办并举，破除体制机制障碍，建立覆盖城乡、布局合理的学前教育公共服务体系，保障适龄儿童接受基本的、有质量的学前教育，促进幼儿健康快乐成长"；四是要求积极扩大学前教育资源。要求大力发展公办幼儿园，支持街道、农村集体和有条件的行政事业单位、企业办幼儿园。鼓励社会力量办园，引导和支持民办幼儿园提供面向大众、收费较低的普惠性服务。针对城镇提出，城镇小区要按照国家规定配套建设幼儿园。针对农村，提出努力扩大农村学前教育资源，逐步完善县、乡、村三级学前教育网络。

资 料 三

国务院关于当前发展学前教育的若干意见

国发〔2010〕41 号

（摘要）

一、把发展学前教育摆在更加重要的位置。

发展学前教育，必须坚持公益性和普惠性，努力构建覆盖城乡、布局合理的学前教育公共服务体系，保障适龄儿童接受基本的、有质量的学前教育；必须坚持政府主导，社会参与，公办民办并举，落实各级政府责任，充分调动各方面积极性；必须坚持改革创新，着力破除制约学前教育科学发展的体制机制障碍；必须坚持因地制宜，从实际出发，为幼儿和家长提供方便就近、灵活多样、多种层次的学前教育服务；必须坚持科学育儿，遵循幼儿身心发展规律，促进幼儿健康快乐成长。

二、多种形式扩大学前教育资源。

大力发展公办幼儿园，提供"广覆盖、保基本"的学前教育公共服务。加大政府投入，新建、改建、扩建一批安全、适用的幼儿园。不得用政府投入建设超标准、高收费的幼儿园。中小学布局调整后的富余教育资源和其他富余公共资源，优先改建成幼儿园。鼓励优质公办幼儿园举办分园或合作办园。制定优惠政策，支持街道、农村集体举办幼儿园。

努力扩大农村学前教育资源。各地要把发展学前教育作为社会主义新农村建设的重要内容，将幼儿园作为新农村公共服务设施统一规划，优先建设，加快发展。各级政府要加大对农村学前教育的投入。改善农村幼儿园保教条件，配备基本的保教设施、玩教具、幼儿读物等。创造更多条件，着力保障留守儿童入园。

三、多种途径加强幼儿教师队伍建设。

完善学前教育师资培养培训体系。加大面向农村的幼儿教师培养力度，扩大免费师范生学前教育专业招生规模。

四、多种渠道加大学前教育投入。

五、加强幼儿园准入管理。

六、强化幼儿园安全监管。

七、规范幼儿园收费管理。

八、坚持科学保教，促进幼儿身心健康发展。

九、完善工作机制，加强组织领导。

十、统筹规划，实施学前教育三年行动计划。

国务院

二〇一〇年十一月二十一日

2012年2月，教育部颁发《幼儿园教师专业标准》。《幼儿园教师专业标准》是国家对幼儿园、小学和中学合格教师专业素质的基本要求，是教师实施教育教学行为的基本规范，是引领教师专业发展的基本准则，是教师培养、准入、培训、考核等工作的重要依据。《幼儿园教师专业标准》的基本理念为：幼儿为本，师德为先，能力为重，终身学习。这些基本理念充分反映了幼儿园教师的职业特点和价值取向、基本信念。

2012年10月，教育部印发了《3～6岁儿童学习与发展指南》（简称《指南》）。《指南》从五个领域描述幼儿学习与发展，分别是：健康、语言、社会、科学、艺术。每个领域按照幼儿学习与发展最基本、最重要的内容划分为若干方面。每个方面分为两个部分：一是学习与发展目标，分别对3～4岁、4～5岁、5～6岁三个年龄段末期幼儿应该知道什么、能做什么，大致可以达到什么发展水平提出了合理期望，共32个目标；二是教育建议，根据幼儿的学习与发展目标，针对当前学前教育普遍存在的困惑和误区，列举了一些能够有效帮助和促进幼儿学习与发展的教育途径与方法，同时也指出了错误做法对幼儿终身发展的危害，为广大家长和幼儿园教师提供了具体、可操作的指导，共87条教育建议。《指南》的印发对于有效转变公众的教育观念，提高广大幼儿园教师的专业素质和家长的科学育儿能力，防止和克服"小学化"倾向，全面提高学前教育质量具有重要意义。

2012年11月，党的十八大报告中明确指出："努力办好人民满意的教育。教育是民族振兴和社会进步的基石。要坚持教育优先发展，全面贯彻党的教育方针，坚持教育为社会主义现代化建设服务、为人民服务，把立德树人作为教育的根本任务，培养德智体美全面发展的社会主义建设者和接班人。"在十八大的报告中，对教育公平又有了新的要求："办好学前教育。大力促进教育公平，合理配置教育资源，重点向农村、边远、贫困、民族地区倾斜，支持特殊教育，提高家庭经济困难学生资助水平，积极推动农民工子女平等接受教育，让每个孩子都能成为有用之才。"这些要求非常明确，要通过缩小区域、城乡、特殊群体之间的教育差异，给每个学生提供相对公平的教育机会，让孩子们通过接受教育，都能成为有用之才。教育公平问题是在十七大首次写入政府工作报告的，在十八大的报告中，又有了深化和发展。

资料四
坚定不移沿着中国特色社会主义道路前进　为全面建成小康社会而奋斗
——在中国共产党第十八次全国代表大会上的报告
（2012 年 11 月 8 日）
（摘要）

努力办好人民满意的教育。

教育是民族振兴和社会进步的基石。要坚持教育优先发展，全面贯彻党的教育方针，坚持教育为社会主义现代化建设服务、为人民服务，把立德树人作为教育的根本任务，培养德智体美全面发展的社会主义建设者和接班人。全面实施素质教育，深化教育领域综合改革，着力提高教育质量，培养学生社会责任感、创新精神、实践能力。办好学前教育，均衡发展九年义务教育，基本普及高中阶段教育，加快发展现代职业教育，推动高等教育内涵式发展，积极发展继续教育，完善终身教育体系，建设学习型社会。大力促进教育公平，合理配置教育资源，重点向农村、边远、贫困、民族地区倾斜，支持特殊教育，提高家庭经济困难学生资助水平，积极推动农民工子女平等接受教育，让每个孩子都能成为有用之才。鼓励引导社会力量兴办教育。加强教师队伍建设，提高师德水平和业务能力，增强教师教书育人的荣誉感和责任感。

《国家中长期教育改革和发展规划纲要（2010—2020 年）》等一系列政策法规颁布实施以后，全国各地按照国务院的总体要求和部署，把大力发展学前教育，作为贯彻落实《教育规划纲要》，推进新时期教育事业科学发展的突破口和重要任务。国家从 2011 年起全面推进实施学前教育三年行动计划，其中将重点发展农村学前教育。力争到 2015 年，全国学前一年毛入园率将达到 85％，学前三年毛入园率至少达到 60％。具体举措为：一是各级党委政府高度重视，党政领导亲自抓，切实将实施学前教育三年行动计划作为保障和改善民生的重要举措，摆上重要位置。二是幼儿师资队伍建设取得重大突破，各地大力推进公办幼儿园教师编制的核定工作，加大培养培训力度，多措并举加强各级各类幼儿园教师工资待遇的保障。三是落实政府投入责任，研究制定了加大财政投入的多种措施，加大了项目和资金的安排力度。四是普遍建立了学前教育工作的统筹协调、督促检查和问责机制，健全管理机构，充实管理力量。①

据统计，2009 年全国学前三年毛入园率仅为 50.86％。2011 年，全国学前三年毛入园率达到 62.3％，提前 4 年超额完成《教育规划纲要》提出的"2015年学前三年毛入园率达到 60％"的目标，"入园难"在全国范围内逐步缓解。

---

① 三年好计划 学前萌新绿[EB/OL]. http://www.edu.cn/xue_qian_news_197/20130712/t20130712_986514.shtml

表 10-1　全国学前教育发展状况(2000—2012)①

年份	幼儿园总数(万所)	在园幼儿总数(万名)
2000	17.58	2244.18
2001	11.17	2021.84
2002	11.18	2036.02
2003	11.64	2003.91
2004	11.80	2089.40
2005	12.44	2179.03
2006	13.05	2263.85
2007	12.91	2348.83
2008	13.37	2474.96
2009	13.82	2657.81
2010	15.04	2976.67
2011	16.68	3424.45
2012	18.13	3685.76

第二节　城乡学前教育均衡发展的现状

自新中国成立以来，作为国家教育的初始阶段的学前教育取得了巨大的成就，但是也存在着农村幼儿入园难、城市幼儿入园贵的诸多问题，其突出表现在学前教育资源不均衡。长期以来，我国农村学前教育发展缓慢，而且城乡学前教育的发展差距在不断加大，造成近 2/3 的农村幼儿没有机会接受学前教育②。与农村幼儿园发展的滞后局面形成鲜明对比的是，随着农村经济社会发展和新农村建设的推进，广大农民对子女接受学前教育的需求日益强烈。

我国学前教育城乡非均衡发展的问题仍然较为突出，以县域为例，具体表现为：

一、城乡幼儿园办学水平差距大

县域内幼儿园的办学模式多种多样，经费来源各有不同，在不同办学模式与背景下发展的各幼儿园的办学层次与实力大相径庭。公办幼儿园在倾斜性的政策支持下，办学条件较好，基础设施较完备，保教质量较高。民办、村办、

---

① 2007—2012 年数字来源：全国教育事业发展统计公报[EB/OL]. http：//www.moe.gov.cn/HLFtiDemo/search.jsp

② 刘琴. 农村幼儿入园难在哪儿[N]. 中国教育报. 2010-02-04(1).

企业办及个体办幼儿园等，受资金的制约与教育资源的限制，保教条件与质量与公办幼儿园相比有较大差距。总的来说，县域内幼儿园布局分布不均衡，城市(镇)幼儿园数量多，分布密；农村幼儿园数量少，分布稀。

县城幼儿园不仅设施齐全，而且教师结构合理、层次较高，管理规范，幼儿园的保教质量较高，一些经济条件好的县城公办园基本实现了教学现代化、可视化、活动化，使幼儿能在这里尽情享受快乐的童年。而农村幼儿园教学资源稀缺，教师数量与质量都难以适应教育教学活动需要，幼儿园办学举步维艰，教学质量很难得到保证。大多数农村幼儿园教学方法落后，以游戏作为基本活动远未得到落实。幼儿教师多数仍采用传统的课堂讲授方法：教师讲，幼儿听；教师念，幼儿读；教师做，幼儿看。教学中，统一要求多，自由活动少，老师说的多，幼儿操作少。教学活动形式单一、呆板，不能激发幼儿浓厚的参与兴趣和活动热情。农村幼儿园办园理念、管理模式、课程资源、教育规范、作息制度、教学方法、评价方式上小学化趋势很严重，不利于幼儿终身学习和身心健康和谐发展。

案例： "射阳县农村幼儿园保教质量有待提高"

射阳县位于江苏中部沿海地区，属经济后发地区，农村幼儿园发展较慢，保教质量有待提高。很多农村幼儿园(班)只有1～3个班。幼儿园人数大多在50人以下，教师人数1～3人。幼儿园教玩具配备不足，无寝室、无床铺、无操场、无幼儿游乐场地，缺乏足够的卫生和健康设施，不少幼儿园无电视机、影碟机、录音机，绝大多数幼儿园无计算机。以射阳县某乡镇为例(见表)，全镇共22所幼儿园(班)，市优质园以上的一所也没有，全部幼儿园均为租赁或私人办学性质，大部分幼儿班规模很小，64%的幼儿班只有一个混龄班，一名教师。由于这些幼儿园(班)教学条件差，教育水平低，使农村幼儿教育发展水平和保教质量在低层次上徘徊。

表4-2　射阳县某乡镇幼儿园基本情况①

机构名称	类别			机构性质				班级数	在园幼儿数	教职工总数
	省优园	市优园	其他	公办	租赁	私人办	集体办			
中心幼儿园			√	√				5	227	10
镇西幼儿班			√			√		1	37	1
街道幼儿园			√			√		7	246	18

① 刘强. 苏北农村幼儿教育发展的困境与出路[J]. 幼儿教育，2009(3)：32－36.

续表

机构名称	类别			机构性质				班级数	在园幼儿数	教职工总数
	省优园	市优园	其他	公办	租赁	私人办	集体办			
红蕾幼儿班			√			√		3	82	11
双洋幼儿班			√		√			3	96	5
六垛幼儿班			√		√			3	81	3
公兴幼儿班			√		√			2	51	2
团洼小学幼儿班			√		√			2	53	3
头厂幼儿班			√		√			1	48	1
夸北幼儿班			√		√			1	22	1
曙东幼儿班			√		√			1	33	1
玉东幼儿班			√		√			1	24	1
中五幼儿班			√		√			1	30	1
新东幼儿班			√		√			1	30	1
太兴幼儿班			√		√			1	32	2
南港幼儿班			√		√			1	30	1
八段幼儿班			√		√			2	64	2
渠东幼儿班			√		√			1	32	1
二垛幼儿班			√		√			1	35	1
渠西幼儿班			√		√			1	37	1
丰产幼儿班			√		√			1	35	1
西兴幼儿班			√		√			1	27	1
合　计			22		19	3		41	1352	69

二、城乡幼儿入园机会不均等

　　学前教育均衡发展首先要体现在幼儿入园机会的公平上。当前，学前教育已受到全社会的高度关注，幼儿入园机会的公平不仅关系到新一代的成长，也影响到社会的和谐与稳定。然而，当前我国县域内幼儿入园机会不均等现象较为严重，其产生的主要原因有二：一是幼儿父母身份及地位的差异。行政人员享有一定的行政权力，而教师和一些相关事业单位工作人员又有"近水楼台"的优势，其子女入园机会较多，选择余地较大；其他社会资源拥有较少的人员，如农民、个体工商业者等，所占学前教育极少，其子女入园机会自然较低。二是经济收入的差异。私营企业主、企业高级管理人员、高级技术人才等收入较高人员，可以通过"钱学交易"让子女进入较好的幼儿园；而收入较低的农民、进城务工者、个体小商贩、下岗失业人员等大多只能"望园兴叹",其子女进不了优质幼儿园。

在农村,由于办园条件较好、收费合理的公办幼儿园数量较少,且只集中在乡镇政府所在地,村幼儿园、幼儿班又因小学的撤并而解散,不能满足家长就近送孩子入园的需求,一批无基本办园条件,没经过任何审批、注册的"黑园"应运而生。"黑园"理应取缔,但是,当地教育行政部门在管理上却陷入了"两难"境地:一是清理"黑园"时,因学前教育没有一部较高效力的法律法规,责罚无力,违规办园行为得不到及时制止;二是"黑园"一旦全部取消,就会导致很多幼儿无园可上。据统计,2008年,全国有3至5岁学前适龄儿童5240万人,而在园幼儿数仅有2479万人,入园率仅为47.3%。其中,经济条件薄弱、基础设施较差的广大农村地区"入园难"问题更加突出①。

案例:北京市幼儿入园难

城市化是导致幼儿教育需求波动的一个重要因素。根据目前的属地化管理体制,地方政府教育供给往往只基于户籍人口进行测算,而大量的流动儿童进入城市带来的教育需求基本上处在地方政府的供给预算之外。这样,以户籍人口为依据的教育供给与实际教育需求之间就存在缺口。在流动人口较多的大城市,这种缺口尤其明显。北京市2006~2008年出生的新生儿中,仅有49%为北京市户籍;而2009年北京市共有幼儿园1253所,当年入园幼儿89761人,在园幼儿247778人。2009年北京市幼儿园招生规模大致与户籍儿童数相等。也就是说,北京市各类幼儿园的总体规模能够满足户籍儿童的入园需要,但是,如果考虑到流动人口的存在,则只能满足约一半幼儿的入园需要。

从短期来看,公办幼儿园供给增加能在一定程度上缓解"入园难"压力,但从长期来看,靠增加公办幼儿园供给解决"入园难"只是杯水车薪。2006~2008年,北京市共有40余万新生儿,目前北京市幼儿园的供给缺口近15万。这15万的缺口仅靠政府新建和改扩建18所公办幼儿园显然不够。而资源稀缺、固定设施建设成本高昂以及公办幼儿园的固化和单一也使通过公共财政举办公办幼儿园满足全部需求成为不可能。(资料来源:周惠 曾晓东 范昕,入园难反映了什么问题?幼儿教育,2011.4)

三、城乡幼教师资队伍发展不均衡

县城往往集中了县域内最好的幼儿教育师资,不仅人数多且学历层次相对

---

① 刘琴. 农村幼儿入园难在哪儿[N]. 中国教育报. 2010-02-04(1).

较高，同时年龄结构合理、教学能手与教学骨干较多，体现的专业技能水平也较高。他们的存在，是县城幼儿园保教质量的基本保证。由于长期以来我国幼儿教师待遇低、编制问题难以解决，与中小学教师不能享有同等地位等已经成为普遍存在的问题，特别是广大农村幼儿教师，长期以来没有明确的教师身份，不能享受教师的待遇，工资、医疗与保险等社会保障和培训等一系列问题长期得不到解决，严重地影响了农村幼儿教师的稳定与质量提高。一些幼儿园迫于生存压力，为降低成本，压缩教师编制、降低教师工资，甚至辞退合格教师而低薪聘用缺乏专业训练的人员，严重影响了农村幼儿教师队伍的质量，教师流失现象严重，保教质量越来越差。以盐城市为例，农村幼儿园举办者为追求经济利益随意削减教师编制，人为加大教师工作量，班均教师 1～1.5 人，比规定标准减少了一半以上①。目前，大批农村幼儿教师没有受过正规的幼儿教育专业培训，他们的教育观念、教学手段及专业技能等方面都与幼教工作的要求存在明显差距。同时，农村幼儿教师继续教育机会极少，专业发展较为困难，农村幼教师资现状已经无法满足人民群众对幼教发展的需求，制约了县域内城乡学前教育事业的均衡发展。农村幼教师资质量问题还表现在年龄结构不合理，总的趋势是年龄偏大。据调查，在山东省现在坚守农村幼儿园岗位的教师中，年龄普遍偏大，40 岁以上的超过 60%，平均年龄在 38 岁以上。某一所幼儿园，一共有三个教师，最小的 45 岁，最大的 58 岁，次大的 56 岁。而且，即使是这些"奶奶"辈的老师，仍然弥足珍贵②。农村学前教育师资不仅是数量足不足、专业不专业的问题，更是有没有人干的问题，后果堪忧。

表 4-3 2011 年全国幼儿园专任教师学历情况（单位：人）③

	合计	研究生		本科		专科		高中		高中以下	
		人数	比率%	人数	比率%	人数	比率%	人数	比率%	人数	比率%
城市	660689	1164	0.18	109562	16.58	357379	54.09	182365	27.60	10219	1.55
镇区	453224	175	0.04	50274	11.09	217542	48.00	168161	37.10	17072	3.77
乡村	201721	31	0.02	10548	5.23	75374	37.37	100187	49.67	15581	7.72

---

① 刘强．苏北农村幼儿教育发展的困境与出路[J]．幼儿教育，2009，(3)：32－36.

② 庞云凤．培养农村学前教育师资：契机与使命 [J]．淄博师专学报，2010，(2)：24.

③ 中华人民共和国教育部：2011 年教育统计数据，幼儿园园长、专任教师学历、职称情况 [EB/OL]．http://www.moe.edu.cn/publicfiles/business/htmlfiles/moe/s7382/201305/152485.html

表 4-4　2011 年全国幼儿园专任教师职称情况（单位：人）①

	合计	中学高级		小学高级		小学一级		小学二级		小学三级		未定职称	
		人数	比率%	人数	比率%	人数	比率%	人数	比率%	人数	比率%	人数	比率%
城市	660689	3588	0.54	79801	12.08	96601	14.62	35828	5.42	8348	1.26	436523	66.07
镇区	453224	1797	0.40	58078	12.81	71242	15.72	19073	4.21	4329	0.96	298705	65.91
乡村	201721	384	0.19	15518	7.69	23863	11.83	6475	3.21	1781	0.88	153700	76.19

四、城乡学前教育经费投入不均等

幼教经费投入是幼儿园办园的基本条件，经费不足也是制约农村学前教育发展的一大瓶颈。我国普遍存在城乡不同幼儿园经费投入差距较大的问题。

首先，在资源配置方面，长期以来，我国学前教育财政投入总量严重不足。目前国家层面尚无专门的学前教育预算内经费，农村学前教育经费基本以"自筹自支"为主，缺乏基本保障。学前教育经费严重匮乏，导致农村幼儿园办园条件普遍较差。我国是一个教育经费严重不足的国家，教育经费只占世界教育经费总量的 1％，却被用于教育占世界 20％ 的教育对象，而在这些公共教育经费中，只有 1.3％ 左右才被用于学前教育②。尽管近年来国家越来越重视教育，提出了"科教兴国"的战略思想，但实际上依然摆脱不了"穷国办大教育"的国情。而在有限的学前教育经费中，政府将原本就稀缺的教育资源侧重地向城市和东部地区倾斜投放，而贫困落后的农村、西部地区则得不到足够的教育资源，这样的配置导致了"富者愈富，贫者愈贫"的怪现象，教育资源配置不均衡问题非常突出。

其次，在学前教育管理体制上，我国采取的是"地方负责，分级管理"的管理体制，政府投入学前教育的经费主要来自县、乡、村等基层财政收入，省级和中央的财政负担则相对偏少。各地方政府往往将非常有限的学前教育公共财政拨款主要集中在少数市级、县级城镇公办幼儿园，这些幼儿园原本条件就很好，再加上每年有政府的投入，幼儿园的发展进入了良性循环的状态。与此相反，广大乡镇和村级幼儿园多为集体、个人投资，学前教育经费主要靠收费解

① 中华人民共和国教育部：2011 年教育统计数据，幼儿园园长、专任教师学历、职称情况〔EB/OL〕.http://www.moe.edu.cn/publicfiles/business/htmlfiles/moe/s7382/201305/152485.html

② 朱家雄.教育公平——一个不容回避的学前教育问题[J].教育导刊.2006.（2），4-6.

决，缺少稳定的经费来源。由于资金缺乏致使农村幼儿园教育设备陈旧落后、活动场地不足、卫生保健设施匮乏，甚至一些贫困地区没有经费兴办幼儿园。在一些县区，部分附属于小学的幼儿园甚至成为小学创收的"自留地"，幼儿园的收费大部分被用来补贴本校教师的福利，更使农村幼儿园的发展举步维艰。

例如，陕西省9个县的教育行政部门普遍反映，学前教育经费从未纳入财政专项预算，一般是占用义务教育经费[1]。北京大学教育财政科学研究所2010年曾对河北、安徽和浙江三省25县的591所幼儿园进行了相关调查，发现政府在县直机关园与非县直机关园、示范性幼儿园与其他幼儿园的办学经费分担比率和财政投入方面存在较大差异。县直机关幼儿园办学经费政府分担比率均值为65%，其他公办园为57%。就财政投入总量来看，县直机关幼儿园的均值是108万元，其他园仅为22万元，二者相差约4倍。县直机关园师均人头费均值为3.4万元，而其他园为1.7万元，二者相差1倍。县直机关园的生均拨款均值为2415元，而其他园为1311元，二者相差1100元左右[2]。

表 4-5　政府分担比例与财政投入在县直机关园与其他公办园之间的对比[3]

	分担比例 （%）	财政拨款 （万元）	师均人头费 （万元）	生均拨款 （元）
县直园	65.29	107.61	3.39	2415
其他园	57.42	21.68	1.70	1311

第三节　城乡学前教育发展不均衡的原因

著名教育家陶行知先生强调："小学教育是建国之根本，幼稚教育尤为根本之根本"。为贯彻落实《国家中长期教育改革和发展规划纲要(2010—2020年)》，积极发展学前教育，着力解决当前存在的"入园难"问题，满足适龄儿童入园需求，促进学前教育事业科学发展，必须分析当前城乡学前教育发展不均衡的原因，然后寻求发展对策。

一、学前教育的边缘化

改革开放特别是进入新世纪以来，我国学前教育取得长足发展，普及程度

---

① 刘琴．农村幼儿入园难在哪儿．《中国教育报》2010年2月4日第1版．

② 宋映泉．不同类型幼儿园办学经费中地方政府分担比例及投入差异[J]．教育发展研究 2011．(17)，15—23．

③ 宋映泉．不同类型幼儿园办学经费中地方政府分担比例及投入差异[J]．教育发展研究 2011．(17)，15—23．

逐步提高。但总体上看，学前教育仍是各级各类教育中的薄弱环节。由于学前教育一直未能纳入义务教育的范畴，长期以来游离于教育主体与中心之外，被边缘化的趋势十分突出。其边缘化的表现为：在管理部门视野中未能与中小学享有同等的地位，在经费投入中一直作为低投入或不投入的对象。鉴于这种尴尬的现状，学前教育在某种意义上说已成为可有可无的教育；从社会层面看，对学前教育的认识存在误区，对其关注度远不如义务教育、高中教育。为数不少的群众将学前教育与托儿所混为一谈，忽视学前教育对一个人一生成长的重要性。在经济较为落后的中西部地区，学前教育被关注的程度更低，在农村更存在自生自灭的窘境。当前，对学前教育发展过程中存在的问题，尤其是地域之间、城乡之间、园际之间非均衡的发展趋势，缺乏管理、监督、疏导、调整等政策保障与制度保障。这种边缘化最致命的结果之一就是拉大了城乡与地域之间幼儿园教育的差距，形成日益严重的非均衡发展不良态势。

二、城乡差别的扩大化

我国在实施城乡统筹、缩小城乡差别方面开展了一系列有效的工作，党的十七大报告中也把进一步缩小城乡差别作为主要工作来抓。但是，长期以来，由于城乡二元结构的存在，城乡之间在经济、社会等各个方面存在的差别很大，在教育领域更为突出。在这种背景下，城乡学前教育的差别也有进一步加大的趋势。在经济条件好的城市幼儿园，因"近水楼台"的区域位置，尚能得到政府、教育部门的关照，投入相对稳定，资源条件较为优越，办园状况与效率远优于乡村幼儿园。而广大乡村的幼儿园则成为"没奶吃的孩子"，存在"点多、面广、规模小、资源分散、优质教育资源匮乏，保教质量不均衡"的现象。目前，有些农村的学前教育基本处于无人管理状态，或管而不理，或只管不投，或自生自灭，长期处于低层次、低效率运转状态，导致相当多的 0~6 岁幼儿难以接受到良好的学前教育，影响到他们的健康成长。

三、学前教育行政监管不力

自新中国成立以来，学前教育的管理归属多经曲折，未能长期归属某一部门。我国学前教育曾划归妇联主管，直到 1988 年，正式划归教育部门主管，托儿所直到 2006 年底方划归教育部门主管，才真正把学前教育作为一种教育形式。基层管理部门对学前教育行政监管不力，导致城乡幼儿园发展的差距越来越大，公办幼儿园与民办幼儿园管理与质量相去甚远。学前教育行政监管不力使许多幼儿园管理失去目标、失去监督，也失去信誉，保教质量难以得到保证。主要表现在三个方面：

首先，学前教育各级行政管理力量薄弱，学前教育管理部门的职责不明确。大多县级教育行政机构未独立设置幼教处(科)，无专职甚至也没有兼职的幼教管理人员。由于县教育局往往没有设置幼教管理科(由普教股代管)，对于幼儿园的注册与管理，教育、民政、卫生和工商等部门管理职责混乱不清，造成幼儿园批、建、办、管脱节而分离。由于教育管理部门不把民办幼儿园纳入管理之列的现象，导致许多非法民办幼儿园相继出现，这些幼儿园没有登记、注册，在办园条件、师资水平等方面都达不到合格要求，为了追求利益最大化，往往违背教育规律和安全管理规定，容易引发安全和食品卫生等事故。

其次，教育管理部门对学前教育质量监管不力。学前教育评估未能像义务教育等形成常规、制度，很多幼儿园基本上处于放任自流的状态。例如，一个县内的幼儿园可能出现使用教材版本不一、课程设置标准不一的现象，幼儿一日活动也缺乏科学合理的安排和组织。更令人担忧的是，有少数幼儿园不按年龄分班，所有幼儿使用同一程度教材；幼儿班生数严重超标，生数达到近60—70人的班级也不鲜见；课时安排不合理，幼儿园大班、中班、小班的课时设置相同，更有一些在同一区域的小学，学前班与小学生一起上课。这些不规范的做法，严重影响了幼儿身心健康发展，制约了幼儿个体潜能的开发。

再次，伴随着2000年左右兴起的幼儿园改制风，大批乡镇中心园纷纷从以前公办园转制成民办、租赁、承包等办园形式。从对苏北部分乡镇调查的情况看，改制后的幼儿园，大部分产权已经出让给幼儿园举办者(即所谓的老板)，使原来并不优质的资源蒙受了较大的损失。而经营者并不愿意在幼儿园继续投资，重点考虑的是如何在较短时间内收回成本，尽快获得丰厚的经济回报。其中，被承包与租赁的幼儿园危害最大，这些幼儿园不仅没有投入，已破损的保教设备设施也得不到维修和更换，甚至还对部分原有资产进行变卖。不少幼儿园连基本的教学用房、教学设施和幼教玩具都得不到保证。相当一部分改制的农村幼儿园还存在严重的安全隐患，有些地方的乡村幼儿园已陷入绝境。

四、经费投入的非均衡

我国由于区域经济不平衡，使学前教育在经费投入上也相差很大。以生均投入经费为例，2002年我国生均投入最高的省份是投入最低省份的50.5倍，形成巨大的级差。从政府投入在城市与乡村的分布看，非均衡现象也很明显。我国学前教育经费70%投入用于城市与县镇的教育部门和政府所办的幼儿园，占我国70%的集体办幼儿园、财政办幼儿园得到的财政投入很少，造成各类幼儿园发展不平衡。而我国农村乡村级幼儿园没有明确的经费来源，基本上靠收费维持，等于"靠农民办教育"①，办园更是举步维艰。

案例：甘肃校车事故反映农村幼儿园投入的困惑

甘肃校车事故反映的不仅是车辆安全检查方面的欠缺，还有中国学前教育投入严重不足的问题。

这一问题在中国偏远地区尤其严重。这些地区缺少幼儿园，孩子们只能到离家几十公里以外的地方上学。由于父母都在城里打工，爷爷奶奶又忙于农务，孩子们每天只能搭乘校车上下学。为降低运营成本，改装车辆以便在校车里尽可能多装孩子已是不少学校的普遍做法。幼儿园校车的问题尤其严重，因为中国的义务教育从小学一年级开始，不包含学前部分。因此，私立幼儿园纷纷成立，填补幼儿园市场空白。相比公立幼儿园，私立幼儿园监管不严，不享受政府补贴，资金压力大。

中国在 3 至 6 岁儿童教育上的投入少得可怜，仅占全国教育预算的 2%，约为 GDP 的 0.04%。这一薄弱环节造成的影响比孩子受教育过晚还大。低质的学前教育会加剧社会分化，使穷孩子输在教育的起跑线上。目前，腐败已造成一定程度的社会不安，如果穷人意识到他们的子女将因为输在教育起跑线上而继承他们的贫穷，社会不安情绪将进一步加剧。

平心而论，中国政府正努力改善教育不公平现象。但令人担忧的是，如果地方政府执行不力，这些努力将付诸东流。解决学前教育问题是大事，且利在长远。总之，中国孩子不能再等了。

（资料来源：何爱丽，中国孩子不能再等了，《海峡时报》2011.11.28 张博译）

五、区域发展的非均衡

经济社会发展的非均衡，最终导致了区域之间差异，这种区域差异也是导致教育区域差异的驱动因子。我国学前教育区域差异十分明显：在宏观层面表现为东部优于西部，沿海优于内陆；在中观层面表现为直辖市、经济发达省份优于经济欠发达省份；在省区内则表现为大城市与中小城市的差异、城乡之间的差异、中心镇与一般乡村之间的差异等。以江苏省为例，苏南地区优于苏中地区，苏中地区优于苏北地区，而南京、苏州、无锡等大城市更遥遥领先于其他中小城市，更别说小城镇与乡村了。

---

① 周翠彬.论学前教育公平的立法保障[J].湖北第二师范学院学报，2009(5)：75—77.

表 4-6　江苏省学前教育发展地域非均衡性

类别	城　市
一类地区	南京市、苏州市、无锡市、常州市
二类地区	镇江市、扬州市、南通市、泰州市
三类地区	徐州市、连云港市、盐城市、淮安市、宿迁市

第四节　推进城乡学前教育均衡发展的对策

为了推进城乡学前教育均衡发展，在共同发展与均衡发展的框架下，建立不同地域之间、城乡之间、园际之间学前教育的区域联盟是必然的路径选择。通过建立区域联盟实现学前教育优质资源互通与共享，师资队伍的交流与优化，教育投资的互帮与扶持，教育品牌的凝练与打造，保教质量的提升与共赢。

一、建立学前教育区域联盟的理论依据

(一)教育公平思想

教育公平(Educational Equity)思想由古希腊的大思想家柏拉图最早提出，亚里士多德则首先提出通过法律保证自由公民的受教育权利。我国教育家孔子也提出"有教无类"的朴素的教育公平思想。近代西方资产阶级更致力于寻求教育公平。18世纪末，教育公平的思想已在一些西方国家转化为立法措施，在法律上确定了人人都有受教育的平等机会。近现代的西方社会，又出现了保守主义的教育公平观、自由主义的教育公平观和激进主义的教育公平观三种教育公平思想[①]。

学前教育的非均衡的发展现状更加呼唤教育公平与均衡发展，加强区域联盟，有效发挥幼教资源的效益最大化，是教育公平思想在学前教育有益实践。

(二)教育均衡思想

教育均衡(Balanced Education)，其实质是要确保人人都有受教育的权利和义务，向受教育者提供相对平等的接受教育的机会和条件、教育成功机会和教育效果的相对均等[②]。针对我国教育非均衡的热点问题，我国一些学者从中

---

① 郭彩琴．教育公平论：西方教育公平理论的哲学思考[M]．中国矿业大学出版社，2004.11.

② 吴开俊，黄家泉．教育均衡化发展：理想与现实的抉择[J]．西北师大学报（社会科学版）.2003.4.

国的现实国情出发，从中国全面建设小康社会和构建和谐社会的战略高度，从教育与经济、教育与社会的关系，教育与人的全面发展，以及教育在经济社会发展中重要地位和作用的历史和现实视角，从全面推进素质教育的大视野，以科学发展观为指导对基础教育均衡发展进行理论研究①，对探索区域推进学前教育均衡发展的新途径，探索新形势下学前教育区域联盟发展的行动策略具有重要的参考意义。

(三)战略联盟思想

战略联盟(strategic alliances)是指由两个或两个以上有共同战略利益和对等经营实力的个体(或特定事业和职能部门)，为达到拥有市场、共同使用资源等战略目标，通过各种协议、契约而结成的优势互补或优势相长、风险共担、教育要素水平式双向或多向流动的一种松散的合作模式。学前教育区域联盟正是基于战略联盟条件下的一种区域合作方式，旨在通过区域合作达到优势互补、资源共享、扶持弱者，从而达到共同发展、均衡发展的一种更高的境界。

二、建立城乡学前教育区域联盟的对策

(一)建立资源共享机制

建立区域内学前教育资源共享机制，是发挥资源效益最大化的有效途径之一。加强区域内教育资源的重组、整合与优化，中心城市与重点乡镇幼儿园要充分发挥优质资源的示范作用，充分利用幼儿园自身的品牌效应与扩散效应，建立教育资源共享机制，着力探索并打造资源共享的学前教育区域联盟新模式。通过区域联盟，建立地区之间、园际之间"合作共赢机制""一对一帮扶机制""课程资源交流机制""网络联盟共享机制"等，缩小地区之间、城乡之间、园际之间学前教育的差距，最大可能实现学前教育的公平、均衡发展。

(二)建立城乡合作机制

市域或县域学前教育的非均衡，突出表现在城乡之间的非均衡现象，所以建立城乡幼儿园合作机制，对学前教育均衡发展具有非常重要的意义。通过城乡合作机制的建立，条件优越的城市幼儿园，可以通过到乡村新建幼儿园、举办分园、委托管理乡村幼儿园、搬迁优质幼儿园等措施，推动中心城区优质幼儿教育资源向郊区农村辐射。同时，还应加强农村幼儿园信息化环境设施建设，促进农村幼儿园运用网络资源开展保教活动，加快农村幼儿园实现数字幼儿园的蓝图。

---

① 翟博. 教育均衡论 中国基础教育均衡发展实证分析[M]. 人民教育出版社，2008.1.

(三)建立师资培训机制

政府部门应通过行政措施的调控，加强区域统筹，努力促进区域范围之内的幼儿园之间师资的平衡。加强和完善师资培训制度，建立多层次、多形式、多元开放、立体交叉的幼儿教师培训体系，以不断提高农村教师队伍的整体素质。各区之间要建立"教师异地交流"制度、"幼儿园园长互访"制度等，每年选派富有经验的幼儿园园长到落后地区幼儿园蹲点指导，选派一批优秀市、县级骨干幼儿教师到农村幼儿园支教，开展讲学、辅导活动。加强城镇与农村幼儿教师教育教学交流与合作，促进农村幼儿教育水平的提高。

(四)建立基金帮扶机制

缩小地区之间教育非均衡的差距，不仅要在政府资金投入上加大力度，同时要发挥中华民族团结互助的优良传统，通过区域联盟或合作的方式，在人力、物力和财力上积极扶持贫困地区和经济欠发达地区，实现政府投入与区域帮扶"双轮驱动"的基金保障机制。通过区域联盟，设立"爱心基金""花蕾基金"等，集社会的力量，可从根本上改变经济落后地区特别是地势偏远的农村和牧区的办园条件、纠正教育资源和力量上分配不公平的状况，消除种种非均衡的弊端，进一步提高经济落后地区的保教质量。

(五)建立制度保障机制

我国长期处于城乡二元社会结构，政府在政策上对于城乡学前教育的发展总是存在不公平的偏差，从而在制度上导致城乡学前教育发展的不均衡。要解决这种不均衡，必须解决源头的问题，即建立制度保障机制。要从区域联盟的视野出发，出台一系列政策法规，保证城镇学前教育稳步发展，乡村学前教育快速发展，区域学前教育整体发展。为进一步检查落实相关制度的执行与效果，还需出台相应的督导制度，对区域内乡村幼儿园的办学硬件、卫生状况、师资状况、活动设施、课程设置、保教质量等进行检查指导，以提升农村学前教育的整体办学水平。

导致我国学前教育非均衡现象的另一个重要原因是没有建立一个健全"准入"制度。现有的评级制度，产生了少数的"优质幼儿园"和"示范幼儿园"。这些幼儿园多分布在城市与中心乡镇，在经济发达地区更为集中。他们享受大量的政府投资，拥有优质的教育资源，成为幼儿园中的"贵族"。但是，这种评比方式加大了幼儿园之间的差距，有失教育公平。应取消等级评比制度，采取国际通用"准入"制度，让所有符合条件的申办者都可以申办幼儿园，鼓励社会资金到乡村等落后地区申办幼儿园①。这样做不仅能够吸引更多资金和优质资

---

① 徐雨虹，陈淑华．从公有学前教育资源占有者的构成看学前教育的公平性[J]．幼儿教育，2007(4)：22—24，32．

源，而且可以避免幼儿园之间的攀比之风、奢华之风，给欠发达与落后地区幼儿园发展开辟了一条捷径。

案例

"在这里念书，农村城里都一样"

——河北省三河市城乡一体化推进教育均衡发展纪实

一、农村幼儿 3 岁都能入园：农村幼儿园与中心小学"一体规划、一体建设、一体管理"

三河市在新建、改扩建农村小学时，统筹规划建设幼儿园，把幼儿园相对独立地建在小学内部，形成"校中有园，校园分立"的格局，幼儿教育与小学教育统筹发展，农村幼儿园与中心小学"一体规划、一体建设、一体管理"。近年来，三河市把所有农村小学全部建成了高标准的幼小一体化学校，打造出东营小学幼儿园、西定府小学幼儿园、杨庄小学幼儿园等 43 所省级示范性农村幼儿园。

2003 年，三河在农村学前班的基础上"集结"财力和物力，率先在全省基本普及学前三年教育。在有了普及广度的基础上，该市又进一步追求保教水平的高度。2006 年以来，该市累计投入 2.1 亿元建设资金，先后为 58 所幼儿园购置、更换设备，条件较好的园有了游戏室和体操房，使农村幼儿教育实现了标准化和现代化。在全市幼教发展"性质以公办为主、师资以公职为主、经费以财政为主"的策略下，三河农村幼儿园实现了全部公办、幼儿教师全部列入事业编制、幼儿园经费主要由财政列支，而幼儿收费执行国家最低标准。这让农民实实在在地享受到了幼儿教育的公益性和普惠性，极大地满足了群众对优质幼儿教育的需求。目前三河的学前三年教育普及率达到 98.2%，全市在园幼儿中，农村孩子占了六成。

二、农村教师待遇高过城里：聘、训、奖、补、流五项机制建设师资队伍

均衡发展的关键主要在师资，三河以"聘、训、奖、补、流"五项机制建设教师队伍。为了稳定农村边远地区教师，留住优秀教师，三河市大力提高在这些地区工作教师的福利待遇。2008 年，三河根据学校与城区的距离，分别给教师发放每人每月 200 至 800 元不等的生活补贴，到目前享受补助的学校已占全市学校总数的一半以上。他们坚持进人高标准，每年面向本科二批以上师范类院校公开招聘优秀毕业生，同时坚持高学历、高职称、高素质引进在职教师，几年来，已有近 2000 名优秀人才充实进三河教师队伍。三河将教师培训经费列入政府预算，每年教师参训率达到 100%，对在职教师提高学历的奖励，标准为每人每次 1000 至 5000 元不等，5 年来全市共发放

此项奖励350万元，惠及近2500人次。

"非一日之功"的改革、创新与实践，使三河教育两度获得"全国'两基'工作先进市"殊荣，先后通过了河北省"普及学前三年教育达标县""普及实验教学达标县""依法治校达标县"验收，相继被授予"河北省教育工作先进市""河北省义务教育均衡发展先进市"等荣誉称号。问对进一步发展还有什么政策上的期盼？该市教育局长李维宁脱口而出的是："我们就盼着能把农村幼儿教师的编制问题解决了。"现在三河有近2000名幼儿教师，占了中小学教师总数的近1/3。"我们有财力，教育不差钱。希望国家出台新的编制标准，给农村幼儿教师编制，这样更能保证老百姓享受到低成本高质量的幼儿教育。"

资料来源：苏婷，《中国教育报》，2011.6.2.

第十一章　城乡教育集团化办学的问题与对策

第一节　城乡教育集团化办学的概述

集团化办学，一般是以政府或教育行政部门指令为主，兼顾教育集团所属学校的共同意愿，将一所名校或优质学校为牵头学校或龙头校，与其他若干所一般学校或乡镇学校组成学校共同体，即教育集团。一个教育集团在教育理念、学校管理、教育科研、信息技术、教育评价、校产管理等方面实行统一管理，并努力实现教育集团内部管理、师资、设备等优质教育资源的共享。龙头学校的校长一般为教育集团的负责人，由专家顾问、各校区校长组成的决策机构负责教育集团的整体规划，并形成相应的执行系统、监督反馈系统。龙头校和各分校之间既有统一的协调和管理，以保证同样的教育品质，各校之间又相对独立，追求各自的办学特色，实现互惠互助，共同成长。

一、城乡教育集团化办学的背景

城乡教育集团化办学也可算得上是一种时代的产物。和国外教育集团与国内的职业教育集团、教育教训机构式的教育集团不一样的是，城乡教育集团的组建有我们本国特殊的教育背景，带有城镇化推进、教育改革和发展的烙印。

(一)优质教育资源分配不公

做大做强名校曾经是整个中国教育的一种普遍现象，在这种态势下，各省各市各县都把名校扩张作为一种教育改革和发展的基本策略。以县级以上的各种实验小学、实验初中、重点中学等等当地的名校为基础，不受限制地盲目扩张；有一所原来只设计为十二轨的高中，在这种形势下，被发展成四十八轨……。为了保证这种把名校做大做强策略的实施，教育行政部门不顾其他薄弱学校的办学实际，不搞雪中送炭，而是把优质的教育资源不断地投放到这些省、市、县的重点学校、名校：优秀教师任这些学校挑选、新教师让他们择优聘用、教学设备尽力满足需要……，由此而造成了新的不均衡，使得原来已经有的差距变得更大。在班级相对教育质量被稀释的情况下，到农村学校去掠夺优秀生源，在我们所调查的学校中，竟然严重到一所乡镇中心小学的前 60 名都被县城的实验初中（该县重点初中）招去，试想，该乡镇的初级中学所招生的 60 名之后的学生，还能和城市的实验初中在一个起跑线进行竞争吗？在这种状态下，还有什么教育均衡可言呢？

(二)盲目择校之风愈演愈烈

由于教育资源的分配不公，引发了望子成龙(凤)的家长的心理不平衡，客观上引导这些有钱、有权，加上一些本身权力和经济都一般化的还极力"打肿脸充胖子"的家长，千方百计地动用各种手段，让孩子挤进这些名校、重点学校。一方面使得这些名校不堪重负：校舍紧张，优秀教师不够分配，后勤保障跟不上需求。我们曾经在一所县城实验小学看到一个五年级教室里坐了 92 个学生，本来只能摆四排位置的教室被挤成五排，前后之间只能容小学生的身体厚度；另一方面，又使得薄弱学校和农村学校的生源大量流失，有些几乎到了办不成班的地步，曾有一个离县城不是很远的乡镇的一所村级学校，学生大多跑到县城学校去就读，只剩下 41 个学生，而本来这所学校所设计的施教区的学生数应该在 500 人左右。另一所市区中学，本来设计的办学规模为八轨，结果是新学期招生时，初一只招了 34 个学生。由这两个方面的对比，我们则可以窥视基础教育的择校给整个教育教学造成的混乱，不仅人为地破坏了教育均衡，而且严重干扰了义务教育的各种方针政策的实施，同时还使得教育行政部门和地方政府在人民群众中的威信受到影响，还让各种教育改革和发展的措施、策略不能得到有效地实施。

(三)人为拉大城乡学校差距

国家实行义务教育本来是为了惠及全社会，造福全民的事业，是一种公益性很强的事业。其宗旨是以国民享受公平公正教育为基本前提的。为了实现义务教育，提高义务教育的质量，国家和各级政府做了各方面的努力，像教育经费均衡分配、教育设备公平配置等等，像江苏省为了取得突破性进展，还专门设计和推进了多项旨在提高薄弱学校和农村学校办学水平的工程：三新一亮、六有、四配套、校校通。这些工程和举措都有力地推进农村学校和薄弱学校的教育改革和发展。但是，愈演愈烈的择校风所造成的直接后果，不仅直接挑战国家义务教育的方针政策，而且让政府和老百姓所重视的乡镇学校、一般学校的招生数量严重不足，变成一些吃不饱的空架子。国家和各级政府本来是要有意识地缩小城乡教育的差距，而这种择校则是对于扩大这种差距起到推波助澜的作用：乡镇学校的办学质量、教育水平失去应有的发展活力；优秀教师的大量流失，使得乡镇学校失去了发展的后劲；优秀学生的大量流失，使得农村学校和薄弱学校的教育质量受到严重影响。

(四)推进教育均衡要求迫切

推进教育均衡既是党和政府对教育提出的目标，也是广大人民群众的愿望和要求。党的十八大报告中明确提出要"大力促进教育公平，合理配置教育资源，重点向农村、边远、贫困、民族地区倾斜"的教育目标。正在实施的《国家中长期教育改革和发展规划纲要(2010—2020 年)》在客观地分析了我国目前教育的"我国教育还不完全适应国家经济社会发展和人民群众接受良好教育的要求""城乡、区域教育发展不平衡，贫困地区、民族地区教育发展滞后"的教育客观形势和现实，把"均衡发展"作为"义务教育的战略性任务"，提出了一些具体的推进教育均衡的任务："建立健全义务教育均衡发展保障机制""切实缩小校际差距，着力解决择校问题。加快薄弱学校改造，着力提高师资水平。实行县(区)域内教师、校长交流制度。"这些教育改革任务的完成，是实行教育公平的最基本的条件。

为了推进教育均衡，实现教育公平，就必须首先解决人民群众反应最强烈的择校问题，而要解决择校问题，又必须要从源头上抓起，因此，城乡教育集团化办学这种特定的形式也就应运而生了。虽然这种特定时期的一种办学形式在操作过程中还存在许多从未遇到过的新问题，但是，不可否认，它已经显示出一定办学活力，在推进教育均衡、遏制择校方面起到了积极的作用。

二、城乡教育集团化办学形成的模式

城乡教育集团化办学所讨论的城乡教育集团，和国外的教育集团、培训机构不同，也和国内最早建立的职业教育集团和一些私人创办的教育集团不同。近几年，为了推进教育均衡、有效扼制愈演愈烈的择校风，在政府的强势推进下，或以某一名校牵头与其他几所一般学校或农村学校组合，或把市区划成片，选择一所办得好受到有意择校的家长和学生追捧的学校作为龙头校，再和其他几所一般学校或薄弱学校组成以龙头校命名的教育集团。在不同的省市和专区有不同的表现方式，也有不一样的运作模式。

(一)城乡教育集团化办学模式的特征

办学模式的定义比较多，从不同的维度和视角有着不同地解读。一般人认为是在教育实践活动中形成的对教育活动具有规范化意义的，能使教育活动中各要素的配置呈现最优化的一种结构体系或程式。有大范围的像公办、民办、公办民营式的办学模式，也有小范围的，像城乡教育团化办学模式，只是研究不同类型的教育集团化办学的形式而归纳提炼出来的。

广义上的办学模式，是以一个国家或地区为适应经济和社会发展的水平而建立起来的组织体系、领导体系、管理格局、教育结构形式等。

狭义上的办学模式，是指一所学校为适应当地的经济发展水平和人才需要而建立的一种人才培养的格式规范。

不同办学模式的形成有着不同的路径，也有着不同的表现方式，显现出不同的办学特征。

我们这里所要讨论的城乡教育集团化办学模式主要是从狭义的角度切入研究的。

基础教育阶段的集团化办学，因为没有统一的办学模式，也没有某级政府或教育行政部门出面进行统一办学规范，各地的教育形势和特点又千差万别，于是城乡教育集团以丰富多彩的方式存在，并且以各自的办学模式在发挥着自己在推进教育均衡方面的办学功能，取得了举世瞩目的成果，并且正在不断地研究、探索，向改革的深处发展。

以浙江省杭州市为例，其主流的办学模式是以名校为龙头校的教育集团的办学模式则经历了移植、合成、新生三个阶段：（1）移植，即一般学校、薄弱学校、农村学校成为龙头校或总校的分校或校区，移植总校的办学理念、办学模式，共享总校的师资和教学设施、互联网络、融资渠道、生源等。（2）合成，即分校在积极消化、吸收总校优势的同时，通过定向培训、联合科研等形式培养本校有发展潜力的教师队伍，培育自我发展和可持续发展的能力，以缩短校区之间的差距。（3）新生，分校在获得可持续发展后，在校园文化建设等方面打响自己的品牌，形成自身的特色与自我生存发展的能力。

（二）城乡教育集团化办学的模式介绍

集团化办学改革的时间虽然不长，但是，由于各个地区出于当地办学的实际，创新了教育集团化办学的模式，出现了许多在当地教学改革中总结和提炼出来的办学模式，在改革实践的过程中已经取得了效果。

名校集团模式。名校集团化办学是浙江省和杭州市教育集团化办学的主要形式。2001年11月7日到2002年6月21日，浙江省和杭州市分别发文明确指出："可以优质学校为龙头，组建跨地区、跨类别学校的教育集团，通过资产和人员重组，改造薄弱学校，提高教育质量和办学效益。"通过"名校＋新校""名校＋弱校""名校＋农校"等多种形式，实现了名校资源利用效益最大化，教育投资多元化，推动了优质基础教育资源的快速扩充，促进了优质教育的均衡化、平民化、普及化，初步走出了一条破解"上好学难"问题的成功之路。名校集团化办学开了我国基础教育阶段集团化办学的先河，也为探索推进教育均衡走出了一条新路，为其他地区探索实现教育均衡目标起到率先示范的作用。

名校领办模式。名校领办的教育集团化办学模式是黑龙江省哈尔滨市所推行的一种教育集团化办学形式。2009 年底，哈尔滨市香坊区在该区小学初步组建教育集团进行试点。由电工小学、香安小学、香新小学组成的体育特色集团正式在哈尔滨市亮相。整合教育资源，促进基础教育均衡、优质化发展的名校领办集团化办学模式拉开帷幕。此后香坊区教育局在全区小学中组建了四个教育集团。以名校领办的城乡一体化教育集团组建后，充分发挥了名校在品牌、办学理念、管理方式、干部和优秀教师、现代化教育信息技术等方面的辐射作用，带动了新办学校、相对薄弱学校、农村学校共同发展，迅速提高了办学水平和教育质量，让薄弱学校和农村学校的孩子也能享受到优质教育。

校企共建模式。2011 年 3 月，沈阳市大东区几家房地产公司正式签约捐助杏坛小学教育集团，开创了校企共建的教育集团化新模式。通过这种教育集团化办学模式吸引企业资金注入，将注入的资金主要投入到薄弱学校的发展中，让优质教育资源得到真正扩张，让薄弱学校分享优质的师资力量、管理模式等。薄弱学校将企业所投入的捐助资金用于教学软件的提升中，包括教师的聘用、培训等方面。因为"择校热"择的主要是"好老师"，如果薄弱学校能有好老师来教课，家长再"择校"也就没有什么必要了。校企共建式的集团化办学是让优质学校的好老师到薄弱学校上课，注重"强弱结合"，让好学校的管理队伍、教师队伍定期到薄弱学校交流，通过网络视频技术实现教研成果等的共享，有效地解决了教育均衡中的突出问题。

整体推进模式。广西桂林市于 2010 年 5 月开始尝试和实施整体推进式的教育集团化办学模式。采用以好带差整体推进教育质量提高的策略，以整体推进的集团化办学模式，发挥名校的辐射与孵化作用。实行这种模式的教育集团化办学，不仅仅是把几所学校捏在一起，而是通过名校教育品牌、办学理念、管理方式、优秀教师和现代教育信息技术的输出，根据不同学校情况，实行"名校＋名校""名校＋弱校""特色学校＋特色学校"等多种办学模式，扩大优质教育资源，推进优质教育向普及化发展，让更多的学生接受更好的教育。①

办学联合体。"联合体"办学是北京市西城区教委旨在推进义务教育阶段均衡发展的一个独创的做法。2010 年 11 月，北京市西城区强力通过一系列举措推进西城区基础教育高水平均衡发展。"联合体"办学充分运用"办学联合体"的优质资源，在办学模式研究、青年教师培养、教研组建设、教师资源及课程资源共享、学生共同活动等方面进行了深度合作。通过校际之间的交流，教师得到了切身的提高。虽然绝对的教育均衡是不可能的，但是北京市用联合体办学

---

① 肖育明，叶雪刚，王贵军．桂林市七星区探索基础教育集团化办学模式．桂林七星教育网．

模式实现局部的均衡，进而用局部的均衡推动整体的均衡。①

集团辐射模式。运用集团化办学辐射优质教育是江苏常州通过新建扩建12个教育集团的重要举措，通过这种集团辐射形式使得教育集团内部实现课程教学实现同步化，通过行政推动，基本构成了优质教育辐射体系。为了满足城乡居民子女接受优质教育的需求，为了有效解决实施教育集团化办学之后所出现的"满城皆名校"，"教育质量摊大饼"的现象，集团以优质学校均衡化为办学理念，集体进行课程改革，根据每个校区的特点打造特色课程，不仅没有稀释名校资源，而且把一些村办小学纳入正轨，形成了"一校一品"的格局。这种辐射型教育集团的发展，整合的是城乡教育的一盘大棋。②

除了上述几种模式外，在其他地区还有一些符合本地区需要的集团化办学模式：

一是扁平加条块模式。2010年，在合肥市48中经过整合形成了"三地四校"的办学格局，实行扁平化加条块结合的管理方式。校长、书记总管全校的所有工作，四个校区各设一名主管，同时也分管全校的相关工作。总校还另设校长办公室和科研处，统管全校的相关工作；每个校区另设两位中层，负责各校区的教育教学工作和行政后勤工作。实现了办学理念、管理制度、教育教学计划以及各项活动的高度统一，资源共享和师资统一调配。③

二是名校乡校模式。四川省绵阳市涪城区也在为开展义务教育均衡发展改革试点工作开始积极探索，已形成"名校＋弱校""城校＋乡校"教育集团办学模式，优质教育资源扩大到乡镇。按照涪城区的规划，目标是用3～5年时间，达到以"名校催生名校""更多名校带动更多薄弱学校"。④

三是名校联姻模式。成都市实施城乡统筹"四位一体"的战略，采取了名校联姻、城乡互动、百校结对、网络共享等措施，成立教育集团，通过这种名校联姻教育集团办学模式以帮助农村学校提升教育教学质量，让城乡孩子共享优质教育资源，有力地推进了城乡教育均衡发展。通过建立名校联姻式的教育集团、具有优质教育资源学校与相对薄弱学校"结对子"，让越来越多的平民子女有机会享受优质教育资源。⑤

---

①　走近办学"联合体". 人民日报.2012-04-13.

②　缪志聪. 常州新建扩建12个教育集团，有效缓解择校现象[N]. 中国教育报.2011-07-08.

③　史承灼. 集团化办学的实践与思考[N]. 江淮晨报.2011-03-02.

④　陈襄荣，王夏阳. 城区名校迈向教育集团化：名校＋弱校，城校＋乡校[N]. 绵阳晚报.2012-09-20.

⑤　周波. 集团化办学均衡城乡教育资源，加大资助力度，杜绝因贫辍学[N]. 成都日报.2010-09-14.

　　四是一团两制模式。四川省双流县华阳实验小学教育集团是由根据"互动联盟，优势联合"的原则组建起来的，运行模式是"一团两制"。以"资源共享、相对独立"为管理原则，采取"统筹管理、师资共享、互促互进"的举措，充分发挥集团龙头学校的示范和带头作用，这种"一团两制"模式的教育集团成立以后，鼓励成员学校自主发展，形成了互助互动，整个集团像个大家庭一样，每个人都可以感受到归属感。①

　　五是名校托管模式。在这种名校托管式教育集团化办学的推动下上海市徐汇区域内名校带动弱校发展不断推进，引进优质教育资源为弱校"摘帽"，推动区域教育"南北均衡"，让南北片学生同享优质教育资源。决定将梅陇三小委托给上海市实验学校管理，更名为"上海市实验学校附属小学"，推行上海市实验学校办学模式，植入先进理念和管理手段，打造一所全新校园。"教育托管"后的新校悄悄发生转变，名校带动弱校发展。②

　　六是民办集团模式。2000 年，江苏宝应县政府与民办翔宇教育集团签下一纸协议，将宝应最优质的教育资源——宝应中学、宝应实验初中、宝应实验小学捆绑转制，全部改成民办学校。民办翔宇教育集团由宝应三所公办名校转制的成功实践表明，在教育产业发展的问题上，无论是姓"公"还是姓"私"，关键是看有没有从根本上推动教育事业的发展，符不符合大多数老百姓的根本利益。

(三)盐城市教育集团化办学模式介绍

　　盐城市在教育集团化办学方面取得的成果是比较显著的，《中国教育报》曾先后三次专门报道了盐城市政府和教育局通过教育集团化办学，实现教育均衡，有效遏制愈演愈烈的择校风的经验和做法。有各个县区特点的教育集团的办学模式，有一定的参考价值。

　　整体划片模式。2010 年前的江苏盐城，是不折不扣的择校重灾区，全市择校比例高达 70%。纵横交织的关系网把每个人都绑到择校的战车上。孩子能不能上好学校，不仅要看成绩，还要看家长的财力和人脉关系。拼财力、比关系、打招呼、批条子……"择校热"催生了种种不理性的心态和行为，引发了不少社会矛盾。2010 年，盐城市市委、市政府狠下决心治理择校，以行政力推的方式迈出治理择校的关键一步，即清理"国有民办"改制学校，同时开始科学划分施教区，以大路大河为界，合理确定各学校的服务范围和服务人口。由于一切公开透明，老百姓参与监督，并可随时举报违规入学现象，这使得盘根

---

　　①　四川双流教育信息网 . 2012-10-25.

　　②　彭薇，袁松禄 . 徐汇推动教育均衡，探索名校托管办学模式[N]. 解放日报. 2009-07-19.

错节的"关系市场"一下子冷清了下来。①

城乡教育联动。2002年，江苏射阳县提出了小学教育集团化办学的构想。城乡联动式小学教育集团化，是以学校所在地经济实力、区域位置、当前办学水平和发展潜力相对均衡为划分原则，将全县105所小学组成3大集团，分两级运行。其中一级集团3个，分别以射阳县实验小学、射阳县小学、解放路小学为龙头校，以数个镇中心小学和其他县直小学为成员校。二级集团19个，分别以各镇中心小学为龙头校，村小为成员校。教育集团分别围绕教师队伍建设、学生思想道德建设和课堂教学这三个层面进行集体备课、中队会和课堂导语预设展示。

城乡教育联盟。江苏省建湖县教育局的统一筹划和组织下，成立了实验小学教育联盟、第二实验小学教育联盟、森达教育联盟、育红学校发展联盟、县实验初中教育联盟、县一中教育联盟、近湖中学教育联盟、上冈实验中学教育联盟。在实现县城和重点镇优质教育资源全覆盖的基础上，积极实施"示范带动、校际联动、城乡结对"策略，由县直和驻城学校为龙头校，联合各个镇（区）中心校，联盟校之间实施教育资源共享互补，教学教研联动互助，师资配备交流互通。

教育航母模式。江苏省滨海中学教育集团被称为"教育航母"，是由所属双语小学、幼儿园、附属初级中学、高级中学构成。学校有三个校区，计有184个教学班，11400余名在校学生，620余名教职员工。这一庞大的教育集团垄断了全县众多的教育资源。近年来，在全社会推进教育均衡的大背景下，幼儿园、双语小学和实验初中分别从滨海中学教育集团中独立出来，和其他公办学校一起划片招生。其解体是一种教育形势发展的必然趋势。

一城一集团。江苏省东台市实验中学教育集团是一城一集团式的代表。整个东台市区的初中学校都合并到东台市实验初中的名下，成为一个教育集团的下属分校。2009年夏，为全面推行均衡教育，以东台市实验初中为核心，组建教育集团。集团现有三个校区，112个班级，在校学生近6000人，在职教职员工432人。这种教育集团化办学模式虽然使得全城一所优质学校，学生都是在一所优质学校读书，不存在择校问题，但是，也使得学校之间失去了危机感、竞争力。

大面积挂靠。以江苏省阜宁县实验小学通过大面积挂靠成立了"一校五区"的教育集团。该教育集团实际在读小学生早已超过10000人。集团从龙头校中派出人员去分校担任校长，委派一些骨干教师到这些学校去作为学科带头人；财务管理、人事管理都已经收归总校统一管理；虽然整个教学和管理秩序井然

---

① 翟博，张以瑾，张学军. 打造一个没有择校的城市[N]. 中国教育报. 2012-06-05.

有序，但摊子太大，凭总校原有实力实在是难以全面提升这么多分校的教育教学质量。

教育集团化办学的模式因为学校所在区域的经济、文化、特点的不一样，还会呈现出更多的办学形式，但是，有一个目标是共同的，就是都在千方百计地寻求推进教育均衡的途径和方式，从根本上解决类似于择校这样的教育诟病。

三、城乡教育集团化办学助推教育均衡

城乡教育集团化办学对于整个基础教育来说无疑是一场变革，不仅在管理体制、运作模式、实施方案、考核体系等等方面发生了很大的变化，而且对于人的教育理念、教育方式方法等等方面也必然要相应的变化。

(一)教育资源得到了优化配置

城乡教育集团化办学的首要目标就是要实现教育资源的优化配置。通过考察城乡教育集团的办学实践，发现推进教育资源的优化配置是所发生的最明显的变化之一。

在基础教育阶段，区域之间、城乡之间、校际之间、群体之间的教育发展不平衡，其中一个重要因素就是教育资源的配置问题。由于教育资源拥有的数量、质量、程度不同，其结果就导致了效率不同、发展不均衡。在有限的教育资源中，如果搞"天女散花"般的平均主义，并不能解决问题，只能造成优的更优，次的更次。市场经济的法理是，教育资源的流向总是向着优质的学校集聚，那些低次的教育资源本身就是一种浪费，必然要遭到市场的摒弃。市场的需求就是要不断扩张优质的教育资源，使原有的资源分布朝优质化方向发展。实施城乡教育集团化办学的过程，实质上就是一个教育资源的优化配置过程。一方面，通过名校的办学扩张，进一步扩大优质教育资源；另一方面，通过名校的集团化，进一步带动新建学校、薄弱学校的快速发展，达到资源配置的最大化。

通过实施名校集团化办学，盘活了教育资源。龙头校这种优质教育资源，由单位资源、部门资源、个人资源，变成了国家、社会特别是家长、学生的社会财富，成为一种大众的、普及的、平价的公共资源。这种资源被配置到不同区域、不同学校和不同学生，逐步实现了公共教育资源效益的最大化。教育集团内各学校间可以实现整合和优化资源配置，优势互补，充分共享教育品牌、教育思想和理念、教学科研成果、教育信息及人力、物力、财力等多种资源，发挥教育投资的最大效益。

(二)办学模式进行了改革创新

城乡教育集团化办学与普通的学校办学最显著的差别就是办学模式的创新

和多元化。从现有的城乡教育集团化办学的操作模式看，真可谓是五花八门，丰富多彩，既有不同地区的个性化特色，又各自充满了自身的办学活力。经济社会的发展，总是推动并影响着教育的改革与发展。作为承载和延续人类文明的基础教育，办学体制和办学模式的改革已经呈现出多元化的发展趋势。

实施城乡教育集团化办学，改变了公办学校单一的办学体制，打破了多年来办学经费来源主要靠政府财政拨款的格局，为解决"钱从哪里来"的难题找到了新的突破口。在城乡集团化办学过程中，为了自身的发展，为了担负起历史和社会的责任，办学积极性得到了空前的调动，利用名校品牌的无形资源、先进的管理方式、优良的师资队伍以及必要的学校资金，投入办学，不断扩大优质的教育资源。办学形式灵活多样，并吸纳了一些社会资金来投资办学，缓解了政府办学的经费困难。

利用城乡教育集团这个平台打造教育品牌。一般的城乡教育集团都重视树立团队价值观，形成集团文化和共同价值观念，用较高层次的教育理念和较高品位的团队文化引领，带动高水平的教育管理和高质量的教育服务。在多校区（分校）的办学中，沟通成为管理的难点。为此，建立多校区（分校）间的管理平台，用网络改造工作习惯，改进专业成长方式。着手建立学校桌面办公系统，逐步形成无纸化、跨校区、即时性、个性化、互动化的学校管理平台，学校通知送达个人电脑桌面，学校事务直接通过网络互动；逐步开展跨校区（分校）的无障碍备课、评课及交流，还将积极开展家校一体化的网络教学实验，使教育教学活动由校内向家庭、社会延伸，真正实现学校教育、家庭教育和社会教育的一体化、网络化。

形成城乡教育集团总校和分校间的凝聚力。总校强调了同属一个城乡教育集团"大家庭"的统一性，由总校统一行使集团内部决策协调职能；又保持总校和分校各自在人、财、物管理方面的相对独立性。这样，既有利于贯彻总校的理念、决策，又有利于发挥分校的主观能动性。总校把工作重点放在两个方面。一是健全分校相关规章制度，规范各种教育教学行为。二是强化教育教学考核，由总校和分校组成联合考核组，定期对教师进行备课、上课、改作业等教学常规检查和教育教学目标考核，根据考核结果，对分校的教师进行奖励。管理制度的改革，深刻地触动了分校教师，分校教育教学管理愈加趋于规范化；分校管理的日趋规范，又反过来促使总校加快发展的步伐，收到了相互促进、共同成长的效果。

（三）领导班子获得了重组提升

城乡教育集团的领导班子不仅要对自己原有的管理领地服务，更要对所属的各分校负责，这就为城乡教育集团的领导班子提出了更新更高的要求。不仅要在教育行政部门的参与下，对原有班子进行重组，还要考虑分校的具体特点，对班子进行重组，以提升城乡教育集团领导班子的领导力。

城乡教育集团是应教育资源的均衡配置需要而形成和发展的。实施城乡教育集团化办学，可以有效地解决学校组织的重组、改造、扩张、兼并等一系列问题，从而有效提高整体办学效益和办学水平，是推进基础教育均衡发展的一种组织实现形式。

城乡教育集团化办学的组织改造是一个必须经历的"阵痛"过程，也是要面对和解决的首要的办学改革问题。在办学实践中，不少的城乡教育集团引入市场经济的理念，借鉴现代企业的管理制度和运行机制，不断逐步建立起了符合集团化发展的内部管理制度，缩短了新校的发展周期，成功实现优质教育资源的快速扩张，满足老百姓在家门口享受优质教育的需求。不断创新学校的管理机制，逐步建立起了符合集团化发展的内部管理制度。管理层次少、简政放权、统一指挥、消除内耗，管理幅度大，管理效能高，是一种人性化的新型管理模式。建立了一整套管理标准和制度，使集团内部管理更加专业化、现代化、标准化、制度化。

(四)管理体制推动了教育改革

城乡教育集团从组建那一天起就已经告别了传统的教育行政部门直接管理学校的格局。城乡教育集团成员单位由集团委员会统一管理，各成员单位对教育集团负责，并互派校级领导到对方学校工作、管理或学习经验。教育集团主要领导要定期到农村、薄弱学校现场办公，由校级领导带队，各部门负责人及骨干教师参与，切实提高农村、薄弱学校的管理水平。

一般是城乡教育集团领导层精心酝酿教育集团的发展规划、工作计划和总结工作，规范和协调着教育集团的办学行为。统一引领教育集团内各个成员学校，发挥教育集团化的办学优势。

作为城乡教育集团的牵头校，在教育教学上坚持工作及时安排，有些教育集团坚持教学案及时传送，情况及时通报，问题及时处理，信息及时反馈，既有集团教育教学的高度统一，又有根据校区学生和班级实际的个性化管理。学校通过向各成员校积极推介总校的三次备课制度、课堂巡视制度、师徒结对制度、年级周报制度、月度检查制度、质量分析制度等一系列教育教学管理过程中形成的制度管理文化，帮助成员校解决了教育教学的实际问题，带来了新的起色。教学质量和社会美誉度得到了明显提升。

城乡教育集团化办学还推动了城乡学校领导和教师的交流。教育集团内除开展双向顶岗的固定交流外，还经常开展短期交流。交流活动的开展，不仅增进了集团内各学校教师的了解和友谊，加强了教师间的交流与合作，而且对新课改实验也起到了积极的推进作用。从现行的城乡教育集团的管理上来看，主要做法有：一是师资统一调配，教师的工作岗位在各校区，"家"在集团，教师的考核、评优、职务晋升、岗位变动均由集团进行。教师（包括普通教师、骨干教师、中层干部乃至校区校长）的岗位轮岗。二是经费统一管理，各校区教师福利待遇由集团按同一标准统一发放，基建、设备添置所需的经费全部由集团统一安排，规范了集团内各校的财务运行和管理，保证了资金的正确投入导向。三是制度统一规范，组织力量对各校区的各类制度进行了整合修订，制定了一整套统一的管理制度、工作职责，以规范各校区的各项教育活动，使各项工作和考核有章可循、有据可查。

（五）教育质量有了明显的提升

城乡教育集团的教育质量是衡量这项改革的成功与否的一项硬指标，也是教育行政部门、社区、家长评价教育集团化办学的基本依据。从我们所掌握的材料来看，城乡教育集团化办学过程中，各个教育集团为了提升自己的教育质量，都使出浑身的解数，采取了各种有效措施。

努力增强教师间的凝聚力。城乡教育集团重视充分调动各学校教职员工团结敬业的积极性，凝聚力不断增强，教师良好精神风貌得到传承与发扬，浓厚的学术氛围逐步形成，教师的专业发展能力得到整体提升，学生精神风貌发生明显变化，教育质量、办学水平得到明显提高。

形成良好的教学研究机制。城乡教育集团内部各成员校在教学计划制订、教学评估、教学常规检查、教学进度、教学质量评价、教研活动等方面相互沟通，协调一致，统一标准，统一要求，集中或分头进行。在学生综合素质评价、教学质量抽测、各类考试中统一试卷、统一评价要求。

研究和构建差生的转化制度。差生的转化工作一直是薄弱学校、农村学校教学工作中的难关，有时就是因为那么几个差生使得某班级的教学质量评估产生意想不到的变化。有些城乡教育集团在办学过程中专门把这个问题作为研究的课题，利用各校教师资源，对各类学生进行针对性的帮教。

实施教育集团内共同考核评估。一般的教育集团内都实行一把质量尺子来衡量，实行教育教学质量统一考核评估奖惩制度，像有些教育集团实行每学期末分校检测，集团内统一阅卷制度等。平时，城乡教育集团还通过教育视导、督导，辅之教学调研、学科竞赛，使教师在无形中形成了较强的抓教育教学质量的氛围，使城乡教育集团内的教师牢固树立以质量求生存、求发展的理念。此外，有些教育集团还针对教师流动的实际，专门制订交流教师考核办法，每年要对城区优质学校去农村薄弱学校任教的教师进行全面考核，并把优秀教师评比指标向在农村薄弱学校任教期间工作表现优秀的教师倾斜。

建设城乡教育共同体是城乡教育集团提高教育质量的一个重要平台。原来想要提高农村学校的教育教学质量，苦于没有抓手，城乡教育集团化办学的思路为教育行政部门达成这种愿望提供了一种可能，并在不少的城乡教育集团内得到了落实，取得一些积极的成果。

城乡学校教育共同体是教育集团化办学在提高教育质量方面的探索，城乡学校共享教育资源，城区名校在教育教学管理、课堂教学研讨、干部教师培训等方面加强对农村农民工子女学校的指导和帮助。集团各成员学校教师定期互派交流，集中开展教研活动。建立城区优质学校教师和农村薄弱学校教师之间的结对帮扶机制。充分发挥骨干教师作用，进行不定期的公开课、相互听评课等活动，促进各学校教师之间相互启示、相互学习、共同提高。

城乡学校教育共同体建设，还包括教科研工作的共同发展。有些教育集团打破校际界限，设立了教学总监，成立了集团各学科的教研大组，聘请了骨干教师担任教研组组长，开展各级各类的教研活动和形式多样的师生活动。为教研活动提供了一个更大的活动平台，解决了以往开展活动"场地小、水平低、形式单一"的弊端，教学信息交流量大大增加，有效促进了教师业务水平的提高，促进了校区间的交流，缩小了校区间的差距，达到教育均衡的目的。

诸如此类的变化，在一定程度上昭示了城乡教育集团化办学的生命力，也标志着城乡教育集团的办学成果。但是，在这种城乡教育集团化办学取得成绩的同时，必须坚持两点论，在看到改革成果的同时，也要重视那些原来不为人重视的不足方面。

第二节　城乡教育集团化办学的现状

由于教育集团化办学这种办学形式在整个基础教育来说还是新生的事物，在实践过程中，取得了一些积极的改革成果，在推进教育均衡方面做出了一些积极的贡献，但是也存在有这样那样的问题，这些问题为提高基础教育质量提供了许多新的探究课题。

一、教育集团化办学取得了初步的成果

（一）初步实现了区域教育的相对均衡

在政府的强力推进下，在一些实行教育集团化办学的地区以名校或优质学校为龙头校，对其他薄弱学校进行辐射，提升了区域面上学校的教育质量。对于实现国家和地方政府所提出的推进教育均衡的目标，起到了积极的作用。

（二）有效遏制了一些家长盲目择校的势头

实现教育集团化办学之后，相应的地方政府和教育行政部门都相继出台了按学区划片招生，优质学校招生名额分配到相应的学校，并通过降低一些一般学校或薄弱学校的学生的录取分数线，以保证教育集团内的学生能够尽可能公平享受优质的教育资源。

（三）创新了区域的教育管理的模式

过去的教育管理是地方教育行政部门直接管理全县（市、区）的所有学校，不仅管理不到位，而且除了政策上的管理与约束之外，很少能够对学校实施直接的教育、教学、管理实施科学的指导。而实行教育集团化办学之后，则可以发挥这种特殊的办学形式在管理上的优势，对一些相对区域内的数所学校进行有效整合，分类指导，取得了比较好的效果。

（四）密切了中小学与地方政府和社区的关系

因为家长盲目择校所带来的连锁反应，使得一些地方政府的工作人员、学校所在社区的一些相关人员，与区域内的一些优质学校的领导人产生了矛盾，有些矛盾一度还比较深，长期一直得不到解决。在实行教育集团化办学之后，随着招生政策、管理策略的变化，有些原有的矛盾也就自然化解了。

（五）教育集团化办学促进了学校的教育科研

由于教育集团是一个办学的整体，可以充分发挥集团内的教育科研的优势，积极开展有自己教育集团特点的教育科研活动，可以集中研究本来不容易解决的问题，并把通过教育科研所形成的成果直接应用于教育集团化办学的实践，提高教育教育集团化办学的质量。还可以发挥龙头校的办学优势，拉动教育集团内的一般学校的教育科研和教育教学工作。

二、教育集团化办学所存在的突出问题

（一）教育质量被稀释

由于城乡教育集团的组建是以一些在当地有影响的名校作为龙头校的，之所以能够得到社会的认可，也是因为这些名校的社会效应。而从当前的城乡教育集团化办学的实际来看，造成了一个满城都是名校的现象，所有的中小学都属于某某教育集团，而事实上，这些名校也真是派出了一些领导和骨干教师去这些薄弱学校或农村学校做改造工作，薄弱学校、农村学校也有领导或教师流动到教育集团的龙头校去工作。这本来是好事，理论上是应该对于薄弱学校和农村学校的改造、提高教育质量是肯定有帮助的。

然而，从实践的情况来看，其产生的效果并不尽然：优质学校抽走了优秀领导和教师，分校多的抽调走的比例还比较大，客观上使得龙头校原来的办学质量降低，换进去的来自薄弱学校、农村学校的领导、教师一是放不开手；二是实力不够；三是有临时观念。这些对龙头校的教育质量产生了直接的影响，有些龙头学校的教育质量下降的幅度还很明显。而到薄弱学校、农村学校去的龙头校的领导、教师不仅有水土不服的现象，还有临时应付的想法，随时准备回龙头校。这种状况事实上已经造成了整个教育集团教育质量被稀释的客观效果。

(二)集团内部缺乏合力

择校不仅给积淀了优质教育资源的龙头校带来好的生源，还为龙头校带来丰厚的经济利益。再用这些钱来发展教育，使得他们和没有这种经济来源的薄弱学校相比，才有了特殊的优势。实施城乡教育集团化办学之后，这些龙头校和其他学校一样按学生人头数拨款过日子。因为没有了择校所带来的收入，龙头校也就不可能再拿钱给分校改善办学条件和增加教职工福利了。单纯的行政领导和管理则没有了吸引力，原来那种言听计从、不敢得罪集团领导和龙头校的情况也就跟着有了改变。

教育集团的核心成员、领导主体都是龙头校的，他们与龙头校之间的联系可谓千丝万缕。当有什么好处、利益、机遇自然要先想到他们所依附的龙头校。像新教师选聘由教育集团负责，龙头校必然是留下最好的；教师外出参加培训的一两个名额，自然是由龙头校指派人员去参加，多了才会考虑分校；选派人员参加优质课评比、评选学科头人和教学能手，名额少了一般就轮不到分校；职称的申报和聘用，龙头校的教师的机遇要比分校多得多；来自上面的文件、信息，有的不往分校传，有的要有好长时间才能让分校教师知道；……这些做法直接影响分校教师对教育集团的信任。

(三)管理体制不够科学

当初组建教育集团时，有解决择校问题的燃眉之急的目的，没有像国外的或国内的职教、私营教育集团那样的利益共同体的性质。带有随意拼合意味的教育集团，从一开始就没有形成共同的价值观、大家认可的教育理念和发展目标。组建教育集团之后怎么办？往往是龙头校的负责人说了算。由此造成了一些城乡教育集团与下属分校的领导和教师之间的面和心不和现象。城乡教育集团布置的什么任务和活动，只是应付而已，没有能够从心底里把它们当作自己的事业来做。

有些教育集团不仅是课程表、考试、活动由教育集团统一设计和制订，而且把政府按每个学生人头下拨的经费也由教育集团统筹管理和支配。曾有一个教育集团为了节约，第一学期每两个教师发一瓶红墨水，第二学期每人发一支红笔芯，第三学期就不发了，教师只好自己掏钱去买来用。有教育局领导或部门的人员来分校检查工作，分校校长须打电话请示教育集团领导，才由集团派一后勤人员送两盒烟和一些茶叶来。分校自主组织开展活动很少能有经费支持。有些教育集团的经费的使用情况也基本上不向分校教职工公布，目前还没有科学而有效的监督体系和措施。

(四)领导教师交流不畅

教育集团组建伊始，为了强化教育集团的领导，由总校委派一些人员去当分校校长，象征性地抽调一些教师去充实分校教师队伍，也从分校抽出一些好的教师到龙头校任教、接受培养。从调查的情况来看，派出的分校校长有些是与集团负责人政见不合，派出的教师有些是不太听话或教学水平和效果一般化的。他们来分校一开始就是带着一定的情绪来的，有些集团还允诺三年后让他们回到龙头校，这些人的工作动力不足是必然的。分校的教师到龙头校自己感到自卑，龙头校也不把他们当成主要力量使用，吃苦最多，还不能有好的评价，自然也就没有主动性和积极性了。

从调研的城乡教育集团的实际情况来看，不仅教育集团的负责人是由教育行政部门直接任命，就是教育集团所属的分校的领导人也大多是由教育行政部门任命的。就是在分校之间调换位置，也得由教育行政部门行文才能算数。即使分校校长干得不太好，只要教育行政部门不反感，可以照做他的校长。不负责任的或用起来不很顺手的，教育集团的领导想免也免不了、想调也调不走。这在一定程度上影响了教育集团的改革和发展。

（五）办学活力没能激发

本来龙头校的负责人成为集团的负责人，虽然行政级别提升了半级，明显要高于分校校长的级别，但是，那些本来与他们差不多的分校校长从一开始就不一定服气。特别是面对一些与自己学历、职称、资历相同，甚至在某些方面还要高于自己的分校校长，心中的底气总显得不足。因为缺乏权威性，再加上一些分校向教育集团提出的正当要求得不到满足，必然会使得一些矛盾有激化的趋势。这样的教育集团与下面所属分校间实质上已经是处于貌合神离的状态了。

此外，还有些城乡教育集团缺乏造血功能、没有长远的目标和发展规划、教育集团负责人没有长期的责任感等等问题，也都在直接地干扰城乡教育化团办学质量的提高，影响推进教育均衡成果的巩固和发展。研究解决这些问题，有效提升城乡教育集团的办学质量，已经成了全社会共同关心的话题。

第三节　城乡教育集团化办学的对策

因为城乡教育集团化办学存在问题，而让这些好不容易建立起来的城乡教育集团立即解散是不现实的；就是这么维持现状，得过且过，不仅是不负责任的行为，而且必然会影响到整体的教育改革和发展目标的实现。必须正视教育集团办学的现实，直面这些回避不了的突出问题，主动积极地探究解决这些问题的策略，才能摆脱城乡教育集团在办学过程中所面临的进退两难的窘境。

一、制定教育集团改革和发展目标

使用头痛治头脚痛治脚式的策略，当维持会长，绝对不能成为城乡教育集团的工作目标。教育集团化办学也是一项系统的工程，虽然组建之初由许多的临时或不定的因素，但是，一旦建立起来，就应该制定明确的发展目标，并在这种目标的指引下，一步步地发展。

（一）制定科学的发展目标

为了巩固和发展这种改革的成果，并保证在城乡教育集团的领导发生变更时办学的政策有一定的连续性，使得教育集团能够持续、健康的发展，作为教育集团必须研究制定近期和中长期的改革和发展目标（至少要管到 5～10 年），然后围绕这些目标制定出具体的实施路线图，再按照图纸分步实施和落实。不管集团负责人怎么变换，都应该原则性的坚持贯彻。要从根本上克服那种领导人头脑就是政策的做法。

（二）克服办学的短期行为

城乡教育集团化办学不应该是一种短期行为，它的出现、存在、发展，自然有其自身的合理性和优势。应充分地认识到：如果解散教育集团，教育不均衡、择校风等等负面的现象必然要死灰复燃，国家中长期的教育改革和发展目标肯定是难以实现。

（三）强化所属分校执行力

分校理论上是要执行城乡教育集团的整体管理和规划，但是在实际操作过程中，又需要根据分校的具体情况，制定出有操作性的执行方案。各个分校之间的执行方案应该有所区别，像学校文化建设，不同的分校过去就有着不同的文化传统和特色，不同的学校的师生对于学校的文化建设又有着不同的期待。当这种执行方案制定出来，并受到该分校教职员工认可后，不管分校校长发生什么样的变化，都应该坚持实施。

在制定这些改革和发展目标、具体执行方案时，必须发扬民主，充分注意到集团内各方面人员的意见，宁可多几次反复，也不能让执行者把意见和不满带到执行过程中去。

二、加强教育集团的领导体制建设

城乡教育集团毕竟是一个重要的教育管理机构和层次，它既要对上面的政府和教育行政部门负责，又要对所属分校的改革和发展负责。而要负起这些责任，必须要有权力，有了这种实实在在的权力，才能尽好领导和管理的义务。

（一）教育行政部门要给教育集团放权

城乡教育集团内部所组织的督导应该有别于教育行政部门组织的督导，应该从教育集团的内部特点出发，创新教育的模式，研究和制定有自己教育集团特色的督导方案。

一是要理顺关系。根据现行的教育体制，教育行政部门领导和管辖城乡教育集团，城乡教育集团领导和管辖集团内的各个分校，分校校长领导和管理学校内的教职员工。作为教育行政部门应该从城乡教育集团办学的实际出发，考虑到城乡教育集团内部构成的特点，明确哪些是属于教育行政部门需要职责范围内的事，必须要管理；哪些是属于城乡教育集团内部的事，应该由城乡教育集团自己研究解决。像选拔和聘用分校的负责人、对于不称职的分校负责人做出免职或调动等等决定，则应该根据城乡教育集团从管理和发展的需要做出。而教育行政部门越过城乡教育集团来决定则无形中把本来清楚的类属关系搞乱。

二是要明确职责。首先是教育行政部门和城乡教育集团之间的职责要明确，其次是城乡教育集团与所属分校之间的职责也需明确。各负其责，才能从源头上排除干扰，减少内耗。像城乡教育集团内部教师的流动、配备，教育行政部门则应该尽可能地少插手。而教育资源的配置、经费的拨付等等方面的问题，教育行政部门应该责无旁贷地帮助解决。

三是增强独立性。城乡教育集团毕竟是一个办学的实体，这个实体要运作必须要有一定的独立性和自主性。除了要增强教育集团的独立性之外，教育集团还应该给予所辖分校一定的自主权，以增加分校办学的活力。像决定和使用一个分校的门卫、宿舍管理人员这样的事，教育集团则应该放权给分校。财政部门按学生人头下拨的经费也自然应该让分校按教育集团的相关规定使用，不应该连买几瓶墨水、几支笔、几个本子这样的事情都要请示或者强行管制。

(二)选聘坚强有力的集团领导班子

从单一的优质学校到城乡教育集团，不仅仅是量变，更是一场质变。教育集团的领导不同于一所特定学校校长，不仅要能运筹帷幄，还要能让多所分校的上上下下凝聚成一个有机的整体，共同发展，这就对教育集团的领导人提出了更高的要求。

有事业心。作为城乡教育集团的领导成员首要是为了谋事，而不是要获得一个比一般分校校长高一等的职位，或者企图谋取个人的利益。只有有了强烈的事业心，才能把全身心扑在教育集团的改革和发展上，才能以阳光的心态，光明正大对待和处理教育集团内外所涉及的大大小小的事务。

有权威性。作为城乡教育集团的领导人不仅要有一定的管理能力和水平，还要有比较高的专业素养。既应是有责有权的领导，还应是教育教学的行家里手。虽然能够达到这样水平的人不是很多，但是，从教育集团发展的角度来看，一是要力求选取和聘用最好的；二是努力创造条件进行培养和训练，让他们尽快地成长起来。

敢于负责。遇到困难和问题不推诿、不绕道、不退缩，积极主动调查和研究解决困难和问题的对策，尤其是对于一些难缠的"钉子"，在有意与教育集团领导过不去或有意挑战集团领导忍耐性时，则应该摸清情况，积极应对，直面问题，寻求相对科学而又合理的解决方案。

善于包容。城乡教育集团所要面对多个学校的各种层次和类型的人物，由于心态的不一样，会以不同的工作表现或语言、行为出现于教育集团领导的面前：有些是看得惯的，有些是看了以后特别反感的。作为教育集团的领导人不仅要积极创造条件让年轻人迅速成长和发展，能够脱颖而出，而且要有一种能鼓励别人超过自己的素养。对于一些处事方法、理解问题另类的人，要以大度的心理对待。

公平公正。在对于龙头校和分校的考核评价时，对出现相同问题的调查和处理时，在用同一制度处理两种不同类型人物时……，既是对教育集团领导人物公平公正的检验，也是教育集团成员评价领导人物的依据。不仅处理问题要一视同仁，而且要公平给予不同分校不同类型的人员以同等的机会，让每个成员都能感受到和谐和有尊严。

(三)建设科学合理的管理监督机制

集团化办学在标准建设上最关键的是要处理好城乡教育集团学校内部的运营机制问题。各种科学合理的制度和监督措施对于教育集团来说，有一种法律的性质。为了保证教育集团的动作能有章可循，必须要在充分考虑集团办学需要、兼顾各分校的利益和要求的基础上，通过广泛深入的民主评议和协商，制定出各种制度、规定、实施细则。

规范管理制度。要达到规范的要求，既不能想当然地编造，更不能遇到什么情况突发奇想。而是不仅要体现政策水平，还要经得起实践的检验。像"绩效工资的考核与评定实施方案"，既要考虑到政府关于实施绩效工资的相关政策规定和要求，更要考虑如何调动各方面的工作积极性，而不能带有随意性。"经费使用和管理制度"，不仅要注意相关的财务规定，还要考虑制度面前人人平等，坚持公平公正，不允许给特殊人物留有余地。

建立问责机制。保证制度不折不扣地执行，才是制定问责制度的目的。问责只是一种保障制度得到有效执行的重要手段。城乡教育集团领导人对于所负责的工作制度执行情况、分校校长对于集团的相关规定的执行情况、部门负责人对于具体规定的执行情况、教研组组长的校本教研活动制度执行情况、班主任的班级管理规定的执行情况等等，都存在着问责的问题。还需要教育集团出台相应的与问责制度配套的措施，像诫免谈话、限期整改、追究责任、惩罚处理等等。

重视民主监督。有些制度既要涉及一般教职员工，也要涉及城乡教育集团或分校的领导人，不能在制度的执行过程中，遇到"特殊人物"或"特殊情况"就网开一面。不仅要把制度的执行情况放到所有人员面前来"晒"，而且还要有意识地组织由多方人员组成的专门的小组不定期地进行监督和检查，及时地把监督和检查的结果通过各种方式向集团和分校进行反馈。

三、充分调动所属分校办学积极性

就城乡教育集团的整体而言，无论是龙头校还是分校，都应该是集团这个大家庭的成员，只有每个家庭成员都能想集团之所想、急集团之所急，这个大家庭的发展才有希望。教育集团在坚持对所有成员校和所有员工都能一视同仁的前提下，还要有意识地听取分校意见、主动为分校服务。

(一)营造宽松的管理环境

城乡教育集团化办学并不是孤立存在的，要和各个方面打交道，有些并不是教育集团自己需要去找谁，而是相关方面主动找上门来的，不能妥善处理好这些来自外部的关系或问题，必然要直接影响到城乡教育集团的办学质量和效果。

一是要正确处理好与教育行政部门的关系。不少地区城乡教育集团的领导和下属分校的领导都是由教育行政部门任命和调派的，有时会出现教育集团不需要的领导硬调进来，而教育集团提出来需要引进的领导或教师就是进不来；教育行政部门派人来评估或考核时，只是按照教育行政部门的标准，而不考虑该教育集团自身的实际。需要教育集团的负责人要及时地与教育行政部门的领导和具体工作人员多沟通，在让他们了解教育集团办学的真实情况的同时，得到他们的支持，必要时还要争取相关领导的支持，在出现矛盾时能够出面帮助协调。否则必然要出现许多困扰。

二是要正确处理好教育集团施教社区关系。施教区的社区对于城乡教育集团的办学起支持和监督的作用：它可以对教育集团办学营造良好的舆论氛围，使得办学出现良性循环的效果；也可以对教育集团的办学说三道四，夸大办学的负面效果，使得本来就不容易的教育集团变得更加举步维艰。为了取得施教区所在地的社区及其成员的理解和支持，教育集团和所属分校应该主动地把有关办学信息与他们进行沟通和通报，多征求他们对教育集团化办学的意见和建议，同他们一起研究和探讨教育集团化办学中所存在问题的解决方案。如果以教育集团与施教区社区不是一个系统，与其没有共同话题，那么就肯定是要出问题的，一旦出了问题，再回过头来去修复关系就麻烦得多了。

三是要正确处理好学校、学生、家长关系。城乡教育集团与集团内各分校、与教育集团及分校内学生的关系、与所属学生家长的关系，是城乡教育集团所要处理的最基本的关系。处理好与分校之间的关系，最重要的是要把龙头校与分校间的地位摆正，不能搞内外有别，或者有意把什么好处搞近水楼台先得月，长此以往，必然会使得总校与分校关系恶化。处理与学生的关系，必须要坚持"以生为本"的办学理念，一切为学生的发展着想，学生自然会能够深刻地理解教育集团的改革措施，如果只是搞花架子，为教育集团和学校排名、升学率卖力，而不顾学生的全面发展的素质的培养，必然不会得到学生的理解和好评。学生家长对于教育集团的评价应该是比较挑剔的，要想得到家长的理解和支持，最重要的是要提高城乡教育集团的教育质量，让学生家长感受到孩子就读于该教育集团已经享受到了优质教育资源，受到了公平的对待，达到了他们的期望值，这样才能为家长所接受和理解，而如果说得再好，学生的学习素养、能力、知识没有能够达到一定的要求，甚至与家长的预期相差太远，那么，这种关系再怎么处理也是徒劳的。

四是要正确处理好与各种宣传媒体的关系。追求新闻效应是宣传媒体的目标，而城乡教育集团化办学过程中自然会有不少能够引起宣传媒体兴趣的方面，而这些内容的宣传报道有些有好的效应，有些则会给教育集团的工作带来一些被动。特别是在当前有些媒体人的从业目的不一样的背景下，更多需要教育集团能够用智慧处理好与宣传媒体的关系，让他们在充分理解的上宣传有利于教育集团发展的，而回避或淡化那些对于教育集团发展不利的。这当然不仅仅是靠社会上"做工作"的一套，还要靠提升自己教育集团的整体形象，消除来自各方面的各种负面因素，从源头上解决问题。

当然，城乡教育集团在办学过程中需要处理的关系还有其他的方面，像与地方政府的关系、与相互教育集团的关系、与当地单位和部门的关系等等，这些关系的处理都会对于城乡教育集团的工作产生影响，都需要认真地研究和恰当地处理。

(二)给予分校办学自主权

在学校管理上，给一定自由。每个分校都有自己的特殊性，要体现以人为本的管理理念，提升管理的质量，营造良好的教育教学氛围，城乡教育集团必须要在统一制度、规定的前提下，给分校留有一定的自主权。像对分校教师的聘用和教育教学任务的分工，学校活动和设计和组织、开展等等，则需要教育集团允许分校结合自己学校的具体实际做出一些合情合理的调整。在经费的使用上，在统一管理的框架内，也应该给予分校一定支配权限。

在教育改革上，不搞一刀切。分校本来就不能与资源丰厚、生源质量好的龙头校比，不仅有薄弱学校、农村学校的特点，而且还有留守儿童、流动儿童、寄宿学生等等特殊情况，同样的现象在不同的学校的存在比例又不同。能够针对这些带有个性化的特点，允许这些学校或教师采取有针对性的处置方案，不仅可以保证教育改革取得预期的效果，还能调动这些管理人员的工作积极性。

在教学改革上，鼓励创造性。推进教学改革是提高教育质量的必然举措，可由于城乡教育集团内的成员校间的情况比较复杂，一味推行和实施龙头校的课堂教学改革的做法，有时往往是事与愿违。要调动集团成员校的教学人员的积极性，则需要鼓励每一个教师能考虑自己所任教的学科和相应的年级学生的需要，创新和改进自己的教学和训练的方式方法，有效地为学生的未来发展奠基。

四、通过教育督导推进教学改革

(一)创新以"督"促"导"的工作思路

首先要坚持把"导"作为工作重点，在督查教育集团所属学校各项计划、方案的执行情况的同时，重点调研所督导学校所存在的突出问题，与督导学校领导、教师深入探究解决这些问题的方案，并通过督导组的特殊地位督促该学校及相关人员限期解决这些问题。其次是坚持"督"为"导"服务的原则，只有坚持督为导服务的工作原则，督导才能对提升教育集团的教育质量起到积极的作用。最后是坚持以督促进步、解决督和导的矛盾，不仅应强调监督的功能，更应该发挥督导特有的优势。

(二)创新以"督"服务"导"的形式

面临提升教育质量这一紧迫任务的教育集团的督导除了发挥原有督办式督导功能外，必须创新督导的形式，才能在提升被督导学校的教育质量中作用。

诊断式督导。在对被督导学校全面调研的基础上，研究和分析城乡教育集团内薄弱学校、农村学校存在的突出问题，再把诊断性督导的结果汇报给教育集团或反馈给被督导的学校，组织相关方面一起研讨"病情"分析"病理"、提出"处方"，必要时还要参与或全程跟踪"治疗"，以实现帮助这些学校治"病"的目标。

专题式督导。城乡教育集团根据提高教育质量的需要，制定出若干个教育督导的专题，然后再根据专题督导的需要组成相应的督导组，围绕某一特定的专题展开工作，不仅可以避免那种全面督导的不深不透的现象，还可以使督导人员和学校领导、教师集中力量从各个不同层面专门研究和探讨某一专门的话题。若干专题督导则可以形成一个高质量的督导的整体质量和水平。

研讨式督导。根据城乡教育集团预设的督导目标，把研讨问题作为督导任务。这些研讨的问题可以由教育集团根据提升教育质量的需要提出，也可以结合不同的薄弱学校、农村学校的实际提出。坚持研讨为提升被督导学校的教育质量服务的原则，着力研讨影响教育质量提升的问题，把研讨中所提出的解决问题策略应用于所督导学校的教育教学改革，以取得提升教育质量的效果。

推广式督导。城乡教育集团为了提升所属学校的教育质量，需要学习和引进集团外的教学改革的经验、总结教育集团内部优秀教师的教学改革的经验，这些先进、成功的经验和做法要在所属学校推广和应用,需要有坚强有力的促进。推广式督导则是为了适应这种需要而采取的措施,包括经验介绍、示范、辅导、应用、检查、总结、研究解决问题、提高水平等等环节。

辅导式督导。针对一些学校对于城乡教育集团的改革措施理解不到位,或是指导力量不足的实际而采用的。这种督导不同于简单的辅导,还兼有"督"的内涵:通过辅导让被督导的对象掌握教育教学改革的方法和技巧;通过督查让被督导对象产生一定的压力和动力,以保证教学改革的方法和技术有效地运用到教学改革的实践中去,为提升教育集团的教育质量发挥作用。

蹲点式督导。城乡教育集团针对某一个特定的具体问题的研究和解决、某一项改革措施的落实、某一个学校具体教学改革实践等等目标,督导人员在被督导学校坚持全程跟踪、研究、指导,以达到被督导学校办学质量的提升。

(三)创新有教育集团个性的督导内容

第一是必须从根本上改变老一套的做法,从城乡教育集团提升教育质量出发必须脱胎换骨,从根本上改变按照套路汇报,数备课听课笔记的页数和作业的次数等等形式主义的督导内容。第二是根据教育集团教学改革需要确定督导内容,把被督导学校的课堂教学改革、学校的教育管理、班主任工作、任课教师的教育教学评价、各种活动的组织与开展等等作为督导的内容。第三是根据提升教育质量的需求明确督导内容,不仅要督导学校课堂教学改革的特色、思路、举措,而且要督导教师的教学设计、教学方式方法的改革、学生主动性的发挥、学习素养的培养、教学评价体系的构建等方面。第四是从教师队伍建设的需要确定督导内容,既要关注教师在各个教育教学环节的表现,又要关注被督导学校在提高教师教学水平、开展校本教研、青年教师的培养等方面的情况。

(四)采用灵活多变的督导程序

一是要坚持程序与督导形式和内容相配套,像组织一次诊断性督导,必须要制定全面调研—综合分析—提出诊断意见—提供整改建议。二是要坚持具体情况具体对待的原则,教育督导的过程中会出现许多事先没有考虑到的情况,必须根据所出现的新情况,因势利导地调整原来的督导程序,以保证督导的实际效果。三是体现督导程序灵活多变的思路,灵活:是根据督导的目标和内容,灵活确定督导的程序;多变:督导组到了被督导的学校之后,因为情况的变化使得督导程序跟着变化。

(五)建设专业高效的督导队伍

首先是要提高督导人员自身的素养。督导者要严于律己,注意自身形象;要具备包容、真诚、尊重、关心的道德法则,对被督导者持一种欣赏的态度,建立一种宽松、和谐、融洽、民主、平等的关系。其次是要建立一支专业化督导队伍，督导人员在学校管理、各学科的课堂教学、各种层次的班主任工作等等方面都必须是行家，不仅要说出道道来，还要掌握教育教学改革最前沿的东西，才能在督导过程中引领被督导对象提高教育教学水平。最后是督导者必须要有强烈的敬业精神，教育集团的督导人员需要付出更多，特别是那些类似于蹲点式的督导，不仅需要督导者沉下去，还要求他们与被督导者一起研究、探索，总结出有益的经验和做法，推动整个教育集团的教育质量的提高。

五、发挥教育教学中教师领导力

城乡教育集团为了通过强化教师领导力以提升教育质量，除了努力做到在行政上权力下放，为教师参与学校管理提供机会和支持；在教学上赋权给教师，使教师能够自主引导专业发展，并通过自己的努力，影响和带动其他教师的发展。

(一)领导要有开明的办学理念

首先要有为提高教育质量服务的理念。教育质量是城乡教育集团办学的生命线，这是不容置疑的。在这理念指导下，教育集团在重要决策、方案制定、推进改革、考核评价时，都应该把教育质量的提高作为最核心内容。其次要有教师是集团办学主体的理念。作为教育集团的领导层面，不仅在制定教育集团在确立教育改革方向和目标时，要充分考虑到教师领导力发挥的因素，而且要多方面地听取教师对于教育集团的这些改革目标的意见和建议。最后是要有为了一切学生发展的理念。要实现一切为了学生发展的教育宗旨，作为教育集团在设计集团及所属学校办学方向、设计集团教育教学改革思路、推进和实施集团具体的改革措施时，都应该建立在教师领导力得到发挥的基础上。

(二)教师要提升发挥领导力的自信心

要提升教师发挥领导力的自信心。城乡教育集团的领导要开展相应的教育和活动，让教师通过教育和活动认识到发挥领导力对于教育集团和学校发展的重要意义。在提高教师自觉性的同时，让教师在内心深处产生一种要发挥领导力的欲望。要提升教师发挥领导力的自信心，教育集团需要树立正面的教师典型进行引导。培养和选择一些敢于、善于发挥教师领导力的教师，通过各种不同的方式、在不同的范围内对其他教师进行现身说法。要提升教师发挥领导力的自信心，教育集团必须要人为地制造一种外力进行推动。从一定意义上来说，安于现状、得过且过、做一天和尚撞一天钟，对于一般教师来说是常有的心态。

(三)集团要组织专题的研究培训

研究专题的产生必须坚持自下而上的原则。让一线教师发挥自己领导力的需要和所遇到的实际问题出发，提供城乡教育集团或所属学校领导初选的选题，教育集团再根据集团内教师领导力发挥的实际进行筛选，然后再把这些专题分配到相应的学校，组织人员专门进行研讨，并把研究的结果作为校本培训的材料，对其他教师进行辅导，有意识地应用这些专题研究成果提升整个教育集团内教师领导力水平。培训必须强调实用性和操作性。对于不知道什么叫教师领导力、为什么要发挥教师领导力、如何科学有效地发挥教师领导力的教师，要较好地发挥教师领导力，就十分有必要补这一课。要提高这种专题研究和培训的质量和效果，必须有一保障措施。除了所必需的经费支出外，还要专门领导负责，组织相应的考核，以增加研究和培训的力度。

（四）改革教育集团的督导和评价体系

教育集团的督导要打破过去那种事前通知准备，督导过程按规定走具体程序的做法。重实事求是，对所督导学校或教师在教育教学过程中出现的问题，督导人员认为有必要进行深入探究的，则可以开展专题的调研，以期求得理想的处置方案。重视督导方式方法的改革，不能只听学校领导如何说，必须深入课堂看教师如何发挥领导力，开展课堂教学改革，在先进的教育理念指导下，提高课堂教学的效果；必须深入到学生中，倾听学生的意见和反映，了解教师特别是班主任在学生管理工作中如何发挥教师的领导力，为了学生的全面发展创造性地开展工作的情况。强调督导后的反思与落实，必须要反思落实上下功夫，教育集团的领导层，要把来自对下面学校督导中所出现的问题，进行集中研究，对于带有普遍性的问题必须提出有效的整治策略，必要时还需配合行政措施进行推进。对于所属学校层面，必须针对督导中出现的问题和督导人员所提出的整改方案逐条地进行对照检查，提出有操作性的解决方案，并责成专门的领导人员负责落实。对于教师层面，要根据督导人员在督导中所发现的问题，对重点问题要开展重点研究，对于具体问题的所涉及的对象，应该反思问题出现的原因，认真探索解决措施。

（五）调动教师在发挥领导力中主动创造性

要培养这种教师领导力发挥所必需的自觉性：一是要着力培养教师的主人公意识，自觉地把教育集团和学校、班级的事当作自己的事，自觉地时时刻刻的关注。二是营造教师在教育教学中自觉地进行改革和创新的环境，为他们自觉地发挥领导创造条件。三是要多给教师以自主权，不对他们的教育教学工作带框子，让他们放开手脚去探索、尝试。要激发教师在发挥领导过程中的创造力，首先是教育集团和学校领导要放权，不用千篇一律的工作规范或规定限制教师的创造性；其次是充分尊重教师在教育集团或学校工作中的话语权，教育集团或学校的每一项决策都先征求教师的看法和意见；最后是通过典型引导，大力鼓励在发挥教师领导力方面做出成绩、形成经验的教师带动其他教师，创新自己的工作、管理、教学工作。

积极组织开展相应的活动予以促进。通过专题讲座，解决教师领导力的理论问题。为了让所有的教师都能明确为什么在倡导教师发挥自己的领导力，解决教师发挥领导力过程中所涉及的理论问题，城乡教育集团可以组织：教师领导力概念的理解和内涵与本质的认识、教师领导力的表现方式和教育效果、提升教师领导力的途径、对教师领导力评价考核、教师在班级管理工作中的领导力研究、教师在课堂教学中的领导力研究、教师在校本教研中的领导力研究等等，通过主题沙龙，交流教师领导力发挥的感悟。教师在发挥领导力的过程中会遇到这样那样的问题，有些既没有现成的资料可供参考，在网络上也不一定能找到对应的解决方法，迫切需要有人在一起开展研究和探索。教育集团可以根据教师的这种需要，为教师提供场所、准备所必需的物品、委托专门人员负责、为组织者当参谋，在他们遇到困难时，及时地提供帮助。通过现场观摩，形象化介绍和展示方法经验。教师的领导力培养是一项繁杂的工程，由于教师的水平不一、能力有一定的差距，即使有发挥自己领导力的愿望也会感到心有余而力不足。通过专门研讨，探索重点问题具体解决方案。教师领导力发挥过程中有时会遇到一些由一所学校或数个教师所不能解决的问题，像如何正确处理学校校长和教师领导力发挥过程中的矛盾、如何对教师发挥领导力实施有效监督、一般的课任教师如何提升自己的领导力、教师相互间因为发挥领导力而出现的矛盾如何处理等等。

城乡教育集团要走出当前的办学困境，不仅需要教育集团领导和内部的努力，还需要地方政府和教育行政部门的支持，更需要得到社会和学生家长的理解，同时还必须敏锐地发现城乡教育集团在办学的过程中出现的新问题，探究新的科学的合理解决策略，尽可能地把旧有的和新出现的危机消除在萌芽状态。

第十二章 农村教育公平的现状与对策

改革开放以来，特别是进入 21 世纪以来，我国农村发生了翻天覆地的变化，农民收入持续稳步增长，农业经济不断发展壮大，农村基层设施得到有效改善，国家对农村地区的投入不断加强，新农村建设取得扎实推进，这些都为农村教育事业的发展创造了良好的外部环境。

农村教育在全面建设小康社会中具有基础性、先导性、全局性的重要作用，在构建具有中国特色的现代国民教育体系和建设学习型社会中具有十分重要的地位。[①]

当前，我国经济社会快速发展，城镇化进程在不断加快，我国农村教育经受了前所未有的影响，并发生着重大变革。在此背景下，我国农村教育中存在的问题，特别是教育不公平、不均衡问题逐步显现，这一情形在某些地区的某些群体表现的还比较突出，成为影响社会进步和人们追求高质量教育的障碍。随着社会公正、生态文明、民主意识、和谐发展等价值目标的逐步确立，人们对公平接受教育权的追求成为必然，教育公平问题也成为所有问题的核心，并得到各级政府、学术界和社会各界的广泛关注。

十八大报告提出，要逐步建立以权利公平、机会公平、规则公平为主要内容的社会公平保障体系，努力营造公平的社会环境，保证人民平等参与、平等发展权利，让发展成果更多更公平地惠及全体人民。[②] 农村教育公平问题，已经不单纯是义

[①] 国务院．关于进一步加强农村教育工作的决定[EB/OL]（2003-9-20）．新华网．

[②] 胡锦涛．在中国共产党第十八次全国代表大会上的报告 [EB/OL]（2012-11-18）．人民网．

务教育如何发展的问题，更重要的是，它关系到农村社会经济的发展，关系到整个国家的安全稳定，关系到中国现代化进程和社会主义制度的巩固。因此，我们必须高度关注农村教育公平问题，深刻把握农村教育公平的内涵与理论基础，科学探索农村教育政策运行的公平机制，系统分析农村教育公平面临的现实困境，切实提高农村学校教育质量，积极构建起科学合理的农村教育公平保障机制，从根本上解决农村教育公平问题，不断推动我国农村教育事业又好又快发展。

第一节　农村教育公平的概述

在人类社会发展过程中，公平公正是最古老、内涵最丰富、使用范围最广的范畴之一。公平公正是现代社会的基本价值取向，是衡量社会进步的重要尺度。[①] 从某种意义上来说，人类社会的发展历史就是人民群众不断争取公平正义的历史。教育公平是社会公平的重要基石，是教育发展的价值追求，是促进人的全面发展和维护社会公平的客观要求。农村教育影响广泛，既是农村工作的重中之重，也是教育工作的重中之重。发展农村教育，使广大农民群众及其子女享有接受良好教育的机会，是实现教育公平和体现社会公正的重要方面，更是社会主义教育的本质要求。

一、教育公平的历史考察

教育公平的观念源远流长，在不同的国家、不同的历史阶段有着不同的含义。它既是对社会现实的一种反映，也是对社会现实的一种超越，具有特定的历史内涵。

(一)公平思想的产生发展

在我国，传统的公平公正观源于原始氏族社会淳朴的民风，生成于宗法等级结构的小农自然经济社会。[②] 它作为一种带有鲜明民族性的社会理念，有着丰富的历史内涵和严密的思想体系，深深地影响着中国的社会发展。"公平公正"早在《易经》和《礼记》中就有记载，《易经》"元、亨、利、贞"中的"贞"即"正"，《易传·文言》中将其表述为"刚健中正"，如《易经·无妄》"天道不妄，守持中正。"《礼记·礼运》中"大道之行，天下为公"，深刻阐述了遵循天道以求

---

① 任政. 试论十六大以来我国社会主义社会公正理论的新发展[J]. 福建党史月刊，2010(8)：29.

② 邵龙宝. 中西比较视域中的儒学公正思想及其现代转化[J]. 上海师范大学学报：哲学社会科学版，2012，(5).

得社会畅行公正的美好愿望，体现了古人的崇高价值目标。儒家创始人孔子有句名言："吾闻有国有家者，不患寡而患不均，不患贫而患不安。盖均无贫，和无寡，安无倾。"表现出儒家以追求"仁爱"为前提和目的，倡导构建"身、家、国、天下"公平均等的人类层次结构。墨子主张无差别的"兼爱"思想，认为世界本来就应该是平等的，只有公平才有所有人的尊严，从而勾画出了一个令人向往的"爱无差等"的公平理想社会。西汉思想家董仲舒继承并发展了儒学思想，为封建统治阶级提供了统治的理论基础，他提出"大富则骄，大贫则忧"。宋朝王安石吸收了孔孟重视法治的思想，推行改革变法，在注重效率的同时，抑制兼并，限制垄断，促使社会公平正义。中国近代康有为在《大同书》中提出，要建立一个"人人相亲，人人平等，天下为公"的理想社会。孙中山提出用"三民主义"改造旧中国，其中的民生主义就是要均贫富，使人人有平等的地位去谋生活，集中体现了他的公平正义思想，是一种先进的观念。

在欧洲，古希腊伟大的哲学家柏拉图在《理想国》中首先提出了公平正义的问题，"正义是心灵的德行""正义者是快乐的"。① 亚里士多德认为：公正就是正义、平等，公正是一种中庸，是一种完全的德性。"政治学上的善就是正义，正义以公共利益为依归。按照一般的认识，正义是某种事物的'平等'（均等）观念。"②亚里士多德的哲学思想沉寂了将近千年后，12世纪西方人重新找到了亚里士多德，较为典型有斯多葛学派和基督教教义。斯多葛学派认为，正义就是"根据每一事物的价值做与法一致的事情"，就是"天主的金科玉律"。教会法学家和罗马法学家则运用了亚里士多德的逻辑学，创立了西方的法律科学。到拿破仑时代，司法女神一只手宝剑一只手天平，正义成为了法律的一个隐喻符号。由此可见，公平正义的观念只是当时法律的一个格言，并逐步沦为道德家、哲学家或者神学家的口头禅。③ 近代启蒙思想家伏尔泰、狄德罗、孟德斯鸠、卢梭，空想社会主义者圣西门、傅立叶、欧文等人也对实现社会公平正义进行了多方面的探讨和研究。

公平"作为一种道德要求和品质，指按照一定的社会标准（法律、道德、政策等），正当的秩序合理的待人处事，是制度、系统、重要活动的重要道德品质。"④它包括哲学、社会、政治、经济、文化、法律、伦理等诸多方面的道德品质和要求。无论是春秋战国时期的诸子百家，还是古希腊古罗马的哲学家，或是近代资产阶级革命家，他们对社会公平正义的追求与探索是从不同的角

① 古希腊柏拉图. 理想国[M]. 北京：商务印书馆，1986：216.
② 古希腊亚里士多德. 政治学[M]. 北京：商务印书馆，1981：148.
③ 徐爱国. 亚里士多德法律正义论的思想史探索[J]. 中外法学，2004，(4).
④ 夏征农. 辞海[M]. 上海：上海辞书出版社，1999：338.

度、不同的立场出发，所倡导的民主、法治、自由、平等、分权等价值追求大都带有强烈的封建主义、平均主义、抽象主义或资本主义等色彩，所以在实践上无法实现，最终也以失败而告终。但是不可否认的是，其中有些思想孕育深厚的学术营养和实践价值，为我们研究农村教育公平问题提供了有益的借鉴和参考。

（二）教育公平的多维解读

两千多年前的孔子提出了"有教无类"思想，倡导教育的平民化，主张教育的公平性，开启了教育被贵族所设置的禁锢，体现了古代朴素的教育公平思想，对于当代教育思想具有巨大的影响和深远的意义。在西方，古希腊柏拉图最早提出教育公平的思想，亚里士多德则首先提出通过法律保证自由公民的教育权利。18世纪末，西方一些国家通过立法确定了人人都享有受教育的平等机会。① 最具有代表性的人物是美国的詹姆斯·科尔曼（James S. Coleman）和瑞典的托尔斯顿·胡森（Torsten Husen）。托尔斯顿·胡森认为，教育公平在三个不同时期各有不同的含义：一是起点公平论，指入学机会均等；二是过程公平论，指教育条件均等；三是结果公平论，指学业成功机会均等。②

20世纪60年代以来，在世界性的教育改革浪潮中，教育公平成为全世界所有国家和所有与教育问题有关的人最关心的问题。一直以来，众多国内外学者对于教育公平理论有着许多不同的研究和侧重点。从哲学的视角看，有学者认为教育公平是现代社会中政府在教育公共资源（机会、权利、利益、条件等）供给或配置过程中所应坚持的"应得"原则和所应实现的"相称"关系，其目的在于最大限度地实现公共教育资源的平等、均衡、合理安排与有效利用，以保障和促进不同的个体或社会群体在教育实践活动中得其所应得。从法理学的视角看，有学者认为教育公平应从两个方面理解。一是从教育本体的角度来看，教育公平是指教育主体在教育活动中对每一个教育对象的公平和对教育对象评价的公平。教育公平的最终体现是受教育者享有平等的接受教育的权利。二是从教育公平的内在规定性来看，教育公平除了要求对每一个教育对象的公平和对教育对象评价的公平外，还要求具有相应的救济或制度保障。从制度层面上理解公平时，它就不仅仅是一种公平分配资源的理想，还必须是一种相应的规范和制度。所以，可以将教育公平理解为一种在社会成员间按比例平等分配的理想以及有关该理想和制度实施的救济，而且这种补偿是落实教育公平要求的根

---

① 张莉. 构建和谐社会进程中的教育公平问题分析[J]. 东南大学学报（哲学社会科学版），2006，(6)：23.

② [美]詹姆斯·科尔曼. 教育机会均等的概念[A]. 何瑾，张人杰译. 国外教育社会学基本文选[C]. 上海：华东师范大学出版社，1989.

本保证。

(三)教育公平的科学内涵

马克思从异化劳动出发，批判和揭露了资本主义制度形式上的公正和实质上的不公正，第一次把公平正义的实现建立在科学的基础之上。"公平始终只是现存经济关系的或者反映其保守方面或者反映其革命方面的观念化的神圣化的表现。"①马克思认为，公平问题根源于现实，其中最根本的是人类的劳动实践。无论是作为调整社会关系规范和准则的公平，还是人们关于公平的观念，都不是抽象的，而是具体的，不是永恒不变的，而是发展变化的。

马克思主义的公平观为我们研究教育公平奠定了坚实的理论基础。马克思、恩格斯在革命理论和实践中关于教育的论述，为形成马克思主义教育学说奠定了科学的理论基础。1866 年马克思就提出：教育是"人类发展的正常条件"和每一个公民的"真正利益"。马克思关于教育公平的论述包括三层深刻的含义：第一，教育是每一位公民都应该拥有的基本权利；第二，这种平等表现为每个人智力和能力发展的平等；第三，教育公平的基础和前提是政治和经济的平等。

我们党始终把实现公平和正义作为社会主义的重要内容加以推进。新中国成立之后，《共同纲领》确定了"民族的、科学的、大众的"新民主主义的教育方针，体现了新中国重视社会公平、教育公平的基本价值。当前，理论界和社会公众有各种类型的教育公平观，仁者见仁，智者见智。综合学术界的研究，当前对于教育公平的普遍理解分为三个层次，即"起点公平""过程公平"和"结果公平"，分别对应的是：人人都享有平等的受教育的权利和义务；提供相对平等的受教育的机会和条件；教育成功机会和教育效果的相对均等。平心而论，在义务教育不断落实的今天，教育起点的公平已经不是大问题，但教育过程、教育结果的公平仍然需要捍卫和保障。

二、教育公平的基本特征

(一)教育公平的历史性

公平作为一种价值追求，被深深打上了时代的烙印，它与同时代的经济、社会、政治、文化的发展水平相适应的，具有明显的时代特征。正如恩格斯所言"平等的观念，无论以资产阶级的形式出现，还是以无产阶级的形式出现，本身都是一种历史的产物，这一观念的形成，需要一定的历史关系，而这种历史关系本身又以长期的以往的历史为前提。"②

---

① 马克思恩格斯全集(第 3 卷)[M]. 北京：人民出版社，2002：212.
② 马克思恩格斯全集(第 3 卷)[M]. 北京：人民出版社，2002：117.

教育公平作为公平在教育领域的体现，同样是随着历史的发展而逐渐变化的。在原始社会，由于生产力水平极端低下，教育公平仅仅是低水平的公平；在等级制度森严的奴隶社会和封建社会，教育基本上只是少数特权阶级的权利；在资本主义社会早期，资产阶级为了满足本阶级的物质利益和政治需要，倡导"人人生而平等"，不过，这种"平等"的受教育权利却受着阶级背景、金钱等方面的限制。当今社会，受教育权已被人类广泛确定为一项基本的人权，并以国家宪法加以明确规定，教育的目的也逐步转为追求人的自由全面发展上来。

（二）教育公平的相对性

唯物主义辩证法告诉我们：世界上不存在绝对的事物、任何事物都是相对的，永恒的绝对的公平也是不存在的。由于人与人之间的差异是普遍存在的，加之人类生存空间的资源稀缺性，如果一味的追求单纯绝对的公平或平等，而使学校教育均等化和趋同化，这种教育公平其本身就是不公平的，更是不可能的。同时，教育公平总是相对于某一特定的教育评价标准而言才有意义，脱离了某一特定的评价标准，教育公平就成了一个无意义的存在。因此，承认差异性，在尊重个性的基础上，为每个个体提供符合自身发展需求的教育才是真正的教育公平。所以，教育公平是一个相对范畴，具有相对性。

（三）教育公平的主观性

正如恩格斯所说："关于永恒的公平的现象，不仅因时因地而变，甚至也因人而异，一个人有一个的理解。"①教育公平作为公平的一个层面，也不例外。当客观存在的教育事实与评价主体的内心标准和期望相吻合时，评价主体就有教育公平感；反之，当两者不吻合时，就会产生教育不公平感。从评价主体来说，教育公平感要以客观事实为基础，其所评价的教育事实不以人的主观意志为转移，可以说，教育公平不能脱离教育事实的客观性。然而，由于教育公平的评价主体在其价值取向、利益出发点、评价标准、内心期望等方面存在差异，对同一教育事实就会有各自不同的评价，所产生的主观感受也会不同。所以说，教育公平是一个主观价值判断范畴，具有主观性。

（四）教育公平的理想性

自古以来，教育公平作为公平价值观在人类实践活动中的延伸，被看作社会和谐的"瞭望塔"。由于受到社会客观条件的制约，绝对的教育公平是不可能实现的。当教育公平的一定层次的目标实现后，又会产生新的更高层次的目标要求，人类必须通过坚持不懈的追求与奋斗，不断地认识并改进教育公平的现实状态，推动教育公平无限地接近理想目标，进而实现社会公平公正，推动社

① 马克思恩格斯全集(第3卷)[M].北京：人民出版社，2002：212.

会的不断发展。正是人类对教育公平理想追求与向往的超越性表现，成为推动历史不断发展的不竭动力。① 所以说，教育公平具有理想性，这也正是教育公平具有恒久魅力的原因所在。

随着经济和社会发展，在我们这样一个农村人口众多的发展中国家，要想从根本上解决教育公平问题，需要一个相当长的过程。而且教育公平所具有的历史性、相对性、主观性以及理想性特征，也明确告诉我们：农村教育公平的实现将是一个长期的演进过程。

三、农村教育公平的现实意义

农村教育肩负着巩固基础教育，为促进国家经济建设和社会发展输送合格人力资源的多重使命。农村教育作为一项基础性和战略性的事业，实现其公平公正具有十分重要的现实意义。

(一)促进农村教育公平是新农村建设的必然要求

新农村建设是我国社会主义建设的重要任务之一。生产发展是建设社会主义新农村的物质基础，也是解决一切农村问题的基本前提。然而，目前中国农村还有不少地区的生产力发展水平较低，农民的生活并不富裕，甚至有少数家庭连基本的生产生活都无法得到保障。因此，推进社会主义新农村建设首先就是发展农村经济，而经济发展是一个渐进的、系统的过程，应该先从人们真正的所需开始做起，如：让农民掌握生产技术，提高生产效率；让农民子女上得起学，上得好学；让更多的农民子女接受高质量的教育等等。同时，新农村建设的主体是农民，而农民整体素质提高必须要靠教育。新农村建设为促进农村教育发展创造一个绝佳的机会，营造良好的社会环境，促进农村教育公平发展，是促进新农村建设的必然要求。

(二)促进农村教育公平是统筹城乡发展的重要内容

在教育公平中，城乡差别是重要的一种表现形式，城乡教育发展的差距，是造成城乡差别的基础性原因之一。推进城乡一体化发展是减少城乡差别的重要手段。发展农村教育，办好农村学校，维护农民群众的根本利益，是将农村人口压力转化为人力资源优势的重要途径，是从根本上解决"三农"问题的关键环节。实现城乡发展一体化和公共服务均等化，不能以牺牲农业和粮食、生态和环境为代价，要着眼农民，涵盖农村，促进经济社会发展，实现共同富裕。当前，城镇化进程不断加快，教育在城镇化进程中具有带动、聚集和塑造功能。城镇化并不是削弱和放弃农村教育，而是要统筹城乡教育发展，实现城乡教育一体化，建立城乡教育一体化的大教育体制。通过统筹规划、统筹预算、

---

① 李润洲. 试论教育公平的基本特征[J]. 教育评论，2002(5).

统筹资产、统筹人事等措施，逐步实现基本公共教育服务均等化，维护教育公平和教育秩序。

(三)促进农村教育公平是办人民满意教育的重要举措

教育事关民族兴旺、人民福祉和国家未来。我国推行教育公平的目的，实际上就是办好人们满意的教育，就是"让每个孩子都能成为有用之才。"促进教育公平，让所有孩子共享同一片蓝天，是亿万家庭的殷切期盼，是让全体人民共享改革发展成果的重要体现，也是惠及亿万农村家庭的幸福工程。

进入新世纪以来，特别是教育规划纲要颁布实施三年来，我国各级各类教育，尤其是农村教育得到了快速发展。但是，我们也应该清醒地认识到，我国社会正从生存型消费进入发展型消费阶段，人民群众对接受良好教育的愿望更加强烈，对教育的要求也越来越高。我们在辩证地、历史地认识教育公平的同时，必须始终坚持以发展促进公平。这就意味着我们要把"人民满意与否"作为一切教育工作的检验标准，坚持教育优先发展，用发展和改革方法来解决教育中存在的问题，努力满足新时期人民群众对教育日益增长的需求。

(四)促进农村教育公平是构建和谐社会的重要保障

社会主义和谐社会的建设，主要是指人与人、人与自然、人与社会的和谐关系的建设，而这些都依赖于人的发展，取决于人的素质。没有人的素质的提高，没有人的全面和谐发展，就没有社会的和谐发展。我国是农村人口占绝大多数的发展中国家，没有农村教育公平，广大人民群众享受更多更好教育的愿望就是一句空话。从这个意义上说，促进农村教育公平是构建和谐社会发展的动力。

教育除了可以促进人际关系的和谐、社会秩序的稳定、优化社会环境外，还可以显著提高人民的生活质量。它能给人们提供一个公平竞争、向上流动的"正能量"，可以帮助弱势群体摆脱出身低微的局限，改善人民的生活条件，减少社会不平等现象。提高农村教育质量，有利于提高农村人口素质，利于稳定社会秩序。从这个意义上来说，促进农村教育公平，是维护和确保社会公平和作为正义底线的保障，也是建设社会主义和谐社会的重要保障。

第二节　农村教育公平的现状

改革开放以来，我国教育经历了大变革、大发展、大跨越，取得了举世瞩目的成就，农村教育在国家教育事业的发展中也成就斐然。我们要在世界知识经济、经济全球化以及全球教育发展的大背景下，在中国社会波澜壮阔的深刻变革中，用科学发展观的理性思维来审视当今农村教育的"昨天""今天"和"明天"。

一、农村教育公平的发展演进

(一)农村教育的发展概况

众所周知,旧中国是一个教育普及程度极低,文盲人口充斥的国度,1949年新中国成立时,全国文盲占人口总数的80%以上,小学入学率仅有20%左右,初中入学率仅有6%,农村人几乎都不识字,简单的读写都要求人帮忙。

新中国成立后,我国对旧中国教育进行社会主义改造,形成了社会主义现代化教育的雏形和体制基础。到"文化大革命"前,基本形成了新中国的教育事业计划管理体制,有力推动了基础教育的发展。但是由于"文化大革命"的影响,教育战线受到的破坏和损失巨大,学校办学条件十分简陋,教育质量得不到基本保证。结束"文化大革命"后到20世纪80年代初,我国经过教育思想上的拨乱反正,重建了农村教育秩序,基本恢复了之前的教育体制。当时农村教育的政策重心和政策目标主要表现在:恢复农村中小学正常教学秩序,普及农村小学教育,调整农村中等教育结构,发展职业技术教育,加强农村中小学教师队伍建设,加强对农民的扫盲教育和农业技术教育等。①

20世纪80年代以来,我国教育事业在改革开放大潮的推动下,得到了前所未有的发展。我国在扫除文盲、缩小教育性别差距、减少贫困等方面为全球做出了杰出贡献,得到国际社会的认可和赞许。正如世界银行对我国"十一五"期间教育发展评价:"公共教育的提供变得更加公平。一个公共财政体系已经建立以满足弱势群体的教育需求。城乡和区域差距在某种程度上被缩小。这些都是中国教育发展的重要里程碑。"截止到2012年底,全国所有的县均实现了普及九年义务教育,人口覆盖率达到100%,惠及1.6亿学生。九年义务教育巩固率达91.8%,15岁以上人口平均受教育年限达到9年以上,超过世界平均水平。② 农村教育的跨越式发展,为国家义务教育的普及和中华民族素质的提高作出了巨大贡献。这一时期,我国农村教育经历了一个不断深化的发展阶段,概括起来,基本历程大体可分以下三个阶段:③

第一阶段,从20世纪80年代中期到1993年,农村教育的政策重心是探索农村教育与经济建设适应问题。1985年中央通过了关于教育体制改革的决定,提出了基础教育由地方负责、分级办学、分级管理的管理体制改革,即所

---

① 张乐天.我国农村教育政策30年的演进与变迁[J].南京师大学报(社会科学版),2008,(6).

② 国务院新闻办公室.2012年中国人权事业的进展白皮书[EB/OL](2013-5-14):新华网.

③ 杜爱华.我国农村教育发展问题研究[J].理论学刊,2011(4).

谓的"县办高中、乡办初中、村办小学"。同时，农村开始征收教育附加费以改善农村基础教育的设施和办学条件。这一阶段农村教育以调整教育管理体制为核心，简政放权、增加学校活力，扩大了学校自主权，调动全民积极性来发展农村教育。在此阶段，义务教育制度开始建立并颁布了新中国成立后第一部专项教育法即《中华人民共和国义务教育法》。

第二阶段，从1993年《中国教育改革与发展纲要》①颁布到2002年，农村教育的政策重心是着力探索义务教育在农村的普及问题，其特点是以教育的普及为抓手，突出教育在社会发展中的作用。《中国教育改革与发展纲要》作为20世纪90年代乃至21世纪初我国教育改革和发展的纲领性文件，明确提出了到20世纪末，要实现"双基"的教育发展目标，确立了农村中等及中等以下教育由县、乡、村三级办学，县乡两级管理的体制。

第三阶段，从2003年全国农村教育工作会议召开直至最近。2003年国务院召开了新中国成立国以来第一次全国农村教育工作会议，这是在我国农村教育发展的关键时期召开的一次重要会议。会议提出，将农村教育作为新时期教育工作的重中之重，并明确提出，今后每年新增教育经费主要用于农村教育。国务院发布的《关于进一步加强农村教育工作的决定》中，对农村教育改革的方向、内容、经费保障、队伍建设等重大问题做出了部署和决定，成为推进农村教育发展的纲领性文件，它标志着农村教育重要地位得到新的确立。

当前，在构建和谐社会的大背景下，我国农村教育进入发展改革深化阶段，更加注重教育的公益性、公共性和公平性。农村教育的政策重心是落实"以县为主"的管理体制和"素质教育"的培养机制。这一阶段的特点是国家主动担负起普及教育的责任，以转移支付的方式大力促进农村教育发展。但随着中国城镇化进程加快，"城乡教育一体化"成为教育发展的主流要求，而农村教育的薄弱环节也成为制约因素。

(二)农村教育公平的政策演进

新中国对教育公平的高度重视，直接来自马克思主义教育理论。1949年12月召开的第一次全国教育工作会议，确定新中国的教育是"新民主主义的教育"，是"民族的、科学的、大众的教育，其方法是理论与实际一致，其目的是为人民服务，首先为工农兵服务，为当前的革命斗争与建设服务""教育必须为国家建设服务，学校必须为工农开门""教育工作的发展方针是普及与提高的正

---

① 教育部网站：中国教育改革和发展纲要（中发［1993］3号），中共中央、国务院1993年2月13日印发.

确结合。在相当长的时间内以普及为主"。①

　　新中国成立伊始，十分重视面向工农大众的教育，不断扩大工农和干部子女的教育机会。然而，在阶级斗争理论的框架下，当时对多数人教育权利的保障，是以限制和剥夺"非劳动人民"的教育权利为代价的，实行的是一种"阶级内的平等"。伴随"阶级斗争"的升级，它发展为一种歧视性的"阶级路线"政策，严重侵犯了公民平等的教育权利，打击、压制了许多知识分子和青年学生，并直接导致了"文革"中的"血统论"以及干部阶层的某种教育特权。在 1977 年恢复高考后，重新恢复了教育"有教无类"的全民性，恢复了不同阶层、不同人群平等的教育权利，以及"分数面前人人平等"的程序公正。1995 年 9 月 1 日开始实施的《中华人民共和国教育法》第一章第九条规定："公民不分民族、种族、性别、职业、财产状况、宗教信仰等，依法享有平等的受教育机会。"第五章第三十六条规定："受教育者在入学、升学、就业等方面依法享有平等权利。"公民平等的教育权受到法律的保障。2001 年颁布的《全国教育事业第十个五年计划》，首次将教育公平作为教育改革与发展的"指导思想和基本原则"，提出"坚持社会主义教育的公平与公正性原则，更加关注处境不利人群受教育问题，努力为公民提供终身教育的机会。"②

　　近年来，中国政府签署了一系列关于公民权利的国际条约，对保障包括教育权在内的人权做出了庄严承诺。如 1997 年中国政府签署的《经济、社会及文化权利国际公约》第十三条第一款规定："本公约缔约各国承认，人人有受教育的权利。它们同意，教育应鼓励人的个性和尊严的充分发展，加强对人权和基本自由的尊重，并应使所有的人能有效地参加自由社会，促进各民族之间和各种族、人种或宗教团体之间的了解、容忍和友谊，和促进联合国维护和平的各项活动。"③进入 21 世纪以来，我国教育公平迈出了重大步伐。党中央、国务院把促进教育公平列为国家基本教育政策，把保障家庭经济困难学生公平接受教育机会作为党和政府义不容辞的职责，采取了一系列重大举措，努力使中国大地的寒门学子都能上得起学，人人都享有教育公平的基本权利。

　　从我国现实情况来看，义务教育阶段和非义务教育阶段的教育公平是我国全面推进教育公平的两个重要阶段。作为纯公共产品的义务教育，总体上说，我国基本实现了义务教育入学机会的公平，特别是 1986 年《义务教育法》出台以来，义务教育状况得到了很大改善。义务教育从农村推广到城市，实现全国

---

　　①　中央教育科学研究所. 中华人民共和国教育大事记(1949—1982)[M]. 北京：教育科学出版社，1983.8.

　　②　教育部. 全国教育事业第十个五年计划[M]. 北京：人民教育出版社，2002.7.

　　③　经济、社会及文化权利国际公约[EB/OL](2006-10-30). 中国人权网.

全覆盖，充分表明了教育公平正在逐步得到更广泛的体现和更深入的保障。作为半公共产品或准公共产品的非义务教育：在学前教育阶段，从 2011 年秋季学期起，对家庭经济困难儿童、孤儿和残疾儿童予以资助；在普通高中阶段，建立起以国家助学金为主体、学校减免学费等为补充、社会力量积极参与的普通高中学生资助政策体系；在中等职业教育阶段，建立起以国家助学金和国家免学费为主，顶岗实习、学校奖学金和减免学费等为辅的资助政策体系，2012年，国家把中等职业教育免学费的范围扩大至所有农村学生；在高等教育阶段，建立了以国家奖助学金、国家助学贷款为主，学费补偿和助学贷款代偿、校内奖学金、校内无息借款、勤工助学、特殊困难补助、减免学费等为辅的资助政策体系，并建立了"绿色通道"制度，确保家庭经济困难学生顺利入学。统计数据表明：从 2007 年至 2011 年，全国累计受资助学生达 3.4 亿人次，累计资助金额达 3526.17 亿元。其中，中央和地方各级财政资金累计支出 2376 亿元，占全部资助资金的 68.9%；学校、企事业单位、社会团体和个人捐赠等资助资金 1071 亿元，占比 31.1%。① 这充分体现了以国家投入为主、社会各界广泛参与的资助理念，形成了政府和社会共同关注、共同帮扶弱势群体的共识与合力。

当前，我国已建立起从学前教育到高等教育较为完善、覆盖全部教育学段的多元化学生资助政策体系，其覆盖范围之广、资助力度之大、资助比例之高，历史上前所未有，充分体现了党坚持把促进公平作为国家基本教育政策，切实保障公民依法享有受教育的权利，使更多人分享了教育改革发展的成果，有力地促进了社会公平和民生改善。几千年来"有教无类"的理想正在变成现实，我国教育公平迈出重大步伐。

二、农村教育发展的多维困境

随着社会主义新农村建设步伐的加快，农村教育迎来了一个健康、良性、快速发展的黄金时期。"在新世纪国家支持农村教育政策'组合拳'的作用下，我国农村教育迎来了发展的'春天'。这种变化是划时代的"②。与此同时，我们更应该冷静的看到，我国广大农村，特别是贫困地区教育历史欠账较多，农村教育的形势依然十分严峻，农村教育问题愈显突出。

(一)向农离农：农村教育目标的两难"抉择"

农村教育的目标定位最为关键，它直接关系到农村教育为谁服务的问题。

---

① 中国学生资助发展报告(2007—2011 年)[EB/OL](2012-10-23). 教育部网站.

② 邵泽斌. 从"城市教育优先"到"城乡教育均衡"——新中国城乡教育关系述评[J]. 社会科学，2010(10).

目前有两种不同的观点：一是农村教育的"向农化"，即农村教育为本土服务；二是农村教育的"离农化"，即农村教育为城市服务。本土化者认为：目前农村教育照搬城市教育模式，脱离了农村经济社会发展和农民的生产生活实际，培养的是单一的脱离农村、脱离农业的人才。而城市化者认为：农村教育应以城市为中心，为城市培养高级技术人才，培养进入城市主流文化而不是回归乡土文化的人才。当前我国农村教育正在面临着上述两个目标价值取向的选择困境。

我国农村教育之所以在"离农化"与"向农化"两种价值之间面临艰难选择，源于对农村教育本体价值的误解。长期以来，人们常在三个层面上定义农村教育：一是将农村教育定义服务于农业的人才教育；二是将农村教育定义为服务于农村的区域性教育；三是将农村教育定义为提高农民文化素质的普及性教育。其实，农村教育与城市教育具有共同的、不变的教育本体——教学，① 以及由这个教育本体决定的教育本质及其规律的不变性、稳定性、固有性和内在性。因此，从教育本体和教育本质角度来看，农村教育与城市教育应该是一个整体。农村教育不是简单地面向农业的教育、面向农村的教育、面向农民的教育，而是服务于农村农业发展、服务于农民素质提升的教育。

(二)经费短缺：农村教育持续发展的"短板"

农村教育经费短缺是当前制约我国农村发展的突出问题，它直接影响了义务教育巩固率的提高，妨碍了农村基础教育的发展。教育作为一种介于私人产品与公共产品之间的准公共产品，政府应该成为教育投资的主体。

国家财政性教育经费占国内生产总值4％的投入指标是世界衡量教育水平的基础线。世界平均水平为4.9％，发达国家为5.1％，欠发达国家为4.1％。早在1993年，《中国教育改革和发展纲要》就提出："逐步提高国家财政性教育经费支出占国内生产总值的比例，20世纪末达到4％。"但是由于我国GDP增长迅速、财政收入占GDP较低等多种原因，这一目标迟迟未能实现。经过近20年的努力，2012年我国教育经费占GDP的4％的目标首次得以实现，② 不过离最初提出的日程推迟了整整12年。而且，我国实际的公共教育投入占GDP的比例和发达国家还有较大的差距。当前，我国义务教育的基础脆弱，普及标准还比较低，中小学的生均经费、生均校舍面积、教学仪器设备、图书资料、文体器材的配备标准以及现在规定的中小学教师的学历要求，都与教育现代化的要求差距甚远，而且发展极不平衡。特别是一些老少边穷地区和某些

---

① 郝文武. 从本体存在到本质生成的教育建构论[J]. 教育研究，2004(2).
② 今年我国财政性教育经费支出占GDP比例首次实现4％[EB/OL](2012-3-5). 新华网.

特殊人群(女童、残疾儿童、农民工子女等)的义务教育需要国家和社会给予更多的关注与扶持。教育投资的另一个主要来源是家庭的教育投入。在中国农村,家庭的教育投入仍然是农村教育投资的主要来源之一。尽管农村大部分低收入者对教育投资十分关注,但由于受到生存问题困扰,个人或家庭对教育投资的现实支付仍然被限制在十分狭小的范围。

(三)政策扭曲:农村教育发展规律的"背离"

为了促进农村发展,国家先后出台了一系列农村"惠民"政策,然而,中央的"惠民"政策在地方执行过程中常常发生"扭曲"。究其原因,一是凸显出地方政府官员缺乏敬畏之心,缺乏责任意识;二是凸显了政策被利益所异化,"政策搁浅",变"惠民"变为"惠己",教育政策成为了谋私利的工具;三是凸显了社会公正问题,地方政府热衷于运用公权力实现对包括教育资源在内的公共资源"合理"配置,教育也成为滋生社会不公的另一领域。

2001年国务院颁布的《关于基础教育改革与发展的决定》中提出对农村义务教育学校布局进行调整。显然,这一改革初衷并未得到很好的贯彻执行。这次适应城镇化变革,并意在优化农村教育资源配置,提高农村教育质量的改革,被简化为一场俗称"撤点并校"的运动。"撤点并校"的效应并非只对教育形成了影响,对农村家庭、生活方式、生产方式也产生各种深刻的影响和改变。十多年后,这一政策所带来的结果却违背初衷,除了显性的寄宿生管理、校车安全隐患、让人闹心的"营养餐"问题以及农村学生辍学率增加等难题外,越来越多的讨论开始集中于由此产生的更深层次的社会问题,诸如农村留守儿童、空巢家庭、农民工子女教育、农村留守家庭离婚率的上升等等,甚至由于学校的消失,许多传统村落正在日益向现代村落变迁,逐渐走向衰落乃至消失。千百年来形成的宝贵的乡村文化遗产,以及人与自然和谐相处的文化精髓逐步成为一种"空间记忆"。"2000年到2010年,在我国农村,平均每一天就要消失63所小学、30个教学点、3所初中,几乎每过一小时,就要消失4所农村学校。"[①]其连锁反应带来的社会后果值得我们深思。

(四)队伍薄弱:农村教育质量提升的"瓶颈"

在提升农村教育质量的进程中,学校、家庭和社会是影响教育质量的重要因素。教师在人才培养中的重要性是不言而喻的。教师素质直接影响学生人格的形成,进而影响着教育质量的高低。众所周知,我国广大农村教师扎根于贫瘠的山区和乡村,为我国的农村教育做出了不可磨灭的贡献,正如2012年9月光明日报社和中央电视台联合举办的"寻找最美乡村教师"大型公益活动颁奖

---

① 杨东平.农村教育布局调整十年评价报告[EB/OL](2012-11-17).21世纪农村教育高峰论坛.

典礼上所说：他们用"不懈坚守、高尚道德、无私奉献、朴实信念"成就美丽人生。但不可否认，由于教师待遇水平在行业间、区域间、城乡间及学校间差距较大，导致优秀人才的职业选择和教师这一行业人群心理的不平衡，加剧了农村教师队伍的不稳定性，尤其是农村教师队伍薄弱，在一定程度上影响教学质量的提升，成为农村教育质量提升的"瓶颈"。我国农村教师队伍存在的主要问题，归纳起来表现在以下几方面：一是编制紧缺，导致农村教师队伍青黄不接，尤其是边远贫困地区的中小学教师年龄偏大、老化严重的问题更为突出。二是层层选拔、向上流动，拉大了城乡教育教学质量的差距，进而导致农村学校生源数量、质量的进一步下降，农村教师发展与学校发展陷入了低质徘徊的怪圈。三是"教非所学、学非所教"现象普遍，教师专业化水平较低，不符合素质教育和基础教育改革的要求，同时也制约了学生的全面发展。四是新课改教师培训存在培训经费紧张、培训资源缺乏以及工学矛盾严重等，严重影响了广大教师的学习积极性。

三、影响农村教育公平的原因分析

教育公平的实现是个历史的、渐进的过程，是一项系统的、复杂的社会系统工程。造成我国农村教育不公平的原因是多方面的：在宏观层面，主要包括经济层面、社会层面上的地区和城乡差异、学校之间处境殊异，制度层面上的不同类型的教师同工不同酬、农村教师专业成长机会不足，政策与实施层面上的农村教育供给链条中的待遇不公等；在微观层面，主要包括师资力量、教学内容、受教育者的个体差异等因素。教育不公平已成为民众强烈谴责的对象，成为社会主义新农村建设最大的障碍，是当前大环境中一个最不和谐的音符。更有人大代表疾呼："建设和谐社会，首当其冲的是消除教育中的诸多不公平。"①

(一)目标价值错位

马克思指出："要改变一般人的本性，使他获得一定劳动部门的技能和技巧，成为发达的专门的劳动力，就要有一定的教育和训练。"②长期以来，我国农村教育存在"离农"与"向农"价值取向之争，同时，来自农村传统观念与现代城市理论的激烈碰撞，以及由此形成的思维定势，潜存于社会决策与运行之中，导致农村教育目标定位不准，发展路向迷失。农村地区的人们向往城市生活，希望通过子女教育，跳出"农门"，走向城市，实现向上的社会流动。但当

---

① 杨超. 教育公平的路有多远[EB/OL]. http：//article. hongxiu. com/a/2005-8-23/831849. shtml.

② 马克思恩格斯全集(第23卷)[M]. 北京：人民出版社，2002：195.

"升学无望、就业无门"时，农民的实用经济本性就表现出来，"教育"与"经济"两张皮的协调发展对于农民来说实在是无法承受之重。

1. 错误观念影响。我国长期形成的一些与教育公平相抵触的教育观念，如精英教育观、单纯效率观、阶梯式个体发展观、等级观、片面教育公平观等，在现实生活中，特别是在政府官员、教师和家长中还有很广泛的现实基础，它们对教育公平的实现构成了明显的阻碍。①

2. 规则不公影响。例如，以城市学生的学力为主要依据制定的全国统一的教学大纲、教材和课程标准，无视城市和农村儿童在教育环境、教育资源上的巨大区别，对农村和边远地区的学生无疑是很不公正的。多项调查表明，教学难度过高，致使许多学生学业失败是导致农村学生流失辍学的主要原因。正是由于这一"规则的不公"导致了在农村儿童的教育机会上"起点不公"，其背后正是"城市中心"的价值取向作祟。

3. 性别差异影响。由于受封建传统教育观念的消极影响，在我国农村，特别是"老、少、边、穷"等贫困地区，男女接受教育的不平等现象还客观存在，女性的入学机会远远低于男性。受"大学生不包分配""读书无用论"等影响，新形势下农村中小学学生辍学现象依然十分严重，女生的比例明显高于男生。一个不争的事实是，国家重点高校中农村学生比例，尤其是女生的比例自20世纪90年代起不断下降。

4. 阶层差别影响。随着我国社会阶层逐渐分化，贫富差距逐渐拉大，加之城镇化进程的加快，大量农民涌入城市，随之产生了农村留守儿童、进城农民工子女等社会弱势群体。义务教育就近入学、入学准入和户籍制度，剥夺了农民工子女融入城市义务教育的机会，使得他们甚至连在入学上的"平等待遇"都很难实现。打工子弟学校、私立学校的设立，虽然一定程度上解决了他们的入学机会问题，但由于农民工子女基础普遍较差、教师关注较少等原因，极易造成农民工子女的性格缺陷、社会适应和学习障碍等。由于不同阶层，家庭背景存在明显差别，弱势群体子女在学业成功上的差异同样巨大，他们实际上承受着巨大的改革风险冲击。

(二)资源配置不合理

教育资源配置不合理是教育过程不公平的重要原因和主要体现。目前我国在教育资源配置中还存在着诸多不合理性，具体体现在以下方面：

1. 区域间教育资源分配不平衡。中国是世界上地区差异特征最显著的国家之一。东、中、西地区由于历史和现实原因导致经济发展的不平衡，这也导致了社会文化等方面发展存在较大的差异，在教育领域里更是存在较大的差

---

① 储朝晖. 走出教育公平的观念误区[J]. 中国教育学刊，2005(7).

异。由于近年来西部大开发战略的实施，西部教育的发展有所加快，而中部的差距又突现出来，呈现出所谓"中部凹陷"的现象。

2. 城乡间教育资源配置的二元态势。基于历史原因，我国教育呈现出城乡二元格局的态势，教育资源配置不合理现象非常明显：在教育经费投入方面，"重城市、轻农村"现象明显；在师资力量方面，农村学校的教师数量、质量与城市学校的差距较大，师资力量都非常薄弱；在基本教学硬件基础设施方面，农村学校远不比城市学校。随着城镇化进程的持续推进，农村优质教师资源在内外力量的作用下开始大规模地向城市迁移，导致农村教育办学条件严重恶化，出现了一边是城市大量示范学校涌现，另一边是大批农村薄弱学校濒临办学危机。

3. 教育内部资源配置的差别化。一方面是教育的各个阶段之间的资源配置的差别化现象严重。农村教育由于涉及的人群范围最广、数量最大，理论上应该分配到较多的教育资源，实际上由于受重高等教育、轻基础教育的长期影响，从而制约了基础教育阶段的教育质量和公益性水平。另一方面，在基础教育学校间资源配置的差别化现象也很严重。"择校费"制度则进一步加剧了基础教育学校间的教育资源配置，形成严重的两极分化现象。

(三)政府责任缺失

教育制度政策作为公共政策的具体形式，其核心就在于调节各种教育利益的分配关系，凸现教育政策的"公平性"品格。① 可以说，农村教育政策是引发农村教育公平问题的制度根源。

按照我国《义务教育法》的规定，义务教育的义务包括国家义务和公民义务两个方面，而这两种义务应是一种主从的关系：政府的义务是主要的，而其他的则是从属的义务。因此，在农村义务教育的实施过程中，政府应该承担起最主要的义务，更多地强调国家的责任。由于政府的责任缺失与监管乏力，对教育政策的执行不到位，形成"法律上的公平"与"事实上的不公平"的矛盾。主要表现在：一是教育投资向城市"一边倒"；二是课程编制和课程内容奉行"城市中心主义"，导致农村学校课程和教学内容都不同程度地存在着脱离农村生产和生活实际的问题；三是一些地方政府官员有意制造与拉大城乡校际差距，造成基础教育发展不均衡。这些市县政府官员为了显示自己的政绩，大搞"形象工程"，对"示范性学校""重点学校"的建设过分投入，使本来有限的教育资源分配显得更加不合理，致使农村教育不公更趋恶化。

---

① 朱永坤. 教育政策：教育公平问题解决的逻辑起点[J]. 国家教育行政学院学报，2008(2).

第三节 促进农村教育公平的对策

农村教育是我国国民教育体系的重要组成部分，实现教育公平是农村发展的希望。在教育与个人发展高度"关联"的今天，在促进农村教育公平的发展道路上，需要我们进行不懈的探索和实践。我们要从教育的本质出发，坚持农村教育公平的基本原则，科学构建农村教育公平的质量体系，提升农村教育质量，从理念创新、政府责任、制度安排、经费投入、资源配置、城乡发展、学校管理等诸多方面，不断完善教育公平保障机制，从而实现"让每个孩子都能成为社会有用之才"①的根本目的。

一、坚持农村教育公平基本原则

教育公平原则的制定，既要符合国家法律和社会道德的公平性、合理性，又要符合世情、国情、社情和教育规律以及个体的差异，更要顺应当前城乡一体化发展的客观要求。辩证唯物主义告诉我们：绝对的教育公平在现实社会中是不存在的，存在的总是相对的教育公平。因此，在追求农村教育公平的过程中，必须依据我国现时期教育发展与农村发展的可能性，选择可行的教育公平原则。

（一）平等性原则

我国宪法对公民的基本权利进行了规定，主要包括法律面前一律平等、政治权利和自由、宗教信仰自由、人身与人格权、监督权、社会经济权利、社会文化权利和自由、妇女保护权、婚姻、家庭、母亲和儿童受国家保护等 10 个方面的基本权利，充分体现了公民权利的广泛性、平等性、真实性以及权利和义务的一致性。

基本教育权利是指人类在现代社会中为了生存和发展要获得的必要的、基本的、最低的教育权利。我国《宪法》第四十六条明确规定"中华人民共和国公民有受教育的权利和义务。"国家以根本大法的形式，确定了受教育既是我国公民的一项基本权利，同时也是公民的一项基本义务。《中华人民共和国义务教育法》第四条、第五条则分别对我国适龄儿童的教育权平等和教育机会均等做出了规定。可以看出，《义务教育法》的一个核心和灵魂就是推进教育公平，促进教育均衡发展。

在农村义务教育阶段，完全平等地接受义务教育的权利包含两个含义：一

① 胡锦涛.在中国共产党第十八次全国代表大会上的报告[EB/OL]（2012-11-18）.人民网.

方面每个适龄儿童、少年都能接受义务教育，即"有学上"。另一方面是指九年义务教育的教育条件平等，包括教育硬件设施的配置，如教室、实验设施、图书、教学仪器、教师素质水平等都应当达到一定的标准。国家教育政策在这里就是为保证各个层次的每个公民受教育权利的实现创造条件，强调社会阶层不分等级，都拥有基本的受教育权和接受各种教育的机会。即在法律面前人人都有接受教育的权利和资格，在教育竞争面前都有参与竞争的机会。恩格斯在《共产主义信条草案》中更是明确指出："需要国家出资对一切儿童毫无例外地实行普遍教育，直到他（她）作为社会成员的年龄为止。"不管他们属于什么类型的人，只要是这个国家的公民，在教育资源分配时，首先要考虑这些同类是否都具有接受教育的权利和机会。

（二）差异性原则

现代心理学理论研究表明，个体能力间存在着比较明显的水平和结构差异。个体能力的差异一般表现在能力类型的差异、能力发展水平的差异、能力表现早晚的差异、能力的性别差异和年龄差异等多个方面。

在分配农村教育资源时，虽然并不涉及受教育者的个人素质，但是受教育者的个性、能力或缺陷等方面的差异，也是进行分配时必须考虑的前提。这种教育资源分配方式的分化，导致了教育资源分配不平等的结果。以往教育公平的研究只着眼于人的相同性，认为差异性是导致各种不公正的祸根，有意回避，或者人为地抹杀人与人之间的差异性①。这样，差异成了要消除的对象，教育公平就是一种等同。其实，公平对应的不是差异，而是不公平，即不正当的差异。在实践层面上，教育公平就是消除种种不正当差异形成因素。其实，教育差异的形成是多方面因素交互作用的结果，有个体因素、家庭因素，也有社会因素。同时，这些因素作用的对象也不同，有的通过直接作用于个体，来提高个人能力，以获得优质教育资源；有的则通过作用于教育过程，来改变教育资源配置，以获得优质教育资源。差别原则的基本含义就是挑选出一种较不利的阶层，并以这一不利阶层的利益为标准来确定分配。这正是教育公平与社会公平的不同之处在于：教育公平不仅要实现资源、机会的公正分配，同时还要关注个体的差异性。

（三）补偿性原则

所谓教育补偿，是指国家或社会为保障处境不利群体接受合格教育，所采取的各种补偿措施或行动的总称。教育政策是教育利益的"调节器"和"温度计"，在实现农村教育公平的过程中扮演着重要角色。教育资源在社会成员间分配时，一旦公平原则受到破坏，要有一种机制保障受教育者分配到合理的教

---

① 冯建军. 教育公正——政治哲学的视角[M]. 福州：福建教育出版社，2008：263.

育资源，这就体现了教育补偿的原则。罗尔斯提出："为了平等地对待所有人，提供真正的同等的机会，社会必须更多地注意那些天赋较低和出生于较不利的社会地位的人们。"

随着教育利益已经成为我国社会利益主体普遍追求的根本利益或共同利益，保障人人享有基本的受教育权利、拥有公平的受教育机会的观念已经深入人心，在教育公平实现的过程中，借助教育政策，通过教育政策调节教育利益分配，一方面对于教育实践中现实的机会不平等和过程不平等进行补偿，另一方面通过教育系统对受教育者因财富、出身、社会地位、文化背景等因素所造成的差异进行补偿。① 当前，我国出台了全部免除农村义务教育阶段学生学杂的"两免一补"政策，同时在高考分数线上对一些贫困地区和边远地区学生进行倾斜，在招生录取过程中对弱势地区优先考虑等，无不体现了国家对于这一社会群体的高度关注。可以说，对农村教育领域弱势群体进行利益补偿是教育公平的理性诉求，也是中国城市反哺农村的现实需要，更是事实上达到教育平等的重要指标。

(四)效率性原则

效率范畴最早产生于经济领域，也是经济效率。有了经济效率，才谈得上经济发展又好又快。而公平主要涉及的是社会稳定问题，有了社会公平，才谈得上社会稳定、安定、和谐。反映到教育领域的公平与效率就比较复杂，要具体分析。

教育作为社会大系统下的一项子系统，受社会、政治、经济、文化等因素的影响，具有社会发展阶段性。不同的社会发展阶段，教育公平与效率的优先地位就不同。根据我国教育事业发展的历程来看：新中国成立至改革开放初期，我国经济以及社会发展初期即便是处于落后阶段也要让教育公平优先，实现"双基"，以便建立一个相对公平的平台，这样有利于更多的人接受一定的基础教育，有利于社会稳定，促进生产力的发展，促进社会的发展；改革开放到20世纪90年代，我国提出建立社会主义市场经济体制，为了经济的发展，在教育方面基本普及九年义务教育，基本扫除青壮年文盲后，效率成了改革的一个基本政策取向，这时效率问题就摆在了第一位，同时兼顾公平。当前，我国社会经济进入高速发展阶段时，人民的物质财富丰富起来，教育效率提高了，教育发展的差距也不断拉大，教育公平问题日显突出，这时又要以公平优先，兼顾效率，一个有关两者之间的"度"的问题讨论也就出现了。所以说，公平和效率都是一个价值问题，它是人的实践活动的结果，明确地体现出主体的需要和利益，反映了一种活动与人自身的价值关系。从长远意义上讲，教育效率的

---

① 刘复兴. 我国教育政策的公平性与公平机制[J]. 教育研究，2002(10)：48.

提高会加速教育公平的实现，从而使教育最终实现公平；而在教育公平的实现过程中又会时时刻刻保证教育效率的实现，从而使教育效率不断的再次提高，以达到整个教育发展的良性循环。

二、完善农村教育公平质量体系

20 世纪 90 年代以来，重视"有质量的教育公平"成为世界各国和地区教育发展的共同趋势。"人人享受高质量的基础教育仍然是 20 世纪末的重大挑战之一。"[①] 2012 年 3 月 10 日，联合国教科文组织驻华代表处教育官员毕斯塔先生在北京联合国教科文组织协会的年会上指出：无论是发达国家还是发展中国家，无论是在国家层面还是在家庭层面，教育质量已成为社会共同关注的话题。[②]

随着时代的发展，教育公平由最初的入学机会均等、到"资源分配的公平"，近年来再延伸到教育过程公平和教育结果公平，这是历史发展的脉络，也是教育发展的需要。从权利平等、机会均等到过程公平、结果公平，是教育公平的基本属性和内在要求，也是推进农村教育公平的现实路径选择。我们既要正视农村教育公平中的现实困境，又必须关注广大农民更高层面、更本质的教育公平，积极构建起权利平等、机会均等、过程公平、结果公平"四位一体"的农村教育公平质量体系，不断满足人们对教育权益的新诉求。

(一)权利平等是农村教育公平的基本要求

教育权利平等是政治、经济领域的平等权利在教育领域的延伸，是一项基本人权，也是教育公平首先要关注的问题。从宪法角度看，公民的受教育权是 20 世纪才出现的宪法权利，但是随着世界范围内人们温饱问题的逐步解决，教育权越来越受到关注。而且，随着各国经济水平的提高，人们对教育权关注的重心也在逐渐上移。儿童是国家的未来，因此必须将儿童的教育权放在公民教育权利的首位，按照平等对待原则，保障所有适龄少年儿童依法享有平等接受教育的权利。

众所周知，人类具有区别于一般动物的潜能，其中一个重要方面就是教育。"教育是生活的社会延续手段"，[③]它具有促进社会平等化，促进人的身心发展、自我完善的功能。在人们存在经济、社会地位等方面巨大不平等的情况

---

① 联合国教科文组织 . 教育：财富蕴藏其中[M]. 北京：教育科学出版社，1996.

② 毕斯塔等 . 联合国教科文组织对教育质量的解释[J]. 教育理论与实践，2013 (20).

③ S. 鲍尔斯，H. 金蒂斯 . 美国：经济生活与教育改革[M]. 上海：上海教育出版社，1990：28.

下，教育给人提供公平竞争、向上流动的机会，帮助人摆脱出身的局限，改善人的生存状态，减少社会的不公平。因而，现代社会的教育，既是经济发展的"加速器"、科技进步的"孵化器"。同时，由于它在社会流动、社会分层中所具有的"筛选器"作用，又被视为社会发展的"稳定器""平衡器"。被称为美国"公立学校之父"的贺拉斯·曼便这样宣称："教育是实现人类平等的伟大工具，它的作用比任何其他人类的发明都伟大得多。"①因此，保障农村学生依法平等地享有基本教育权，是"以人为本"的重要体现，是农村教育公平的基本要求，也是构建社会主义和谐社会的基本落脚点。

(二)机会均等是农村教育公平的前提基础

古代传统的教育公平思想追求的是起点的教育公平，即入学机会的均等。应该说教育公平的概念最初是在"起点公平"的层面上形成的，他们追求的是入学机会的均等和教育起点的公平。"起点公平是最大最重要的教育公平。"②当前，一是加快普及农村学前教育，逐步将农村学前教育纳入义务教育范围，或者是实行学前教育免费制度，着力解决"入园难""入园贵"问题，将更有助于实现教育的起点公平。二要采取有力措施把农村基础教育免试就近入学落到实处，有效保障农村学生平等接受义务教育的权利。三是推行优质普通高中指标生均衡分配政策，使相对薄弱的农村初中学生也能获得"上好高中"的机会。当然，我们必须对"权利平等"问题保持必要的警惕，一方面要切实保障农村弱势阶层的受教育权利，例如进城务工的农民工子女接受教育的问题、农村特困户、残障儿童、少数民族子女教育等。另一方面，要注意防止农村中利益集团的特权重新出现，公然挑战教育公平。

(三)过程公平是农村教育公平的重要保障

作为促进农村教育公平的中枢环节，农村教育的过程公平是教育起点公平的延伸，是农村教育结果公平的基本前提和重要保证。过程公平与否不仅体现教育公平的程度，而且直接制约着结果公平的实现水平。教育过程公平直接指向教育内部，包括观念公平、目标公平、课程设置、教育过程和评价公平等内容。教育过程公平应正视个体的差异性，主张人人都受教育，人人都受"适当"的教育。所谓"适当"，就是满足受教育者当前发展水平的，符合其认知特点和个性特征的，促进其潜能开发和能力发展的充分的教育。

(四)结果公平是农村教育公平的高层次追求

所谓教育结果公平，即每个学生接受同等水平的教育后能达到一个相对平衡的效果，强调学业成功机会均等，每个受教育者都能获得充分的发展。从当

---

① J. S. 布鲁贝克. 高等教育哲学[M]. 杭州：浙江教育出版社，1987：66.

② 曹卫星. 起点公平是最重要的教育公平[EB/OL](2013-3-14). 新华网.

前我国推进教育公平现实来看，提高教育质量是实现真正平等的前提和途径。农村教育公平不仅要从"量"的角度考虑，还必须从"质"的方面去把握。从教育公平概念的历史演变过程可以看出，质量越来越成为教育公平的基本属性和必然要求，教育公平应成为"有质量的教育公平"。从国际社会的实践经验来看，发达国家更加强调保证每个学生都有获得学业成功的机会，也就是教育结果公平，而提高教育质量则是实现真正平等的前提和途径。正如习近平总书记在十八大中外记者见面会上所说："我们的人民热爱生活，期盼有更好的教育、更稳定的工作、更满意的收入……""更好的教育"。说到底，就是要进一步扩大教育公平，提高教育质量。教育公平和教育质量这两个教育主题总是相互联系在一起的，他们是农村教育发展和农村学校管理过程中两个并行不悖的核心目标。因为，促进公平本身就是一种质量，全面提高质量本身也是在促进公平。

三、健全农村教育公平保障机制

促进农村教育公平，需要发挥政府、学校、家庭和社会各界的广泛参与，需要建立一整套包括制度、经费、资源、评价为依托的农村教育公平"四轮驱动"保障机制。推进农村教育公平，关键在政府，基本要求是保障农民依法享有受教育的权利，根本措施是合理配置农村教育资源，重点是促进农村教育均衡发展，难点是扶持农村弱势群体。这些内容，各有侧重，又有一定的层次结构和交叉渗透，共同构筑农村教育公平的长效机制。

(一)强化政府责任，完善制度约束机制

政府作为农村教育的第一责任人和法律主体，必须发挥政府强有力的主体责任，不能人为地制造农村教育差距和扩大教育不公平。各级政府要谨防制度性教育不公，自觉加强制度约束，保基础，保公平，这应该是政府行为的底线。

第一，要发挥政府主体责任。农村教育是一项国家性战略。义务教育的普及性、强制性、公共性和系统性的本质属性，决定农村基础教育必须依赖政府的组织实施，避免经常性或大幅度地改变教育路线，以保证教育政策的延续性。要依法明确中央和地方以及各部门之间在促进教育公平方面的工作分工，理顺中央与地方政府的责任分配与财权的不匹配问题，建立人财事权统筹与责权利对称机制。

第二，要转变政府职能，逐步实现从"全能政府"向"有限政府"转变，向"服务型政府"转变。在农村教育中，政府通过教育立法、拨款、规划、评估、信息服务、政策指导、执法监督和必要的行政手段进行宏观管理，逐步形成政府主导、学校自律、社会参与的新型农村教育管理模式，构建政府依法行政，学校依法治校，社会监督评价，自觉维护教育公平的工作格局。

第三，要完善制度约束。制度是社会公平正义的根本保证，农村教育政策的制定首先要体现教育公平的价值要求。目前众多的农村教育不公平问题，最终都可以还原为制度问题：一方面是制度缺失、不健全或执行不力所造成的；另一方面，可以说，所有的农村教育不公平问题最终都可以通过制度改革与创新进行调节。推进农村教育公平，就是要破除阻碍农村教育公平的制度障碍，完善农村教育的法律法规体系，维护法律的权威。

（二）扩大资金渠道，完善经费保障机制

教育投入是农村教育改革和发展的前提，也是实现农村教育公平的基础。

第一，加大政府经费投入的主渠道作用。完善中央、省、县三级政府对农村教育经费的保障供给机制，将农村教育全面纳入公共财政保障范围。通过调整财政支出结构，把农村教育作为财政支出重点领域予以优先保障，切实做到"三个增长"，不断完善农村教育经费政府投入保障机制。根据我国经济发展的实际状况，政府承担全部的农村基础教育，从教育经费上来看是完全可以做到的，从义务教育的国际经验上看，更是非常有必要的。

第二，鼓励社会力量办学，分担政府办学压力。通过在农村兴办民办教育，并给予资金和政策上的支持，用制度来维护各种农村民办教育的正当权益。这不仅能够扩大农村教育的供给，而且可以增加教育的丰富性、选择性和竞争性。

第三，建立社会捐赠助学机制，拓宽经费渠道来源。调动民间资源，鼓励企业、社会团体和爱心个人对农村学校的社会捐赠，不断完善社会捐赠的激励机制、募捐机制、运作机制和监督机制等，形成政府、学校、捐赠者良性互动的工作格局，实现公共利益最大化，共同推动农村教育社会捐赠事业的可持续发展。

第四，完善教育补偿机制，推进城市反哺农村。通过建立农村教育成本补偿制度，由城市拿出特定资金或专项资金，作为对农村地区的教育补偿，以增加农村的教育投入。此外，中央还可以在城市征收教育税，用于补偿农村的教育成本。

第五，增加农民的财富，夯实农村教育公平的物质基础。农民家庭教育投入是农村教育经费的重要来源之一。政府要结合新农村建设，加大对发展农村经济的扶持力度，落实好补农、助农、护农等"惠农"政策，促进农村经济发展，让农民拥有财富，保护和提高农村家庭对教育投入的积极性。数据表明，随着农村经济的发展和人们观念的转变，农村家庭对子女教育经济投入增加的趋势也是不争的事实。当然，对于农村弱势群体，政府则更应该给予关心与帮助，保障其子女的受教育权，促进社会公平，维护社会稳定。

(三)均衡城乡发展，完善资源配置机制

政府应把有限的教育资源进行科学合理的配置，并向农村地区倾斜，提高资源的利用率，确保农村教育公平的实现。

第一，均衡办学条件。通过建立城乡一体化的教育拨款制度，促进办学条件的均衡化；在硬件投入和校舍建设方面也要实现均衡化，并对农村地区予以长期、足够的倾斜，防止出现富者愈富，贫者愈贫的"马太效应"，真正体现十八大提出的"大力促进教育公平，合理配置教育资源，重点向农村、边远、贫困、民族地区倾斜"的要求。

第二，均衡教师资源。提高农村教师的待遇和社会地位，以吸引更多的人才从事农村教育工作。创新农村学校的管理模式，形成教师定期交流制度，做好教师由城镇向农村、由强校向薄弱校、由超编学校向缺编学校的交流与流动，促进农村学校的教师均衡配置，形成长效的、正常的、动态的农村教师引进补充机制。

第三，实现教育资源共享。在大型劳动技术教育设施方面可以多校共享，减少校均成本，提高利用率。同时加快推进农村中小学信息化建设，完善现代远程教育网络功能，提供更多优质教育资源，实现城乡教育资源共享，带动农村教育均衡化的提升。

(四)创新学校管理，完善监督评价机制

建立完善农村教育公平监督评价机制，建设农村教育公平长效机制，这不仅是实现我国农村教育公平的重要途径，也是建设社会主义新农村、构建和谐社会的重要举措。

第一，强化公平理念，推进农村学校管理创新。一是改革和完善农村学校内部管理体制和教育公平运行机制，积极构建依法治校的工作机制和责任追究机制，将教育公平的理念贯彻落实到学校管理的全过程。二是提高农村教师待遇，完善收入分配机制。为稳定农村教师队伍，可考虑向法国、韩国等国学习，建立国家教育公务员制度，将教师统一纳入公务员体系，进一步明确教师的身份定位，提高农村教师工资福利待遇，并以此吸引越来越多的优秀人才加入到农村教师队伍中来。三是转变农村学校的教育教学方式，尊重差异公平原则。注重因材施教，尊重学生发展的多样性，突出个体性，承认差异性，给每个学生提供不同的教育，尤其是对于农村弱势学生群体，给予合理性的补偿机会，使他们享受到真正的公平。

第二，科学建立农村教育公平评价体系。在中科院可持续发展战略课题组的设计中，受教育公平度是发展公平的三大指标(其他两大指标是城乡居民收入差距度、就业机会公平度)之一，更是衡量全面小康社会的重要指标之一。要以教育的本质为基本出发点，以促进农村教育公平的权利平等、机会均等、

过程均衡、质量提升为内容，科学确定农村教育公平的指标评价体系，建立完善学生为主体、学校为主导、家庭支持、社会参与的多方联动的教育公平评价机制，实现对农村教育公平状况进行连续的测量、评价和比较，为农村教育政策调整和教育资源配置提供决策依据。

第三，强化社会监督，遏制农村教育腐败现象。一是建立农村教育公平督导和监管机构，完善农村教育公平评估标准体系；二是建立农村教育公平的预警、报告和责任追究机制，强化农村教育热点问题的监测和报告；三是强化农村教育公平的社会监督，特别是发挥信息化时代下新型媒体作用，引导人们的公平价值取向。

农村教育涉及千家万户，是惠及子孙后代，是体现发展为了人民，发展依靠人民，发展成果由人民共享的重要方面。保证人民享有接受教育的机会，是党和政府义不容辞的职责与使命，是社会主义新农村建设的应有之义，更是构建和谐社会的一项根本要求。农村教育公平问题是一项复杂的社会系统工程，既要解决当前的实际困难，又要着眼于长远的解决之道，因为教育公平是一个永远逼近公平的过程，而不是教育发展的结果。① 可以肯定的是，随着城乡一体化建设的不断发展和教育均衡发展、教育公平理念的不断深入，以及国家支持农村教育政策的不断完善，我国农村教育将向着更加公平公正的目标越走越近。

---

① 朱家存. 教育平等：科尔曼的研究及其给我们的启示[J]. 外国教育研究，2003，(12)：23—24.

参考文献

(一)著作类

1. Hopkins David. 鲍道宏译. 让每一所学校成为杰出的学校；实现系统领导的潜力(序言)[M]. 上海：华东师范大学出版社，2010.

2. 马克思恩格斯全集(第3卷)[M]. 北京：人民出版社，2002.

3. 西塞罗(古罗马). 论共和国、论法律[M]. 北京：中国政法大学出版社，1997.

4. 詹姆斯·科尔曼. 教育机会均等的概念[M]. 何瑾，张人杰译. 国外教育社会学基本文选[C]. 上海：华东师范大学出版社，1989.

5. 约翰·罗尔斯. 何怀宏等译. 正义论[M]. 北京：中国社会科学出版社，2010.

6. [美]罗斯·M.斯塔尔. 鲁昌、许永国译. 一般均衡理论[M]. 上海：上海财经大学出版社，2003.

7. [美]霍华德·加德纳. 沈致隆译. 多元智能[M]. 北京：新华出版社，2004.

8. [美]R.J·斯腾伯格. 吴国宏等译. 成功智力[M]. 上海：华东师范大学出版社，1999.

9. [美]约翰·杜威. 王承绪译. 民主主义与教育[M]. 北京：人民教育出版社，1990.

10. [美]约翰·杜威. 知识，瞿葆奎主编. 教育学文集·智育[M]. 北京：人民教育出版社，1993.

11. [美]汉娜·阿伦特. 王寅丽译. 人的境况[M]. 上海：上海人民出版社，2009.

12. 蔡迎旗. 幼儿教育财政投入与政策[M]. 北京：教育科学出版社，2007.

13. 但武刚. 教育学案例教程[M]. 武汉：华中师范大学出版社，2007.

14. 戴斌荣. 重视农村学校学生良好交际心理素养的培养[J]. 盐城师范学院学报(人文社会科学版)，2012.4.

15. 冯建军. 教育公正——政治哲学的视角[M]. 福州：福建教育出版社，2008.

16. 李森. 城乡二元结构下的基础教育公平问题[M]. 北京：中国社会科

学出版社，2012.

17. 沈有禄．中国基础教育公平——基于区域资源配置的比较视角[M]．北京：教育科学出版社，2011.

18. 翟博．教育均衡论：中国基础教育均衡发展实证分析[M]．北京：人民教育出版社，2008.

19. 郭彩琴．教育公平论：西方教育公平理论的哲学思考[M]．中国矿业大学出版社，2004.

20. 黄晋太．二元工业化与城市化．北京：中国经济出版社，2005.

21. 汪冬梅．中国城市化问题研究．北京：中国经济出版社，2005.

22. 谭深．中国农村留守儿童研究述评[J]．中国社会科学，20011，1：138－150.

23. 任苇．留守儿童心理健康教育[M]．北京：开明出版社，2012.

24. 江立华，符平等．转型期留守儿童问题研究[M]．上海：上海三联出版社，2013.

25. 顾明远．教育大辞典[M]．上海：上海教育出版社，1998.

26. 孙培青．中国教育史[M]．上海：华东师范大学出版社，2000.

27. 王秋香．农村"留守儿童"社会化的困境与对策[M]．成都：西南交通大学出版社，2008.

28. 叶亦乾．现代人格心理学[M]．上海：上海教育出版社，2011.

29. 杨东平，柴纯青．教育蓝皮书深入推进教育公平（2008）[M]．北京：社会科学文献出版社，2008.

30. 杨国枢，黄国光，杨中芳．华人本土心理学[M]．重庆：重庆大学出版社，2008.

31. 余秀兰．中国教育的城乡差异[M]．北京：教育科学出版社，2004.

32. 周洪宇．教育公平是和谐社会的基石[M]．合肥：安徽教育出版，2007.

33. 朱智贤．心理学大词典[M]．北京：北京师范大学出版社，1991.

34. 施良方．学习论[M]．北京：人民教育出版社，2001.

35. 方明．陶行知教育名篇[M]．北京：教育科学出版社，2005.

36. 孙立平．失衡—断裂社会的动作逻辑[M]．北京：社会科学文献出版社，2004.

37. 申继亮．透视处境不利儿童在心理世界[M]．北京：北京师范大学出版社，2009.

(二)论文类

1. 卜卫. 关于农村留守儿童的研究和支持行动模式的分析报告[J]. 中国青年研究, 2008.6.

2. 戴斌荣. 流动儿童的心理特点与教育对策[J]. 教育评论, 2011.3.

3. 李晓伟. 论我国社会转型期农村家庭教育的困境与突破[J]. 教育学报, 2012.6.

4. 秦玉友, 齐海鹏, 齐倩楠. 农民工子女教育问题与应对策略研究[J]. 教育科学, 2007.6.

5. 郭晓霞. 农村留守儿童家庭教育缺失的社会学思考[J]. 教育探索, 2012.2.

6. 杨丽珠, 董光恒. 父亲缺失对儿童心理发展的影响[J]. 心理科学进展, 2005.3.

7. 刘秀丽, 赵娜. 父亲角色与儿童成长[J]. 外国教育研究, 2006.11.

8. 刘秀丽, 盖笑松, 王海英. 中国儿童的家庭教育环境: 问题与对策[J]. 东北师大学报(哲学社会科学版), 2009.3.

9. 盖笑松, 赵晓杰, 张向葵. 父母离异对子心理发展的影响: 计票式文献分析途径的研究[J]. 心理科学, 2007.6.

10. 陈金干. 城镇化进程中农村基础教育问题探究[J]. 中国教育学刊, 2009.12.

11. 高水红. 被围困的教育: 当前中国教育改革的社会阶层生态[J]. 湖南师范大学教育科学学报, 2012.2.

12. 张良才. 中国家庭教育的传统、现实与对策[J]. 中国教育学刊, 2006.6.

13. 刘谦, 冯跃, 生龙曲珍. 家庭教育与学校教育互动的文化机理初探——基于对北京市农民工随迁子女教育活动的田野观察[J]. 教育研究, 2012.7.

14. 崔若峰. 中国家庭教育知识传播激励计划启动[J]. 中国教育学刊, 2012.6.

15. 杨国才, 朱金磊. 国内外留守儿童问题研究述评与展望[J]. 云南师范大学学报(哲学社会科学版), 2013.5.

16. 钟启泉. 对话与文本: 教学规范的转型[J]. 教育研究, 2001.3.

17. 尚靖君, 王小溪. 教育公平实现的困境与出路[J]. 外国教育研究, 2012.4.

18. 赵彦俊, 催宏观. 美国农村教育优先发展政策探析[J]. 外国教育研究, 2012.5.

19. 王晓阳．当前美国教育改革的观念与趋势[J]．教育改革，2012.3.

20. 冯建军．义务教育均衡发展方式的转变[J]．中国教育学刊，2012.3.

21. 彭艳红．论农村教育优先发展战略[J]．开发研究，2010.4.

22. 王广飞．在高校学生资助政策中体现教育公平[J]．盐城师范学院学报，2011.5.

23. 王世军．我国当代农村教师队伍建设研究[D]．重庆：西南师范大学，2005.

24. 教育部邓小平理论研究中心．人的全面发展学说的新境界[J]．求是，2001.18.

25. 张良才，李润洲．关于教育公平问题的理论思考[J]．教育研究，2002.12.

26. 杨雅华．进城务工人员的权利贫困及解决对策[J]．求实，2006.1.

27. 李金林．素质教育的概念与内涵[J]．教育教学论坛，2013.3.

28. 吴莹．从"教育效率优先"到"更加注重教育公平"——基于30年来中国基础教育改革的政策视域[J]．教育探索，2010.11.

29. 罗英智，李卓．当前农村学前教育发展的问题及其应对策略[J]．学前教育研究，2010.10.

30. 崔芳芳，洪秀敏．我国学前教育发展区域不均衡：现状、原因与建议[J]．教育发展研究，2010.24.

31. 韩清林．"普及与公平"是中国学前教育发展战略和基本政策的必然选择[J]．当代教育科学，2011.3.

32. 叶飞．城乡教师交流的异化及对策研究[J]．中国教育学刊，2012.6.

33. 李传英，王玮虹．城乡统筹背景下学前教育均衡发展的理念与路径[J]．学前教育研究，2013.7.

34. 柯玲，赵燕．城乡教育互动发展联盟模式研究[J]．教育研究，2013.7.

35. 亓玉慧．国外均衡城乡义务教育师资配置的实践及启示[J]．教学与管理，2013.1.

36. 杜冰．教学信息化：校长领导力新挑战[N]．光明日报．2012-10-27.

37. 韦海梅．黄冈地区农村中小学远程教育工程资金投入使用效益研究[J]．中国电力教育，2010.3.

38. 张建平，梁松林．农村中小学远程教育资源应用现状调查及对策[J]．现代教育科学，2006.6.

39. 缪志聪．常州新建扩建12个教育集团，有效缓解择校现象[N]．中国教育报．2011-7-8.

40. 史承灼. 集团化办学的实践与思考[N]. 江淮晨报. 2011-3-2.

41. 陈襄荣, 王夏阳. 城区名校迈向教育集团化：名校＋弱校, 城校＋乡校[N]. 绵阳晚报. 2012-9-20.

42. 周波. 集团化办学均衡城乡教育资源, 加大资助力度, 杜绝因贫辍学[N]. 成都日报. 2010-9-14.

43. 彭薇, 袁松禄, 徐汇. 推动教育均衡, 探索名校托管办学模式[N]. 解放日报. 2009-7-19.

44. 陈佑清. 两种活动在两类素质发展中的作用及其关系[J]. 华中师范大学学报(人文社会科学版), 2005.7.

45. 程晓樵. 教师课堂交往行为的对象差异分析[J]. 教育评论, 1995.2.

46. 邓祖远. 创建农村课堂新型教学模式[J]. 中国西部科技, 2006.11.

47. 高凌庵, 赵宁宁, 梁春芳. 课堂教学交往的观察研究[J]. 教育科学研究, 2003.6.

48. 李素敏, 王子悦. 美国对教育过程公平问题的探索与实践[J]. 教育导刊, 2012.4.

49. 刘学智, 范立双. 日本中小学教育中的个性化学习：经验、问题与启示[J]. 比较教育研究, 2006.2.

50. 鲁洁. 边缘化外在化知识化——道德教育的现代综合征[J]. 教育研究, 2005.12.

51. 瞿卫星, 吴亮奎. 差异均衡视域下的区域性学校发展：以南京市栖霞区基础教育课程与教学改革为例[J]. 教育理论与实践, 2010.8.

52. 裴娣娜. 教育创新与学校课堂教学改革论纲[J]. 中国教育学刊, 2012.2.

53. 杨小微. 义务教育内涵式均衡发展路径分析[J]. 教育发展研究, 2009.5.

54. 郭忠玲. 对农村留守儿童学校教育问题的思考[J]. 河南社会科学, 2013.3.

55. 周永红, 吕崔芳, 徐凡皓. 留守儿童心理弹性与心理健康的关系研究[J]. 中国特殊教育, 2013.10.

56. 曾守锤, 李其维. 儿童心理弹性发展的研究综述[J]. 心理科学, 2003.6.

57. 白春玉, 张迪, 顾国家, 刘娜娜, 赵淑敏, 王玉红. 沈阳市部分流动儿童心理健康状况分析[J]. 中国学校卫生, 2012.4.

58. 白春玉, 张迪, 顾国家, 杨旭. 流动儿童心理健康状况家庭环境影响因素分析[J]. 中国公共卫生, 2013.2.

59. 陈丽，刘艳．流动儿童亲子沟通特点及其与心理健康的关系[J]．中国特殊教育，2012.1.

60. 高云娇，余艳萍．我国流动儿童社会支持和罪错行为的状况及关系的研究综述[J]．青年探索，2012.3.

61. 韩嘉玲．流动儿童教育与我国的教育体制改革[J]．北京社会科学，2007.4.

62. 胡宁，方晓义，蔺秀云，刘杨．北京流动儿童的流动性、社交焦虑及对孤独感的影响[J]．应用心理学，2009.2.

63. 江琦，李艳霞，冯淑丹．流动儿童班级人际关系与歧视知觉的关系：社会支持的调节作用[J]．长江师范学院学报，2011.6.

64. 李晓巍，邹泓，金灿灿，柯锐．流动儿童的问题行为与人格、家庭功能的关系[J]．心理发展与教育，2008.2.

65. 蔺秀云，方晓义，刘杨，兰菁．流动儿童歧视知觉与心理健康水平的关系及其心理机制[J]．心理学报，2009.10.

66. 刘霞，申继亮．流动儿童的歧视知觉及与自尊的关系[J]．心理科学，2010.3.

67. 刘霞．流动儿童的歧视知觉：特点影响因素与作用机制[D]．北京师范大学博士学位论文，2008.

68. 栾文敬，路红红，童玉林，吕丹娜．家庭关系对流动儿童心理健康的影响[J]．学前教育研究，2013.2.

69. 倪士光，李虹．流动儿童认同整合与心理健康的关系：自我效能的调节作用[J]．中国特殊教育，2014.1.

70. 曲可佳，邹泓，李晓巍．北京市流动儿童的学校满意度及其与师生关系、学业行为的关系[J]．中国特殊教育，2008.7.

71. 师保国，徐玲，许晶晶．流动儿童幸福感、安全感及其与社会排斥的关系[J]．心理科学，2009.6.

72. 宋广文，骆风．城镇化进程中的流动儿童心理健康教育[J]．江苏师范大学学报(哲学社会科学版)，2014.3.

73. 邢淑芬，刘霞，赵景欣，师保国．歧视知觉对流动儿童群体幸福感的影响及内部机制[J]．心理发展与教育，2011.6.

74. 熊易寒．城市化的孩子：农民工子女的城乡认知与身份意识[J]．中国农村观察，2009.2.

75. 袁晓娇，方晓义，刘杨，蔺秀云，邓林园．流动儿童社会认同的特点、影响因素及其作用[J]．教育研究，2010.3.

76. 张敏．我国流动儿童心理健康研究10年回顾与展望[J]．学术论坛，2013.7.

77. 张琦，盖萍. 某民工子弟学校流动儿童心理健康干预效果评价[J]. 中国学校卫生，2012.12.

78. 周皓，荣珊. 我国流动儿童研究综述[J]. 人口与经济，2011.3.

79. 周序. 流动儿童教育政策中的社会控制理念[J]. 江西教育科研，2007.5.

英文文献

(一)著作类

1. Anderson, J. R. &., Schunn, C. D. (2000). Implications of the act-r learning theory: No magic bullets. *Advances in Instructional Psychology: Education Design and Cognitive Science. New Jersey*. Lawrence Erlbaum Associates Publishers.

2. Barnard, C. I. (1938). *The Functions of the executive. Cambridge*. Mass: Harvard University Press.

3. Bednar, A. K., Cunningham. D., Duffy. T. M. & Perry. J. D. (1991). Theory into practice: How do we link? . In G. J. Anglin (Ed.). *Instructional Technology: Past. Present. and Future*. Englewood. CO: Libraries Unlimited.

4. Ben-Peretz, M. (1990). *The Teacher-Curriculum Encounter: Freeing Teachers from the Tyranny of Texts*. New York: State University of New York Press.

5. Beyer, L. E., & Apple, M. W. (1998). *The Curriculum: Problems. Politics. and Possibilities*. State University of New York Pressed.

6. Cazden, C. (1988). *Classroom Discourse: The Language of Teaching and Learning*. Portsmouth : Heinemann.

7. Coffey, A., & Delamont, S. (1993). *Feminism and the Classroom Teacher: Research. Praxis. Pedagogy*. London: Routledge Falmer.

8. Damon, W. (1977). *The Social World of the Child*. San. Francisco: Jossey Bass.

9. Fullan, M. G. (1992). *Successful School Improvement*. Open University Press.

10. Fullan, M. G., & Stiegelbauer, S. (1991). *The New Meaning of Educational Change*. Second edition. Cassell Educational Limited. 1991.

11. George, M. J., & Michael, A. P. (2001). *The Teacher' Source-book for Cooperative Learn: Practical Techniques , Basic Principle. and Frequently Asked Questions*. Corwin Press.

12. Giroux, H. A., Penna, A. N., & Pinar, W. F. (1981). *Curricu-*

lum and Instruction: *Alternatives in Education*. McCutchan Publishing Corporation.

13. Goodson, I. (1987). *International Perspectives in Curriculum History*. Croom Helm Ltd.

14. Gwynn, J. M. , & Chase, J. B. (1979). The textbook—Major curriculum problem. *Curriculum Principles and Social Trends* (4ᵗʰ ed.).

15. Hamilton, D. (2000). *Curriculum History*. Geelong: Deakin University Press.

16. Jaan, M. *Textbook: Research and Writing*. Astonian: Peter Lang GmbH Press. 2000.

17. Jfeerey D. Wilhelm, J. D. , Fisher, D. & Avalos, M. A. (2007). *Glencoe Literature Coursel, Grade6: The Reader's Choice*. McGraw-Hill Companies Press.

18. Kelly, A. V. (1999). *The Curriculum: Theory and Practice*. 4ᵗʰ ed. Paul Chapman Publiskiing.

19. Linda, M. P. (1989). *Using Children's Literature to Foster Written Language Development* . Memorial University of Newfoundland,

20. Marilyn, J. (1998). *Chambliss and Robert C. Calfee. Textbook for Learning: Nurturing Children's Mind*. Malden, Massachusetts: Blackwell.

21. Marsh, C. (1992). *Key Concepts for Understanding Curriculum*. the Falmer Press. London.

22. Stephen, P. N. (1992). *The Generalizability of Critical Thinking: Multiple Perspectives on an Educational Ideal*. New York : Teachers College Press.

23. Zemelman, S. , Daniels, H. , & Hyde, A. (1993). *New Standards for Teaching and Learning in America's Schools* . Portsmouth: Heinemann.

(二)论文类

1. Adams, C. (1984). Off the record-women's omission from classroom historical evidence. In Simkin, D. (eds.) *Curriculum Development in Action*. Tressell Pub.

2. Deighton, L. C. (1971). Textbooks: Role in education. *The Encyclopedia of Education*, Vol. 9.

3. Donn, G. (1988). Feminist approach to the Curriculum. In Saha, L. J. (ed). *International Encyclopedia of the Sociology of the Sociology of Educa-*

tion. Pergamon.

4. Laws, K. H. (1992). Education equity? Textbooks in new south wales-government and nongovernment secondary schools. *Curriculum Perspectives*. vol. 4.

5. Levie, W. H. , & Lentz, R. (1982). Effects of text illustration: A Review of Research. *Education Communication and Technology Journal*. No. 4.

6. New York Net Resources for Teachers. *New York State Learning Standards for English Language*. http: //www. schenectady. k12. ny. us/users/title3/crc/learning%20standards. htm.

7. Lipi, Mukhopadhyay. *Development of resilience among school children against violence*. Social and Behavioral Science, 2010(5): 455—458

8. Pottinger A. M. *Children's experience of loss by parental migration in inner city Jamaica*. American Journal of Orthopsychiatry, 2005, 75(4)

9. Delancey J. etal. *Health-related quality of life of left-behind children: Across-sectional survey inrural China*. Qual Life Res, 2010(19)

10. GRACE C, SHORES E F, ZASLOW M, et al. Rural disparities in baseline data of the early childhood longitudinal study: A chart book (R). Mississippi State: National Center for Rural Early Childhood Learning Initiatives, 2006.

11. Alati, R. , Najman, J. M. , Shuttlewood, G. J. , Williams, G. M. , & Bor, W. . *Changes in mental health status amongst children of migrants to Australia: a longitudinal study* [J]. Sociology of Health and Illness, 2003 (7): 866—888

12. Sanchez, J. I. & Brock , P. *Outcomes of perceived discrimination among Hispanic employees: Is diversity management a luxury or a necessity* [J]. Academy of Management Journal, 1996(3): 704—719

后　记

　　党的十八大报告提出了城乡一体化发展的新型城镇化道路。这对农村教育发展将产生何种影响？在此背景下，农村基础教育该何去何从？这是时代给我们提出的新命题。盐城师范学院江苏农村教育研究中心的研究者近两年来一直关注这一命题，通过共同努力，终于使《农村教育发展研究》一书与读者见面了！

　　在本书策划、成书过程中，得到中国教育科学院田慧生院长大力支持和鼓励，且在百忙之中为本书亲自作序。在此表示衷心感谢！

　　本书围绕新型城镇化进程中热点、难点问题的调查与研究展开，共分12章，由戴斌荣教授担任主编，乔晖教授、丁步洲教授担任副主编。具体分工如下：戴斌荣（第一章）、丁步洲（第二章）、刘吉双（第三章）、刘强（第四章）、乔晖（第五章）、柴江（第六章）、李国栋（第七章）、陆芳（第八章）、刘春梅（第九章）、厉飞飞（第十章）、张军华（第十一章）、王广飞（第十二章），戴斌荣、乔晖、丁步洲对全书进行了统稿，并对部分章节内容作了必要的增补修改。吴文婷老师为本书的编写承担了通联等具体工作。从承担此书编写任务，到收集整理分析研究资料，再到撰稿修改交稿，历时一载有余，呈现在读者面前的这部拙作，与其说是我们的研究成果，不如说是我们的研究起点。

　　出版之际，感谢北京师范大学出版社策划编辑周雪梅博士对本书出版热情指导与帮助！编写人员在写作过程中曾分别到江苏省盐城市多个县市区的农村中小学开展相关的调研，得到了盐城市教育科学研究院、各县市区教育局和教研室、农村教育专项研究课题组成员的支持和帮助，借此机会，谨向上述各级领导、同行、老师表达由衷的谢意！

本书的作者在其写作过程中参考了许多现成的农村教育研究成果和有关的文献，对我们开展农村教育研究工作和写作本书起到了积极的作用，在此一并向这些被参考的文献作者表示感谢！

由于资料的局限，加上我们的水平有限，本书的疏漏之处在所难免。我们真诚地希望得到读者的批评指教！

编者
2014 年 12 月